# 中国铁路广州局集团有限公司

CHINA RAILWAY GUANGZHOU GROUP CO.,LTD.

中国铁路广州局集团有限公司（以下简称“广州局集团公司”）成立于2017年11月，前身是原广州铁路（集团）公司，主要管辖广东、湖南、海南三省铁路，现有职工15.1万人，总资产7232亿元，管辖铁路营业里程1.13万公里。管内共有车站675个，其中货运营业站253个，日均发送货物30.9万吨。

近年来，广州局集团公司贯彻落实党中央“调整运输结构、减少公路运输量、增加铁路运输量”的指示，以深化运输供给侧结构性改革为主线，充分发挥地处粤港澳大湾区、长江经济带、海南自贸港地缘优势，优化运力资源配置、调整货运产品结构、创新货运服务模式，更好地满足多层次客户运输需求。

## 丰富的班列产品

针对珠三角地区白货运量大、需求旺盛的特点，广州局集团公司积极对接市场，根据客户需求，开行时速160公里、120公里、80公里三种不同速度点对点直达白货班列。

国内班列方面，陆续开行了广州、东莞、深圳直达北京、沈阳、上海、西安、乌鲁木齐、武汉、重庆、成都、昆明、苏州、无锡、赣州、长沙、海口等地的快运白货班列，构建了珠三角至全国各主要省会城市间的高效快捷运输网络。现有时速160公里的班列3趟，24小时即可实现广州货物运达北京，17小时即可实现莞深货物运达上海，14小时即可实现莞深货物运达杭州。时速120公里的班列11趟，如大朗（广州）—乌北（乌鲁木齐）班列，76小时即可实现广州货物运达乌鲁木齐。时速80公里的班列10趟，如大朗（广州）—团结村（重庆）班列，56小时即可实现广州货物运达重庆。广州国际港—长沙北班列，10小时即可实现广州货物运达长沙。2021年广州局集团公司累计开行国内班列8719列。

国际班列方面，积极推进“一带一路”建设，每周在广州增城西、广州国际港、深圳平湖南、长沙北等站点常态化开行中欧、中亚班列，国际班列开行范围辐射至亚洲、欧洲国家和地区。2021年广州局集团公司累计开行中欧（亚）班列972列。

地址：广东省广州市中山一路151号

电话：020-95306

# 安全 稳定 优质 便捷

## 便捷的铁水联运

广州局集团公司积极响应国家运输结构调整和建设粤港澳大湾区绿色物流政策要求，发挥铁路运输优势，做大做强铁水联运。通过建设覆盖全国的铁水联运物流网络，开行定时、定点的铁路班列，将进口的小汽车、铁矿石等各种货物通过火车从沿海港口发往全国各地。

## 完善的物流园区

广州局集团公司坚持现代物流发展理念，拓展物流服务网络，在粤湘琼三省分别布局了3个一级物流园（广州、深圳、长沙）、33个二级物流园、11个三级物流园。其中，广州国际港物流园地处广州市白云区，占地面积约2598亩，设置有集装箱、商品车、快运、冷链作业区和综合开发区，可办理各类铁路运输业务；深圳平湖南物流园位于广东省深圳市龙岗区，占地面积1350亩；长沙国际铁路港物流园位于湖南省长沙市金霞经济开发区，一期占地891亩，二期占地934亩。

## 优质的运输服务

广州局集团公司坚持“简化受理、随到随办、规范收费、热情服务”，满足客户随到随办需求。客户通过95306电话、网站、App等多种渠道，都能快捷地提出需求、得到反馈。

广州局集团公司以95306系统为支撑，推动货运业务流程再造，将原来分散在各货运营业站的需求受理、收费对账、发票开具、理赔等业务集中到广州局集团公司受理中心办理，客户可以全流程网上办理托运和交付手续，办理业务便捷高效。

## 公司简介

广西玉驰智联科技有限公司是一家科技型供应链管理服务公司，具备30多年制造业供应链管理经验，服务超过300家知名品牌客户，专注从制造业上游至下游的供应链全过程服务产品的提供与管理，通过与客户在供应链领域的深度融合，共同实现企业价值最大化。

## 荣誉资质

★ 国家“AAAAA”级综合服务型物流企业
★ 交通运输部重点联系道路运输企业
★ 物流数字化先行典范企业
★ 合同物流百强企业
★ 西部物流百强企业

★ ISO 9001质量管理体系认证
★ 国际道路货物运输资格证
★ 普运、大件、罐式运输资格证
★ 危险化学品经营许可证
★ 无船承运资质
★ 网络货运牌照

## 独特优势

深耕行业市场：30多年行业经验沉淀，供应链全链路服务能力，核心客户服务>20年

数字科技服务：智慧物流、智慧仓储，智慧供应链科技平台为业务赋能

全球服务网络：全球155+服务据点，国内专线7x24小时服务

联系地址：广西南宁市兴宁区松柏路14号
联系电话：0771-2370033

中国物流与采购联合会
物流信息服务平台分会
The Sub Committee for Logistics Service Platform of CFLP

## 中国物流与采购联合会物流信息服务平台分会
The Sub Committee for Logistics Service Platform of CFLP

中国物流与采购联合会物流信息服务平台分会是由服务于物流产业链的互联网平台企业和为平台提供技术、服务支持或使用平台的相关企业以及投资公司、金融机构、咨询机构等单位自愿组成的全国性行业组织，是中国物流与采购联合会在物流服务平台领域的专业分支机构。

## 会员构成

- 装备企业
- 油品、ETC服务企业
- 技术服务企业
- 网络货运平台
- 信息服务平台
- 咨询机构
- 金融、保险机构
- 科研院所
- 传统第三方物流
- 投融资机构

## 重点工作 KEY WORK

### 政策协调与反映企业诉求

- 配合交通运输部评选网络货运龙头骨干企业
- 开展物流平台、网络货运领域联合惩戒和联合激励工作
- 征集会员企业诉求及政策反馈意见并上报行业主管部门

### 牵头制定相关团体标准

- 《网络货运平台实际承运人信用评价体系》（T/CFLP 0032-2021）
- 《网络货运平台业务数据验证》（T/CFLP 0033-2021）
- 《互联网道路货运平台撮合交易服务要求》（2021-TB-015）

### 组织各项行业活动

- 组织开展行业会议
- 组织撰写《中国物流平台发展报告》
- 组织申报各部委示范试点工作

### A级网络货运平台企业评估

- 作为传统A级物流企业评估的延伸与补充，依据团体标准《网络货运平台服务能力评估指标》（T/CFLP 0024-2019）开展评估工作

## 会员权益 RIGHTS AND INTERESTS OF MEMBERS

会员权益

- 按权益免费享受分会会议及活动
- 中国物流与采购联合会官网/官方微信、平台分会官网/官方微信免费宣传
- 参与修订物流平台相关的团标、国标
- 参与物流平台相关国家课题
- 平台规划咨询，业务资源对接
- 开展企业互访，促进业务合作

## 会员服务联系人

王盼盼　010-83775698 / 18612315306　cflpwlb@cflp.org.cn

# 中国物流年鉴

2022（下册）

# CHINA LOGISTICS YEARBOOK 2022

中国物流与采购联合会编

中国财富出版社有限公司

**图书在版编目（CIP）数据**

中国物流年鉴 . 2022. 下册 / 中国物流与采购联合会编 .—北京：中国财富出版社有限公司，2022.11

ISBN 978-7-5047-7794-2

Ⅰ . ①中…　Ⅱ . ①中…　Ⅲ . ①物流—中国—2022—年鉴　Ⅳ . ① F259.22-54

中国版本图书馆 CIP 数据核字（2022）第 201520 号

| | | | | | |
|---|---|---|---|---|---|
| **策划编辑** | 王　靖 | **责任编辑** | 白　昕　毕伊宁 | **版权编辑** | 李　洋 |
| **责任印制** | 尚立业 | **责任校对** | 杨小静 | **责任发行** | 敬　东 |

| | | | |
|---|---|---|---|
| **出版发行** | 中国财富出版社有限公司 | | |
| **社　　址** | 北京市丰台区南四环西路 188 号 5 区 20 楼 | **邮政编码** | 100070 |
| **电　　话** | 010-52227588 转 2098（发行部） | | 010-52227588 转 321（总编室） |
| | 010-52227566（24 小时读者服务） | | 010-52227588 转 305（质检部） |
| **网　　址** | http：//www.cfpress.com.cn | **排　　版** | 宝蕾元 |
| **经　　销** | 新华书店 | **印　　刷** | 北京欣欣和一印刷厂 |
| **书　　号** | ISBN 978-7-5047-7794-2/F · 3480 | | |
| **开　　本** | 880mm × 1230mm　1/16 | **版　　次** | 2022 年 12 月第 1 版 |
| **印　　张** | 47.25　**彩　页**　3 | **印　　次** | 2022 年 12 月第 1 次印刷 |
| **字　　数** | 1249 千字 | **定　　价** | 480.00 元（全 2 册） |

# 《中国物流年鉴》（2022）编委会

钟荣钦　台湾物流协会秘书长
姜　旭　北京物资学院物流学院院长、教授
姜超峰　中国物资储运协会名誉会长
袁美仪　香港物流协会会长
徐劲松　马钢集团物流有限公司党委书记、董事长
黄有方　上海海事大学原校长、教授、博士生导师
龚　琰　玖隆钢铁物流有限公司总经理
盖忠琳　山东盖世国际物流集团有限公司党委书记、总经理
董礼华　国家统计局贸易外经统计司司长
蒋兴祥　云南省建设投资控股集团有限公司总经理助理、云南建投物流有限公司党委副书记、董事长
韩　骏　中远海运集团总经理助理兼中远海运物流有限公司董事长、党委书记
韩义勇　广西玉驰智联科技有限公司董事长
裴　亮　中国连锁经营协会会长
薄世久　北京长久物流股份有限公司董事长

# 特别支持单位

中远海运物流有限公司

郑州银行股份有限公司

北京长久物流股份有限公司

荣庆物流供应链有限公司

联邦快递（中国）有限公司

云南建投物流有限公司

四川安吉物流集团有限公司

山东盖世国际物流集团有限公司

# 《中国物流年鉴》（2022）

主　　　办　中国物流与采购联合会
承　　　办　《中国物流与采购》杂志社
主　　　编　何黎明
副　主　编　崔忠付　蔡　进　贺登才
编辑部主任　刘乃杰
编　　　辑　崔　冬　朱贝特　王国辉　赵雷刚　董　岩
发　　　行　高　威
广告设计　阳光设计工作室

编辑部电话　010-83775835　010-63738995（兼传真）
邮　　　箱　gwrshk@126.com
发　　　行　010-63738995
传　　　真　010-63738995

# 《中国物流年鉴》（2022）供稿者

（按姓氏笔画排序）

马增荣　王　芮　王　萌　王与剑　王方春　王国文　王国清　王盼盼　王继祥　尤晓岚
田　征　冯耕中　吕　华　任　志　刘长庆　刘汉才　刘伟华　刘宇航　刘陶然　刘婷婷
闫　鸣　孙熙军　李　鹏　李红梅　李新波　张　洁　张　浩　张晓东　陈之旋　周　媛
周增宝　赵东月　赵启昕　姜　旭　秦玉鸣　秦华侨　都　丹　贾翔宇　顾宁军　晏庆华
徐　勇　徐金鹏　高　珉　高　峰　高培源　郭肇明　戚丽丽　康译文　蒋卓玲　韩兆轩
焦　飞　谢文卿　谢雨蓉　谢宝贵　樊一江　穆宏志

国家发展改革委、国家发展改革委综合运输研究所、内蒙古自治区发展改革委、吉林省发展改革委、山东省发展改革委、河南省发展改革委、湖南省发展改革委、海南省发展改革委、四川省发展改革委、山西省工业和信息化厅、青海省工业和信息化厅、内蒙古自治区统计局、吉林省统计局、河南省统计局、四川省统计局、青岛市交通运输局、武汉市交通运输局、中国粮食行业协会、河北省现代物流协会、内蒙古物流协会、黑龙江省物流与供应链商会、安徽省物流协会、河南省物流与采购联合会、湖南省物流与采购联合会、重庆市物流与供应链协会、宁夏现代物流协会、中国仓储与配送协会、中国国际货运代理协会、陕西省道路运输协会、宜昌市物流业发展中心、中国物流信息中心、中物联网络事业部、中物联行业事业部、中物联教育培训部、中物联标准化工作部、中物联评估办、中国物流发展专项基金“宝供物流奖”办公室、中物联汽车物流分会、中物联危化品物流分会、中物联冷链委、中物联托盘委、中汽信息科技（天津）有限公司、中国工程机械工业协会工业车辆分会、上海国际航运研究中心、蜂网投资、北京物资学院、北京交通大学、天津大学、大连理工大学、西安交通大学、西安邮电大学、西安电子科技大学、兰州交通大学、黑龙江省现代物流与供应链产业研究院、武汉现代物流研究院、《物流技术与应用》杂志社、《中国出版传媒商报》社、北京兰格云商科技有限公司、供应链管理专业协会（CSCMP）、中国联合网络通信有限公司云南省分公司、准时达国际供应链管理有限公司、北京中物华兴科技有限公司、浙江创联信息技术股份有限公司、深圳市递四方速递有限公司

# 《中国物流年鉴》（2022）
# 广告提供单位

## 上册

顺丰速运重庆有限公司
云南建投物流有限公司
郑州银行股份有限公司
北京长久物流股份有限公司
德邻陆港供应链服务有限公司
联邦快递（中国）有限公司
荣庆物流供应链有限公司
秀山华渝物流投资有限公司
四川安吉物流集团有限公司
中铁物资集团有限公司
青海省物资产业集团有限公司
玖隆钢铁物流有限公司

## 下册

马钢集团物流有限公司
中国铁路广州局集团有限公司
山东盖世国际物流集团有限公司
青岛铁路经营集团有限公司
宜昌三峡物流园有限公司
广东秦粤物流股份有限公司
广西玉驰智联科技有限公司
《中国物流与采购》杂志社
中国物流与采购联合会物流信息服务平台分会
《中国储运》杂志社
万联网

## 第八部分

漯河双汇物流投资有限公司
中远海运物流有限公司
北京长久物流股份有限公司
[托盘篇]
上海庙航包装科技股份有限公司
河南富托物流装备有限公司
名录展示
[铁路篇]
中国国家铁路集团有限公司及各相关路局、公司
[综合篇]
岳阳市交投园区—岳阳胥家桥综合物流园
江苏通湖物流园有限公司
中国诚通供应链服务有限公司
中外运物流（云南）有限公司
陕西卡一车物流科技有限公司
九江市新雪域置业有限公司
名录展示

# 编 辑 说 明

一、《中国物流年鉴》（以下简称《年鉴》）是中国物流与采购联合会主办、《中国物流与采购》杂志社承办的大型文献性工具书。自2002年创办至今，已经连续出版发行二十一年。二十一年来《年鉴》的编纂质量不断提升，赢得了业界广泛好评。《年鉴》具有的权威性、可读性和资料性，使其成为业界人士查询、引用、论证、存档不可或缺的"工具"。

二、2021年是党和国家历史上具有里程碑意义的一年，也是物流业夯实地位、谋定思动、守正创新的一年。

2021年3月12日，《中华人民共和国国民经济和社会发展第十四个五年规划和2035年远景目标纲要》正式发布，其中多处提到物流和供应链，为现代物流发展和供应链创新指明了方向。2021年12月12日，《"十四五"冷链物流发展规划》正式出台，提出到2035年全面建成现代冷链物流体系。数字经济深刻影响行业，习近平总书记在第二届联合国全球可持续交通大会上提出，要大力发展智慧交通和智慧物流，使人享其行、物畅其流。

2021年，物流全行业勠力同心、艰苦奋斗，推进物流平稳健康和可持续发展，实现"十四五"良好开局。全年社会物流总额实现335.2万亿元，物流业总收入11.9万亿元，快递业务件量首次突破1000亿件。全国A级物流企业近8000家，物流企业和个体工商户等市场主体超过600万家，就业人数超过5000万人。货车司机、快递小哥权益保障获得重视。国家发展改革委发布"十四五"首批国家物流枢纽建设名单，国家物流枢纽增至70家。国务院印发《2030年前碳达峰行动方案》，交通运输绿色低碳行动纳入"碳达峰十大行动"之一。

这一年，我们积极应对需求收缩、供给冲击、预期转弱三重压力，围绕构建新发展格局，加快结构调整和产业融合，助力增强产业链供应链韧性。经国务院批准，中国物流集团正式成立，央企物流国家队重组整合拉开序幕。物流行业各细分领域龙头企业加快兼并重组和上市步伐，物流市场集中度进一步提升。平台经济热潮涌动，自动驾驶卡车、配送机器人、数字智能仓库等新一代技术装备加快商业化应用。商务部、中物联等8部门公布首批全国供应链创新与应用示范城市和示范企业，10个城市和94家企业榜上有名。国家发展改革委发文公示物流业制造业深度融合创新发展典型案例名单，一批典型物流企业深度融入制造业供应链，支撑中国制造迈向中高端。

三、2022版《年鉴》的组稿、编纂工作得到了国家发展改革委、商务部、交通运输部、国家统计局等中央部委和部分省市自治区政府部门、物流行业社团、相关行业协会、中国物流信息中心、全国物流标准化技术委员会等机构，以及中远海运物流有限公司、中铁物资集团有限公司、郑州银行股份有限公司、顺丰速运重庆有限公司、山东盖世国际物流集团有限公司、云南建投物流有限公司、中国铁路广州局集团有限公司、荣庆物流供应链有限公司、联邦快递（中国）有限公司、北京长久物流股份有限公司、德邻陆港供应链服务有限公司、青海省物产集团有限公司、四川安吉物流集团有限公司、秀山华渝物流投资有限公司、广东秦粤物流有限公司等知名企业的大力支持，对此我们表示衷心的感谢。

四、对不符合《年鉴》编辑要求的来稿，编辑人员在尊重作者原意的基础上作了谨慎认真的删改。

五、因编辑部人员水平有限，如有不妥之处，恳请批评指正。

六、2022版《年鉴》在框架结构和主体内容上将继续2021版的风格，力求真实地展示行业发展变化的全貌，继续加大数据和图表的内容，继续加强物流业细分领域重点企业的展示，使《年鉴》更具可读性、资料性，成为社会了解行业发展的窗口。

欢迎大家继续对2023版《年鉴》的组稿和编辑工作给予支持！

**《中国物流年鉴》编辑部**

**二〇二二年八月三十日**

# 前　言

2021年是我国"十四五"开局之年，也是党和国家历史上具有里程碑意义的一年。我们隆重庆祝中国共产党建党一百周年，实现第一个百年奋斗目标，开启第二个百年奋斗目标新征程，全方位推进高质量发展。我国物流业总体保持复苏态势，现代物流体系高质量发展取得新成效，为畅通国内大循环、促进国内国际双循环提供了有力支撑，实现了"十四五"良好开局。

一、2021年我国物流发展现状

（一）社会物流需求保持较快恢复

2021年，中国制造业采购经理指数（PMI）均值为50.5%，高于前两年水平，经济复苏带动物流需求增长。全国社会物流总额达到335.2万亿元，同比增长9.2%，高于GDP增速1.1个百分点。社会物流需求基本恢复到正常年份水平。其中，工业品物流总额、单位与居民物品物流总额、农产品物流总额同比分别增长9.6%、10.2%、7.1%，均实现恢复性增长。受益于新冠肺炎疫情防控总体稳定和制造业较强的韧性，全年物流业景气指数平均为53.4%，维持在景气水平。我国出口保持较高增速，工业生产持续增长，工业物流需求旺盛，制造业中出口相关物流以及装备制造、高新制造业物流需求高于平均水平，成为工业物流恢复的重要动力。消费物流增速趋缓，疫情推动网络购物成为居民消费重要渠道，实物商品网上零售额占社会消费品零售总额的比重达24.5%，带动电商快递业务量扩张，全年快递业务量首次突破1000亿件，持续领跑其他细分市场。

（二）物流市场主体活力显著增强

2021年，物流企业和个体工商户等物流市场主体超过600万家，就业人数超过5000万人。其中，A级物流企业接近8000家，规模型5A级企业超过400家。全国物流业总收入11.9万亿元，同比增长15.1%，持续保持较快增长速度。其中，中国物流50强企业收入合计1.4万亿元，占总收入12%左右。疫情下规模型龙头企业抗风险能力显现，市场份额有所扩大，快递快运、冷链物流、航运航空物流、合同物流等细分市场集中度提升。物流资源重组整合步伐加快。经国务院批准，中国物流集团正式成立，物流国家队重组整合拉开序幕。京东物流、东航物流、中铁特货、满帮集团、安能物流等各领域一批龙头企业纷纷上市，资本市场助力打造具有国际竞争力的现代物流企业。

（三）物流设施网络布局力度加大

2021年，全国物流相关固定资产投资超过3.5万亿元，一批重大物流基础设施得到有力支持。国家发展改革委发布"十四五"首批25个国家物流枢纽建设名单，目前全国已经布局建设国家物流枢纽增至70个。以承载城市为战略支点，健全国家物流枢纽网络，重在整合存量物流设施，补齐设施短板，联动交通基础设施，促进枢纽互联成网，加快编织"通道+枢纽+网络"的物流运行体系，打造区域物流产业集聚区，为区域经济转型升级创造低物流成本的投资环境。国家发展改革委印发《国家骨干冷链物流基地建设实施方案》，提出到2025年，布局建设100个左右国家骨干冷链物流基地，推动建成三级冷链物流节点设施网络。第三批示范物流园区名单发布，加强园区互联互通、联动发展。第二批多式联运示范工程通过项目验收，加快货运枢纽布局建设。

（四）国际物流呈现供需两旺

2021年，我国出口集装箱运价综合指数突破3300点大关，"一舱难求"阶段性好转，持续影响国际供应链稳定。国际物流增长较快，全年中欧班列开行约1.5万列，同比增长22%；开行国际货运航班7.4万班，同比增长25.8%；完成国际航线货邮运输量241.5万吨、国际及港澳台快递19.3亿件，同比分别增长20.2%、17.4%。西部陆海新通道班列突破6000列，中老铁路国际货物列车开行，区域物流条件改善彰显开放新优势。受内需转变影响，进口物流下行压力趋升。2021年进口物流量增幅由上年的增长8.9%转为下降1.0%，特别是下半年以来由增转降，主要是大宗进口量趋缓所致。高新技术产品进口量仍然保持较快增长，有力支撑产业结构调整。

（五）科技创新引领作用深化提升

2021年，习近平总书记提出"大力发展智慧交通和智慧物流"，物流行业数字化转型提速。截至2021年年底，全国共有1968家网络货运企业，整合社会零散运力360万辆，全年完成运单量近7000万单，平台经济焕发新活力。物联网、云计算、大数据、人工智能、区块链等新一代信息技术与传统物流融合。无接触配送机器人投入疫区保障生活物资递送，自动驾驶卡车在港口、矿山等物流场景加快商业化落地，全国第一条常态化大型货运无人机专用航线开通，数字物流仓库大幅提升周转效率，海运行业"全球航运商业网络"（GSBN）区块链联盟正式运营，科技创新对物流产业升级的引领带动作用持续增强。

（六）绿色低碳物流影响程度加深

2021年，我国新能源物流车累计销量超过11万辆，较上年翻番。国家出台《新能源汽车产业发展规划（2021—2035年）》，要求重点区域新增或更新物流配送等车辆中新能源比例不低于80%。首批16个绿色货运配送示范城市名单发布，各地大力出台新能源和清洁能源物流车便利通行政策，带动城配新能源物流车购销两旺。国务院印发《2030年前碳达峰行动方案》，交通运输绿色低碳行动纳入"碳达峰十大行动"之一。重型柴油货车国六排放标准正式实施，新能源汽车换电模式应用试点启动，氢能产业示范区带动燃料电池车辆商业场景打造，光伏产业推广利用仓库屋顶太阳能发电获得支持，绿色低碳倒逼产业转型升级。

（七）物流营商环境持续优化改善

2021年，中国物流与采购联合会（以下简称"中物联"）发布《物流企业营商环境调查报告》，超七成企业肯定物流领域审批许可等政务环境的改善。《"十四五"现代流通体系建设规划》正式发布，现代物流体系成为两大支撑之一，助力构建现代流通网络，更好服务双循环新发展格局。《"十四五"冷链物流发展规划》以及商贸物流、数字经济等多项"十四五"专项规划从各自领域对现代物流进行战略部署，现代物流产业地位再上新台阶。国家出台的减税降费、规范执法、便利通行、金融信贷、纾困帮扶等多项政策措施惠及物流业，持续激发和保护市场主体活力。多部门出台文件，多措并举切实维护快递员、货车司机等从业人员的合法权益。

（八）行业基础工作支撑高质量发展

2021年，中共中央、国务院印发了《国家标准化发展纲要》，重点提到要加强现代物流等服务领域标准化。自2003年9月全国物流标准化技术委员会成立以来，已制定并发布国家标准90项、行业标准72项、团体标准27项。由中物联组织起草的我国首个食品冷链物流领域强制性国家标准《食品安全国家标准　食品冷链物流卫生规范》正式实施，对于规范冷链物流服务具有重要作用。中物联推动国家“1+X”证书制度试点工作，全年共完成“1+X”证书考核近3万人，累计考核人数超过9万人，参与试点的院校705所。教育部开展高校一流物流专业建设、物流专业新文科建设试点。目前，全国已有700个本科物流类专业点、1300多个高职物流类专业点和560多个中职物流类专业点。中物联科学技术奖自2002年科技部批准以来，评出获奖成果上千项。中物联设立课题研究计划，通过重大重点课题引导行业研究方向。物流领域产学研结合工作大力推进，产学研基地发挥重要作用，在科技攻关、专利转化、人员培养等方面取得积极成效。

二、当前我国物流业发展面临的形势

当前，我国物流运行面临的国内国际形势较为严峻，给现代物流体系建设带来一定挑战，但也存在重大机遇。需要我们从战略层面积极谋划、妥善应对，开辟一条现代物流高质量发展的道路。

（一）全球产业链供应链调整风险加剧

新冠肺炎疫情对全球产业链供应链的影响持续分化。我国凭借有效的疫情防控措施较快恢复生产，产业链供应链韧性增强，货物进出口总额再创历史新高。但是国际航运运力紧张、电力能源供应不足等问题加剧了供应链的不确定性。随着国外疫情态势逐步转变，全球供应链呈现区域化、本土化、多元化趋势，部分生产需求将加快回流和转移，这对未来一段时间适应全球供应链调整风险、提升现代物流韧性和灵活性提出了挑战。同时，随着中欧班列常态化开行，陆海新通道、中老铁路等国际大通道陆续开辟，“一带一路”国际经贸走廊承接产能转移，有助于维护区域供应链稳定。《区域全面经济伙伴关系协定》（RCEP）正式生效，带来供应链区域合作机会，给现代物流跟随产业链“走出去”带来新的机遇。

（二）要素成本价格上涨压力持续加大

2021年下半年，国内电力、煤炭、成品油等领域出现了阶段性供应紧张。全年成品油价调整出现“15次上涨、6次下跌、4次搁浅”的局面，柴油累计每吨上涨超过1400元，物流企业不堪重负。国家大力推动中小企业普惠金融，但是企业获得感不足。主要原因是物流企业存在大量保证金和运费账期，账期普遍在3个月以上，由于缺乏征信数据和确权手段，无法获得信贷支持导致资金成本居高不下。此外，物流用人难用人贵、用地难用地贵的问题日益突出。《2021年货车司机从业状况调查报告》显示，35岁以下司机占比为25.5%，较2016年调查明显减少，司机“招聘难”成为普遍现象。部分城市规定市区内不再新批物流用地，城市配送中心与城市间距离过远会大幅推高配送成本。2021年社会物流总费用16.7万亿元，同比增长12.5%，运输费用、仓储费用、配送费用等上涨幅度较大，单纯依靠要素降本的空间日益收窄。

（三）产业迈向价值链中高端存在瓶颈

新冠肺炎疫情进一步巩固了我国世界第一制造业大国的地位。随着外部形势变化和经营成本上涨，企业被迫向价值链中高端迈进。产业升级提速对产业链供应链现代化提出更高要求。商务部、中物联等8部门确定了第一批10个全国供应链创新与应用示范城市和94家示范企业，各地积极制定并实施“链长制”方案，优质企业牵头制造业强链补链行动，重在推动经济循环流转和产业关联畅通，维护产业链供应链安全稳定。但是，我国物流配套能力低端化成为重要制约瓶颈。物流业作为重要的生产性服务业，长期处于微利经营，主要是服务功能单一、专业化水平低。物流业与制造业之间更多是简单的供需关系，产业融合成熟度不够。国家发展改革委等部门推进物流业制造业深度融合创新发展，激发制造业释放服务需求，带动物流业效率提升、效益增加，促进物流业以专业服务助力制造业价值链升级，有望实现产业链供应链整体跃迁。

（四）实施扩大内需战略物流短板凸显

我国具有超大规模市场的优势，扩大内需战略正在成为战略基点。2021年，内需对经济增长的贡献率达79.1%，是我国经济增长的第一拉动力。我国人均GDP超过1.2万美元，与高收入国家差距进一步缩小。我国城镇化率超过60%，对内需有很大的拉动力。城乡居民收入差距继续缩小，乡村振兴带动城乡区域协调发展。新一轮扩大内需战略重在围绕做大做强国内市场，把满足国内需求作为出发点，加快构建完整的内需体系，着力打通生产、分配、流通、消费各个环节，增强经济内生动力，这对与内需相适应的物流基础设施和服务能力都提出了更高要求。当前，城市物流普遍面临限行限地问题，特别是城市末端网点短缺，不适应高时效高频次的消费物流需求。区域物流枢纽承载条件不够，不适应标准化大批量的中转物流需求。物流服务交付能力不足，不适应一体化集成式产业物流需求。多层级物流基础设施布局、高标准物流交付能力仍是制约内需扩大的重要短板。

（五）数字经济成为经济发展的新动能

习近平总书记提出，数字经济正在成为重组全球要素资源、重塑全球经济结构、改变全球竞争格局的关键力量，发展数字经济是把握新一轮科技革命和产业变革新机遇的战略选择。数字经济是继农业经济、工业经济之后的主要经济形态，随着新一代信息技术与传统产业融合程度加深，产业边界正在消融，新兴业态的场景革命正在兴起，开放、共享、协同、去中心等特征使得资源配置效率更高，市场响应速度更短，将从根本上改变整个产业生态体系，对企业转型升级带来更多机遇。《“十四五”数字经济发展规划》明确提出，大力发展智慧物流，涉及物流新基建、新技术、新模式、新业态等。但是，在转型过程中也出现了资本无序扩张、不正当竞争、行业垄断和权益保障等问题。中小企业仍然面临数字化鸿沟，存在“不敢转”“不会转”“不能转”等问题。数字化政务等公共服务还存在短板，数据治理、平台治理能力还有待提升，制约了智慧物流健康发展。

（六）碳达峰碳中和带来绿色转型机遇

习近平总书记强调，实现碳达峰、碳中和是一场广泛而深刻的经济社会系统性变革，要把碳达峰、碳中和纳入生态文明建设整体布局。目前，全球有140多个国家以各种形式提出了碳中和承诺，这意味着未来发展范式将发生深刻转变。过去传统的“先发展、后治理”模式被低碳发展模式取代。但是，这也是一项复杂工程和长期任务，不可能毕其功于一役。目前，一些地方出现了“碳冲锋”“一刀切”“运动式减碳”等问题，特别是国四、国五排放车辆的限行区域越来越大，甚至限制柴油货车进入工矿厂区，将长期目标短期化，影响了地区经济运转和民生保障。对于传统物流业来说，绿色转型是否会增加物流成本，需要统筹考虑外部成本、隐性成本、机会成本等来“算总账”，这也将带动物流相关领域碳排放核算监测和评价体系发育。全国碳排放交易市场上线、交通运输绿色低碳行动开展，给物流企业绿色转型的自主变革带来重大机遇。

2021年，我们经受了国际供应链物流“断链”风险和国内物流要素成本上涨等方面的巨大压力。全体物流业界同人发挥战略定力，坚持质量变革、效率变革、动力变革，深化产业链融合和国内外合作，坚定探索现代物流高质量发展道路，对于畅通国民经济循环、助力形成强大国内市场、提升产业链韧性和保障社会民生稳定奠定了重要基础。

《中国物流年鉴》是中国物流与采购联合会主办、《中国物流与采购》杂志社承办的大型文献性工具书。二十多年来，《中国物流年鉴》坚持用数据和事实反映物流业发展变化的轨迹，记录我国物流业发展的历程，赢得了业界好评。面对我国物流业不断发展变化的新形势，《中国物流年鉴》将继续以求真务实、严谨负责的态度做好资料收录工作，宣传行业正能量，特别是宣传在抗击新冠肺炎疫情中做出突出贡献的组织、企业和个人。同时，真诚地希望业界同人提出宝贵意见，使其越做越精、越做越好。

何黎明

二〇二二年八月三十日

# 目　录

## 上　册

### 第一部分　物流政策法规

## 第二部分　物流统计



## 第三部分　物流产业



# 下　册

## 第四部分　行业物流

## 第五部分 地区物流



## 第六部分 物流技术与装备



## 第七部分 物流教育、信息化、标准化

## 第八部分　部分优秀物流企业及经典案例



## 第九部分　物流综合

第四部分

# 行业物流

# 2021年中国制造业物流

根据国家统计局数据，2021年，全国规模以上工业增加值同比增长9.6%，增速较上年加快6.8个百分点，高于GDP增长1.5个百分点，其中制造业增加值增长9.8%，高于全部工业增长0.2个百分点。

## 一、2021年我国制造业发展主要特点

（一）工业制造业增速前高后低，整体呈现向好趋势

全国规模以上工业企业实现利润总额87092.1亿元，同比增长34.3%。分季度看，第一、第二、第三、第四季度利润同比分别增长137.3%、36.0%、14.3%、12.3%，受高基数等因素影响，同比增速前高后低，但与2019年相比，各季度利润两年平均分别增长22.6%、19.4%、15.1%、16.5%，均保持较高增速，企业效益的增长态势得到进一步巩固。分行业看，医药、电子及通信设备制造业利润增势强劲，较上年分别增长77.9%、44.0%；航空航天器及设备、信息化学品制造行业利润增长也较快，分别增长76.2%、52.6%，说明高技术制造业成为亮点，对于整体工业利润增长的引领作用较为突出。

从全国规模以上工业企业的资产及营业水平来看，截至2021年年底，规模以上工业企业资产总计141.29万亿元，同比增长9.9%；规模以上工业企业实现营业收入127.92万亿元，同比增长19.4%；发生营业成本107.12万亿元，同比增长19.1%；营业收入利润率为6.81%，比上年提高0.76个百分点。其中，制造业实现利润总额73612.2亿元，同比增长31.6%，表现出十分强劲的增长势头。上述数据表明，2021年，我国工业制造业增长较快，综合国力进一步增强，经济规模进一步扩大，整体向好的趋势显著。2016—2021年我国工业增加值年度增长情况如图1所示。

（二）PMI逐渐趋于稳定，制造业经济稳步恢复

2021年我国制造业采购经理人指数（PMI）全年平均水平为50.54%，高于荣枯线，且较2020年PMI全年平均水平（49.9%）有所回升。2021年1—12月我国制造业采购经理人指数（PMI）走势如图2所示。

从PMI的构成指数来看，生产指数除9月、10月两月外，均保持在50%以上，说明制造业生产扩张总体上持续加快。其中，9月受高耗

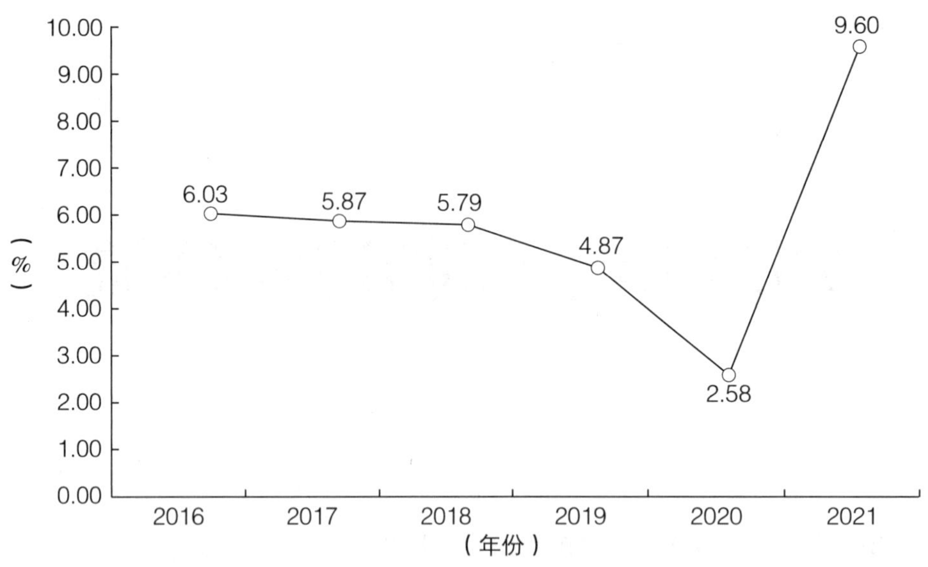


图1　2016—2021年我国工业增加值年度增长情况

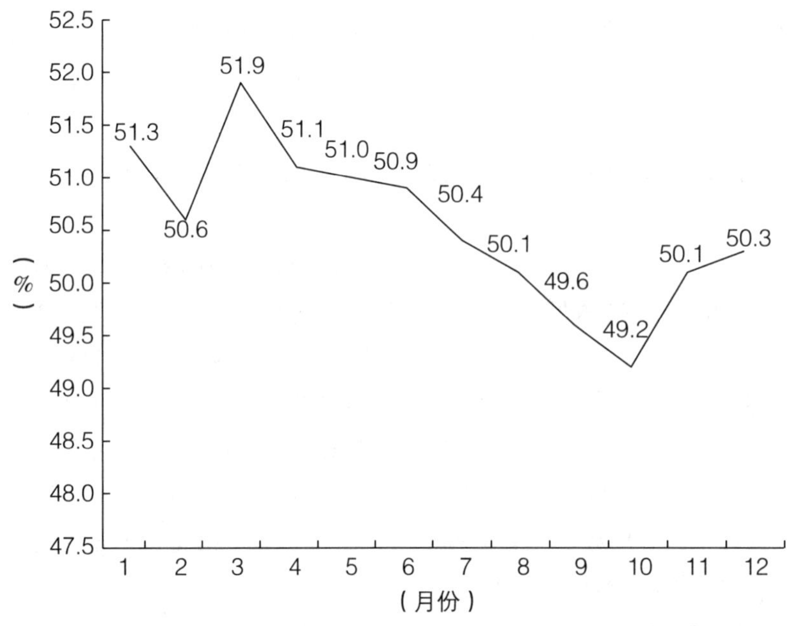


图2　2021年1—12月我国制造业采购经理人指数（PMI）走势

能行业景气水平较低等因素影响，制造业PMI降至临界点以下；10月受电力供应紧张、部分原材料价格高位上涨等因素影响，制造业PMI降至49.2%。随后，政府出台的一系列加强能源供应保障、稳定市场价格等政策措施成效显现，11月电力供应紧张情况有所缓解，部分原材料价格明显回落，制造业PMI重返扩张区间，表明制造业生产经营活动有所加快，景气水平改善。12月，制造业采购经理人指数为50.3%，比上月上升0.2个百分点，位于扩张区间，表明我国经济总体保持恢复态势，景气水平平稳回升。

从重点行业看，12月高技术制造业、装备制造业和消费品行业PMI分别为54.0%、51.6%和51.1%，均继续高于临界点，行业保持扩张；其中，高技术制造业新订单指数和从业人员指数分别为56.1%、51.7%，高于上月2.9个和1.1个百分点，表明高技术制造业市场需求持续较快增长，用工量不断增加，行业发展向好。上述PMI分项指数表明，制造业经济年末有所回暖，景气稳中有升，回升势头进一步巩固。

（三）工业企业利润较快增长，盈利能力稳步提升

2021年，面对复杂严峻的国际环境和国内各种风险挑战，各地区、各部门在以习近平同志为核心的党中央坚强领导下，认真贯彻落实党中央、国务院决策部署，大力支持工业发展，着力激发工业企业活力，工业经济持续稳定恢复，企业利润实现较快增长，盈利能力稳步提升。

2021年，全行业企业营业收入增长19.4%，增速较上年加快18.6个百分点。近八成行业利润实现增长，部分行业增长较快。2021年，在41个工业大类行业中，有32个行业利润较上年增长，占78.0%，行业增长面较上年扩大14.6个百分点。企业单位成本费用下降，利润率明显提升。2021年，企业每百元营业收入中的成本、费用分别为83.74元、8.59元，较上年分别减少0.23元、0.59元；产成品、应收账款周转加快，资金压力有所减轻。截至2021年年末，规模以上工业企业产成品存货周转天数、应收账款平均回收期分别为16.8天、49.5天，较上年年末分别减少0.9天、2.0天，企业流动资金使用效率提升，回款压力有所减轻；资产创收能力增强，资产负债率稳中有降。规模以上工业企业每百元资产实现的营业收入为95.4元，比上年年末增加7.7元，企业资产利用效率不断提高。企业资产负债率为56.1%，较上年年末降低0.1个百分点。由此可见，党中央、国务院决策部署着力提升了制造业核心竞争力，做实做强做优实体经济，落实好减税降费、保供稳价等政策，更大激发了市场主体活力，工业企业利润实现较快增长，效益水平稳步提升。

（四）经济稳中求进，制造业高质量发展取得新成效

高质量发展是“十四五”发展的主题。2021年，各地区、各部门深入贯彻新发展理念，促进经济稳定复苏，同时着力深化改革、扩大开放、推动创新，着力推动质量变革、效率变革、动力变革，高质量发展取得新的成效。

第一，创新驱动发展收获新成果，高技术产业快速发展。2021年，国家战略科技创新力量加快壮大，硕果累累，天问一号探测器成功着陆火星，神舟十二号、神舟十三号载人航天任务相继完成，国家实验室也投入运行。规模以上医药制造业、航空航天器及设备制造业、电子及通信设备制造业、计算机及办公设备制造业增加值分别同比增长24.8%、17.0%、18.3%、18.0%，高技术产业快速发展。

第二，推动协调发展取得新进展，产业结构调整优化。2021年，制造业增加值占国内生产总值的比重为27.4%，比上年提高了1.1个百分点，需求结构稳定改善；内需对经济增长的贡献率接近80%，比上年提高4.4个百分点。

第三，绿色低碳发展获取新成绩，节能降耗扎实推进。2021年，单位GDP能耗同比下降2.7%。一方面，清洁能源消费快速发展，据初步测算，2021年，天然气、水、核、风、光、电等清洁能源消费比重达到了25.3%，比上年提高1.0个百分点；另一方面，我国绿色产品

产量快速增长，2021年，新能源汽车、太阳能电池产量分别同比增长145.6%、42.1%。由此可见，我国的节能降耗行动在各个方面都有突出成效。

第四，开放带动发展实现新突破，经济持续健康发展。2021年，我国货物进出口总额首次突破6万亿美元，创历史新高；按美元计价同比增长30%，增速创2011年以来新高。特别是在2021年年初，《区域全面经济伙伴关系协定》（RCEP）正式生效，标志着全球人口最多、经贸规模最大、最具发展潜力的自由贸易区正式落地，这必将会促进对外贸易、相互投资、国际贸易、国际投资发展。

（五）工业转型升级稳步推进，新动能支撑作用强劲

2021年，在以习近平同志为核心的党中央坚强领导下，疫情防控和经济社会发展的各项政策措施取得显著成效，"六稳""六保"扎实贯彻，工业转型升级稳步推进。

一方面，装备制造业生产稳中有升。2021年，装备制造业增加值同比增长12.9%，高于全部规上工业平均水平3.3个百分点，对全部规上工业增长贡献率达45.0%，有力支撑工业增长稳步回升。从行业看，多数行业两位数增长，金属制品业、电气机械和器材制造业、计算机通信和其他电子设备制造业两年平均增速均达两位数，且明显高于2019年水平。从产品看，新能源汽车同比增长145.6%，产量各月均保持成倍增长；工业机器人、太阳能电池、微型计算机设备等主要产品实现较快增长，增速分别为44.9%、42.1%、22.3%。

另一方面，高技术制造业保持快速增长。2021年，高技术制造业增加值同比增长18.2%，高于全部规上工业平均水平8.6个百分点，对规上工业增长的贡献率为28.6%，从2020年11月以来，连续14个月保持两位数增长。分行业看，医药制造业、电子及通信设备制造业、计算机及办公设备制造业增加值分别增长24.8%、18.3%、18.0%。分产品看，3D打印设备、智能手表、集成电路分别增长37.5%、37.0%、33.3%。总体上看，工业生产保持平稳增长、稳中有进的发展态势，新动能加快成长，工业发展韧性较强。

## 二、2021年我国制造业物流发展主要特点

（一）工业物流稳中有进，协同一体化水平提升

国家统计局公布的数据显示，2021年社会物流总费用为16.7万亿元，与GDP的比率为14.6%，比上年回落0.1个百分点，在连续三年持平后首次回落。创新动能有效增强，工业制造物流需求较快增长。2021年工业品物流总额同比增长9.6%，增速比上年加快6.8个百分点；两年平均增长6.1%，增速接近疫情前水平。其中制造业中出口相关以及高新制造业物流需求发展较好，全年装备制造业、高技术制造业物流需求比上年分别增长12.9%、18.2%，增速分别高于全部工业平均水平3.3个、8.6个百分点，是工业物流恢复的主要拉动力。2021年是构建新发展格局的起步之年，国际环境复杂严峻、国内疫情倒逼我国物流运行效率、供应链响应水平加速提升，物流在畅通经济内外循环、保障产业链畅通稳定方面发挥了重要作用，助力单位物流成本稳中有降。

物流与产业融合加速，协同一体化水平提升。近年来，工业、商贸企业采用供应链协同推进生产经营的意愿明显提升，特别是疫情以来物流上下游协同合作的水平提升，物流业总

收入与社会物流总费用的比率为72%，显示专业物流服务的广度、密度、深度不断增加。另外，头部物流企业发挥引领带动作用，大力推进一体化供应链物流服务。2021年50强物流企业供应链一体化收入合计增速在20%～30%，明显高于运输、仓储等单一物流业务；供应链一体化业务首次成为企业的主要收入来源（一体化物流业务收入占比近四成）。

（二）智能制造走深向实，物流技术持续发展升级

2021年年底，工信部连续出台了《“十四五”信息化和工业化深度融合发展规划》和《“十四五”智能制造发展规划》，为制造业转型升级指明了方向。《“十四五”信息化和工业化深度融合发展规划》指出，通过选取“全国两化融合发展指数”综合反映两化深度融合发展实际成效，到2025年，全国两化融合发展指数要达到105，相较于2020年提高约20。《“十四五”智能制造发展规划》明确提出“两步走”，即到2025年，规模以上制造业企业大部分实现数字化网络化，重点行业骨干企业初步应用智能化；到2035年，规模以上制造业企业全面普及数字化网络化，重点行业骨干企业基本实现智能化。

近几年我国装备制造业水平不断提升，加之国家政策上的引导，我国制造企业物流快速发展。同时面临的经济环境和行业竞争的压力，也促使制造企业内部形成了对高端化、智能化物流需求的动力。2021年，以钢铁及石化工业为代表的流程制造业，正在努力实现从数字化交付到数字化运营的全方位数字化转型目标，为企业打造智能工厂奠定基础。另外，企业积极推进智能物流建设，为智能物流产业带来了发展机遇，以满帮集团、福佑卡车、运去哪为代表的物流信息平台服务商和以海柔创新、智加科技为代表的智能物流设备制造商持续获得资本关注，不断刷新智能物流产业交易数量与交易规模。目前，我国智能物流产业正处于高速发展阶段，智能物流是制造业供应链与物流升级变革的重要引擎。

（三）双碳政策产生深远影响，制造业物流向绿色低碳转型

2021年以来，中央与国务院围绕碳达峰与碳中和进行了一系列战略部署。2021年2月22日，国务院发布《关于加快建立健全绿色低碳循环发展经济体系的指导意见》，提出到2025年，绿色低碳循环发展的生产体系、流通体系、消费体系初步形成。2021年4月在《生物多样性公约》第十五次缔约方大会领导人峰会上，习近平总书记再次强调“中国将力争2030年前实现碳达峰、2060年前实现碳中和”。

碳中和目标的提出，将对我国制造业发展带来巨大影响，与此同时也将推动包括物流装备制造在内的一系列产业出现全新的行业技术和发展模式，为我国经济转型升级、打造现代产业体系创造新机遇。随着国家政策的不断推出，减排目标将进一步具体化并逐步落实，包括物流装备制造在内的制造业必然要向全新的绿色制造和绿色服务方向发展。2021年11月，宝武物产通过与国内主流新能源电动重卡补能领域的三家头部企业合作，形成绿色物流解决方案，适应钢铁制造企业清洁能源用车、补能等不同服务需求模式，支撑中国宝武各钢铁生产基地加速推进清洁运输、绿色低碳物流的转型步伐。

（四）制造业与物流业持续深度融合创新发展

推动物流业与制造业融合发展是物流业降本增效提质和制造业转型升级的方向。2021年5月，国家发展改革委经贸司委托中

国物流与采购联合会（以下简称“中物联”）组织专家发布了物流业制造业深度融合创新发展案例名单，总结推广物流业制造业融合创新的成功经验，旨在培育形成一批物流业制造业融合发展标杆企业，引领物流业制造业融合水平显著提升。2021年7月14—15日，由中物联与鞍山钢铁集团有限公司联合举办的“2021物流业与制造业融合创新发展工作会暨第三届公路运力发展大会”在辽宁鞍山召开，国家发展改革委经贸司副司长张江波在大会上就实施方案作了宣贯，物流业制造业深度融合创新发展典型案例的获评单位作了经验交流，并以“智慧开局 融合共赢”为主题，探讨产业转型新机遇。会后，中物联研究室与北京物资学院物流学院组成物流业制造业融创发展调研组，联合部分行业专家深入鞍山钢铁、中邮物流、京东物流、顺丰速运、盛世华人、长久物流等获奖单位进行调研，了解行业企业在物流业制造业深度融合创新发展现状、问题痛点、存在原因和具体建议，为下一步推动物流业制造业融创发展提供了工作思路和有益想法。2021年10月28日，由广东省物流行业协会技术装备工作委员会、伍陆商学院联合组织的“‘粤贸全国’2021大湾区物流业制造业深度融合创新发展论坛暨生鲜冷链物流产业创新峰会”在广州成功举办，以“融合创新 · 数智转型”为主题探讨物流业制造业融合发展。2020—2021年中央和地方出台的有关制造业物流发展政策汇总如下表所示。

**2020—2021年中央和地方出台的有关制造业物流发展政策汇总**

| 发文（或成文）时间 | 发文部门 | 政策文件名称 | 主要观点 |
|---|---|---|---|
| 2020年5月29日 | 国务院 | 《政府工作报告》 | 提出要推动制造业升级和新兴产业发展、支持制造业高质量发展。发展研发设计、现代物流、检验检测认证等生产性服务业 |
| 2020年8月22日 | 国家发展改革委等 | 《推动物流业制造业深度融合创新发展实施方案》 | 鼓励制造业企业开展物流智能化改造，推广应用物流机器人、智能仓储、自动分拣等新型物流装备 |
| 2020年7月28日 | 住房和城乡建设部等13部门 | 《关于推动智能建造与建筑工业化协同发展的指导意见》 | 加快人机智能交互、智能物流管理、增材制造等技术和智能装备的应用 |
| 2021年7月26日 | 山西省工信厅 | 《山西省电子信息制造业2021年行动计划》 | 支持智能硬件产业发展。围绕智能物流等重点领域应用需求，推动智能设备和系统的开发应用 |
| 2021年10月22日 | 内蒙古自治区人民政府 | 《内蒙古自治区“十四五”工业和信息化发展规划》 | 明确了高质量建设“两个基地”、提升产业链供应链水平、提高技术创新能力、推动制造业绿色发展、推动产业数字化转型、促进企业融通发展和深化开放合作7个方面的重点任务 |

续 表

| 发文（或成文）时间 | 发文部门 | 政策文件名称 | 主要观点 |
| --- | --- | --- | --- |
| 2021年10月20日 | 黑龙江省人民政府 | 《推动“数字龙江”建设加快数字经济高质量发展若干政策措施》 | 加快推动产业数字化，大力推进5G、工业互联网建设及应用。加快制造业数字化转型和中小企业数字化赋能，开展智慧物流等试点示范，以数字技术促进产业数字化智能化转型和创新发展 |
| 2021年3月2日 | 浙江省经信厅 | 《关于深入实施制造业首台（套）提升工程的意见》 | 将智能物流设备作为重点领域发展，加快形成制造业发展新动能 |
| 2021年5月25日 | 四川省人民政府 | 《成都市支持黄金产业高质量发展的若干政策措施》 | 支持企业建设数字化车间、智能工厂和产业数字化公共平台，在营销物流等环节加大新技术、新装备应用 |

资料来源：根据中央和地方出台的制造业物流发展的相关政策整理。

目前，多家知名供应链企业纷纷加大在物流与制造业深度融合方面的布局。传化智联股份有限公司通过数字化技术，以智能平台模式将一个个公路港连接成网，同步打造衔接货主企业、物流企业的信息系统，为企业提供从线下到线上定制化的“端到端”供应链解决方案和服务，助力制造企业降本增效；京东物流集团基于云端柔性线边物流管控平台，将电商物流的工艺流程和管理经验移植到制造业中，运用大数据、人工智能及物流机器人等，在3C、汽车等制造行业实现两业深度融合创新发展。当前，我国物流业制造业融合发展趋势不断增强，物流企业与制造企业间风险共担、利益共享的联动融合发展格局正在形成。借助智能化的技术和数据匹配，以及互联网、区块链及物联网等创新科技来提高物流服务效率、降低制造业供应链成本及风险，将是未来制造业物流业发展的趋势和方向。

（天津大学管理与经济学部　刘伟华　陈之璇　刘婷婷　高培源）

本文受国家社科基金重大项目（No.18ZDA060）资助。

# 2021年中国钢铁物流

2021年是我国“十四五”规划的开局之年，也是开启“碳达峰、碳中和”规划的元年。伴随国内外新冠肺炎疫情多发、全球经济持续复苏，我国经济以韧克难，稳健开局。在国内外多重因素影响下，钢铁市场宽幅震荡，均价大幅上行，钢铁行业利润明显修复，钢铁企业积极谋划长远发展，加快兼并重组和低碳布局，但钢铁行业仍处于原料保障受制约、成本居高的困局之中。

## 一、2021年我国钢铁产业运行情况

（一）2021年我国钢铁市场宽幅震荡，均价大幅上移

2021年，受到全球经济复苏、外部需求增加、国内钢铁限产、生产与物流成本提高等多重因素推动，2021年全国钢材价格明显抬升。但由于疫情影响下经济复苏的不确定性，全球货币政策调整，以及保供稳价等因素影响，引发市场多空双方力量博弈，加剧了黑色系列产品行情的波动幅度。据兰格钢铁云商平台监测数据显示，2021年，兰格钢铁全国综合钢材价格指数均值为5449元/吨，同比上涨35.2%，价格中线超越2008年，创历史最高水平。其中，长材均价5167元/吨，同比上涨33.0%；板材均价5652元/吨，同比上涨37.3%；型材均价为5395元/吨，同比上涨38.2%；管材均价为5942元/吨，同比上涨33.8%。从震荡幅度来看，兰格钢铁综合钢材价格指数峰值出现在5月13日，价格为6655元/吨；谷值出现在1月25日，价格为4636元/吨，波峰、波谷震荡幅度高达2019元/吨。2019年4月30日—2021年12月31日兰格钢铁价格指数均值走势如图1所示。

（二）减产落地，粗钢产量再现同比下降

2021年，在碳达峰、碳中和背景下，工信部多次强调控制粗钢产量，要从节能减排出发，实行产能产量双控，确保全国粗钢产量同比下降。6月下旬起，各地区减产逐步开展，粗钢产量逐月回落，7月起粗钢产量首现同比下降。在钢铁产量压减、能耗双控、秋冬季大气污染防治、京津冀钢铁错峰生产和冬奥会管控等政策措施联动约束下，2021年粗钢压减任务目标得以落地实现，为2015年以来第二次负增长。根据国家统计局数据显示，2021年，我国生铁产量86857万吨，同比下降4.3%；粗钢产量103279万吨，同比下降3.0%；钢材产量133667万吨，同比增长0.6%。2001—2021年

我国粗钢产量及同比增长变化情况如图2所示。

就粗钢日产水平来看，年度日产明显下降，2021年粗钢平均日产283.0万吨，较2020年全年平均日产的290.9万吨减少了7.9万吨；粗钢月度日产在2021年4月创历史新高，为326.2万吨。

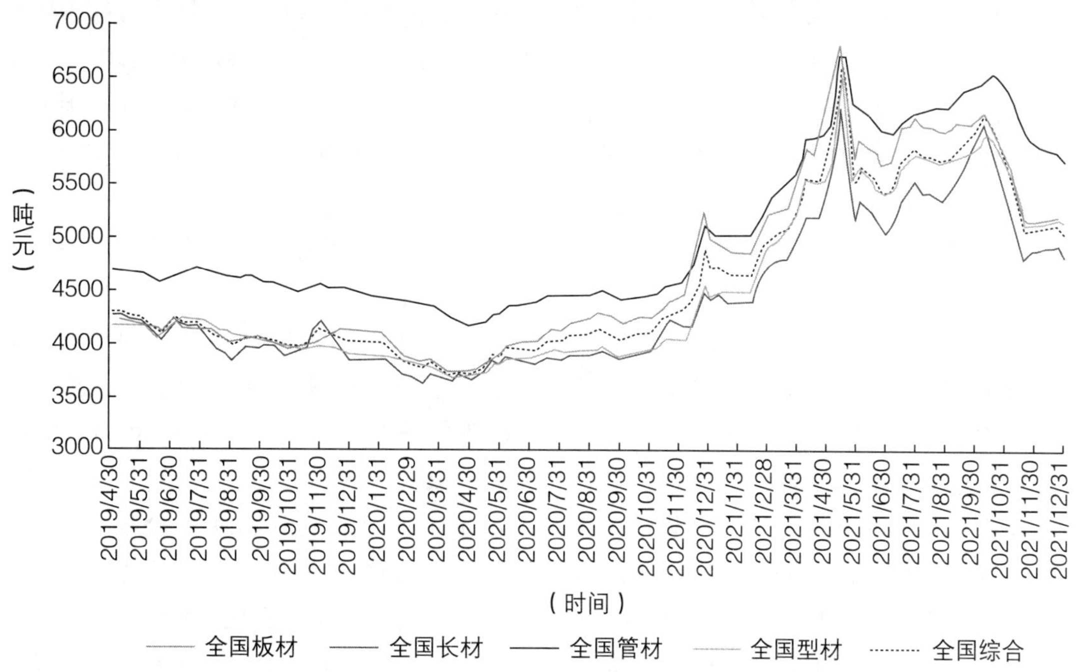


**图1　2019年4月30日—2021年12月31日兰格钢铁价格指数均值走势**

资料来源：兰格钢铁网。

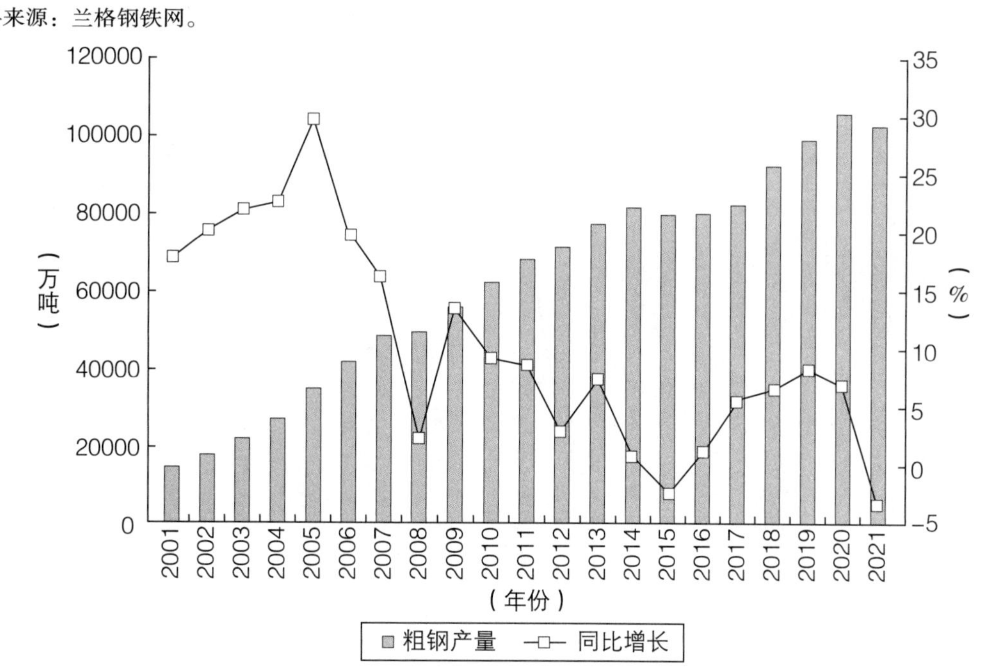


**图2　2001—2021年我国粗钢产量及同比增长变化情况**

资料来源：国家统计局，兰格钢铁研究中心。

（三）原料价格中线大幅上移，钢材成本明显上升

2021年，全球大宗商品价格上涨，国际钢铁产能恢复带动原料需求增长，铁矿石市场阶段性供需偏紧，铁矿石价格冲高并创下十年新高；后期随着我国减产力度加大，铁矿石需求收缩，矿价高位回落，但全年均价呈现明显上移特征。兰格钢铁云商平台监测数据显示，2021年，普氏铁矿石价格指数均值160.1美元/吨，同比上涨47.4%。

2021年，因环保、去产能等原因焦炭市场出现阶段性供应偏紧现象，叠加疫情对蒙古炼焦煤进口影响，8月起焦炭价格呈现连续15轮上涨，累计涨幅达1560元/吨；11月起随着保供稳价在焦煤、焦炭市场起作用，焦炭价格持续8轮提降落地，累计跌幅达1600元/吨。据兰格钢铁云商平台监测数据显示，2021年，唐山地区二级冶金焦价格均值2922元/吨，同比上涨54.2%；其中峰值4160元/吨，谷值2000元/吨，峰谷震荡差值2160元/吨。

2021年废钢价格呈现冲高回落、触底反弹行情。据兰格钢铁云商平台监测数据显示，2021年，废钢价格（唐山重废）均值3387元/吨，同比上涨33.6%。

在原料价格上涨带动下，钢铁企业吨钢生产成本明显上升。兰格钢铁研究中心测算数据显示，2021年，生铁成本指数均值在167.4，同比上升45.2%。

（四）吨钢毛利明显提升，钢企盈利再创历史新高

2021年因钢价大幅上涨和吨钢盈利明显提升，虽然钢铁产量同比下降，但行业整体盈利显著增长，超越2018年再创历史新高。据国家统计局数据显示，2021年，黑色金属冶炼和压延加工业实现营业收入96662.3亿元，同比增长32.2%；营业成本88498.1亿元，同比增长31.0%；实现利润总额4240.9亿元，同比增长72.1%。2011—2021年我国黑色金属冶炼和压延加工业利润及同比增长变化情况如图3所示。

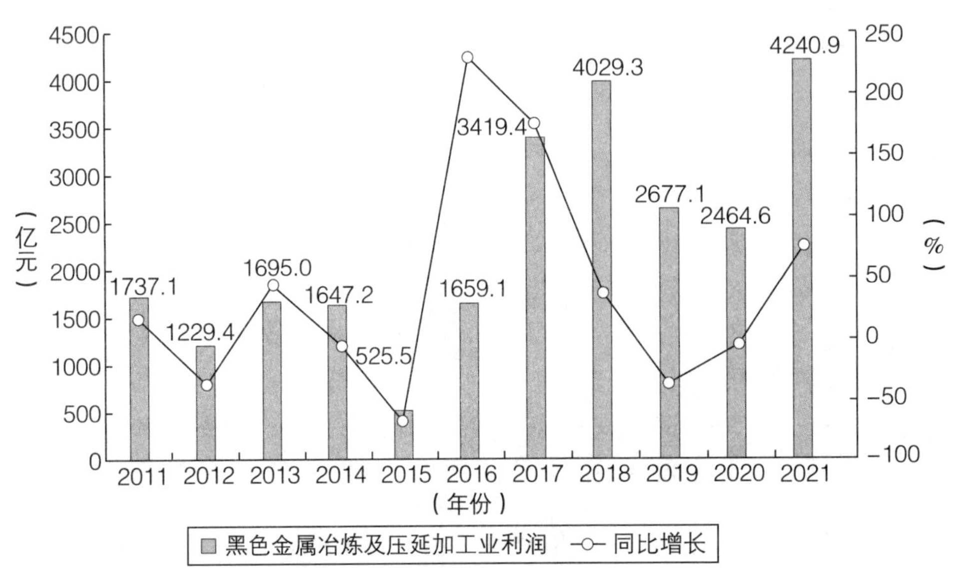


**图3　2011—2021年我国黑色金属冶炼和压延加工业利润及同比增长变化情况**

资料来源：国家统计局。

## 二、2021年钢铁物流发展情况

2021年，伴随钢铁市场大幅波动，钢铁流通市场景气度也在加大震荡。一是随着下游需求放缓，市场去库存进程不及上年；二是海外需求复苏和价格上涨，使得我国钢材出口竞争优势显现，钢材出口明显增长；三是在钢铁产量压减背景下，铁矿石进口量减价增。

（一）2021年钢铁流通市场运行波动加剧

2021年，伴随我国钢铁市场大幅波动，我国钢铁流通业景气度运行态势波动加剧。兰格钢铁云商平台统计发布钢铁流通业PMI数据显示，2021年该指数有4个月高于50%，与上年同期持平，反映钢铁流通市场景气度仍然保持良好运行态势，但伴随钢价大幅波动，钢铁流通业运行也在明显波动，指数最高点与最低点差值达到7.3个百分点，较上年提升1个百分点。2019—2021年各月我国钢铁流通业PMI指数变化情况如图4所示。

钢材产品在分销流通环节流通量进一步扩大。据中国钢铁工业协会数据显示，2021年重点大中型企业通过分销环节销售的钢材量为28337.3万吨，同比增长1.3%，占销售总量的比例为37.6%。在钢铁行业减量发展中，流通环节分销量仍呈增长态势，反映钢铁流通环节在钢铁供应链体系中仍旧占据着重要的地位，发挥渠道作用。

（二）去库存速度放缓，年末库存同比回升

2021年，钢材社会库存在国内外形势变化下，呈现以下三个新的特点，一是库存高点较上年提前一周出现，且明显下降。据兰格钢铁网监测数据显示，2021年3月5日，钢材社会库存到达年内高点，为1974.7万吨，较上年高点减少338万吨，同比下降14.6%。二是去库存速度低于上年，特别是板材去库存速度明显放缓。2021年钢材社会库存最高点到最低点降速为56.9%，较上年收缩10.1个百分点；其中建材库存降速为70.0%，较上年收缩6.4个百分点；板材库存降速为24.8%，较上年收缩19.5个百分点；板材库存降速

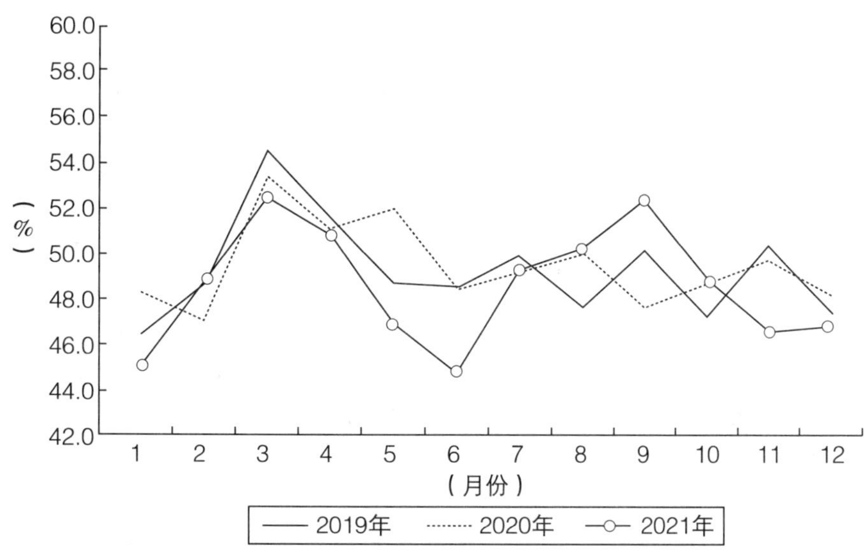


图4　2019—2021年各月我国钢铁流通业PMI指数变化情况

资料来源：兰格钢铁研究中心。

放缓主要源于下半年板材需求减弱、产量压减程度较弱。三是年末库存高于上年同期。2021年11月下旬以来，随着需求的逐渐减弱，尽管库存仍呈现下降态势，但降速同比明显放缓，使得整体库存高于上年同期。截至2021年12月底，钢材社会库存为850.7万吨，同比增长11.5%。其中，建材社会库存为420.6万吨，同比增长9.2%；板材社会库存为430.1万吨，同比增长13.8%。2018年6月30日—2021年12月31日我国钢材社会库存变化情况如图5所示。

（三）钢材出口再现增长，进口大幅回落

2021年，全球经济恢复带动钢铁外需复苏，国内外价差加大，我国钢材出口价格优势显现。尽管我国两次取消钢材品种出口退税，但全年钢材出口结束近5年同比下滑局面，呈现明显增长态势；而因海外价格高企，钢材进口则显著回落。海关统计数据显示，2021年，我国出口钢材6689.5万吨，同比增长24.6%；进口钢材1426.8万吨，同比下降29.5%；同期净出口钢材5262.7万吨，同比增长57.4%。2011—2021年我国钢材进出口变化情况如图6所示。

（四）铁矿石进口量降价升，进口资源仍相对集中

2021年受我国钢铁产量压减带动，铁矿石进口量有所减少。据海关总署数据显示，2021年我国进口铁矿石112431.5万吨，同比下降3.9%；进口金额1846.7亿美元，同比增长55.3%；全年进口铁矿石平均价格为164.3美元/吨，同比上涨61.6%。

从国别结构看，澳大利亚仍是我国铁矿石进口的主要国家，2021年我国从澳大利亚进口铁矿石69318.7万吨，同比下降2.8%，占进口总量的61.65%，较2020年上升0.72个百分点。巴西是我国铁矿石进口的第二大国，2021年进口巴西铁矿石23721.2万吨，同比增

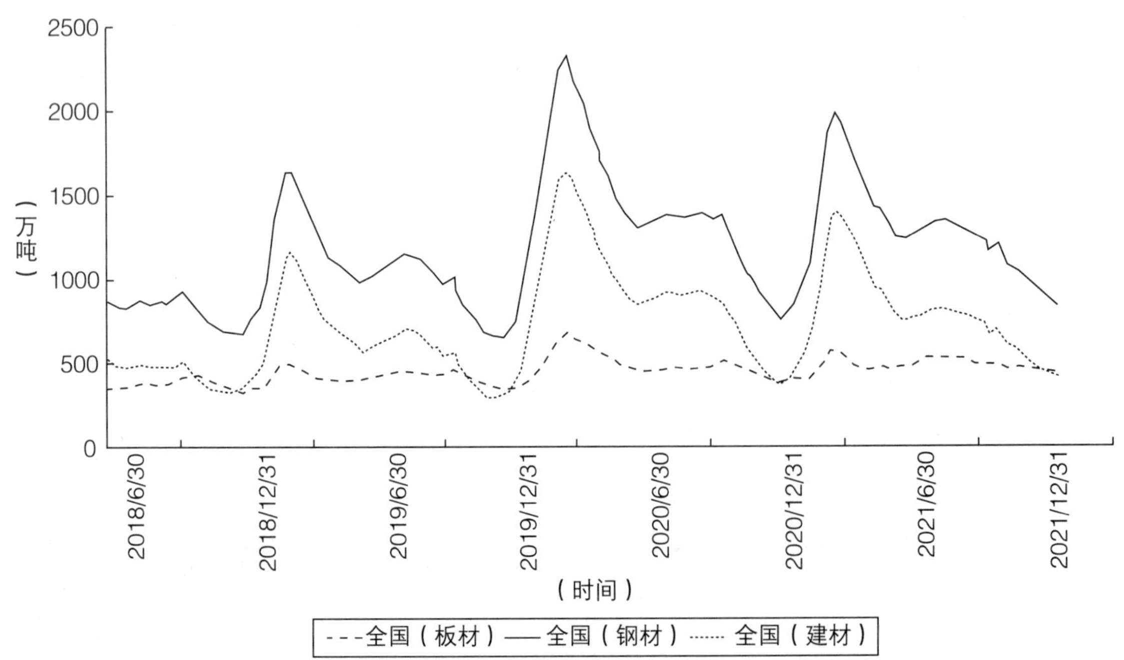


**图5　2018年6月30日—2021年12月31日我国钢材社会库存变化情况**

资料来源：兰格云商。

长0.6%，占进口总量的21.1%，较2020年上升0.96个百分点。从其他国家及地区进口铁矿石19391.6万吨，同比下降12.4%，占进口总量的17.25%，较上年下降1.68个百分点。2011—2021年我国铁矿石进口量价变化情况如图7所示。

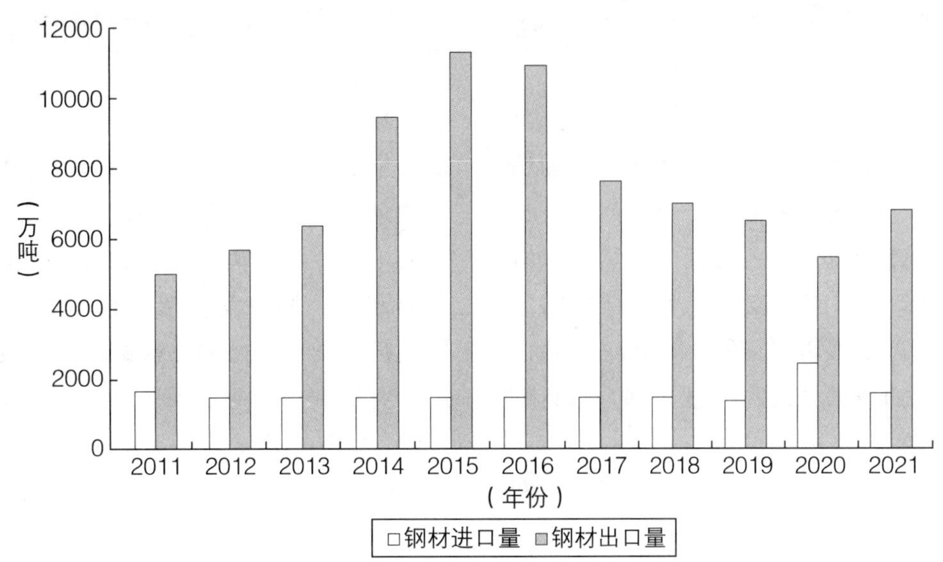


图6　2011—2021年我国钢材进出口变化情况

资料来源：中国海关，兰格钢铁研究中心。

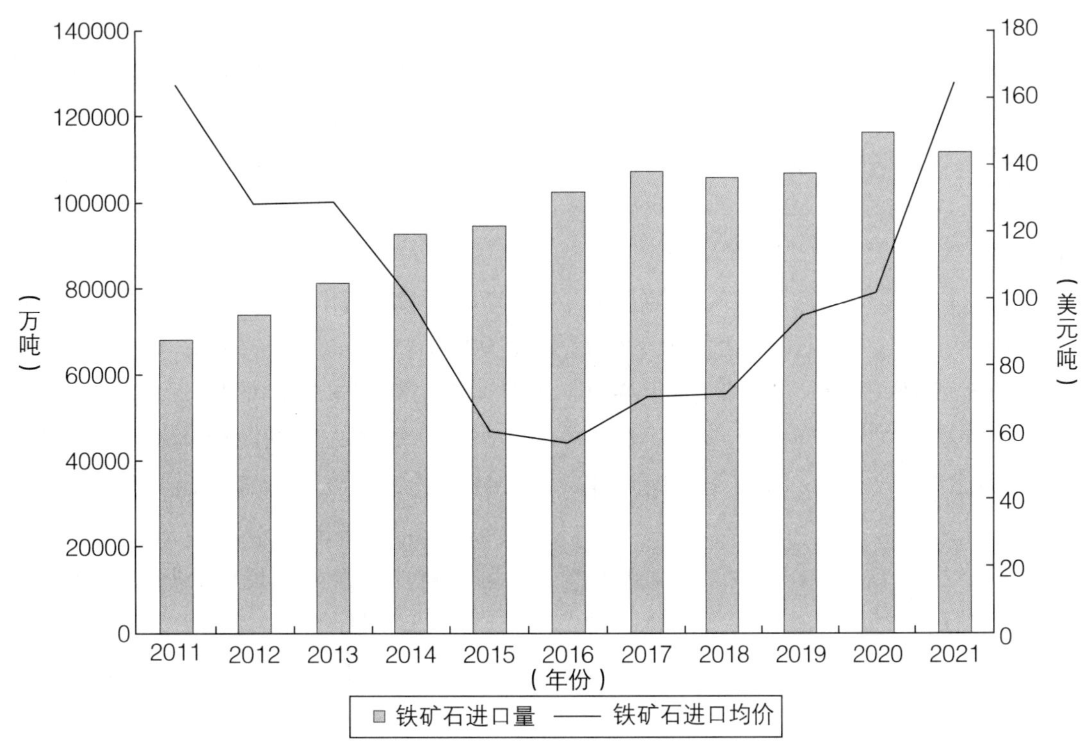


图7　2011—2021年我国铁矿石进口量价变化情况

资料来源：兰格钢铁研究中心。

## 三、钢铁物流发展的新亮点

2021年钢铁物流顺应“双碳”目标方向，通过改变运输方式、发展多式联运、清洁能源应用、发展智慧运输等方式实现绿色发展。一方面，由公路运输转为更为清洁的铁路运输，降低公路运输比重，提高铁路运输比重，加快货运铁路建设，解决“最后一公里”问题，吸引企业选择铁路运输。另一方面，倡导“以电代油”，推动企业使用新能源汽车进行公路运输。此外，通过发展智慧运输，搭建信息管控平台实现实时的数据交换和信息共享，提高钢铁物流各环节运行效率。

（一）“公转铁”有效推进“十三五”时期铁路货运量提升

铁路运输单位货物周转量能耗强度是公路的1/7，污染物排放强度是公路的1/13，水运运输单位能耗强度比铁路更低。铁路运输因其运量大、运输成本低、安全稳定性高等因素，成为大宗货物物流运输的较好选择。随着“公转铁”的不断推进，钢铁行业铁路货运量明显上升。国家统计局数据显示，2020年，我国钢铁及有色金属铁路货运量达22649万吨，同比增长10.7%，“十三五”时期年均复合增长率在7.1%；2020年金属矿石铁路货运量为49081万吨，同比增长5.7%，“十三五”时期年均复合增长率在8.4%；2020年焦炭铁路货运量为8956万吨，同比增长2.5%，“十三五”时期年均复合增长率在3.5%。

钢铁行业“公转铁”、多式联运模式的推进，不仅有效利用了社会综合交通运输体系中铁路、水路运输的优势，而且还优化和整合了现代物流资源，促进现代钢铁物流运输向绿色、节能、高效的可持续方向发展。钢铁物流体系通过不断优化交通运输结构，推动钢铁物资在铁路、水路方面的承运比重，大力发展多式联运，持续降低运输能耗和二氧化碳排放强度。

（二）清洁能源运输助力钢铁物流向绿色低碳发展

2021年10月，《中共中央国务院关于完整准确全面贯彻新发展理念做好碳达峰碳中和工作的意见》发布，意见提出要推广节能低碳型交通工具，主要体现为加快淘汰高耗能高排放老旧车船，加快发展新能源和清洁能源车船，推广智能交通，如推进铁路电气化改造等。

对于钢铁行业来说，物流运输除了在“公转铁、公转水”方面发力外，钢铁企业也在货运车辆升级改造方面加大布局，以新能源汽车逐步替代传统燃油、燃气车辆，构建绿色低碳物流体系。2021年9月，山西晋南钢铁集团开启清洁运输，一汽解放、物泊科技首批电动重卡交付使用；陕钢集团首批60辆电动重卡在龙钢公司正式投运，标志着陕钢集团清洁运输规划落地。2021年12月，宝武八钢落成启用新疆首个绿色清洁运输项目，换电重卡、换电站及绿色运力智慧平台正式亮相。在厂内车辆管理平台、换装电动重卡等多重举措助力下，2021年河钢集团唐钢公司清洁能源运输比例达到90%，大大高于国家环保A级绩效对清洁能源运输比例80%的标准要求。

清洁能源在钢铁物流运输中的加快应用，有效降低钢铁物流运输中碳排放强度和总量，实现钢铁物流向绿色低碳发展，助力国家“碳达峰、碳中和”战略目标的坚实推进。

（三）钢铁物流加速向数智化转型发展

当前，我国钢铁物流加速向数智化转型发展。数字化智能原料场、库区无人行车、智慧铁水运输系统、园区无人运输系统等在钢铁企业中逐步应用；智慧园区系统、网络货运平台等数字化系统平台助力钢铁流通降本增效；供应链数字化平台的打造正在进一步推动钢铁产业链生态圈建设，助力产业链上下游高效协同。钢铁企业正在从内部钢铁物流的智能化升级，到外部供应链、产业链的数字化转型方面不断深化，我国钢铁物流正在加速向数字化、智能化转型。

目前，较多的钢铁企业和物流企业均在搭建数字化供应链平台，企业希望通过全链条管控平台系统的应用实现钢铁物流所有环节线上化、数字化，从而降低运营成本，提高供应链上下游整体效率，促进钢铁行业健康可持续发展。

（北京兰格云商科技有限公司　王国清　刘陶然　刘长庆）

# 2021年中国粮食物流

2021年全国粮食总产量达68285万吨，比2020年增加1336万吨，同比增长2.0%，创历史新高。其中，谷物产量63276万吨，比2020年增加1602万吨，同比增长2.6%。全国粮食播种面积17.65亿亩，比上年增加1295万亩，全国粮食单位面积产量387公斤/亩，比2020年增加4.8公斤/亩，同比增长1.3%。分季节看，夏粮、早稻、秋粮纷纷增产，夏粮产量1459.5亿公斤（合2919亿斤），比上年增加31亿公斤（合62亿斤）；早稻产量280亿公斤（合560亿斤），比上年增加7亿公斤（合14亿斤）；秋粮产量5088.5亿公斤（合10177亿斤），比上年增加95亿公斤（合190亿斤）。分品种看，稻谷、小麦、玉米产量均有所增加，稻谷产量2128.5亿公斤（合4257亿斤），比上年增加10亿公斤（合20亿斤），同比增长0.5%；小麦产量1189.5亿公斤（合2379亿斤），比上年增加27亿公斤（合54亿斤），同比增长2.0%；玉米产量2725.5亿公斤（合5451亿斤），比上年增加119亿公斤（合238亿斤），同比增长4.6%。从供需总量看，我国粮食综合生产能力不断增强，取得历史性的“十八连丰”，连续7年粮食产量稳定在0.65万亿公斤以上，粮食库存比较充裕。近年来，我国的粮食产需仍将维持紧平衡态势，品种结构矛盾依然突出，小麦和稻谷作为国家粮食战略安全口粮品种，自给率较高，供应较为充足，玉米产需缺口有所扩大，大豆和食用植物油缺口主要依靠进口。2021年我国粮食进口呈现谷物进口继续增加、油料进口小幅下降的分化局面。全年累计进口粮食16453.9万吨，同比增长18%。其中大豆进口9651.8万吨，同比减少3.8%；食用植物油进口1039.2万吨，同比减少3.7%；进口玉米2835万吨，同比增长152%。

2021年是我国“十四五”规划开局之年，在全球新冠肺炎疫情持续冲击、百年变局加速演进、外部环境更趋复杂严峻和充满着不确定性的背景下，中央发出了21世纪以来第18个指导“三农”工作的一号文件，国家上调了小麦最低收购价，连续两年上调早籼稻和中晚稻最低收购价，继续在辽宁、吉林、黑龙江和内蒙古实施玉米及大豆市场化收购加补贴的政策。全国粮食系统坚持以习近平新时代中国特色社会主义思想为指导，坚持稳中求进工作总基调，完整、准确、全面贯彻新发展理念，认真落实总体国家安全观和国家粮食安全战略、乡村振兴战略，扎实做好“六稳”工作，全面落实“六保”任务，有效应对新冠肺炎疫情带来的不利影响，“大国储备”和“天下粮仓”制度政策更加完善，粮食市场供应充足、运行平稳，粮食全链条减损有序推进，粮食安全保障能力持续增强。

## 一、不断提升粮食收储调控能力

为进一步夯实农业基础地位，确保农民基本收益，引导农民合理种植，加强田间管理，促进稻谷、小麦稳产提质增效，综合考虑粮食生产成本、市场供求、国内外市场价格和产业发展等因素，2021年国家继续在稻谷主产区和小麦主产区实行最低收购价政策。2021年生产的早籼稻（三等，下同）、中晚籼稻和粳稻最低收购价格分别为每50公斤122元、128元和130元，早籼稻、中晚籼稻比2020年上调1元，粳稻保持2020年水平不变；2021年生产的小麦（三等）最低收购价为每50公斤113元，比2020年上调1元。粮食收购事关种粮农民切身利益，各地严格执行稻谷、小麦最低收购价政策，积极引导多元主体开展市场化收购，全年收购近4000亿公斤（合8000亿斤），与往年水平相当。国家粮食和物资储备局多措并举，灵活把握政策性粮食投放时机、节奏和力度，适时完善交易规则，通过国家粮食交易平台累计销售成交政策性粮食350亿公斤（合700亿斤）左右，市场调控体系逐步完善，粮食市场始终保持供应充足、运行平稳的良好态势。同时，充分发挥储备轮换吞吐调节作用，有效满足了市场消费需求。大力推动粮食产销合作，黑龙江、福建等地成功举办形式多样的产销洽谈活动。积极协调帮助部分企业做好运输运力保障，促进粮食高效流通。

## 二、持续强化粮食应急保障能力

面对粮食市场结构性矛盾突出、市场化程度提高的新情况，国家粮食和物资储备局不断丰富粮食调控“工具箱”，加强粮食应急保障体系建设，做好粮食应急保供各项工作。全国共有粮食应急加工企业5507家、粮食供应网点45939个、粮食应急配送中心2838个、粮食应急储运企业3788家，应急加工企业日加工能力141万吨。粮食应急储备能力不断增强，目前36个大中城市及市场易波动地区成品粮油库存保障能力都在20天以上，部分省区市还结合应对疫情保供稳市的经验，要求辖区内地级市建立10～15天的成品粮储备，以保障关键时刻的应急需要。粮食应急预案体系进一步健全，全国31个省、自治区、直辖市均制定了省级粮食应急预案，333个地级市制定了市级粮食应急预案，2455个县制定了县级粮食应急预案，形成了中央、省、市、县的四级粮食应急预案体系。

## 三、着力推进节粮减损和优质粮食工程

国家粮食和物资储备局深入实施《中华人民共和国反食品浪费法》，推进落实《全链条粮食节约减损工作方案》，取得了阶段性成效。目前，我国已建成5400多个粮食产后服务中心，覆盖全国1000多个产粮大县，为种粮农民提供清理、干燥、收储、加工、销售等服务，粮食干燥能力每天达到111万吨。深入推进优质粮食工程，坚持增产与提质并重，实施产购储加销“五优联动”，带动粮食种植方式从传统向现代的转变，粮食生产经营从粗放向集约的转变，粮食产业发展从链短低效向优质高效

的转变，夯实粮食安全基础。抓好“粮头食尾”和“农头工尾”，因地制宜推广全产业链经营，引导企业优品种、提品质、创品牌，构建高效便捷的粮油供应网络，推动产业链、价值链、供应链“三链协同”。通过树立优粮优价导向，构建紧密利益联结机制，让农民更多分享粮食产业增值收益，拓展农民增收空间，促进农村第一、第二、第三产业融合发展，助力乡村振兴。

## 四、建立完善监管长效机制

2021年4月15日，修订后的《粮食流通管理条例》（以下简称《条例》）正式实施，标志着粮食流通进入了全面依法治理的新阶段，为新形势下切实维护粮食流通秩序提供了制度依据。《条例》健全完善了粮食流通管理的制度框架，全面充实了粮食流通管理的制度内容，总结了粮食流通治理经验，全面反映了粮食流通监管政策。国家粮食和物资储备局6月中旬启动了全国粮食流通领域专项执法行动“亮剑2021”，依法作出警告以上行政处罚221例，罚款663.63万元，没收违法所得53.02万元。12325全国粮食和流通监管热线的“前哨”作用进一步凸显，热线全年已受理有效投诉举报802件，较2020年全年增加253.3%，帮助兑现农民被拖欠的售粮款约3685万元，协调出库粮食9万余吨，避免了2500多吨食品安全指标不合格的粮食流向口粮市场。有效震慑了违法违规行为，维护了粮食流通市场秩序，保护了种粮农民和消费者的合法权益，为保障国家粮食安全作出了积极贡献。

（中国粮食行业协会　韩兆轩）

# 2021年中国汽车物流

2021年是党和国家历史上具有里程碑意义的一年，我们隆重庆祝中国共产党成立一百周年，实现第一个百年奋斗目标，开启向第二个百年奋斗目标进军的新征程。2021年，我国汽车产业蓬勃发展，汽车产销结束了自2018年以来连续三年下降的局面，为我国工业经济持续恢复发展、稳定宏观经济增长贡献了重要力量。

## 一、我国汽车物流市场运行总体稳定

（一）汽车产销同比增长，汽车市场稳步恢复

2021年随着国内新冠肺炎疫情常态化发展，我国宏观经济持续恢复，汽车产业也稳步恢复。据中国汽车工业协会统计，2021年，我国汽车产销分别完成2608.2万辆和2627.5万辆，比2020年分别增长3.4%和3.8%，比2019年分别增长1.4%和1.9%，基本恢复至疫情前期水平。纵观2021年四个季度，一季度我国汽车产业总体呈现高速增长；二季度汽车供应链开始受芯片短缺影响，汽车产业增速有所放缓；三季度芯片短缺达到顶峰，汽车产业呈较大幅度下降；四季度缺芯状态缓解，汽车供给趋于稳定，汽车产业出现回暖趋势，确保了全年稳中有增的良好发展态势。从长期发展的角度来看，当前我国汽车市场仍处于普及初期向普及后期的过渡阶段，新车销售由增量市场逐步转向存量市场。2016—2021年我国汽车年产销量及其增长变化情况如图1所示。

（二）乘用车市场呈现消费升级趋势

据中国汽车工业协会统计，2021年我国乘用车产销分别完成2140.8万辆和2148.2万辆，同比分别增长7.1%和6.5%，增幅高于行业3.7个和2.7个百分点。伴随居民收入水平的逐步提高，我国乘用车市场呈现明显消费升级趋势，高端品牌乘用车备受关注。2021年，高端品牌乘用车共销售347.2万辆，同比增长20.7%，高于行业增速14.2个百分点，占乘用车销售总量的16.2%，比上年高1.9个百分点。目前，我国乘用车市场已经进入存量市场竞争时代，靠低端市场、低价位赢得消费者的模式将逐渐弱化，汽车物流企业需要提高配套物流服务质量、提升客户满意度，以适应汽车消费升级的新趋势。

（三）新能源汽车市场产销两旺

2021年我国新能源汽车产销分别完成354.5万辆和352.1万辆，同比均增长1.6倍，市场占有率达到13.4%，高于上年8.0个百分

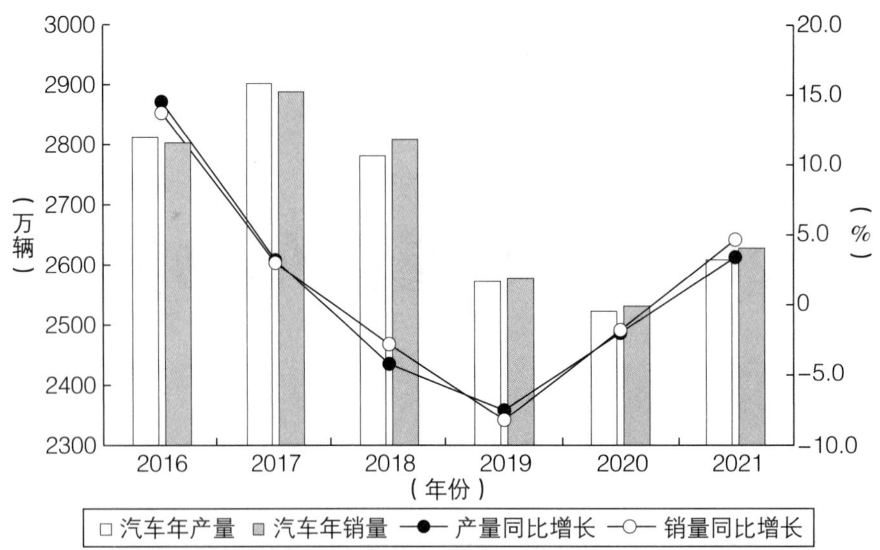


**图1 2016—2021年我国汽车年产销量及其增长变化情况**

资料来源：中国汽车工业协会。

点，产销连续7年位居全球第一。“造车新势力”企业在产业转型升级的过程中也发挥了重要作用，并在细分市场上有所表现。2021年，蔚来、理想、小鹏三家车企销量分别达到9.14万辆、9.05万辆、9.81万辆，同比增长分别为109%、177%、263%，进入发展加速期。近年来我国新能源汽车发展迅猛，已经从政策驱动转向市场拉动的新发展阶段，呈现出市场规模、发展质量双提升的良好发展局面，成为经济社会发展的新动能之一，为“十四五”汽车产业高质量发展打下了坚实的基础。

（四）商用车市场高开低走，出现下滑

受国六排放标准切换、“蓝牌轻卡”政策预期带来的消费观望等因素影响，商用车市场下行压力加剧。2021年，我国商用车产销分别完成467.4万辆和479.3万辆，同比分别下降10.7%和6.6%。但客车市场有所回暖，产销量分别为50.8万辆和50.5万辆，同比分别增长12.2%和12.6%。商用车上半年表现明显好于下半年，其中一季度由于同期基数较低，产销呈现大幅增长，二季度销量开始同比下降，到下半年下降趋势则更为明显。支撑商用车增长的政策红利效用已逐步减弱，商用车市场将进入调整期。

（五）二手车市场持续爆发

据中国汽车流通协会统计，2021年，我国二手车交易量为1758.51万辆，较2020年同期（1434.14万辆）增长22.62%。较2019年同期增长了17.84%。随着全国各区域二手车流通的壁垒逐步消除，二手车全国自由流通越来越快捷，这一利好因素促使国内二手车交易在过去10年中转籍比例呈逐年上升趋势。2021年全国二手车转籍比为27.32%。我国二手车交易规模逐年增长，但在发达国家，二手车交易量是新车交易量的2倍左右，与之相比，我国二手车市场还有很大的发展空间，这也为汽车物流企业提供了更多的发展机遇。2016—2021年我国二手车市场交易量如图2所示，2016—2021年我国二手车异地转移登记比例情况如图3所示。

（六）汽车存量市场不断扩大

从保有量来看，2021年全国机动车保有量达3.95亿辆，较2020年增加了0.23亿辆，增长6.2%。其中汽车保有量达3.02亿辆，较2020年增加了0.21亿辆，增长7.5%，我国汽车后市场的物流服务需求进一步扩大。2016—2021年我国汽车保有量如图4所示。

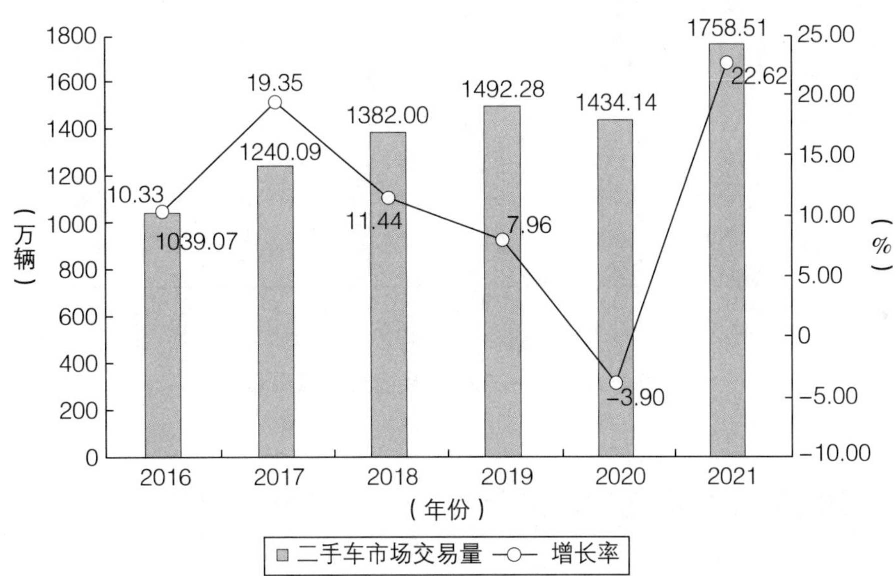


图2　2016—2021年我国二手车市场交易量

资料来源：中国汽车流通协会。

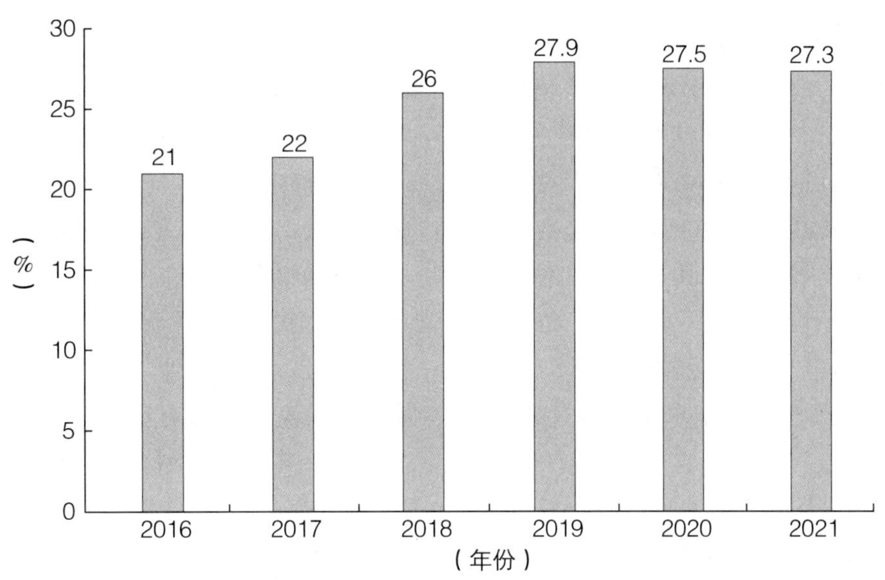


图3　2016—2021年我国二手车异地转移登记比例情况

资料来源：中国汽车流通协会。

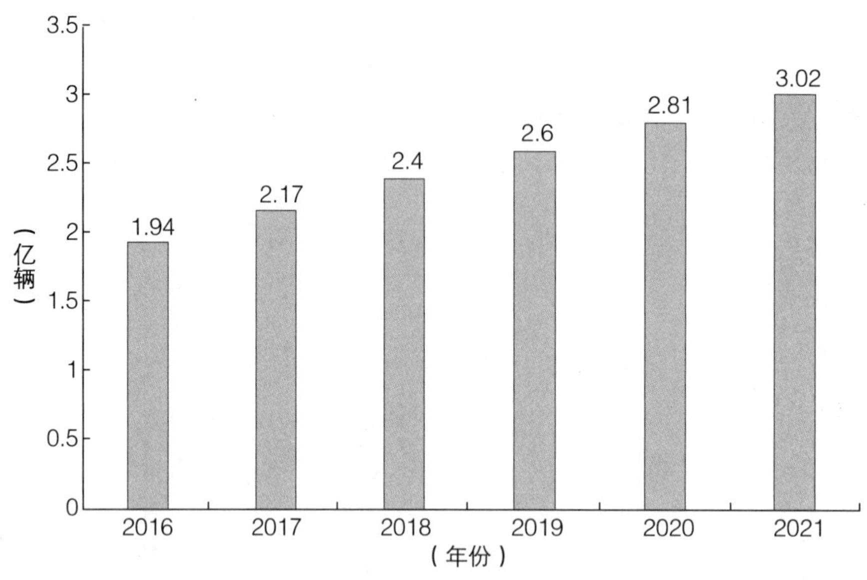


图4　2016—2021年我国汽车保有量

资料来源：公安部交管局。

## 二、整车物流运输结构优化，综合服务能力提升

近年来，我国整车运输结构持续优化，公铁水路运输各自发挥其优势，逐渐形成高效节能的汽车整车综合运输网络。2021年，汽车整车铁路发运共计628万辆，占乘用车市场运量的30%左右；汽车整车水路运输仍以滚装运输模式为主，汽车整车滚装运输量322万辆，占乘用车市场运量的15%左右，其中沿海滚装219万辆、长江滚装103万辆。公路运输主要集中在短途支线运输，其在干线运输的份额逐渐缩减，且平均运距进一步缩短。2016—2021年我国汽车整车铁路运输量如图5所示，2016—2021年我国汽车整车水路运输量如图6所示。

截至2021年年底，作为我国整车铁路运输的主要承担者，中铁特货物流股份有限公司在全国拥有140余个商品汽车装卸作业点、42个物流基地，总面积219万平方米。目前拥有JSQ5、JSQ6、JSQ7、JSQ8、JNA1等车型，各车型保有量近2万辆，能够匹配各类商品汽车运输需求，年运输能力达700万台以上。水运方面，截至2021年年底，我国江海滚装船共计91艘，其中江船58艘、海船33艘，无在建工程订单，在役船舶总计13.63万额定车位数。2021年新增4艘海船下水，1艘海船滚装船拆解退出市场。此外，2021年远洋滚装船在役船舶4艘，总计1.84万额定车位，另有2艘在建（1.52万额定车位）。随着铁水运输装备数量的逐年增长，我国铁水运能持续扩大，这也将进一步推动整车物流综合运输体系的快速发展。

随着我国汽车行业由高速增长期逐渐向成熟期过渡，汽车产业将进入存量时代。国内依靠“低价竞争”占有市场的汽车品牌影响力陆续减弱，其他品牌则会借此机会加速发展，扩大市场占有率和影响力。在存量市场中，由于用户在购买汽车时花费多期待高，自然会在交付时效等方面有更高的要求。面对客户的高要求与企业的成本压力，长安民生物流创新性地

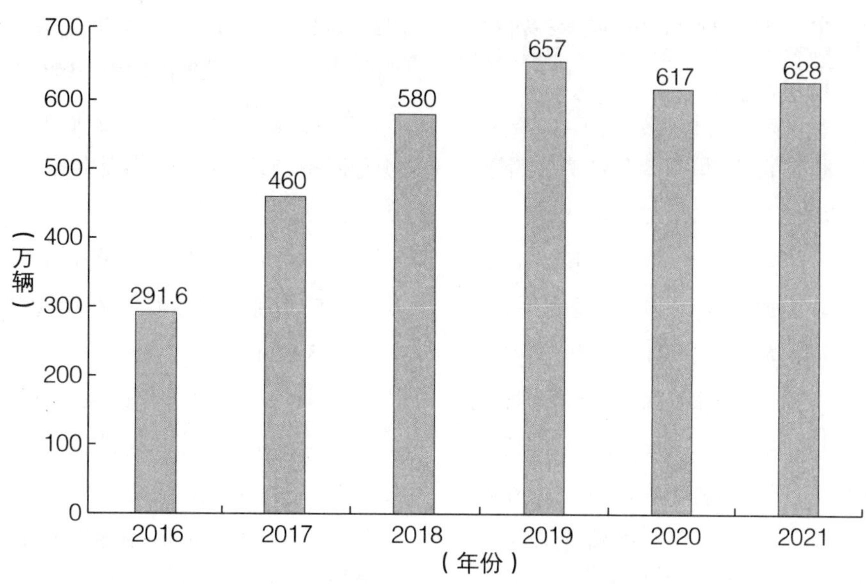


**图5 2016—2021年我国汽车整车铁路运输量**

资料来源：中铁特货物流股份有限公司。

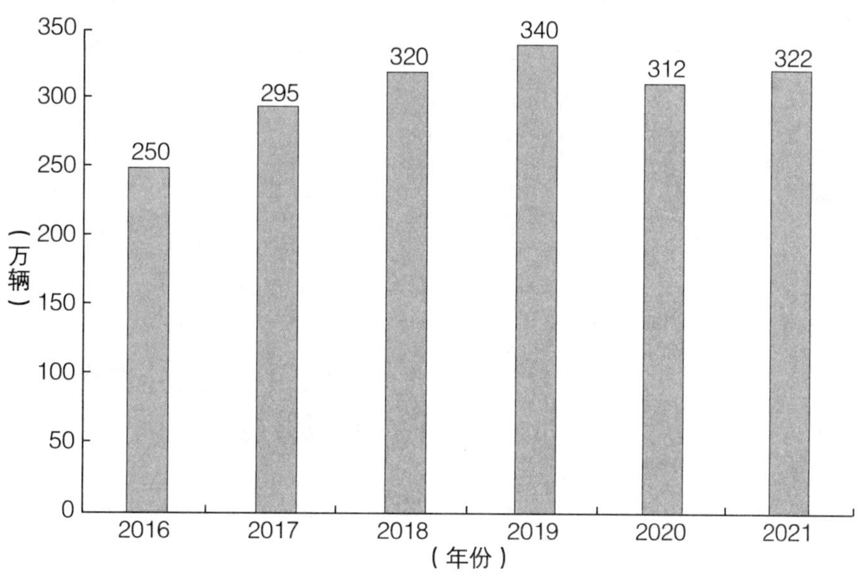


**图6 2016—2021年我国汽车整车水路运输量**

提出干线+VTC（Vehicle Terminal Center）物流模式。前端干线与末端城市配送分离，各尽其责，前端干线对流效率提升，末端专注提升客户交付体验。VTC是提升汽车整车物流最后一公里交付质量的重要方式之一。另外，与传统汽车产业的商业模式不同，以“造车新势力”为代表的“汽车新零售”模式的出现，省略了汽车经销商环节，采取线下体验和网上直营模式，对汽车整车物流的运输效率、仓配协同、用户体验等综合服务能力提出了更高的要求。

## 三、汽车供应链服务体系逐渐完善，市场发展前景广阔

汽车产业是典型的劳动密集型及离散型制造产业。劳动密集型意味着对人力需求大，离散型意味着工种多且复杂。汽车供应链无论从结构还是规模两方面来说都是综合程度最高、复杂性最大的供应链体系。2021年，我国共有12家零部件供应商进入全球零部件百强企业名单，产业规模的扩大带动了我国汽车零部件物流市场持续增长。但受全球疫情影响，汽车供应链面临断链风险，我国零部件物流企业通过以下4个方面的努力保障了汽车行业有序生产。

（一）积极维护汽车供应链安全稳定

2021年，“新冠肺炎疫情”“芯片短缺”始终困扰汽车行业。尤其是缺乏关键零部件对于汽车供应链的稳定性产生了极大的影响。以比亚迪IGBT芯片为首，多家车企纷纷推进自主研发，投资汽车芯片。而汽车零部件物流企业则通过提前预判风险、调整安全库存、优化物流模式等多重手段，运用新技术、新模式提升自身服务能力，有效地避免了供应链被中断，维护了汽车供应链的安全与稳定。

（二）创新物流装备技术助力汽车零部件物流转型升级

伴随新一轮科技革命和产业变革的深入推进，以电动化、网联化、智能化、共享化为代表的“汽车新四化”正在重塑汽车产业格局。产业升级带来了供应链变化，汽车零部件物流面临新机遇与挑战，其服务转型升级的需求迫在眉睫。以5G、AI、大数据、云计算等技术为代表的数字技术，通过物流机器人、无人机、无人驾驶卡车、无人仓等在零部件物流场景中被广泛应用。越来越多的物流企业注重新技术新装备的应用，一汽富晟大众物流专门建立了智能装备实验室，研究创新技术的应用落地；蚂蚁物流集合众多物流前沿技术，实现厂区零部件智运输、智搬运、智配送、智盘点。创新物流装备技术为汽车零部件物流转型升级持续提供新动能。

（三）汽车售后服务备件物流前景广阔

2021年我国机动车保有量达3.95亿辆，其中汽车3.02亿辆。我国已成为全球汽车保有量最大的国家。巨大的汽车存量市场对售后服务备件物流也提出了更高的要求。售后服务备件物流有品种多、批量小、频次高、响应快速等特点，近年来行业企业通过优化供货模式、提升规模效应、应用自动化设备等方式降低售后备件物流成本，提高物流效率。

（四）打造汽车供应链服务体系

近年来，汽车零部件物流企业逐步向汽车供应链下游发展，延伸到汽车后市场服务领域中，从提供单一环节、单一模式的物流服务转变为可提供全流程解决方案的物流服务商。随着行业企业服务的转型升级，在打造全方位、多功能、高质量的汽车供应链服务体系中，汽车零部件物流发挥了更好的支撑作用。

## 四、拓展海外汽车市场，提升国际物流服务能力

目前，我国产业复工复产与全球相比快速、稳定，由完整汽车产业链带来的供给优势在海外疫情影响下被进一步放大。主要体现在以下3个方面。

（一）中国车企走出去，海外市场大幅提升

据统计，2021年我国汽车出口201.5万辆，同比增长101.1%，占汽车销售总量的7.7%，比上年提升3.7个百分点。我国汽车出口首次超过200万辆，突破了多年来一直徘徊在100

万辆左右的瓶颈，预示着中国车企即将在真正意义上叩开海外市场的大门。从细分车型来看，2021年商用车出口40.2万辆，同比增长70.7%；乘用车出口161.4万辆，同比增长1.1倍。其中，新能源汽车出口量达到了31万辆，同比增长3倍多。全球新能源汽车市场快速扩张，为我国新能源汽车出口提供了机遇。为实现碳减排目标，欧洲多国政府加大对新能源汽车的补贴力度，我国产品也得到了欧洲消费者的认可，海外新能源汽车市场得到快速发展。

（二）提升汽车进出口物流能力

新冠肺炎疫情全球蔓延，传统海运受到了极大限制，国际航运船期少、运费走高，“一舱难求”“一箱难求”的现象在2021年屡见不鲜，持续影响国际供应链稳定。而以“中欧班列”为代表的铁路运输凭借稳定班期、高效运输、少人操作、较低成本等特点在国际物流中发挥了重要作用。据国铁集团数据显示，全年中欧班列开行约1.5万列，同比增长22%。广汽传祺汽车在2021年9月搭乘中欧班列，由广东石龙铁路国际物流中心开往俄罗斯沃尔斯诺站，实现了广东本土车企首次通过中欧班列出口整车到“一带一路”沿线国家，且在途运输时间比海运节省了15天。中欧班列已逐渐成为我国与欧洲腹地国家经贸联系的重要纽带和中欧贸易的运输主干线。12月3日，全长1035公里的中老铁路正式建成，这在中老贸易便利化方面发挥了重要作用。另外，老挝作为RCEP成员国，中老铁路还将推动RCEP成员国在贸易往来中实现利益最大化。随着“中欧班列”和“中老国际班列”运行的进一步优化和常态化，不仅可使更多汽车相关企业借助跨境班列通道实现货物的国际贸易，更有助于实现我国优势产能的对外转移，进一步扩大国内车业在海外的影响力。

（三）提升汽车物流国际服务能力

2021年，上汽集团海外销售69.7万辆，同比增长78.9%，其在海外已拥有欧洲、澳新、美洲、中东、东盟、南亚6个“5万辆级”市场；长城汽车海外出口量达14.3万辆，同比增长103.7%，2021年6月长城泰国罗勇工厂正式投产，成为继俄罗斯图拉工厂后的第二家海外工厂；吉利汽车2021年累计出口量达到11.5万辆，同比增长58%，其业务遍布全球28个国家，海外销售和售后网点达227家，未来吉利将重点布局东欧、中东、东南亚、非洲、南美等“一带一路”沿线国家，进军欧洲、亚太新能源市场；东风汽车出口增速加快，2021年全年出口量为14.4万辆，增速为141%。作为汽车产业的配套服务行业，汽车物流企业正在加快脚步，积极提升自身国际物流服务能力。如安吉物流不断加强国际航线运力建设和海外落地布局，已经拥有6条专注海外业务的滚装船，可覆盖100多个海外城市，为客户提供汽车物流跨境一体化解决方案；长久物流收购波兰汽车物流企业ADAMPOL S.A 30%的股权，为国产汽车品牌走出国门提供配套物流服务支撑。2021年9月，为提升中国和全球汽车供应链安全性、稳定性与物流的效率，上汽安吉物流、长久物流、一汽物流等14家国内汽车物流行业领军企业与相关行业协会，共同签署了“中国汽车国际物流和供应链联合倡议”，持续提升我国汽车物流的全球影响力。

## 五、企业整合持续推进，行业合作不断推陈出新

近年来，汽车物流行业企业发展迅速，规模持续扩大，行业集中度进一步提升。2021年共有6家企业入选“2021年度中国物流企业50

强”，还有多家企业获评“5A”级物流企业，涌现出一批行业领军企业，行业内良好的竞争格局已经形成。在良好竞争的基础上，汽车物流行业各领域龙头企业加快重组和上市步伐，行业企业整合持续推进，行业合作不断推陈出新。2021年，中铁特货物流股份有限公司、三羊马（重庆）物流股份有限公司、西上海汽车服务股份有限公司相继上市。其中，作为国铁集团旗下重要的专业物流服务供应商，中铁特货成功上市，这是铁路市场化改革取得的重要成果，将有利于其扩大商品汽车运输网络整体布局，提升运输能力和服务品质，提高企业经营质量和效益。除内部整合优化外，2021年，行业内企业也在积极开拓外部合作，如上汽安吉物流与中远海运特运合作，共同出资成立合资汽车滚装公司；上汽安吉物流与中远海运货运就组建汽车零部件国际供应链业务达成合作意向；长安民生物流与一汽物流成立合资公司长享科技，共同搭建我国汽车物流“最后一公里”仓储及配送服务平台；广汽商贸与招商轮船合资企业招商滚装订造的两艘3800车位汽车滚装船“唐鸿”轮与“茂鸿”轮交付投入使用；一汽物流、东风物流、重庆长安民生、上汽安吉物流、广汽商贸、蚂蚁物流、中都物流7家企业发起“V7+大对流战略合作倡议”，在整车物流领域共享行业先进技术及经验，资源整合助力降本增效，促进企业在绿色低碳可持续发展等方面达成共识，书写新时代物流行业合作发展新篇章。通过企业间的深入合作，延伸了企业服务链条，提升了企业服务能力，最终达到互利共赢的局面。

## 六、汽车物流标准体系不断完善，推动汽车物流健康发展

2021年，汽车物流行业标准工作持续推进，《汽车成套零部件出口包装质量检测规范》（WB/T 1110—2021）、《汽车零部件托盘包装的打包要求》（WB/T 1111—2021）、《汽车制造零部件物流标签规范》（WB/T 1112—2021）三项行业标准正式发布并实施。《电动汽车动力蓄电池物流服务规范》《汽车零部件入厂物流质损判定及处理规范》两项行业标准已经完成征求意见，即将召开标准审查会。另外，由于《乘用车公路运输栓紧带式固定技术要求》（GB/T 31083—2014）、《汽车零部件物流塑料周转箱尺寸系列及技术要求》（GB/T 31150—2014）、《汽车整车物流质损风险监控要求》（GB/T 31151—2014）、《汽车物流术语》（GB/T 31152—2014）、《商用车运输服务规范》（WB/T 1032—2006）、《商用车背车装载技术要求》（WB/T 1057—2015）发布时间较早，按照国家发展改革委《关于对开展物流行业标准复审工作的复函》的相关规定，2021年全国物流标准化技术委员会与各相关部门对以上标准进行了标准实施情况的评估和复审，认为标准在内容制定方面科学合理，具有较强的实用价值。在当下行业运行中，由于标准内容没有明确的不适用性，后期将按计划有效执行。行业标准的持续完善，有利于推动汽车物流行业健康有序发展。

（中国物流与采购联合会汽车物流分会）

# 2021年中国书业物流

2021年，在新冠肺炎疫情时有反弹的不利影响下，我国书业物流致力于物流供应链体系的升级与规划，借助供应链整合、运营模式创新，以提升连锁经营和网络销售的整体竞争力，推动以现代物流和电子商务为主的物流资源一体化运营，降低物流成本并持续创造新的利润增长点。

## 一、以供应链一体化为目标，构建智慧物流体系

目前图书发行方式可分为线上、线下两种，线下是以实体门店结合大客户销售为主，线上是以网店、直播带货等电商平台销售为主。每种销售渠道特点不一，对物流的要求也不相同。在这一背景下，构建以智慧型为主导，以现代化、数字化、网络化为特征的快速物流服务体系，加快形成适应未来市场需要的高效、线上线下融合发展的出版物流通供应链，正成为出版发行集团的重要选择。

2021年，我国书业物流优化流程，不同渠道匹配不同配发模式，构建智慧化物流体系渐成新趋势，通过数字化加深对客户的理解，并重塑客户营销与管理方式，创新产品和决策流程，构建产品生态链系统。

河南省新华书店发行集团有限公司的线上图书营销包括自有云书网电商平台和抖音、淘宝、拼多多、京东等第三方平台，线下销售主要是河南省各个市县新华书店、社区书店和校园书店等实体渠道。基于此，河南省新华书店采取了多种物流处理方式，将多种营销渠道的数据汇总后并入ERP系统，由物流WMS系统配发，依据平台性质不同，采取不同的配发模式。线上平台的发货多采用社会快递物流处理，线下平台的发货多采用自有新华快递来处理。而对于时效要求低的退货件，就采取传统社会物流的处理模式。在此基础上，物流操作也采取链条式管理模式，即各处理单元承担相应链条段位职责，并反馈监督上一链条段位。建立各供应商管控库，并对运力资源进行整合。

2021年4月，江苏凤凰新华书店集团有限公司（以下简称“凤凰新华”）出版物智慧物流产业园的“智能化自动化物流系统建设项目”完成最终验收评审，正式宣告该项目圆满收官。凤凰新华在物流体系构建方面，以供应链一体化为目标，通过标准化制度建设、信息技术支撑，逐步建立多区、多仓、多货权的物流资源调度平台，实现总部物流基地与各地分

仓、分拨点的调度系统化，总部物流基地与各物流协同组织的资源信息共享，以及畅通总部物流各层组织与上游供应商的对接渠道。在顶层设计方面，根据出版物业务整进整出、整进零出、零进零出、批量存储等特点，结合发行渠道配置对应模式。凤凰新华总部优化物流组织架构和功能配置，将总部物流基地定位于常温、中小件、多SKU、高吞吐量的流通型基地，实现B2B、B2C双模式支持和物流资源共享。总部物流基地包含了教材课本物流、图书连锁配送、出版物电商物流、文化数码产品仓储配送、图书馆订单配供发货、出版物展销会物流服务平台等，发货面向全国。各地分仓、分拨点根据业务需求在基地统筹调度下运营。

首先整合OMS、WMS、TMS系统，与集团ERP、门店系统进行实时信息交换，集合客户要货需求分析、车辆路线优化、北斗导航管理、网上物流办公等功能，智能化指挥、调度供应链中的相关资源，实现对多个物流子系统统一管理调配，同时向供应商、客户提供对接上下游信息的共享App等接口，搭建起功能齐全、资源共享、服务便捷、跨区配送的物流服务网络。

其次利用大数据，通过系统优化算法来制定物流作业策略。以数字模型为基础，由信息系统辅助，对客户订单进行分类处理，形成高效的生产任务指令，通过网络自动下达至相关工位。通过大数据分析建立优化排程策略，将存储无序调节为输出有序，设置缓冲系统，调节系统、流程的作业节奏，最终实现整体均衡。

最后通过管理流程再造和技术支持，在库存控制、任务分配、运送计划、成本管理、异常事件管理等项目上做到物流动态可视化，为日常管理提供凭据、为运营提档提供决策依据。在新物流技术提升方面，凤凰新华进行了出版物智慧物流产业园建设，大量应用自动密集货架存储系统、货到人高速拣选系统、AGV无人搬运系统、自动分拣系统、RFID电子标签系统、自动识别传输系统。

新华联合发行有限公司的从To B到To C和新媒体渠道开展的社群团购，都可以根据客户需求定制一整套“数智化”供应链及物流解决方案。本着“让物流更简单，让出版更智能，让文化传播更深远”的企业使命，一手抓组织力，一手抓产品力，依靠专业的物流运营团队和复合型技术人才，将订单出库时间压缩再压缩、准确率提升再提升，从技术采购方向输出方转型，从To B物流服务向打造书业一体化供应链物流服务生态圈迈进。

中文传媒、皖新传媒等也在助力物流供应链升级。《皖新传媒2021年年度报告》中指出，公司在传统的图书、教材教辅的仓储、流通加工、配送服务环节中，通过精益运营和智能化升级改造，强化供应链协作服务能力，拓展高附加值物流服务产品。公司不断完善物流网点空间布局，依托“大数据+”物流平台系统建设，打造基于数据云的智慧物流配送体系，逐渐成长为专业、智能、高效的平台型供应链服务企业。《中文传媒2021年年度报告》中也指出，公司拥有覆盖江西全省的出版物发行渠道和物流体系，旗下百余家市、县新华书店已形成强大的渠道控制力和品牌聚合力。依托江西省18万平方米卖场及15万平方米现代出版物物流港的投入运营，打通多元文化服务“最后一公里”。

湖南新华华瑞物流公司在物流尤其是智慧供应链的构建上不断创新升级。一是为实现物流货物跟踪，更好地服务基层门店，研发条码技术，改变传统胶水贴票方式，实现货物运输过程的可视化和全方位的物流管控；二是为了提高书业物流的自动化、智慧化水平，降低员工的劳动强度，计划与相关智能制造科技公司对接，研发符合书业物流特点的全自动智能装卸堆垛机器人。

广西新华恒通物流有限公司（以下简称“新华恒通物流”）在智慧供应链的构建上多方发力，物流智慧程度与效率越来越高。新华恒通物流以智慧化物流建设为推手，提高技术创新能力，使员工操作智能化、生产流程合理化、系统管理规范化、数据查询和应用简单化，在广西全区推进智慧化物流建设纵深发展，确保提高企业运营效能和工作效率，促进物流工作迈上新台阶。在继续推进全区智慧化物流建设工作的前提下，未来智慧化物流从技术型向管理型方向拓展，推进全区物流标准化建设。通过推进管理制度标准、系统管理标准、流程管理标准、物流场地建设标准、生产设备标准的实施，构建物流系统的管理工作机制和管理模式，积极探索建立现代物流企业，全区物流管理工作实现新突破。

云南出版集团物流有限责任公司（以下简称“云南出版集团”）以出版物物流配送为基础，以第三方物流业务为突破，以纸制品及高原农特产品为抓手，以互联网、物联网、云计算、大数据等先进信息技术为支撑，利用互联网+智慧物流，立足商贸+物流组合，致力于把现代商贸物流产业培育和发展成为云南出版集团的新兴支柱产业。

## 二、向电商物流转型，进一步提高效率

在互联网时代下，随着营销渠道多元化，图书发行方式日益多样化，物流的角色已从单纯的“后场”逐渐变为企业发展的战略制高点；在经济社会持续快速发展、信息技术不断革新、交通条件持续改善的情况下，市场的环境基础正在全面互联网化，消费需求和购买模式纷繁复杂，市场的关注点正在从B2B向全面B2C转变，消费者对物流提出了“快速、准确、清洁、个性、体贴”的需求；疫情成为电商物流新的催化剂，物流需求由传统的线上或线下的单一结构，发展为线上、线下端到端一体化的服务需求，书业电商物流进一步蓬勃发展。

随着抖音、快手、快团团等新型电商的普及，我国图书发行方式也呈现多元化，表现出品种多、数量少、频率高、对质量和速度要求高等特点。如何将图书尤其是小批量订单的图书，既快又准地送达读者手中，是对书业物流体系运作提出的更高要求。为此，一些出版发行集团升级物流仓储，建立独立电商仓。

2021年，隶属于山东新华书店集团的山东新华物流有限公司（以下简称“山东新华物流”）采取了增加电商物流相关的信息系统和设施设备、建立独立电商仓、设置专人操作等相关举措。新建6.9万平方米二期联合工房，采用托盘立库实现密集存储，提高场地使用率；料箱立库、货到人拣选系统提高拣货效率和质量，降低人工成本；智能车辆预约调度系统提高货物收发效率，确保园区作业车辆安全有序进出。物流二期工房配置智能化自动物流仓储、拣选及搬运设备，新设备高度适配新形势下的物流作业需求，将显著提升物流产能及作业效率，从而满足书店及出版社客户的个性化服务需求。

电商渠道与传统发行渠道不同，特点是小批量多批次发货，要满足碎片化订单需求。出版发行集团必须改变物流方案，向电商模式转型，以满足商流对物流的需求。山东新华物流

根据商流需求制定的物流业务规则，将物流方案逐步从传统模式向电商模式转变，如将订单处理规则从以往的一日一批次改为一日多批次，从而满足订单碎片化的趋势。该公司拟上线的TMS运输管理系统将显著提升运输管理能力和配送效率，对商品出库后的状况实时跟踪、及时调度，从而有效保障时效要求；结合物流二期项目的建设，从业务实际需求出发并结合发展规划，对业务流程进行了系统梳理及再造。

河南新华也紧跟需求调整物流方案，一方面调度室依据业务需求不同、平台特点不同，在对订单配发过程中，适时灵活调整配发批次；另一方面对商品的配发进行全程监督追踪。各环节的任务完成都有时间要求和质量要求。

山西新华建立物流“绿色通道”，与教材、教辅两类图书同步进行收货，优先清点入库，第一时间出票、分拣、打包并装车发运，还使用醒目的红色标签纸和红色包装带进行打包，确保以最快速度将读本配送至山西省各级新华书店。特殊订单同出版社沟通进行直发。

广西新华和湖南新华以先进技术及设备为手段，通过全自动打包机、条码标签打印机、数据库管理系统等在物流工作中的广泛应用，实现简单化操作，达到小批量订单发货既快又准。湖南新华尽可能采取门店凑单整合的方式，缩短货物集并发运时间。

书业物流升级要满足多元经营之需。如山西新华对标一流，开拓三方业务，尤以山西出版传媒集团文创及转型产品为切入点，进一步提升非书业务发运量，培育新的增长极，加快推动单一的企业物流向物流企业转型。

## 三、打造绿色物流是趋势

在实现碳达峰、碳中和的背景下，2021年，“绿色物流”理念提及频率增多。一些书业物流企业通过充分利用物流资源，采用先进的物流技术，合理规划和实施运输、储存、装卸搬运、包装、流通加工、配送、信息处理等物流活动，降低物流对环境影响的过程。

如凤凰新华积极探索绿色物流，加强标准化运营、柔性化支持，实现物流高质量发展。

2021年受疫情和市场价格波动影响，我国书业物流克服种种困难，为用户持续带来价值。包装费、运费及人工成本持续上涨，尽管采取多项措施强化内控管理，实行精细化运作，但这部分费用的增长仍高于利润的增长。

（《中国出版传媒商报》社　穆宏志）

# 2021年中国冷链物流

冷链物流作为物流领域的重要细分市场之一，在保障民生、促进消费和流通中发挥着日益显著的作用。随着生活水平的不断提高，人民对食品品质提出了更高的要求，推动着冷链物流市场的快速发展。

2021年，是我国“十四五”规划的开局之年，也是冷链物流迈向高质量发展阶段的新起点。过去十年的时间里，冷链物流从萌芽时期进入高速发展时期，根据包括冷链物流需求总量、冷链物流总额、冷链市场规模等多项单体指标在内的综合指标体系数据显示，冷链物流发展速度正在逐步加快，冷链物流进入黄金发展时期。

## 一、冷链物流行业现状

2021年我国冷链物流行业发展总体呈现以下特点。

（一）冷链物流发展绘就蓝图

中共十九届六中全会强调“立足新发展阶段、贯彻新发展理念、构建新发展格局、推动高质量发展”。冷链物流已经逐渐向智能化、科技化、自动化方向转型升级，企业开始加大对冷链物流技术方面的资源投入。据中物联冷链委不完全统计，2021年国家层面出台冷链相关政策规划超过69项，地方层面出台冷链相关政策超过581项。2021年年底，国办印发《“十四五”冷链物流发展规划》，这是指导我国“十四五”时期冷链物流发展的顶层设计，充分彰显了党和国家在新时代背景下对冷链物流的高度重视，是冷链物流政策环境持续优化的重要标志，也是推动我国冷链物流行业开始高质量发展的历史机遇期。2021年冷链政策存在以下比较明显的趋势，一是政府支持力度加大，国家对冷链行业发展的关注度持续提升，行业发展政策红利进一步释放，将冷链物流建设上升到了国家层面；二是冷链基础设施建设支持力度加大，国家冷链政策对冷库、冷藏车、仓储保鲜设施等基础设施高度关注，超过31项政策强调冷链设施建设；三是冷链绿色环保发展，国家陆续发布冷链环保相关政策8项，尤其是倡导建立可循环物流周转箱体系和完善粮食绿色仓储体系；四是产地端冷链体系建设，冷链政策对农产品产地基础设施建设提出了更高的要求，尤其是将农村冷链物流体系建设作为巩固脱贫攻坚成果、推动乡村振兴的重要举措之一；五是严把疫情防控关，面临新冠肺炎疫情的复杂形势，国家政策对进出口冷链食品安全和疫情防控提出了更高的要求，国家市场监管总局等部门推动建设冷链食品信息追溯平台；六是区域冷链物流建设，多地陆续出台相关政策，依托国家骨干冷链物流基地建设等重大发展战略打造区域性冷链物流集散中心。

（二）国际标准中国起航

为了打造温控冷藏配送服务的国际标准，国际标准化组织ISO于2018年1月批准成立ISO/PC315，开展《间接温控冷藏配送服务：具有中间转移的冷藏包裹陆上运输》国际标准的研制工作。中物联冷链委代表我国参与了标准的起草，并多次参加世界性研讨会，分享我国冷链物流标准化现状。此项标准已于2020年5月由ISO正式发布，其标准号是ISO 23412：2020，由中、日、英、法、德等20个国家共同参与起草。借此契机，ISO于2021年1月正式成立ISO/TC 315（冷链物流）技术委员会，负责冷链物流国际标准化工作。中国物流与采购联合会已于5月成为其国内技术对口单位，并推动首个中国主导制定的《无接触式冷链物流配送服务要求》国际标准成功立项。同时中物联冷链委秘书长秦玉鸣担任ISO/TC 315/AHG2召集人，推动冷链物流术语的研究工作，自7月起连续召开10余次线上会议，此任务组计划于2022年年初提出冷链物流术语国际标准提案。

（三）行业发展热潮不减

伴随着社会经济的不断发展以及居民生活水平的持续提升，生鲜食品市场规模持续稳步增长。2021年我国社会消费品零售总额达到440823亿元，比上年同期增长12.5%。其中，在实物商品网上零售额中，吃类和用类商品零售额增速较快，分别增长了17.8%和12.5%，居民消费需求得到持续释放。随着城乡居民消费水平和消费能力的不断提高，对冷链物流的需求持续旺盛。自2010年起，我国冷链物流市场需求开始逐步扩大，冷链物流总体呈现健康、快速、稳定的发展态势，基础设施规模进一步增加，设施建设更趋理性，冷链物流体系不断完善，行业发展模式日趋多元化。2021年，经初步测算，我国食品冷链物流需求总量达3.02亿吨，比2020年增长3727万吨，增长14.08%。十年间，我国食品冷链物流需求总量增幅超过了300%。2021年冷链物流市场规模突破4586亿元，同比增长19.66%。伴随着国家陆续出台支持冷链物流发展的相关政策，包括冷藏车、冷库在内的冷链物流基础设施得到完善，冷链产业成为健全城乡双向流通体系、推动乡村振兴和共同富裕的重要抓手。2021年国内冷库总容量突破1.96亿立方米，冷藏车保有量超过34万辆。在冷链新基建政策逐步深入发展的背景下，冷链物流两端及流通环节的各类基础设施及服务体系进一步完善，未来冷链基建的投资建设还需谨慎考虑，避免出现建设过热等现象，造成资源浪费。

（四）绿色冷链未来已来

2020年9月，在第七十五届联合国大会一般性辩论会上，我国首次提出要在2030年实现碳达峰、2060年实现碳中和的目标与承诺，并在随后多次重大工作会议和对外问答过程中提到碳中和、碳达峰目标。2021年10月14—16日，第二届联合国全球可持续交通大会在北京召开。会上习近平总书记强调，要大力发展智慧交通和智慧物流，推动大数据、互联网、人工智能、区块链等新技术与交通行业深度融合，使人享其行、物畅其流。中国交通把推动绿色低碳转型作为可持续交通发展的战略性任务，追求以最少资源投入、最小环境代价，最大限度地满足社会经济发展和人民出行需要。

绿色冷链物流不仅是经济与社会发展的客观要求，也是物流发展的必然选择。2021年，更多的冷链物流企业将绿色环保作为自身发展的核心战略之一，并在此领域进行进一步深耕和探索。如在产品的低温储藏、配送、运输过程中采用共同配送、科学管理等方式提高运输效率，降低环境污染；通过新技术降低冷库、冷藏车的能量消耗，降低噪声污染，提高周转率、装载率等。绿色冷链是绿色物流的一部分，是未来冷链技术的新趋势。绿色冷链对企业来讲，最关键的一点是采用先进的技术和设备，提高核心竞争力，进而推动绿色冷链的发展。世界各国都在普及环境教育，人民环保意识不断提高，这为实现绿色冷链提供了基本发展条件。

## 二、冷链物流存在的问题和难点

冷链物流贯穿第一、第二、第三产业，连接生产端与消费端，发展潜力及空间巨大。但长期以来，国内冷链物流仍面临着诸多问题，具体体现如下。

（一）防疫形势依旧严峻

2021年，由于进入到疫情防控的常态化阶段，部分企业对于防控管理意识逐步淡化，最终造成了疫情触发以及大范围扩散传播事故，给国家的疫情防控工作带来了不良影响。当前，我国冷链物流“断链”“伪冷链”等问题突出，与产品质量相关的安全隐患较多，特别是新冠肺炎疫情发生以来，冷链物流承担着保障疫苗安全配送和食品稳定供应的艰巨任务，要求提高冷链物流专业服务和应急处置能力，规范市场运行秩序，完善全程追溯体系，更好满足城乡居民消费安全需要。但随之而来的储运成本上升、管理复杂度提高等问题，迫使冷链物流行业必须要加快转型升级。

（二）实施政策翘首“企”盼

2021年，诸多冷链物流发展规划及管控等政策、标准文件相继出台，进一步推动行业规范发展，同时也让冷链物流企业看到了未来发展的希望。但与此同时，面对行业发展的顶层设计，企业更加关注各项政策标准如何实际落地执行。具体体现在以下三个方面，一是各项规划文件是否有配套的行动计划作为支持，行动计划作为规划文件的重要实现路径，直接影响着业务一线的执行与操作，若无有效的行动计划支持，行业规划更像是“空中楼阁”；二是行动计划是否符合规划文件及当地发展实际情况，如果脱离了实际业务场景以及规划目标导向，不仅无法实现预期成果，还会造成资源浪费，不利于行业的良性发展；三是行动计划是否可以切实落地执行，制订了有效的行动计划，还应确保其真正落地执行，各环节及各单位应切实按照要求操作，保证实际实施效用。因此，在顶层设计逐步完善的同时，有效的行动计划能否及时跟进和落实将是未来发展需要重视的关键问题。

（三）技术应用需从“口头”变为“手头”

随着科技的不断进步，新技术将为冷链物流赋予更高价值。伴随着“新基建”等技术相关政策落地实施，互联网、大数据、区块链等技术在物流专业领域逐步渗透，冷链物流全链条进一步实现技术赋能，逐步构建智能化冷链物流体系。面对冷链行业存在的痛点难点，企业转变发展理念，强化质量意识，依托智慧冷链、绿色冷链，助推冷链行业高质量发展。但在此过程中，部分投机者看到了冷链物流火热发展的机遇，将冷链“智能化”发展作为一种企业发展的口号，却并未将真正的技术应用到实处。所谓技术赋能，并非简单搭建系统或是单纯使用自动化设备，其发展的根本，应该是将合适的技术应用在恰当的环节，通过技术手段，提升全链运作效率、降低全链运作成本。就目前而言，多数冷链企业没有建设冷链物流资源交易运营平台或者管理系统，冷链数据的动态采集、处理及决策分析功能缺失。冷库、冷藏车等基础设施的自动化、智能化程度不高，冷链物流企业对技术研发的投入力度有待增强。

（四）支持体系底气不足

我国冷链物流市场发展时间较短，虽然近年来一直保持14%以上的增速，但市场标准化及企业合规经营尚未达标，尤其是冷链运输市场的“劣币驱逐良币”现象依然存在，给企业经营带来较大困扰。国家层面的逐步深化介入也在进一步提升行业管理水平，树立行业标杆，建立行业规范，推动冷链物流行业逐步趋于正轨。目前，冷链物流行业人才缺口较大，一线操作员工、中层管理人员、专业技术人员以及高级管理人员均存在缺口。受疫情防控影响，冷链物流从业人员存在一定的工作压力，一线操作员工尤其是运输司机岗位出现招工困难等问题。此外，随着冷链物流信息化和自动化水平的不断提高，国内冷链物流专业人才储备不足的问题也日益凸显。据不完全统计，目前全国开设“冷链物流技术与管理专业”的院校仅有10所，大数据分析显示，2019—2020年，以上10所高校冷链物流相关专业毕业生人数与头部冷链物流企业冷链岗位招聘量的供需比为1∶4，具备全链设计能力的专业人才更是严重匮乏，冷链相关领域的创新活力呈现回落趋势。

（中国物流与采购联合会冷链物流专业委员会）

# 2021年中国危化品物流

2021年，我国成功克服新冠肺炎疫情、汛情等多重困难，中长期保持经济持续健康发展，综合国力稳步提高，实现了“十四五”的良好开局。经济总量和人均水平实现新突破，新的经济形势与新的优势凸显，对于我国在“十四五”时期乃至更长发展阶段实现全面高质量发展具有重要意义。

## 一、2021年我国石化产业发展

2021年，我国石化行业运行总体平稳有序，主要经济指标实现较快增长，石油和化工行业规模以上企业26947家，全行业实现营业收入14.45万亿元，同比增长30%；实现利润总额1.16万亿元，同比增长126.8%；进出口总额8600.8亿美元，同比增长38.7%。随着双碳目标的深化，在一定阶段，双碳目标给世界各国及能源企业提出了巨大挑战。

## 二、2021年我国化工物流行业发展

2021年，全国社会物流总额335.2万亿元，按可比价格计算，同比增长9.2%，两年年均增长6.2%，增速恢复至正常年份平均水平，社会物流总费用与GDP的比率小幅回落。根据中国物流与采购联合会危化品物流分会（以下简称“中物联危化品分会”）资料显示，基于上游石化行业发展的较快增长，2020年年底危化品物流行业市场规模超过了2万亿元。2015—2021年我国危化品物流业市场规模及增速如图1所示。

目前，我国危化品物流中道路运输仍占据主要地位，道路运输量占70%，铁路运输量占4%，水路运输量占22%。从石化产业需求与地区分布来看，华东地区和华南地区合计占据着全国71%的市场比例。危化品物流企业区域分布与服务主体分布趋势接近，东部沿海分布密集。2021年我国危化品物流企业区域市场结构分布情况如图2所示。

目前，我国危化品物流企业以中小型物流企业为主，全国危险货物道路运输企业达1.3万户，车辆在50辆以下的企业占60%以上；车辆在50~99辆的企业占比次之；车辆在100辆及以上的企业占比为9%；车辆在300辆以上的企业仅有35家。从企业运营模式来看，企业自营物流模式占比约60%，第三方物流占比约40%。

从目前我国危化品仓储需求与供给分析，

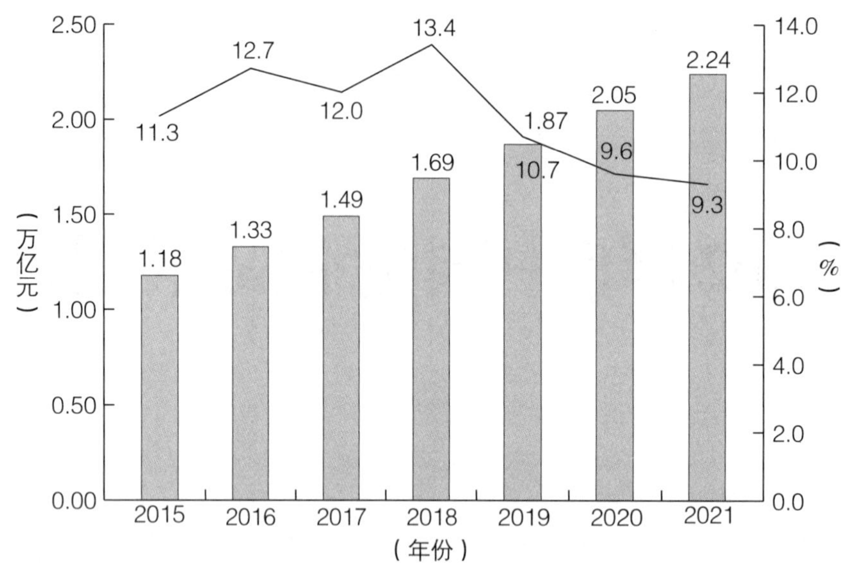


**图1 2015—2021年我国危化品物流业市场规模及增速**

资料来源：中物联危化品分会。

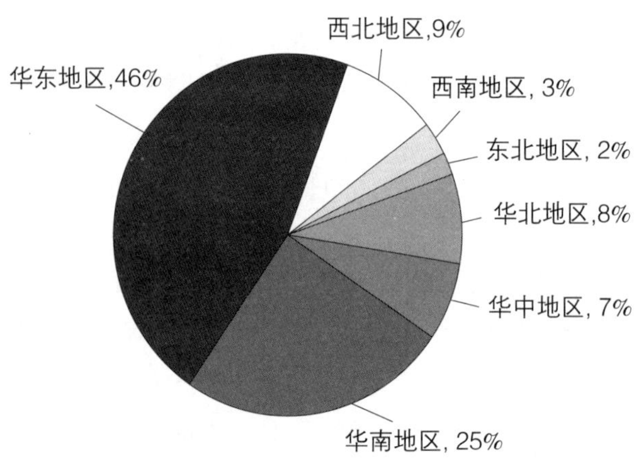


**图2 2021年我国危化品物流企业区域市场结构分布情况**

资料来源：中物联危化品分会。

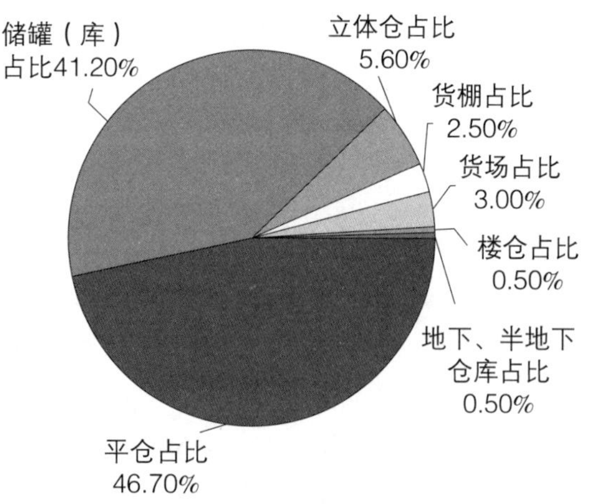


**图3 2021年我国危化品仓储库主要类型占比**

资料来源：中物联危化品分会。

石化仓储需求整体保持较好的景气度，我国仓储库类型仍以平仓和储罐（库）为主。2021年我国危化品仓储库主要类型占比如图3所示。

目前，我国石化仓储仍然集中在华东、华南等沿海、沿江地区，占我国危化品仓储业的70%以上。从我国危化品仓储能力分布看，我国中西部地区不足30%。在仓储面积方面，我国建筑面积在1000平方米以下、储罐容量在10000立方米以下的小规模危险品仓库约占总量的40%。

## 三、2021年我国化工物流行业安全事故分析

由于危险化学品道路运输的特殊性，安全事故层出不穷，不但给社会经济造成了巨大损失，更是给很多家庭造成了无以弥补的巨大损失和心灵创伤，也给生态环境带来了很大的负面影响。

据可知数据统计，2021年我国危化品道路安全事故共411起。其中自燃、起火事故71起（死亡事故1起、死亡人数2人）；车辆侧翻事故109起（死亡事故2起、死亡人数4人）；车辆相撞、追尾事故99起（死亡事故6起、死亡人数7人）；车辆运输过程中泄漏事故85起（死亡事故1起、死亡人数8人）；车辆轮胎磨损事故24起；操作不当事故18起；其他问题（如避让躲避行人）5起。如图4所示。

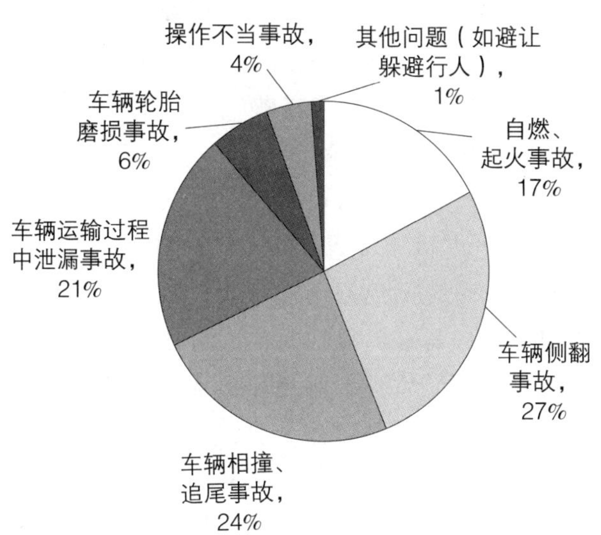


**图4　2021年我国危化品道路运输安全事故统计情况**

资料来源：中物联危化品分会。

## 四、行业现存问题分析

（一）资源与市场布局不平衡

我国石化产业资源与市场仍存在一些问题，一方面是石化产品消费市场分布相对集中在华东和华南地区，而石化生产分布相对集中在华北、东北和西北地区；另一方面是区域性产业特色不突出，产业发展较为零散和薄弱，大量原料、劳动力、能源等资源未得到充分利用。

（二）运输方式有待改进

我国化工物流运输方式仍以道路运输为主，多式联运推进缓慢。石化产品运输距离长、产业分散、运价波动、货车匹配率低、信息不透明等多个因素影响行业发展，尤其行业限制条件越来越多，“限时、限路、限罐、限外”运输政策严重降低物流效率，同时也从源头增加了企业运营成本与安全风险。

（三）集约化发展水平有待提升

目前行业仍存在大量规模小、技术参差不齐的落后产能，难以适应石化产业进一步集约化、规模化升级的发展要求。同时，高技术含量的化工新材料和高端专用化学品国内自给率偏低，精高端产品研制与专业化程度不足。

（四）数智化深入程度低

数字化、智能化等新技术新手段在石化物流行业的应用程度有待加强，数据化程度较高但发展短板凸显，关键技术、核心生产装备存在薄弱环节。随着5G网络覆盖扩大，AI、大数据以及物联网等技术的快速进步和应用，必将促进包括危化品仓储在内各个环节的数字化水平提升，化工物流全过程跟踪、监控及预警的能力将获得长足进步。

（五）人员缺口越来越大

2021年，中物联危化品分会针对危险货物驾驶员做了深入调研，共收集问卷3万余份，其中男性占比88.56%，女性占比11.44%；35~50岁的驾驶员占比最大，为74.38%，22~34岁的驾驶员占比仅为5.97%。通过以上数据可知从事危化品运输的年轻人很少，随着

当前从业人员的老龄化，整个行业将面临人员短缺的问题，危化品驾驶员和押运人员将成为稀缺“人才”。

（六）绿色低碳力度仍需加大

国家提出的双碳政策及目标，要求全行业采用更加节能绿色环保的技术和管理模式，降低碳排放，探究科学、经济、可落地的应用解决方案，助力可再生能源开发利用。加快推进氢能产业化步伐，推动氢能源燃料车、新动能转换，在物流园区、仓储园区、装卸环节等采用新能源装备设施，从而推动行业各类环保节能技术的应用，促进行业发展质量的提升。

## 五、后疫情时代我国危化品物流发展之路

作为产业供应链中的枢纽，包括危化品物流在内的物流行业一方面需要持续关注疫情带来的影响，另一方面需要深入研究行业本身及整个经济社会现状，以及未来的政策导向。

面对此时复杂多变的环境，危化品行业的发展不仅需要每个危化品物流行业人的努力，更需要各级政府从上至下的大力支持。

（一）行业监管层面

各级政府及相关部门以及各类市场主体，总体上应坚决全面贯彻落实习近平总书记关于安全生产的重要指示，围绕车、路、人、企业、系统、机制等关键要素，构建大数据、网格化、全链条闭环管控机制，解决影响危化品物流安全的基础性、源头性、瓶颈性重大问题，全面提升行业本质安全水平。

在行业监管层面，主要面临人员少、流动性大、专业水平难以提高等问题。行业监管工作还有许多不足之处。各地机构改革后，基层管理部门在执法理念、执法水平、执法装备、执法技术和方法研究方面凸显许多短板。

1.建立企业优胜劣汰机制

一是危化品运输企业如果扩大经营范围或新增运力，“安全码”等级将作为重要参考，对连续不达标企业进行淘汰；二是对连续被评为蓝码的企业应予优先核准；三是鼓励危险货物道路运输企业通过省内收购、兼并重组等方式调整经营规模；四是新增运力要与市场需求、业务饱和情况相挂钩，与安全管理水平相挂钩，且审核结果要公示并上报。

2.明确企业安全生产管理机构和人员配置

一是根据企业规模设置独立的安全生产管理机构或安全管理岗位，并配备至少一名专职安全生产管理人员；二是实施新增业务风险管控（风控机制），例如，实行动态评价和分级管理，驾驶员“浙运安全码”根据分数分为蓝码、黄码、红码，不同分值区分风险驾驶情况；三是禁止企业挂靠经营。

3.加强从业人员管理

一是严把从业人员聘用关，做好应聘人员从业资格审核工作；二是各部门信息共享互通，建立危化品道路运输从业人员信息共享核查机制；三是在后疫情时代，科学实施从业人员“安全码”管理；四是加强从业人员教育培训，危险货物道路运输企业应制订实施年度安全生产教育培训计划，普及防御性驾驶技术，企业主要负责人和安全管理人员初次安全培训时长不得少于32学时。

4.加强车辆与罐体管理

一是配备注册安全工程师，加强新增车辆安全设施的配备；二是强化常压罐体检验，规范罐车生产、登记、使用和检验，集中整治罐车运营中的各种乱象，提升罐车安全运营水平，维护市场经济秩序，减少道路交通安全事

故，防范化解重大风险，保护人民群众生命财产安全。

5.加强道路与停车场管理

一是细化企业停车场管理要求，完善道路安全设施，及时清理或调整不合理、不规范的限速标志；二是对涉及危险货物道路运输的长陡下坡、隧道、特大桥梁、高速匝道等重点路段，设置全程视频监控和测速设备等安全设施（新要求），进一步强化路面通行安全监管；三是配套建设公共停车场；四是加快服务区停车位建设，财政、交通运输等部门要积极支持服务区专用停车区建设，优先保障用地、资金要素。

6.加强信息化监管，业务协同数据共享

一是强化安全联防联控，完善平台功能，加强对危险化学品生产、储存、运输、使用和废弃处置等环节的协同管理，实现经信、公安、生态环境、交通运输、应急管理和市场监管等部门的业务协同和数据共享；二是进一步优化完善危化品数字监管平台。

7.进一步规范执法

坚持企业属地管理，应避免“长臂管辖”“跨区域执法”，鼓励主要办公地、主要停车场地与企业注册地设立于同一个县域范围内。

8.落实环保政策

建立由公安、应急管理局、专业救援队、交通、市场监管、环保等多部门参与的联合救援机制，实现快速反应，守住公共安全的最后一道防线。

（二）企业运营层面

1.确保安全，提升效率

危化品物流企业必须提升车辆本质安全性能，规范驾驶行为，加大创新投入，科学合理调度，在提升物流安全性能的同时，提升物流效率。

2.推动整合，做精做强

有条件的大型物流企业要联合产业资本积极推动行业整合，在提高行业集中度的同时，提升存量中小化工物流企业的管理能力，把化工物流行业做专做优、做精做强。

3.关注员工，保护权益

在适当降低司押人员劳动强度的同时，提高他们的劳动待遇，吸引有知识有文化的司押人员加入危化品物流队伍。

4.落实责任，排除隐患

针对企业主体责任落实不到位、隐患巨大的问题，应建章立制、落实责任、规范台账、完善资料、加强培训，修订岗位职责和操作规程、企业管理流程，工作落实到人，做到“安全标准化、服务精细化、管理透明化、全面信息化”。

5.加大投入，升级设备

车辆技术升级，提高本质安全；加大科技投入，全程智能监控，规范驾驶行为。

6.建立长效管理机制

企业安全文化深入人心，全员参与安全管理，形成闭环不留死角，从“要我安全”到“我要安全”，营造自觉遵守安全规则的良好氛围。

7.强化人才培养

人才匮乏是制约我国危化品物流技术升级发展的瓶颈之一。针对人才短缺问题，应围绕新技术背景下，危化品物流企业对于人才的新需求、企业组织变革与流程再造、危化品物流企业岗位与人才需求匹配，以及危化品物流技术应用人才培养、校企合作等话题进行深入研究，致力于为危化品物流智能化发展提供与时俱进的人才支撑。

（中国物流与采购联合会危化品物流分会）

# 2021年城市配送货车便利通行情况

当前，构建新发展格局对国内大循环提出了更高要求。随着城市化进程加快、扩大内需战略实施，城市配送业务快速增长，对城市配送“保畅通”提出新要求。“十三五”以来，我国城市化水平稳步提升，2021年，我国城市化水平已经达到63.89%，扩大内需战略带动城市消费需求日益旺盛，带动城市配送需求快速增长。2020年，我国社会物流总额超过300万亿元，城市物流需求成为增长亮点。“十四五”规划提出，畅通国内大循环，重点是要依托强大的国内市场，形成需求牵引供给、供给创造需求的更高水平动态平衡。城市配送连接城市消费与生产、实现分配与流通的重要功能日益凸显。但是，与旺盛的物流配送需求不适应的是，城市配送仍然存在通行难、办证难、停车难等现实问题，成为影响满足城市居民对美好生活向往的重要堵点和短板。

2021年年初，公安部交管局印发了《关于优化和改进城市配送货车通行管理工作的指导意见》，提出优化通行管理政策、改进服务保障、推进改善停车条件等政策措施，并要求各地在2021年9月底前完成评估并落实调整相关政策。为了解政策落实情况，反映存在问题，中物联公路货运分会联合深圳市货车宝科技有限公司通过大数据分析方式，联合开展了城市配送货车便利通行调查，现将有关情况报告如下。

考虑到城市配送货车便利通行问题主要出现在大中型城市，报告样本城市选择了“2021年中国百强城市排行榜”排名前三十位的城市，即北京、上海、深圳、广州、杭州、南京、苏州、成都、武汉、无锡、重庆、长沙、天津、郑州、济南、宁波、西安、青岛、合肥、福州、佛山、大连、沈阳、厦门、昆明、常州、南通、东莞、绍兴、长春。报告数据源自深圳市货车宝科技有限公司大数据研究院。

## 一、城市配送货车便利通行情况

（一）73%的城市实现“允许配送货车通行时间不少于6小时”

在城配车辆通行时间的便利度方面，据货车宝导航汇总的样本城市中大范围不合理限行区域统计显示，有73%的城市在主要区域实现了“每天允许配送货车通行时间不少于6小时”。

2021年济南、成都、深圳等城市调整通行管控措施，放宽了城市配送货车道路禁限行政策。目前仍有北京、杭州、苏州、武汉、无锡、郑州、宁波、绍兴8个城市，在城区较大区域范围内允许配送货车通行时间少于6小时，其中部分城市禁行区域达到了主城区的80%以上，限行区域较大，对城市配送货车通行造成较大不便。

此外，上述8个城市在“严禁采取全城24小时禁止货车通行”政策落实方面也未能达成目标。

（二）城配货车通行效率城市间差异大

在时效便利度方面，各城市日均里程和平均时速是较能体现城配车辆运行效率的指标。以30个样本城市的城市配送车辆（系统注册并使用导航的4.5吨以下的蓝牌轻型货车、微型面包车）为依据，2021年7—12月数据显示，单车日均在途里程为225.03公里，平均时速为42.92公里，日均在途时长约4.89小时。2021年7—12月30个样本城市城配车辆日均里程及平均时速统计情况如图1所示。

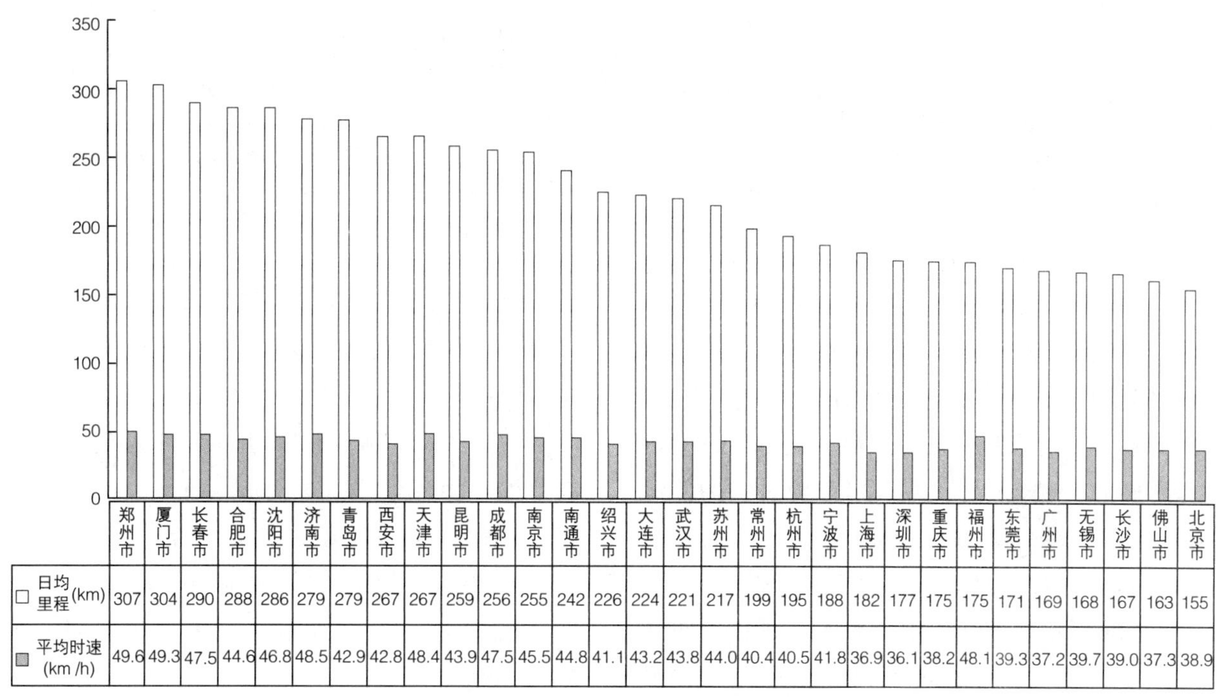


| | 郑州市 | 厦门市 | 长春市 | 合肥市 | 沈阳市 | 济南市 | 青岛市 | 西安市 | 天津市 | 昆明市 | 成都市 | 南京市 | 南通市 | 绍兴市 | 大连市 | 武汉市 | 苏州市 | 常州市 | 杭州市 | 宁波市 | 上海市 | 深圳市 | 重庆市 | 福州市 | 东莞市 | 广州市 | 无锡市 | 长沙市 | 佛山市 | 北京市 |
|---|---|---|---|---|---|---|---|---|---|---|---|---|---|---|---|---|---|---|---|---|---|---|---|---|---|---|---|---|---|---|
| □ 日均里程(km) | 307 | 304 | 290 | 288 | 286 | 279 | 279 | 267 | 267 | 259 | 256 | 255 | 242 | 226 | 224 | 221 | 217 | 199 | 195 | 188 | 182 | 177 | 175 | 175 | 171 | 169 | 168 | 167 | 163 | 155 |
| ▨ 平均时速(km /h) | 49.6 | 49.3 | 47.5 | 44.6 | 46.8 | 48.5 | 42.9 | 42.8 | 48.4 | 43.9 | 47.5 | 45.5 | 44.8 | 41.1 | 43.2 | 43.8 | 44.0 | 40.4 | 40.5 | 41.8 | 36.9 | 36.1 | 38.2 | 48.1 | 39.3 | 37.2 | 39.7 | 39.0 | 37.3 | 38.9 |

**图1　2021年7—12月30个样本城市城配车辆日均里程及平均时速统计情况**

从城市差异看，日均在途里程排名最高的郑州较排名最后的北京高出近一倍。相对于北上广深等超一线城市，郑州、厦门、长春、合肥等城市在此方面表现突出，城配运行效率更高。一方面与城市对配送货车禁限行政策相关，另一方面也与城市建设水平、道路通行条件、交通拥堵状况等其他因素相关。

从工作时间看，虽然日均在途时长少于5小时，但是司机反映由于禁限行政策和客户收货政策，大量时间用在等待上。一些城市由于禁限行政策，司机进城后无法及时返回，需要等待4～5小时才能通行，车辆整体利用率低，司机工作时间长。

（三）城配货车通行时间以日间为主，夜间为辅

30个样本城市城配车辆日间与夜间通行占比情况统计如图2所示。

在日间通行便利度方面，样本城市的城市

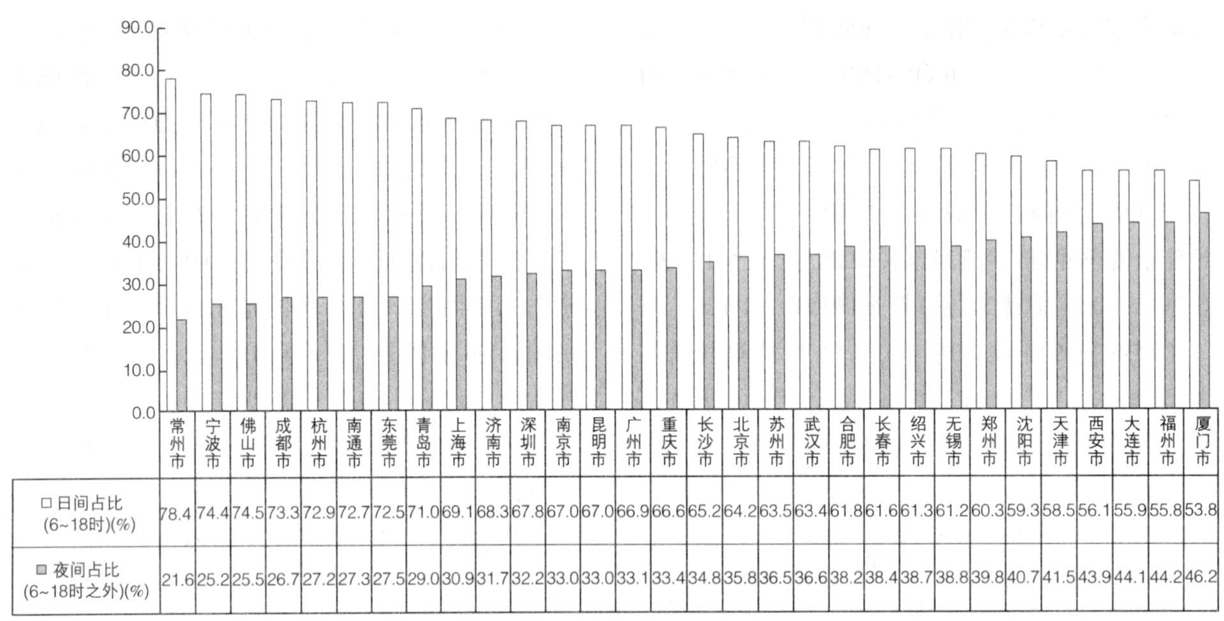


| | 常州市 | 宁波市 | 佛山市 | 成都市 | 杭州市 | 南通市 | 东莞市 | 青岛市 | 上海市 | 济南市 | 深圳市 | 南京市 | 昆明市 | 广州市 | 重庆市 |
|---|---|---|---|---|---|---|---|---|---|---|---|---|---|---|---|
| □日间占比(6~18时)(%) | 78.4 | 74.4 | 74.5 | 73.3 | 72.9 | 72.7 | 72.5 | 71.0 | 69.1 | 68.3 | 67.8 | 67.0 | 67.0 | 66.9 | 66.6 |
| ■夜间占比(6~18时之外)(%) | 21.6 | 25.2 | 25.5 | 26.7 | 27.2 | 27.3 | 27.5 | 29.0 | 30.9 | 31.7 | 32.2 | 33.0 | 33.0 | 33.1 | 33.4 |

| | 长沙市 | 北京市 | 苏州市 | 武汉市 | 合肥市 | 长春市 | 绍兴市 | 无锡市 | 郑州市 | 沈阳市 | 天津市 | 西安市 | 大连市 | 福州市 | 厦门市 |
|---|---|---|---|---|---|---|---|---|---|---|---|---|---|---|---|
| □日间占比(6~18时)(%) | 65.2 | 64.2 | 63.5 | 63.4 | 61.8 | 61.6 | 61.3 | 61.2 | 60.3 | 59.3 | 58.5 | 56.1 | 55.9 | 55.8 | 53.8 |
| ■夜间占比(6~18时之外)(%) | 34.8 | 35.8 | 36.5 | 36.6 | 38.2 | 38.4 | 38.7 | 38.8 | 39.8 | 40.7 | 41.5 | 43.9 | 44.1 | 44.2 | 46.2 |

**图2 30个样本城市城配车辆日间与夜间通行占比情况统计**

配送车辆平均日间通行里程占比65.61%，夜间通行里程占比34.52%，没有夜间通行量超过日间通行量的城市，反映出城市配送货车仍然以白天通行为主、夜间通行为辅。其中，日间通行量超过70%的城市有常州、宁波、佛山、成都等，夜间通行量超过40%的城市有厦门、福州、大连、西安等城市。日间通行时间占比与各地禁限行政策宽松度呈正相关关系。司机普遍反映，白天通行安全性较高，且大部分客户收货也仅在白天，一些司机不得不采取白天“闯禁行”方式保障客户要求。一些司机反映，夜间配送往往时间较晚，有些在凌晨，容易发生疲劳驾驶事故，这也导致城配司机特别是年轻司机紧缺的现象。

（四）放宽禁限行政策有利于引导城配货车合理通行，提升车辆通行效率

根据样本数据，以2021年对禁限行政策调整的北京、成都、苏州、武汉4个城市为样本，以调整禁限行政策之前3个月和之后3个月平均数据对比，相同时段内城配货车通行占比，城配车辆日均通行里程、时长等数据基本呈增长趋势。反映出通过放宽禁限行政策，有利于引导城配货车便利通行，提升城市配送通行效率。

通过放宽禁限行政策也有利于避免微型面包车等轻型客车“以客代货”现象，提高车辆装载效率，减少车辆碳排放。据测算，一辆4.2米轻型货车能够替代6辆微面。

（五）城市配送通行证网上申领得到全面推广

通行证办理便利与否对于城配车辆开展配送工作有着较大的影响。数据显示，截至2021年年底，样本城市中90%开通了网上申领货车通行证（码），全国范围内，第一批70个城市自2021年9月1日起，第二批175个城市自10月20日起，可以通过“交管12123”App申领发放货车电子码通行证，统一申领入口，简化申请手续，便利司机使用。

从通行证类型看，大部分城市可以网上申领货车临时通行证，少部分城市可以申领长期通行证。

从办理方式看，在30个样本城市中，微信通道、“交管12123”App、政府网站和微信小程序办理方式分别达到60%、76%、13%和10%，通过“交管12123”App申领日渐成为趋势。

从办理便利度看，通过对配送司机关于不同办理方式接受程度的调查发现，81%的司机认为较为便利，9%的司机认为一般，仍有10%的司机认为较为不便，主要原因是各个城市需要下载不同的App软件、各类网上注册较为麻烦、需要填写的信息不统一、申报网页经常异常等。总体来看，司机反映“交管12123”App和微信小程序等办理方式使用较为便利。此外，还有部分城市仍然采取线下申领通行证方式，存在流程不透明、材料不统一、政策不规范等问题，亟待加快申领方式便利化变革。

（六）城市配送货车便利通行政策得到落实

根据数据显示，截至2021年年底，30个样本城市中有15个出台并落实了城市配送货车便利通行相关政策，主要包括分类施策便利货车通行、完善通行证（码）管理制度、加快构建分级配送体系等。此外，2021年8月6日，交通运输部发布《关于命名天津市等16个城市“绿色货运配送示范城市”的通报》，天津市、苏州市、厦门市、长沙市、广州市、深圳市、成都市7市入围首批“绿色货运配送示范城市”。

（七）货车路线导航得到一定推广

目前，济南等部分城市大力推广货车路线导航，但是在样本城市中占比不多。通过与配送司机高频使用的货车导航合作，可以更加快速和精准地将禁限行政策推送给司机，加强提示引导，方便司机查询，避免误入禁限行道路，精准引导货车城市通行。同时，也可打通城市货车通行证（码）和货车导航的链接，便于配送司机直接跳转登录申领服务。

## 二、城市配送货车通行便利度指数

根据以上各项数据，设计了城市配送货车通行便利度指数，结合各城市通行时间、日均时效、通行时速、日间通行、证照办理便利度等多项指标，综合反映30个样本城市的城市配送货车通行便利水平。

从指数初步测算看，济南市位列榜单第一名，厦门市、南通市、青岛市、长春市并列第二名，而四大一线城市除深圳外普遍排名靠后。30个样本城市的城市配送货车通行便利度指数如图3所示。

## 三、进一步推进城市配送货车便利通行的政策建议

城市配送对于支撑形成强大国内市场、畅通国内大循环具有积极意义。城市配送货车通行条件和我们的用水、用电、用气条件一样，保障了城市正常运行和居民生产生活的基本要求。为进一步推进城市配送货车通行便利化，提出以下政策建议。

（一）进一步放宽城市配送货车通行时间

为保障城市生产生活，某些经济发达地区对城市配送货车不限行，甚至给予城市配送货车优先通行权。例如，日本东京对城市配送货车没有任何限制，还提供财政补贴。香港为避免私家车挤占城市配送通道，对重点地区限制私家车行驶，如在尖沙咀的干线路段，从早上7点至晚上19点，除装卸货物的货车外不允许车辆通行。建议将城市配送货车作为城市公共交通的组成部分看待，进一步放宽城市配送货

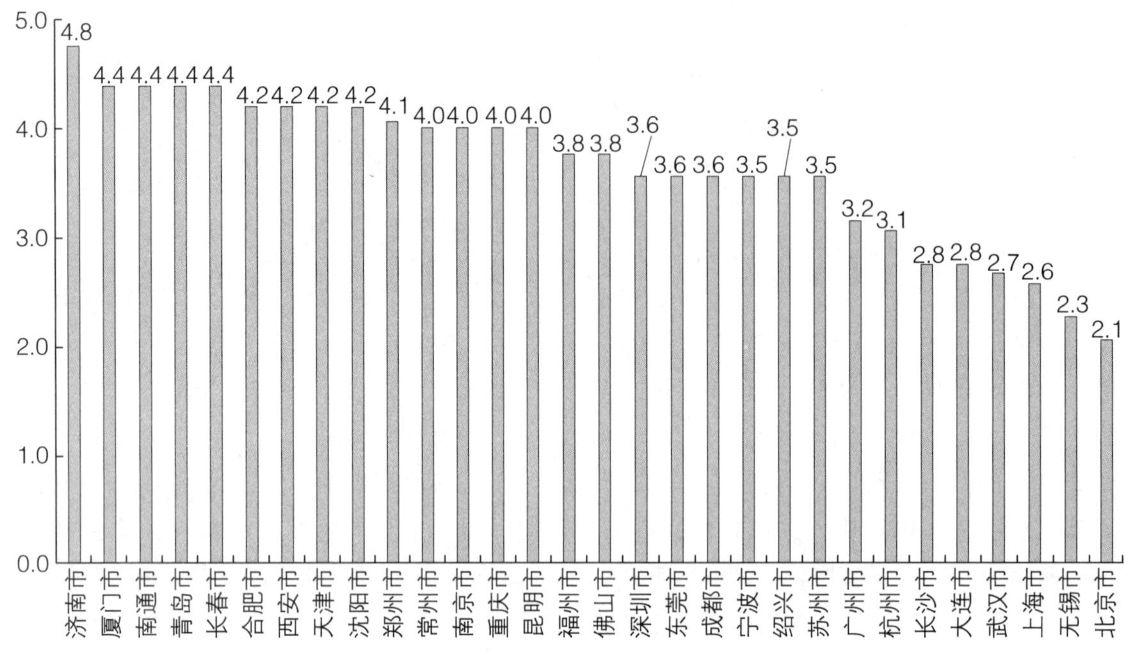


**图3　30个样本城市的城市配送货车通行便利度指数**

车通行时间，每天禁限行时间少于4小时，鼓励实行24小时全面放开货车通行时间的便利化措施。

（二）鼓励白天运输为主、夜间为辅、早晚高峰适度调控

目前，城市内的工厂、超市、市场、社区等主要配送客户基本采取白天收货模式，夜间普遍没有人员收货。许多配送车辆不得不采取白天“闯禁行”方式保证供应，一些企业反映每天都要接到大量扣分处罚单。建议通行管理原则调整为鼓励白天运输为主、夜间为辅、早晚高峰适度调控，减少夜间疲劳驾驶的安全风险。开辟城市货车通行主通道，允许早晚高峰期间有实际配送需求的车辆进城按照指定道路通行，这样也能在一定程度上减少货车司机工作时间。

（三）进一步放宽城市配送货车限行吨位

主要发达国家对于城市配送货车车型没有限制，大量中型和重型货车能够在城市内部自由通行，运输效率较高。而我国大部分限行城市都将配送货车车型限制在轻型货车范围。目前，一辆合规9.6米中型货车装载容积为75立方米、载货10吨；一辆合规4.2米轻型货车装载容积为18立方米、载货1.5吨。一辆中型货车能够替代4～6辆轻型货车，运输效率明显提升。建议进一步放宽城市配送货车限行吨位到中型货车，切实减少干支中转衔接、提高运输效率、降低配送成本。

（四）进一步缩小城市配送货车限行区域

目前，许多城市限行区域不断扩大，从二环扩大到三环、四环，仅仅限制城市配送货车通行不符合公平竞争政策。一些城市不同城区有不同的限行区域，且限行政策也不相同，这就增加了通行障碍。建议缩小和取消城市配送货车限行区域范围，参照公路限高限宽设施和检查卡点整治，对于城市采取区域禁限行政策的进行清理，继续保留的要说明原因，在省内汇总后进行社会公示。

（五）全面推广通行证（码）网上申领

通行证（码）网上申领核发政策推行以来，得到了广大企业和货车司机的普遍欢迎。针对实行过程中存在的问题，建议进一步制定完善公开公平、高效便利的城市配送货车通行证（码）管理制度，统一申领条件、申领方式、核发时限、使用规则等要求。建议明确统一为“交管12123”App和微信小程序两大入口，方便司机群体形成习惯，推动证照申领便利化。

（六）延长长期通行证有效期限，开展取消货车通行证试点

除了大量临时配送需求外，为保障城市生产生活正常运行，也有大量承接城市工厂、超市、市场、社区日常配送的车辆。建议由托运方申请，发放有效期不超过一年的长期通行证，减少办证换证手续。建议充分利用大数据、平台化技术手段，摸清配送货车数量，进行通行证动态调控，在条件适合的城市开展取消货运配送车辆通行证试点，探索城市配送通行管理新模式。

（七）进一步提高新能源货车通行便利

国外城市对新能源配送货车提供较大的通行便利和政策支持。例如，挪威政府规定电动车辆的路桥费不得高于燃油车的50%，电动车辆可以使用公交车道，并可以在部分公共停车场免费停放。德国部分城市为电动车辆等低排放车辆提供免费停车、公交车道及交通限制区使用的特权。美国实施差异化的电动车辆交通优先政策，以加利福尼亚州为代表，州政府规定电动车辆可以使用大容量车辆车道（HOV车道，通行效率高），纯电动汽车和插电式混合动力汽车可在州立停车场充电，免收电费。建议进一步深化落实新能源货车差别化通行管理政策，对于新能源配送货车全面取消通行限制。对于新能源配送货车淘汰更新和运营使用提供补贴，加大新能源配送货车充电设施配套保障力度并给予电费优惠。同时，也要避免对于燃油货车“一刀切”的治理方式。

（八）推广货车线路导航，精准引导货车出行

建议加强与司机高频使用的货车导航合作，在推送城市禁限行信息、链接通行证（码）申领、引导货车专用临时停车位、查询司机之家所在位置等方面开展合作。

（中国物流与采购联合会）

# 第五部分

# 地区物流

# 2021年河北省物流业发展情况

2021年，是党和国家历史上具有里程碑意义的一年。这一年，面对新冠肺炎疫情冲击和严峻复杂的宏观形势，河北省物流行业坚持以习近平新时代中国特色社会主义思想为指导，深入学习贯彻党的十九大和十九届历次全会精神，全面落实习近平总书记对河北工作重要指示和党中央、国务院决策部署，在省委、省政府的坚强领导下，统筹疫情防控和经济社会发展，物流业实现“十四五”良好开局，全年呈现稳定增长态势，物流需求增长平稳，需求结构持续优化，物流效率和服务水平进一步提升。

## 一、物流业运行情况良好

2021年，河北省社会物流总额为8.23万亿元，同比增长15.7%。从社会物流总额结构看，工业物流总额实现快速增长，国际进口物流增势平稳，民生消费物流增速有所放缓；其中，工业品物流总额为44694.9亿元，同比增长21.2%，占社会物流总额的比重为54.3%，比上年提高了2.5个百分点；单位与居民物品物流总额为2877.2亿元，同比增长13.7%；省外流入物品物流总额为26340.3亿元，同比增长10.8%；由于受上半年疫情散发和上年同期基数较低等因素影响，走势前低后高，一季度同比增长11.8%，上半年增长10.6%，前三季度增长14.3%。全省物流业增加值占服务业增加值的比重为15.0%，占GDP的比重为7.4%。物流效率明显提升，全省社会物流总费用为6197.8亿元，占GDP的比重为15.3%，比上年同期下降0.6个百分点。全年货物运输总量26.2亿吨，货物周转量14774.6亿吨公里。其中，铁路货运量2.9亿吨，同比下降5.2个百分点，货物周转量5395.4亿吨公里，同比增长8.5个百分点；公路货运量22.7亿吨，同比增长7.2个百分点，货物周转量8650.1亿吨公里，同比增长6.7个百分点。2021年河北省分季度社会物流总额如表1所示，2021年河北省社会物流总额构成情况如表2所示。

表1　2021年河北省分季度社会物流总额

| 指标 | 一季度 | 上半年 | 前三季度 | 全年 |
|---|---|---|---|---|
| 社会物流总额（万亿元） | 1.71 | 3.78 | 6.17 | 8.23 |
| 同比增长（%） | 11.8 | 10.6 | 14.3 | 15.7 |

表2 2021年河北省社会物流总额构成情况

| 指标 | 单位（亿元） | 同比增长（%） |
|---|---|---|
| 社会物流总额 | 82343.3 | 15.7 |
| 其中：农产品物流总额 | 6071.2 | 3.9 |
| 工业品物流总额 | 44694.9 | 21.2 |
| 进口货物物流总额 | 2359.7 | 29.3 |
| 单位与居民物品物流总额 | 2877.2 | 13.7 |
| 省外流入物品物流总额 | 26340.3 | 10.8 |

## 二、民生快递物流增速有所放缓

在疫情影响下，网络购物已经成为居民消费的重要渠道。2021年民生快递物流总额增速有所趋缓，增速比上年回落17.7个百分点。2021年，河北省快递服务企业业务量累计完成50.6亿件，同比增长36.6%；业务收入累计完成403.6亿元，同比增长20.5%。其中，同城业务量累计完成4.6亿件，同比增长42.2%；异地业务量累计完成45.9亿件，同比增长36.1%；国际/港澳台业务量累计完成500万件，同比增长50.7%。同城、异地、国际/港澳台快递业务量分别占全省快递业务量的9.14%、90.76%和0.10%；快递业务收入分别占全省快递收入的6.5%、69.69%和1.06%，其他收入占22.75%。与上年同期相比，同城快递业务量的比重上升0.36个百分点，异地快递业务量的比重下降0.37个百分点，国际/港澳台业务量的比重上升0.01个百分点；同城快递业务收入的比重上升0.18个百分点，异地快递业务收入的比重下降3.03个百分点，国际/港澳台业务收入的比重下降0.57个百分点。2021年，快递与包裹服务品牌集中度指数CR8为86.7，比1—11月上升0.9。2017—2021年河北省快递服务企业业务收入及增长变化情况如表3所示，2021年河北省分地市业务量和业务收入情况如表4所示。

表3 2017—2021年河北省快递服务企业业务收入及增长变化情况

| 年份 | 2017 | 2018 | 2019 | 2020 | 2021 |
|---|---|---|---|---|---|
| 快递业务收入（亿元） | 128.5 | 180.8 | 242.4 | 335.0 | 403.6 |
| 同比增长（%） | 36.3 | 42.9 | 34.1 | 38.2 | 20.5 |

注：部分数据因四舍五入与加权计算原因，存在总计与分项合计不等的情况。

表4 2021年河北省分地市业务量和业务收入情况

| 单位 | 快递业务量（亿件） | 同比增长（%） | 占全省比重（%） | 快递业务收入（亿元） | 同比增长（%） | 占全省比重（%） |
|---|---|---|---|---|---|---|
| 河北省 | 50.6 | 36.6 | 100 | 403.6 | 20.5 | 100 |
| 石家庄市 | 14.9 | 31.1 | 29.4 | 94.2 | 7.4 | 23.3 |
| 保定市 | 11.5 | 34.6 | 22.8 | 75.8 | 17.9 | 18.8 |
| 廊坊市 | 7.4 | 59.4 | 14.6 | 73.3 | 32.6 | 18.2 |

续 表

| 单位 | 快递业务量（亿件） | 同比增长（%） | 占全省比重（%） | 快递业务收入（亿元） | 同比增长（%） | 占全省比重（%） |
|---|---|---|---|---|---|---|
| 邢台市 | 5.0 | 27.6 | 9.9 | 29.4 | 10.2 | 7.3 |
| 沧州市 | 4.6 | 40.1 | 9.1 | 41.8 | 28.9 | 10.4 |
| 衡水市 | 2.4 | 22.7 | 4.7 | 18.5 | 9.8 | 4.6 |
| 邯郸市 | 2.3 | 63.2 | 4.5 | 27.9 | 65.2 | 6.9 |
| 唐山市 | 1.4 | 31.7 | 2.7 | 21.2 | 24.4 | 5.3 |
| 秦皇岛市 | 0.5 | 33.3 | 1.0 | 8.6 | 19.1 | 2.1 |
| 张家口市 | 0.4 | 28.4 | 0.9 | 7.8 | 22.7 | 1.9 |
| 承德市 | 0.2 | 31.8 | 0.5 | 5.1 | 20.3 | 1.3 |

注：部分数据因四舍五入与加权计算原因，存在总计与分项合计不等的情况。

## 三、港口物流发展稳定

2021年，河北省港口建设投资累计完成53.18亿元，超额完成全年任务目标，为年计划的118.2%。全省新增港口生产性泊位5个，达到242个；新增通过能力708万吨，年通过能力达到11.44亿吨。唐山港曹妃甸港区中物通用码头工程建成投产，黄骅港综合港区矿石码头一期（续建）工程具备靠船条件。

2021年，全省港口货物吞吐量完成12.3亿吨，同比增长2.5%，位居全国第四位。其中，唐山港完成货物吞吐量7.22亿吨，同比增长2.8%，居全国沿海规模以上港口第二位；黄骅港完成货物吞吐量3.11亿吨，同比增长3.4%；秦皇岛港完成货物吞吐量2.01亿吨，与上年基本持平。全省港口集装箱吞吐量共完成480.57万标准箱，同比增长7.6%。其中，唐山港完成329.34万标准箱，同比增长5.7%；秦皇岛港完成64.13万标准箱，同比增长3.1%；黄骅港完成87.1万标准箱，同比增长19.2%。2017—2021年河北省港口货物吞吐量及增长变化情况如表5所示。

**表5　2017—2021年河北省港口货物吞吐量及增长变化情况**

| 年份 | 2017 | 2018 | 2019 | 2020 | 2021 |
|---|---|---|---|---|---|
| 港口货物吞吐量（亿吨） | 10.9 | 11.56 | 11.6 | 12.0 | 12.3 |
| 同比增长（%） | 14.3 | 6.2 | 0.6 | 3.6 | 2.5 |

注：部分数据因四舍五入与加权计算原因，存在总计与分项合计不等的情况。

## 四、海关监管再上新台阶

深化京津冀三关协同合作，首票“船边直提”“抵港直装”报关单顺利通关，跨境电商B2B模式正式落地。全国首个跨省级行政区划的综合保税区——大兴国际机场综合保税区（一期）正式通过开放验收；监管中欧班列228列，货运量17.73万吨，同比增长127%，货值6.57亿美元，同比增长161%；2021年12月进、出口整体通关时间分别为26.36小时、0.99小时，较2017年当月压缩比分别为83.53%、93.89%。

## 五、物流需求稳定增长

2021年，河北省生产总值为4.04万亿元，同比增长6.5%，增速比上年加快2.7个百分点，两年平均增长5.1%。分产业看，第一产业增加值4030.3亿元，增长6.3%；第二产业增加值16364.2亿元，增长4.8%；第三产业增加值19996.7亿元，增长7.7%，交通运输仓储和邮政业、住宿和餐饮业均增长11.6%。2021年经济增速逐季加快，主要指标U型反转。从两年平均增速看，一季度、上半年、前三季度，全省生产总值分别增长3.9%、4.6%、4.6%，全年增长5.1%，经济增速呈现逐季回升、稳中向好态势。2021年，最终消费支出对经济增长的贡献率达到61.6%。其中，网络销售、直播带货、无接触配送等消费新业态新模式保持快速发展，引领消费增长。全省社会消费品零售总额为13509.9亿元，同比增长6.3%；全年网上零售额实现3181.8亿元，同比增长24.2%，其中，实物商品网上零售额为2877.2亿元，增长22.0%，增速远高于社会消费品零售额增速，占社会消费品零售总额比重由上年的19.7%提高到21.3%，成为消费市场增长的重要拉动力量。营商环境持续优化，市场主体规模不断扩大，市场活力进一步激发，企业发展态势持续向好，全年新增法人单位13万个，同比增长9.2%，其中第三产业增加9.5万个，增长10.0%，对全省新增法人单位的贡献率达72.8%。2017—2021年河北省社会消费品零售总额及增长变化情况如表6所示。

表6　2017—2021年河北省社会消费品零售总额及增长变化情况

| 年份 | 2017 | 2018 | 2019 | 2020 | 2021 |
|---|---|---|---|---|---|
| 社会消费品零售总额（亿元） | 15907.6 | 16537.1 | 17934.2 | 12705.0 | 13509.9 |
| 同比增长（%） | 10.7 | 9.0 | 8.4 | −2.2 | 6.3 |

注：部分数据因四舍五入与加权计算原因，存在总计与分项合计不等的情况。

## 六、进出口贸易实现快速增长

2021年，河北省进口货物物流总额为2359.7亿元，同比增长29.3%。全年进出口总额5415.7亿元，同比增长21.5%，增速比上年加快11.3个百分点。其中，出口总额3029.8亿元，增长20.2%；进口总额2385.9亿元，增长23.2%。实际利用外资116.1亿美元，增长5.3%。2017—2020年河北省外贸进出口总额及增长变化情况如表7所示。

表7　　2017—2020年河北省外贸进出口总额及增长变化情况

| 年份 | 2017 | 2018 | 2019 | 2020 | 2021 |
|---|---|---|---|---|---|
| 进出口总额（亿元） | 3375.8 | 3551.6 | 4001.6 | 4410.0 | 5415.7 |
| 同比增长（%） | 9.7 | 5.1 | 12.6 | 10.2 | 21.5 |
| 进口总额（亿元） | 1249.6 | 1308.7 | 1631.3 | 1888.5 | 2385.9 |
| 同比增长（%） | 17.5 | 4.5 | 24.4 | 15.8 | 23.2 |

注：部分数据因四舍五入与加权计算原因，存在总计与分项合计不等的情况。

一般贸易进出口占比超八成，加工贸易增长较快。2021年，河北省以一般贸易方式进出口4735.5亿元，增长21.7%，占进出口总额的87.4%。以加工贸易方式进出口305.7亿元，增长24.9%。以保税物流方式进出口300.7亿元，增长17.1%。对"一带一路"沿线国家进出口超千亿元，对主要贸易伙伴进出口均实现增长。对"一带一路"沿线国家进出口1612.3亿元，增长19.5%；对澳大利亚进出口960.5亿元，增长16.2%；对美国进出口586亿元，增长33.5%；对东盟进出口579.9亿元，增长18.5%；对欧盟进出口543.2亿元，增长18.1%。

曹妃甸综合保税区和石家庄综合保税区注册企业进出口均超百亿元。曹妃甸综合保税区注册企业进出口379.6亿元，增长1.8倍；石家庄综合保税区注册企业进出口139.2亿元，增长8.5%。秦皇岛综合保税区注册企业进出口68.1亿元，增长51.9%。

铁矿砂、原油进口量减少，天然气进口量倍增。进口大豆712.8万吨，与上年同期基本持平。进口天然气524.7万吨，增长1.1倍。石家庄市进出口1481.2亿元，增长9.2%；唐山市进出口1420.9亿元，增长36.3%；廊坊市进出口510亿元，增长29.8%；保定市进出口411.3亿元，增长40.4%；秦皇岛市进出口401.1亿元，增长11.7%。

## 七、物流基础设施建设加快

截至2021年年底，全国共有70个物流枢纽入选国家物流枢纽建设名单，河北省唐山港口型（生产服务型）和石家庄陆港型国家物流枢纽名列其中。2021年全省铁路新增109公里，达到8050公里，居全国第2位；公路新增4800公里，达到20.95万公里，其中高速公路新增278公里，达到8087公里，居全国第4位；港口年设计通过能力新增708万吨，达到11.3亿吨，居全国第3位；通用机场新增2个，机场总数达到16个。

## 八、物流标准化工作取得新进展

按照国家标准推进物流标准化工作取得明显成效，2021年，河北省新评和升级A级物流企业21家。截至2021年年底全省共有A级物流企业138家，其中5A级物流企业达19家、4A级物流企业52家、3A级物流企业63家。有10家仓储企业达到了国家星级仓储企业标准。此外，担保存货管理及质押监管企业评估工作、冷链星级物流企业评估工作稳步推进。通过评估评定工作的开展，企业经营管理和服务水平明显提升，品牌效益明显增强。在政府政策引导和支持下，宣贯国家标准开展企业评估评定工作已取得明显成效，河北省一批综合实力强、引领作用大的龙头骨干企业迅速成长。

## 九、"三件大事"促进物流业发展

京津冀协同发展取得新的进展，承接北京非首都功能疏解有力有序，产业转移成果丰硕。全年承接京津转入单位5616个，其中，法人单位3475个，产业活动单位2141个。截至2021年年底，累计承接北京疏解转移投资5000万元以上项目2094个，承接京津转入法人单位2.88万个，资金额1.28万亿元。京津冀交通一体化向纵深推进。三地累计打通、拓宽对接路、"瓶颈路"2000多公里。津保城际、京承高铁等建成通车，京唐、京滨、津兴等一批铁路加快建设，"轨道上的京津冀"主骨架基本成型。环首都一小时交通圈基本形成，高速铁路联通达到23条，干线公路联通达到47条，津冀港口干支联动持续深化，京津冀机场群不断壮大。雄安新区对外骨干路网全面打通。2021年，交通运输系统全力推动雄安新区对外骨干路网建设，京雄、荣乌新线、京德一期高速公路和容易、安大线建成投用，打通千秋之城"四纵三横"交通大动脉。冬奥交通服务保障全部到位。延崇高速延伸线、赤城支线及和平驿站投用，8个临时场站投运，高速7个服务区无障碍设施改造完成。聚焦"三区一基地"功能定位，积极疏解北京非首都功能，承接京津产业、项目转移步伐加快。

## 十、物流产业地位进一步提升

2021年是"十四五"规划的开局之年，党中央、国务院高度重视构建现代物流体系，物流产业地位稳中有升。国家和河北省在物流产业的发展规划、体系构建、组织管理等多个方面密集出台了一系列政策，为物流产业健康发展提供了坚实的政策保障。国家发展改革委发布"十四五"首批国家物流枢纽建设名单，国家物流枢纽增至70家，支持重大物流基础设施互联成网，形成枢纽经济新增长极。国务院办公厅印发《推进多式联运发展优化调整运输结构工作方案（2021—2025年）》，运输结构调整进入新阶段。国务院印发《2030年前碳达峰行动方案》，交通运输绿色低碳行动纳入"碳达峰十大行动"。省政府办公厅印发《河北省建设全国现代商贸物流重要基地"十四五"规划》。行业营商环境持续改善，物流产业地位稳中有升。

## 十一、物流基础性工作稳步推进

2021年10月，第八届中国国际物流发展大会在保定举办。大会围绕物流枢纽承载城市建设、商贸合作、物流业融合发展等热点问题展开分析和探讨。通过举办"现代快递物流发展论坛""一带一路互联互通发展论坛""物流产业绿色可持续发展论坛""冷链物流创新发展论坛""智慧物流创新发展论坛""装备制造业和物流业深度融合发展论坛"等一系列论坛活动，扩大交流、开拓视野、形成共识、促进合作，加快推进物流行业健康可持续发展。会议期间，中外企业以现场交流或视频会议等形式灵活开展了对接洽谈，河北省共签约105个项目，总投资1370.2亿元。其中，与河北省以外的企业合作项目87个，利用省外资金966.58亿元；与境外合作项目18个，利用境外资金138.32亿元。

总体来看，2021年，河北省物流业顶住了疫情的冲击挑战，实现了稳中有进。但发展不平衡、不充分问题依然存在，全省物流业整体发展水平不高，物流市场专业化水平偏低，物流业组织能力亟待提升；物流企业大多属于中小微企业，普遍存在融资难、融资贵的难题；物流枢纽建设不完善，物流设施衔接不畅，各运输方式之间存在体制机制障碍，多式联运尚未形成规模，社会物流运行成本较高；物流信息化水平偏低，物流信息共享能力较差，行业间、平台间物流对接能力弱；物流服务功能有待增强，物流要素聚集水平和协同运作能力不高，京津冀物流一体化运作体系不够完善，跨区域协同网络有待健全。

（河北省现代物流协会）

# 2021年山西省物流业发展情况

2021年，山西省物流业运行良好，社会物流总额保持良好增势，社会物流总费用与GDP的比率进一步下降，“十四五”实现良好开局。

## 一、社会物流总额持续扩大

2021年，山西省社会物流总额为43991.3亿元，按可比价格计算，同比增长13.6%，增速高于上年10.1个百分点。

从构成看，农产品物流总额为2136.9亿元，按可比价格计算，同比下降9.5%，占比为4.9%；工业品物流总额为29069.8亿元，同比增长12.7%，占比为66.1%；进口货物物流总额为864.3亿元，同比增长36.3%，占比为2.0%；再生资源物流总额为453.1亿元，同比增长373.5%，占比为1.0%；外省流入货物物流总额为9505.2亿元，同比增长13.7%，占比为21.6%；单位与居民物品物流总额为1962.0亿元，同比增长26.8%，占比为4.5%。2021年山西省社会物流总额构成情况如图1所示。

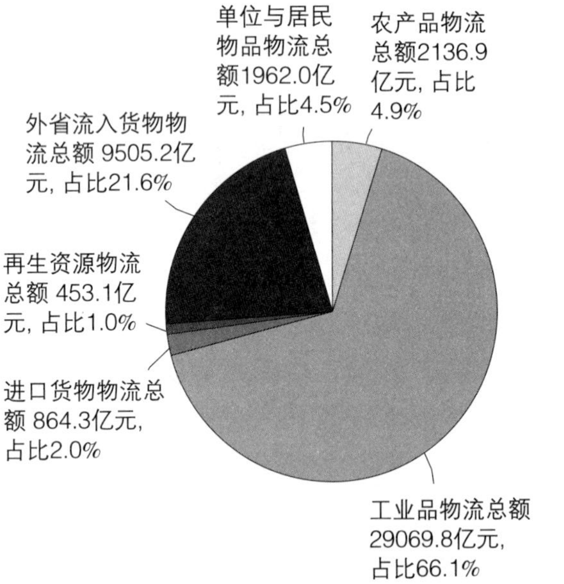

**图1 2021年山西省社会物流总额构成情况**

注：部分数据因四舍五入原因，存在总计与分项合计不等的情况，不做机械调整。

## 二、社会物流总费用与GDP的比率下降

2021年，山西省社会物流总费用为3617.4亿元，同比增长18.3%，增速高于上年17.6个百分点。社会物流总费用与GDP的比率为16.0%，比上年降低1.3个百分点。

从结构看，运输费用2174.8亿元，同比增长16.3%，占总费用的60.1%；保管费用1103.4亿元，同比增长18.9%，占总费用的30.5%；管理费用339.2亿元，同比增长29.8%，占总费用的9.4%。2021年山西省社会物流总费用构成情况如图2所示。

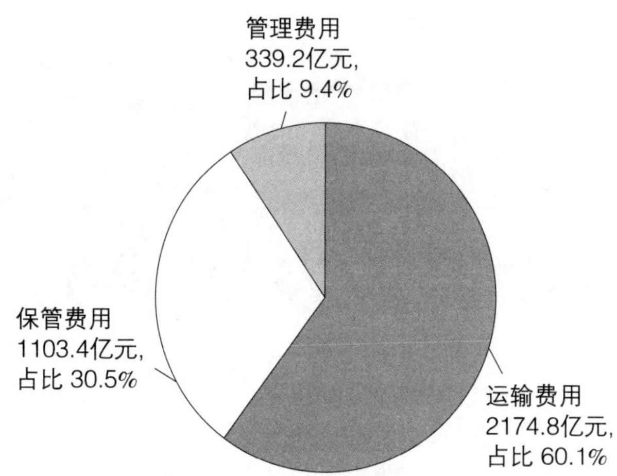


**图2　2021年山西省社会物流总费用构成情况**

## 三、物流业总收入实现较快增长

2021年山西省物流业总收入2412.4亿元，同比增长17.4%。

（山西省工业和信息化厅）

# 2021年内蒙古自治区物流业发展情况

2021年，随着统筹推进新冠肺炎疫情防控和经济社会发展，内蒙古自治区物流业运行稳中有进，质量效益稳步提高。全区工业品物流运行延续恢复性增长态势，与消费、民生相关物流需求恢复态势良好，电商、网上零售等新动能带动作用增强。物流市场供需关系持续改善，活力动力增强，物流行业稳中向好，实现“十四五”良好开局。

## 一、总体发展情况

（一）物流需求持续稳定恢复，有力支撑国民经济发展

2021年，内蒙古自治区社会物流总额完成40256.9亿元，按可比价格计算，同比增长6.1%，两年年均增长2.9%。从社会物流总额构成看，工业品物流总额占59.5%，农产品物流总额占5.6%，进口货物物流总额占1.9%，单位与居民物品物流总额占0.2%，其他货物物流总额占32.8%。2021年内蒙古自治区社会物流总额构成情况如图1所示。

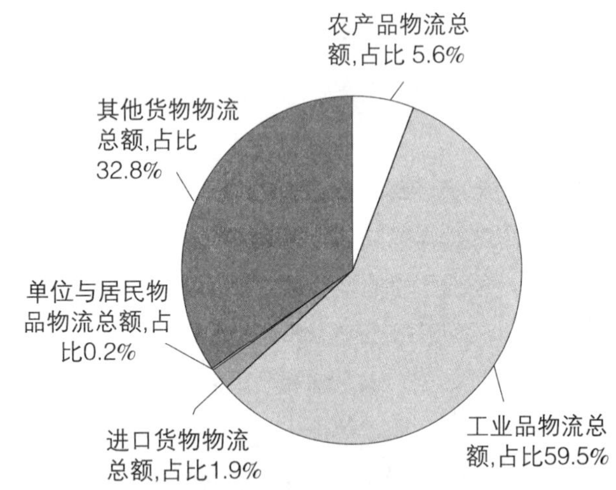


图1　2021年内蒙古自治区社会物流总额构成情况

2021年，随着宏观政策扎实推进，保供稳价和助企纾困力度加大，全区工业品物流总额推动物流总需求保持平稳增长。全区工业品物流总额同比增长39.4%，两年年均增长18.1%。从结构看，制造业增长11.3%，两年年均增长9.8%；电力、热力、燃气及水生产和供应业增长1.3%，两年年均增长2.5%；全区37个大类行业中，有31个行业实现同比正增长，行业增长面为83.8%，连续两个月增长面超过八成，其中13个行业实现两位数增长。

2021年，在工业生产恢复、大宗商品价格趋缓等因素影响下，特别是在煤炭市场的带动下，进口货物物流需求有所改善。全区进口货物物流总额同比增长7.4%。

2021年，在保供稳价政策发力显效叠加

消费券发放提振、“双11”“双12”活动促销等积极因素促动下，消费复苏势头增强，带动民生相关物流需求持续转好，全区单位与居民物品物流总额同比增长21.2%，两年年均增长23.8%；在疫情防控常态化背景下，居民减少出行，居家线上消费需求明显增长。全区实物商品网上零售额增长18.3%，高于全国平均水平6.3个百分点，其中限额以上通过公共网络实现的零售额增长36.3%，明显好于同期社会消费品零售总额增速。在线上消费快速增长带动下，全年快递业务量达2.6亿件，比上年增长33.4%。反映出新业态、新动能持续拉动消费物流需求快速增长，网上零售、电商物流增势持续向好。

（二）物流运行提质增效，单位GDP物流费用稳中有降

2021年，全区社会物流总费用为3340.6亿元，同比增长10.9%，两年年均增长3.9%。社会物流总费用与GDP的比率为16.3%，较“十三五”末期下降0.3个百分点，高于全国社会物流总费用与GDP的比率1.7个百分点，显示出物流运行成本依然偏高，但物流降本增效成果显现，供应链韧性不断提高。

分环节看，运输费用增速放缓。随着经济恢复增长，物流运行有力支撑了实物量的流转。2021年，全区运输费用为2394.2亿元，同比增长11.9%，较2021年前三季度下降0.8个百分点，显示出当前经济持续恢复，阶段增长动能主要为实物经济活动，推升物流需求规模加快增长，运输成本攀升，增速有所放缓。

受大宗商品价格趋缓等因素影响，特别是在煤炭市场的带动下，保管环节延长，保管费用快速增长。2021年，全区保管费用为692.1亿元，同比增长8.7%，较2019年增长7.6%，显示出上下游未形成有机的协同机制，大宗商品价格高位波动以及市场预期不明，供应链不稳定性增大，保管环节总体不畅，保管费用趋升。2021年内蒙古自治区社会物流总费用构成情况如图2所示。

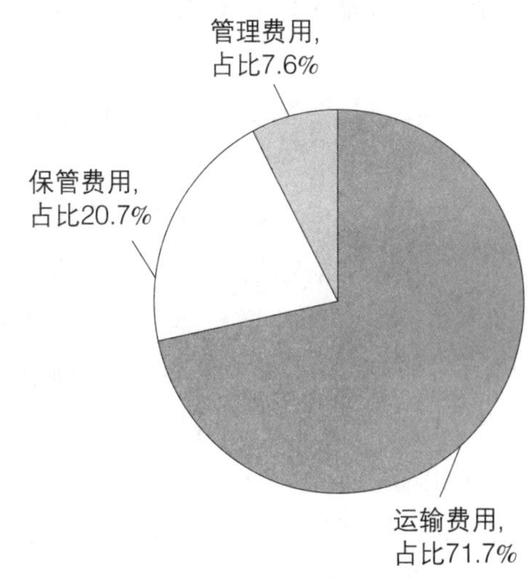


**图2 2021年内蒙古自治区社会物流总费用构成情况**

## 二、市场发展亮点

（一）物流市场规模持续恢复，行业保持高景气区间

2021年，内蒙古自治区物流相关行业总收入完成2907.1亿元，同比增长12.1%，两年年均增长5.3%，物流市场收入全年保持12%以上的高速增长，两年年均增长超过5%，物流业发展的动力活力依然较强，主体活跃度保持在较高水平，显示出物流市场不断向好，物流供给进一步好转。从增长动能来看，新业态、新动能市场发展向好，电商快递物流收入增速仍高于运输、仓储、商贸等传统领域，带动物流业总收入增长2.2个百分点；分行业看，运输业支撑作用明显，铁路、公路等运输收入对物流业收入贡献率高达八成。

2021年，全区平均物流景气指数为54%，

位于较高景气区间，较上年提高4.5个百分点，高于全国0.6个百分点，显示出2021年随着经济的持续恢复，物流运行总体稳中向好。进入四季度，随着生产建设旺季、两节及供暖季节的到来，原料采购需求增加，物流需求趋旺，新订单增多，物流业务量增加，物流业韧性提升，实现良好开局。

（二）物流市场需求回升，货运市场明显向好

2021年，随着经济稳步恢复，全区货运市场明显向好，物流运输量攀升。全区货运量完成211903.8万吨，同比增长24.2%，两年年均增长7.6%；货物周转量完成4891.7亿吨公里，同比增长10.4%，两年年均增长3.3%。

（三）快递业务量和收入实现两位数“双增”

2021年，全区快递服务企业业务量累计完成2.6亿件，同比增长33.4%；业务收入累计完成51.9亿元，同比增长23.3%。其中，同城业务量累计完成3418.9万件，同比下降19%；异地业务量累计完成2.3亿件，同比增长36.7%；国际/港澳台业务量累计完成81.4万件，同比下降49.5%。

2021年，同城、异地、国际/港澳台快递业务量分别占全部快递业务量的13.1%、86.6%和0.3%；业务收入分别占全部快递收入的6.5%、49.7%和1.5%。与上年同期相比，同城快递业务量占比下降1.6个百分点，异地快递业务量上升2.1个百分点，国际/港澳台业务量下降0.5个百分点。

## 三、存在的问题

2021年，内蒙古自治区物流业积极转型升级，企业着力提质增效，大宗商品价格持续高位运行，作为能源输出大省，物流企业整体盈利水平逐步回升。2021年从全区重点物流统计样本数据来看，全区物流企业主营业务收入同比增长6.8%，全区物流企业主要业务成本同比上涨10%，管理成本同比下降10.2%，主营业务利润同比增长7.6%，反映出随着物流企业积极转型升级，降本增效成果有所显现，物流企业盈利能力增强。中小微物流企业由于整体议价能力偏弱，加之疫情以来需求恢复缓慢，原材料及劳动力成本上涨、资金紧张等因素影响，多数企业长期处于微利经营，面临多重困难。物流人员劳动报酬同比增长11.6%，反映出作为劳动密集型行业，物流行业劳动力需求量总体较大。疫情暴发以来，物流市场波动存在不可预期性，导致部分一线用工（如货运司机、生产物流作业人员）需求量有所波动，造成阶段性、结构性的招工难、供给不足，用工成本上涨。

## 四、意见和建议

一是继续推进内蒙古自治区物流枢纽的布局与建设，优化物流园区布局，提高物流企业盈利能力，推动物流业集约化发展，提升物流运行效率和物流业发展质量；二是继续完善物流行业营商环境，破除体制机制障碍，解决政府、企业诚信等问题，规范行政执法，科学监管网络货运平台运营；三是继续健全物流业基础设施建设，畅通物流企业融资渠道，引进物流人才，助力企业提质升级。

（内蒙古自治区发展改革委　内蒙古自治区统计局　内蒙古物流协会　周　媛　王方春）

# 2021年吉林省物流业发展情况

2021年，吉林省疫情防控和社会经济发展工作扎实推进，物流运行稳中有进，物流需求规模再上新台阶，工业物流支撑和带动作用显著，物流运行实现降本提质增效，物流业总收入缓中趋稳，为抗击疫情、保障民生、促进经济发展提供了有力支撑，“十四五”实现良好开局。

## 一、2021年吉林省物流市场总体运行情况

### （一）物流需求恢复增长，发展韧性较强

2021年，物流需求规模再创新高。吉林省社会物流总额完成27501.23亿元，上年同期完成21019.73亿元，按可比价格计算，同比增长30.84%，社会物流总额保持较高增速，物流需求总体保持恢复态势。农产品物流总额完成2972.32亿元，同比下降0.12%；工业品物流总额完成12959.68亿元，同比增长58.73%；外部流入货物物流总额完成8631.81亿元，同比增长30.22%；单位与居民物品物流总额完成2934.82亿元，同比下降9.64%；再生资源物流总额完成2.6亿元，同比下降8.45%。2020—2021年吉林省社会物流总额及各分类物流总额情况如图1所示。

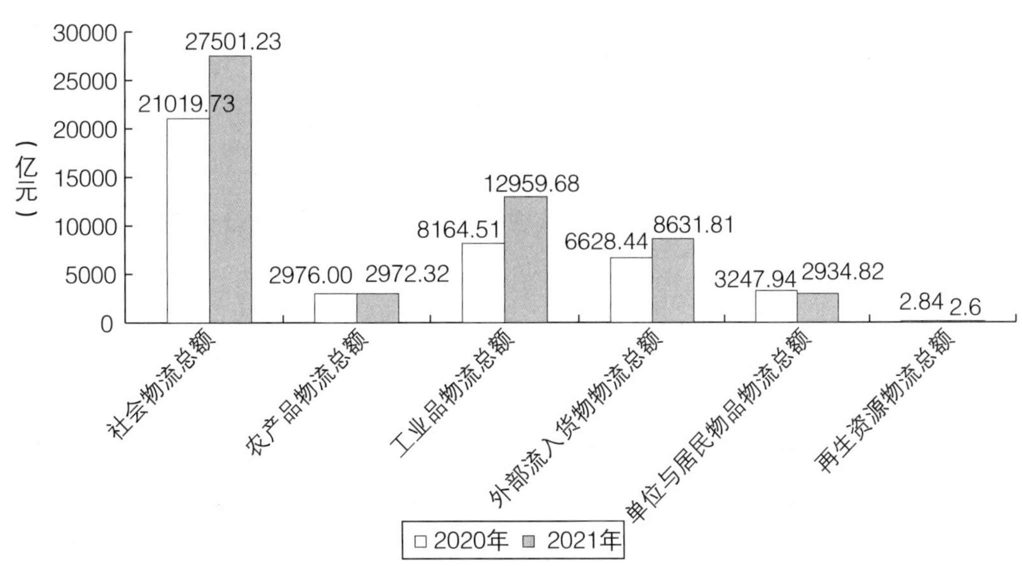


图1　2020—2021年吉林省社会物流总额及各分类物流总额情况

从变化看，2021年工业品物流和外部流入货物物流均有不同程度的提升，工业品物流、外部流入货物物流对社会物流总额增长的贡献率较高。其中，工业品物流拉动社会物流总额增长的贡献率为73.98%，工业品物流仍是推动物流需求修复的关键性力量，物流需求恢复基础进一步夯实；农产品物流总额、单位与居民物品物流总额均有不同程度下降，当前吉林省经济发展仍存在诸多困难挑战，部分领域市场主体尚未恢复到疫情前增长水平，大宗商品价格高，挤压企业盈利空间，中小微企业物流成本压力增大，各地区各领域发展不均衡的矛盾比较突出，导致需求收缩、供给冲击、预期转弱。工业生产向好发展，工业品生产制造需求增加，带动境外、省外的采购需求，进口货物及省外流入货物物流需求保持较高增速。

从环比数据来看，2021年前三季度吉林省受到疫情反复、极端天气、区域限产限电等复杂因素影响，第二季度环比下降0.2%，第三季度环比下降5.6%。第四季度由于电商活动对物流需求的拉动和春节前夕商品流通加快，物流总额明显增长，环比增长63.0%。综合来看，物流需求总体仍保持较快增长，展现了较强的韧性和活力。2020—2021年1—4季度吉林省社会物流总额环比增长情况如图2所示。

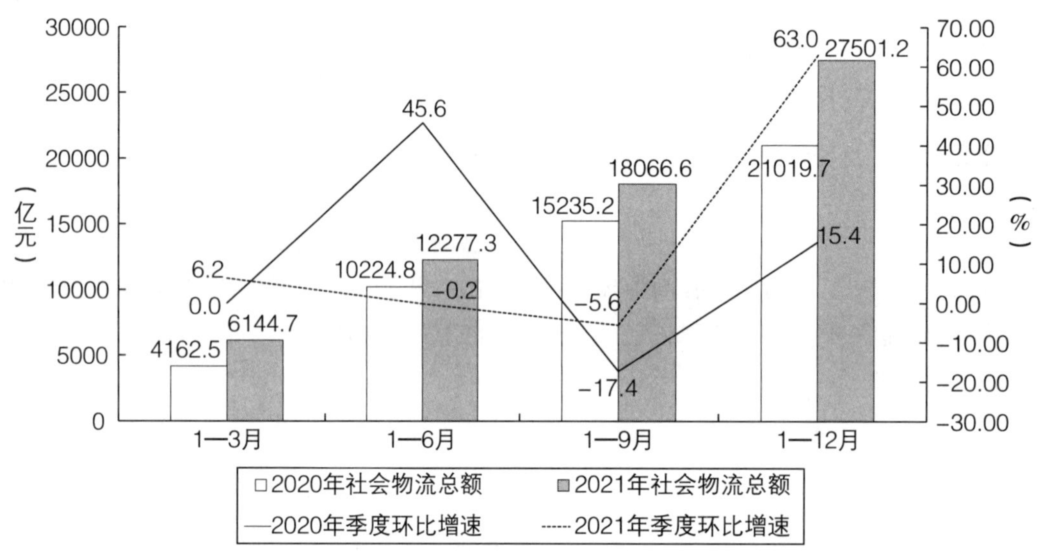


图2　2020—2021年1—4季度吉林省社会物流总额环比增长情况

从社会物流总额结构看，物流需求继续改善。2021年，农产品物流总额占比10.81%，工业品物流总额占比47.12%，外部流入货物物流总额占比31.39%，单位与居民物品物流总额占比10.67%，再生资源物流总额占比0.01%。

（二）货运市场平稳发展

2021年，吉林省货运量完成53587.32万吨，同比增长19.49%；货物周转量完成2068.57亿吨公里，同比增长10.91%。全省铁路货物发送量完成5912.25万吨，同比下降10.1%，铁路货物周转量完成544.76亿吨公里，同比下降4.47%；公路货运量完成47675.07万吨，同比增长24.56%，公路货物周转量完成1523.81亿吨公里，同比增长17.69%。

居民网络消费需求提升，直播电商等新消费模式推动消费场景深度融合，居民网购行为增加。2021年，全省快递服务企业业务量累计完成62197.81万件，同比增长39.16%。其中，同城业务量累计完成9011万件，同比增长36.01%，带动全省货运量及货物周转量稳步增长。2021年全省粮食总产量达到807.84亿斤，迈上800亿斤大台阶，同比增长6.2%，农业生产快速增长，粮食等大宗商品运量增加，铁路运距延长，公路运距小幅缩短。但从运输结构上看，公路货运规模继续增加，铁路货运规模相对减少，全省货运较为依赖公路运输。

（三）社会物流运行效率进一步提升

2021年，吉林省社会物流总费用为1898.73亿元，同比增长6.91%，运输费用、保管费用和管理费用分别占比58.14%、31.86%、10.00%。其中，运输费用为1103.92亿元，同比下降3.6%；保管费用为604.94亿元，同比增长22.5%；管理费用为189.87亿元，同比增长38.9%。2020年受疫情影响，全省在疫情期间继续生产活动，致使大量库存商品积压，在疫情得到有效控制之后大规模销往省内外，产生了较高的运输费用。2021年随着疫情趋于稳定，物流业降本增效成果逐步显现，全年运输费用有所下降；居民内需收缩，随着第三季度农业生产增速提高，农产品生产规模扩大，组织和管理各项物流活动的要素规模增加，商品库存增加，导致管理费用和保管费用增加。2021年吉林省社会物流总费用构成情况如图3所示。

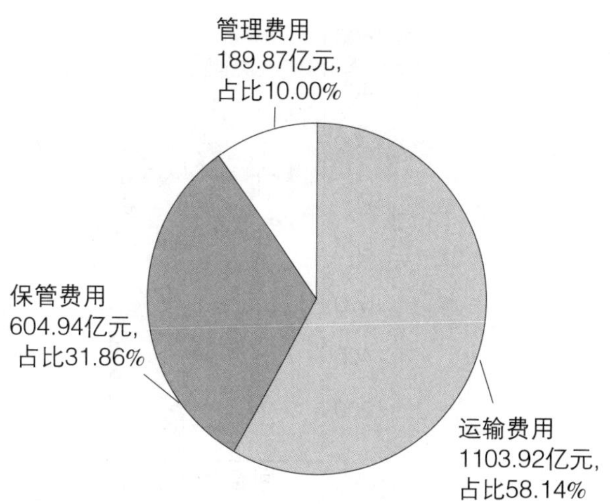


**图3　2021年吉林省社会物流总费用构成情况**

2021年，吉林省社会物流总费用与GDP的比率为14.3%，低于全国平均水平0.3个百分点，同比下降0.1个百分点，社会物流运行质量提高，运行效率进一步提升，物流业“降本增效”目标进一步积极推进。物流运行为经济恢复增长提供了强有力的支撑，全社会货运量、货运周转量保持8%以上的快速增长，公铁运输方式基本保持协调发展。此外，吉林省第二条中欧班列（长春—珲春—欧洲）正在开通，吉林省中欧班列等联运方式的快速发展有力支撑了供应链的顺畅运转。

（四）物流市场规模增速下降

2021年吉林省物流业总收入实现1199.9亿元，同比下降17.2%。其中运输收入实现941.1亿元，同比下降17.9%，占比78.4%；保管收入实现258.8亿元，同比下降14.5%，占比21.6%。2021年全省物流业总收入环比增幅明显，物流市场活力呈回升状态，物流市场平稳恢复，在国际严峻环境和国内疫情影响下，吉林省经济发展基础不稳固，面临需求收缩等挑战，物流业总收入同比上年规模减小。2020—2021年吉林省社会物流总收入及分项物流收入增长情况如图4所示，2020—2021年吉林省社会物流总收入环比增长趋势如图5所示。

从行业来看，2021年全省规模以上工业增加值同比增长4.6%，两年平均增长5.7%。从重点产业看，汽车制造业增加值同比下降1.8%，石化产业增加值同比增长4.0%，食品产

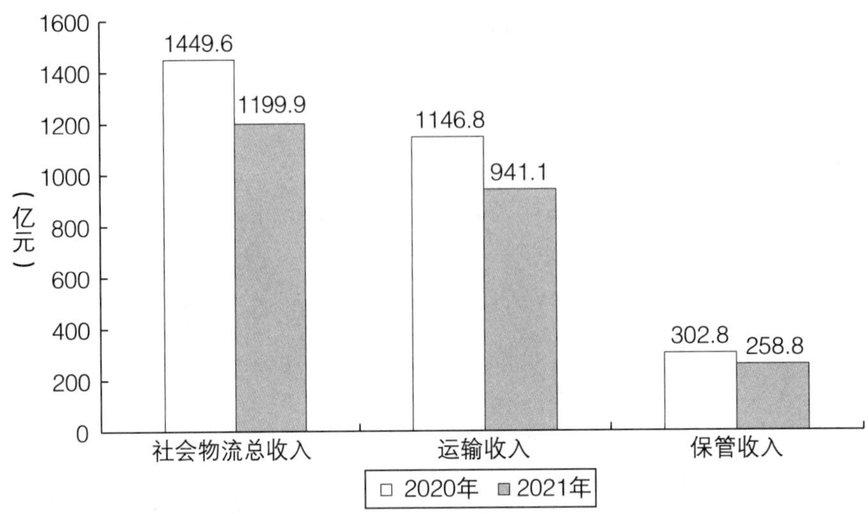


**图4 2020—2021年吉林省社会物流总收入及分项物流收入增长情况**

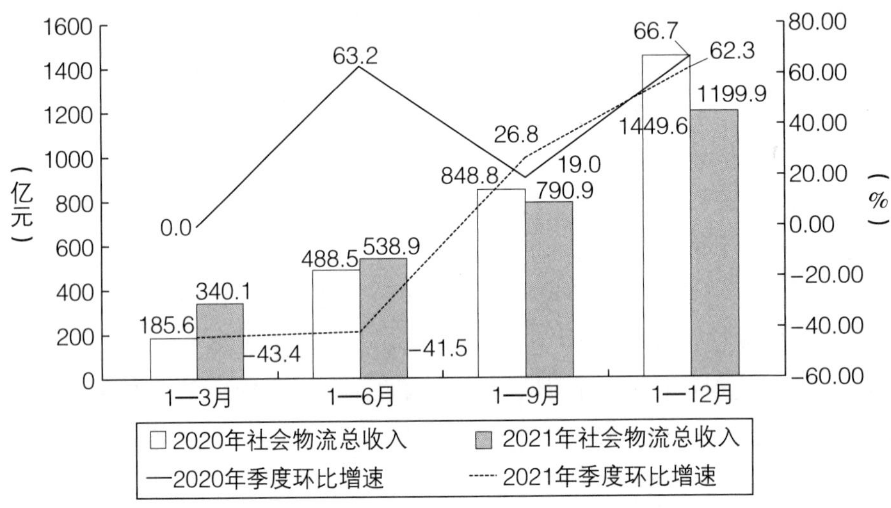


**图5 2020—2021年吉林省社会物流总收入环比增长趋势**

业增加值同比增长12.0%，医药制造业增加值同比增长20.8%，冶金建材产业增加值同比增长6.8%，信息产业增加值同比增长78.0%，装备制造业增加值同比增长15.6%，高技术制造业增加值同比增长21.6%，增速高于全部规上工业17.0个百分点。2021年农业生产保持较快增长，工业经济展现较强韧性，高技术产业大幅增长。重点产业如农产品加工产业、石油化工产业、医药产业、装备制造业等产业增加值增速平稳增长，消费品市场加快恢复，大型企业引领作用明显。

从结构看，制造业显著回升。农产品加工、装备制造和医药制造行业物流需求向好，新动能相关物流需求持续增强，高技术制造业居于前列，有力支撑了工业物流需求的稳步复苏，推动全省物流市场规模的扩大。从汽车物流行业来看，以一汽物流为首的代表性企业平稳发展，保持良好的发展活力，服务水平不断提升，发展势头强劲。从邮政行业来看，2021年，全省邮政行业业务收入（不包括邮政储蓄银行直接营业收入）累计完成8118.71亿元，同比增长18.52%；业务总量累计完成108.59亿元，同比增长26.92%。1—9月，邮政服务业务总量累计完成39.82亿元，同比增长12.74%；邮政寄递服务业务量累计完成3.41亿件，同比增长4.28%；邮政寄递服务业务收入累计完成3.61亿元，同比增长7.51%。疫情影响下，电商、网络购物已经成为居民消费的重要渠道，带动电商快递业务量加速扩张，实物商品网上零售额367.4亿元，同比增长12.8%，邮政业持续健康发展，保持了总体平稳、稳中有进的良好态势，对全省物流市场恢复增长提供了有力支撑。

## 二、物流行业环境

（一）物流政策环境良好，产业地位稳中有升

2021年是“十四五”规划的开局之年，党中央、国务院高度重视构建现代物流体系，物流产业地位稳中有升。交通运输部、国家发展改革委、商务部、农业农村部等多部委针对我国物流产业的发展规划、体系构建、组织管理、服务标准等多个方面密集出台了一系列政策，为我国物流产业健康发展提供了坚实的政策保障。为响应国家号召，构建全域协同物流设施网络，吉林省制定出台《长春生产服务型国家物流枢纽推进实施方案（2021—2025）》和印发《省级区域性物流枢纽创建实施方案（2021—2025年）》。

吉林省相继制定印发《省级骨干冷链物流基地创建实施方案（2021—2025年）》和《吉林供销公共型农产品冷链物流基础设施骨干网建设总体方案》，计划到2023年年末，“骨干网”运营管理的冷库容量达到100万吨，冷藏车辆达1000辆以上，移动预冷装置达到300台以上；印发《2021年吉林省快递进村工程推进方案》，计划到2021年年底，全省新建3000个村级快递服务点，到2023年年底，全省60%的县（市、区）客运站完成“客货邮融合”升级改造，全省60%以上的乡镇建成乡镇运输服务站，基本实现有条件的建制村全部通快递。

（二）物流基础设施环境改善，综合物流网络加快完善

2021年，国家加快完善综合立体交通网络设施，基础设施薄弱环节得到改善，物流基础设施在疫情防控、经济恢复中发挥了更为关键的作用。2020年10月，长春市成功获批生产服务型国家物流枢纽，长春国家物流枢纽由“两个核心区+四个拓展区”组成，打造海陆空铁“四位一体”的物流体系。截至2021年6月底，一汽智慧物流园项目已完成投资约5.2亿元；中欧班列（长满欧）共承运货物5010标准箱，同比增加21.3%。7月30日，长春首次开启海铁联运全程单物流新模式，成为东北地区首个实现“一单到底”国际海铁联运的城市。根据《长春生产服务型国家物流枢纽推进实施方案（2021—2025）》，2021—2022年为整合优化阶段，以一汽智慧物流园为重点，加快枢纽核心区及配套基础设施建设，推动干线运输、区域分拨、仓储服务等物流企业集聚，提高物流活动组织能力。

吉林省积极响应国家号召，实施国际物流提升活动，融入国际物流大循环，畅通“丝路吉林”物流大通道。对接“滨海2号”国际交通走廊建设，持续推动对俄对朝跨境铁路、公路项目建设。加强边境口岸基础设施和检验检疫能力建设，提升通关效率，提升国际物流运输能力。增加“长满欧”“长珲欧”“长春至汉

堡”中欧班列运行班次，提升集运能力，实现常态化运行、市场化运营。推动珲春至韩国釜山航线稳定运行，恢复珲春至韩国束草航线。创造条件，适时开通北冰洋航线。推动珲春经俄扎鲁比诺港至宁波港等南方港口“内贸外运”航线常态化运营。支持建立综合保税区、保税物流中心、保税仓库等特殊监管区域及保税监管场所。

为保障国家粮食安全提供有力支撑，实施粮食仓储设施建设行动，畅通“北粮南运”大动脉，加强通道衔接，构建跨区域的粮食物流线路，吉林省加快集装箱场站改造、铁路专用线改造升级，实现与国家运输通道对接，推动公铁水多式联运和多种方式无缝对接，提高铁路运输以及铁海联运的比例，积极推广应用新的运输模式。建设散粮集并发运设施和集装单元化装卸设施，推广粮食运输“四散化”和铁水联运、公水联运等运输模式。建设集仓储、物流、应急加工、配送、信息服务于一体的粮食仓储物流项目。推动建设布局合理、功能完善、运转高效、衔接配套的现代粮食仓储物流体系。对接国家物流枢纽，加强粮食物流重点线路和节点的散粮中转储运设施及铁路散粮设施项目建设，重点打造一批具有综合基础设施支撑、具备多元化物流服务功能的物流枢纽。

（吉林省发展改革委　吉林省统计局）

# 2021年山东省物流业发展情况

2021年，山东省现代物流体系建设不断完善，物流市场需求结构加快调整，运行效率稳步提升，物流业呈现总体平稳、稳中有进的发展态势。

## 一、社会物流需求持续稳定增长

2021年，山东省社会物流总额27.8万亿元，同比增长18.3%。从构成看，工业品物流总额11.9万亿元，同比增长18.2%，占物流总额的比重为42.8%；商贸物流总额10.4万亿元，同比增长17.7%，占物流总额的比重为37.4%；外地货物流入物流总额2.9万亿元，同比增长18.3%，占物流总额的比重为10.3%；进口货物物流总额1.2万亿元，同比增长29.0%，占物流总额的比重为4.2%；农产品物流总额8908.7亿元，同比增长11.4%，占物流总额的比重为3.2%；单位与居民物品物流总额5901.8亿元，同比增长20.6%，占物流总额的比重为2.1%。2021年山东省社会物流总额构成情况如图1所示。

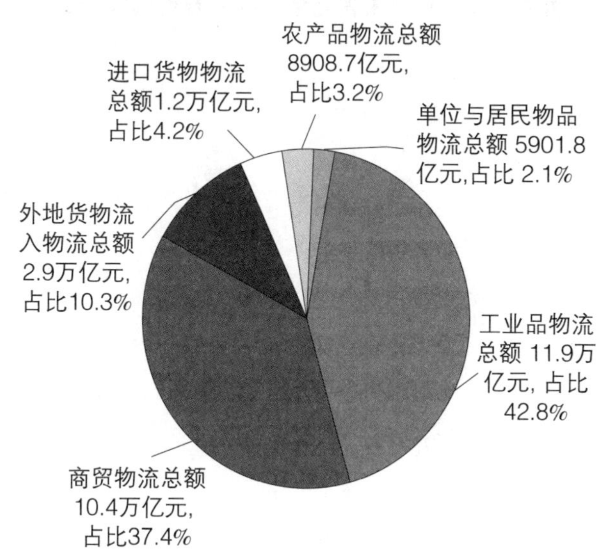


图1　2021年山东省社会物流总额构成情况

## 二、物流运行质量不断提升

2021年，山东省社会物流总费用达1.2万亿元，同比增长17.4%，社会物流总费用与GDP的比率为14.6%，较前三季度下降0.3个百分点。从社会物流总费用结构看，运输费用5644.7亿元，同比增长12.3%，占社会物流总费用的比重为46.6%；保管费用4744.0亿元，同比增长23.5%，占比为39.1%；管理费用1731.8亿元，同比增长19.1%，占比为14.3%。2021年山东省社会物流总费用构成情况如图2所示。

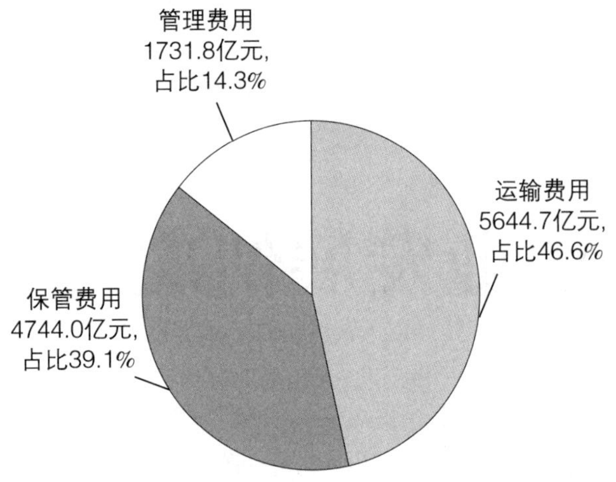


图2　2021年山东省社会物流总费用构成情况

## 三、物流业总收入实现较快增长

2021年，山东省物流业总收入累计完成8090.6亿元，同比增长16.4%。其中，运输环节收入4715.2亿元，同比增长13.0%；保管环节收入1843.0亿元，同比增长24.7%；其他环节收入1532.4亿元，同比增长17.7%。

（山东省发展改革委经济运行调节局）

# 2021年河南省物流业发展情况

2021年，河南省实体经济持续稳定恢复拉动物流需求平稳增长，社会物流供给结构调整稳步推进，行业运行质量效益持续提升，物流业呈现稳中向好、稳中有进的发展态势。

## 一、社会物流总额平稳增长

2021年，河南省社会物流总额为179480.9亿元，按可比价格计算，比上年增长7.7%，下半年受严重洪灾、新冠肺炎疫情反复等因素影响，增速走势前高后低，低于全国平均增速1.5个百分点。2020—2021年各季度河南省社会物流总额及增长变化情况如图1所示。

从需求结构看，工业品物流总额151955.9亿元，比上年增长7.2%，占物流总额的84.7%，同比下降0.2个百分点；进口货物物流总额3184.0亿元，比上年增长24.0%，占物流总额的1.8%，同比上升0.2个百分点；农产品物流总额

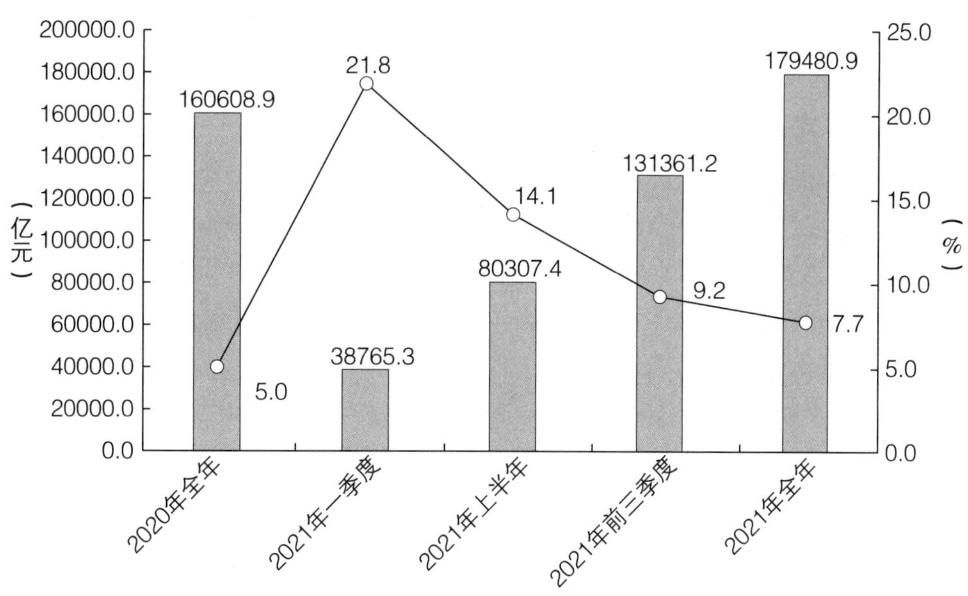


图1　2020—2021年各季度河南省社会物流总额及增长变化情况

11053.1亿元，比上年增长7.9%，占物流总额的6.2%，同比上升0.2个百分点；单位与居民物品物流总额954.1亿元，比上年增长14.0%，占物流总额的0.5%，与上年同期持平；外省流入物品物流总额12190.9亿元，比上年增长9.4%，占物流总额的6.8%，同比下降0.2个百分点；再生资源物流总额143.0亿元，比上年增长10.1%，占物流总额的0.1%，与上年同期持平。2021年河南省社会物流总额构成情况如表1所示。

**表1 2021年河南省社会物流总额构成情况**

单位：亿元

| | 本期 | 同比增长（%） |
|---|---|---|
| 社会物流总额 | 179480.9 | 7.7 |
| 其中：农产品物流总额 | 11053.1 | 7.9 |
| 工业品物流总额 | 151955.9 | 7.2 |
| 进口货物物流总额 | 3184.0 | 24.0 |
| 再生资源物流总额 | 143.0 | 10.1 |
| 单位与居民物品物流总额 | 954.1 | 14.0 |
| 外省流入物品物流总额 | 12190.9 | 9.4 |

注：部分数据因四舍五入的原因，存在总计与分项合计不等的情况。

## 二、社会物流效率持续提升

2021年，河南省社会物流总费用7919.5亿元，比上年增长6.3%，社会物流总费用与GDP的比率为13.4%，同比下降0.1个百分点，单位GDP所消耗的社会物流费用连续9年下降。2020—2021年各季度河南省社会物流总费用及增长变化情况如图2所示。

从物流各环节的费用看，运输费用4454.0亿元，比上年增长6.8%，占总费用的56.2%，同比上升0.2个百分点；保管费用2488.9亿元，比上年增长5.9%，占总费用的31.4%，同比下降0.1个百分点；管理费用976.6亿元，比上年增长5.5%，占总费用的12.3%，同比下降0.1个百分点。2021年河南省社会物流总费用构成情况如表2所示。

**表2 2021年河南省社会物流总费用构成情况**

单位：亿元

| | 本期 | 同比增长（%） |
|---|---|---|
| 社会物流总费用 | 7919.5 | 6.3 |
| 其中：运输费用 | 4454.0 | 6.8 |

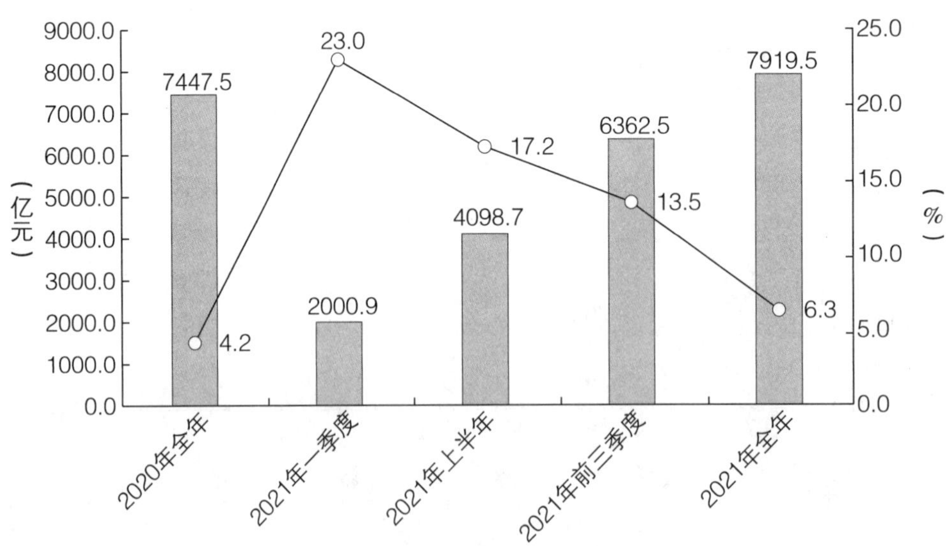


**图2 2020—2021年各季度河南省社会物流总费用及增长变化情况**

续 表

| | 本期 | 同比增长（%） |
|---|---|---|
| 保管费用 | 2488.9 | 5.9 |
| 管理费用 | 976.6 | 5.5 |

注：部分数据因四舍五入的原因，存在总计与分项合计不等的情况。

## 三、市场主体不断壮大

2021年，河南省物流业实现总收入7463.0亿元，比上年增长6.7%。全省交通运输、仓储和邮政业固定资产投资同比增长3.4%，高于全省第三产业投资增速1.0个百分点。全省共有A级以上物流企业222家，较上年年底新增31家，其中5A级物流企业12家。双汇、大象物流等10家企业入选全国冷链物流百强名单，总量位居全国第三。

## 四、货运实物量较快增长

2021年，河南省货物运输量25.5亿吨，比上年增长16.2%；货物周转量突破1万亿吨公里，达到10439.9亿吨公里，比上年增长20.1%。其中，铁路货运量增长3.3%，货物周转量增长6.6%；公路货运量增长16.9%，货物周转量增长26.1%；水路货运量增长15.8%，货物周转量增长14.8%；航空货运量增长10.2%，货物周转量增长5.4%。2021年河南省货物运输量和周转量情况如表3所示。

表3　2021年河南省货物运输量和周转量情况

| 运输方式 | 货运量（亿吨） | 增速（%） | 货物周转量（亿吨公里） | 增速（%） |
|---|---|---|---|---|
| 铁路 | 1.1 | 3.3 | 2144.9 | 6.6 |
| 公路 | 22.6 | 16.9 | 7026.3 | 26.1 |
| 水路 | 1.8 | 15.8 | 1263.7 | 14.8 |
| 航空 | 0.0035 | 10.2 | 4.9 | 5.4 |
| 总计 | 25.5 | 16.2 | 10439.9 | 20.1 |

注：部分数据因四舍五入的原因，存在总计与分项合计不等的情况。

## 五、中欧班列（郑州）高频高质开行

2021年，受需求持续扩张推动，中欧班列境外目的站点新增波兰卡托维兹、意大利米兰、土耳其、俄罗斯加里宁格勒，实现每周“去程16班、回程18班”的高频次往返，河南省全年班列共开行1631班，其中郑州1546班，运送货物102.3万吨、货值60.4亿美元，同比分别增长37.3%、41.2%、40.1%；新乡、洛阳分别开行57列、28列。已形成13个境外直达站点和6个出入境口岸的国际线路网络，成为河南省对外开放的一张靓丽名片。2016—2021年河南省中欧班列（郑州）开行量及增长变化情况如图3所示。

## 六、航空货运快速增长

受新冠肺炎疫情和需求攀升影响，航空货运需求加快上涨，郑州机场新开通7条国际定

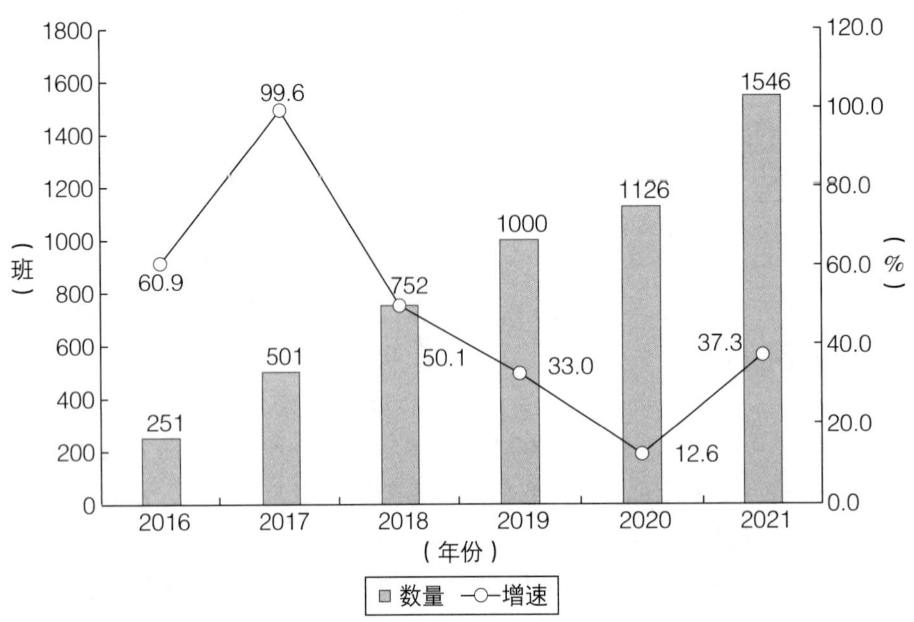


图3　2016—2021年河南省中欧班列（郑州）开行量及增长变化情况

期货运航线，枢纽航线网络优势进一步强化，航空货运高速增长。2021年，河南省机场货邮吞吐量达到70.7万吨，同比增长10.3%。其中，郑州机场货邮吞吐量为70.5万吨，同比增长10.2%，货运规模连续两年位居全国第6位，跻身全球前40强，特别是国际货邮吞吐量达到54.5万吨，同比增长20.8%，占机场总货运量的77.3%，位居全国第五。洛阳机场货邮吞吐量923.5吨，同比增长30.7%；南阳机场货邮吞吐量861.1吨，同比增长1.4%。2016—2021年河南省机场货邮吞吐量及增长变化情况如图4所示。

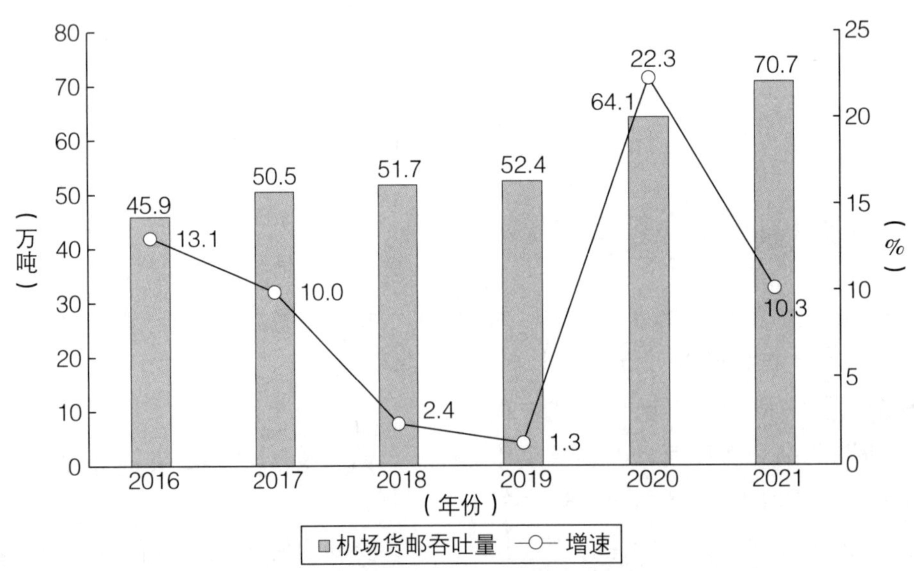


图4　2016—2021年河南省机场货邮吞吐量及增长变化情况

## 七、跨境电商、快递物流快速增长

2021年，河南省跨境电商企业“单一窗口”平台日通关承载能力稳定在3000万单以上，已实现加工贸易、服务贸易、一般贸易和跨境电商4大领域100余项功能全部线上办理，覆盖口岸通关全流程。2021年，全省跨境电商进出口交易额为2018.3亿元（含快递包裹），同比增长15.7%。其中，出口1475.5亿元，同比增长15.7%；进口542.8亿元，同比增长16.0%。

2021年，全省快递服务企业业务量累计完成43.6亿件，位居全国第6位（前移2位），同比增长40.5%；业务收入累计完成319.2亿元，位居全国第8位（前移1位），同比增长28.2%，12月受部分快递企业规范收入口径、调整数据影响，业务收入增速同比下降21.8%。其中，同城业务量累计完成44611.43万件，同比增长44.22%；异地业务量累计完成389451.11万件，同比增长40.64%；国际/港澳台业务量累计完成1488.20万件，同比下降31.11%。2021年1—12月河南省快递业务量及收入增长变化情况如图5所示。

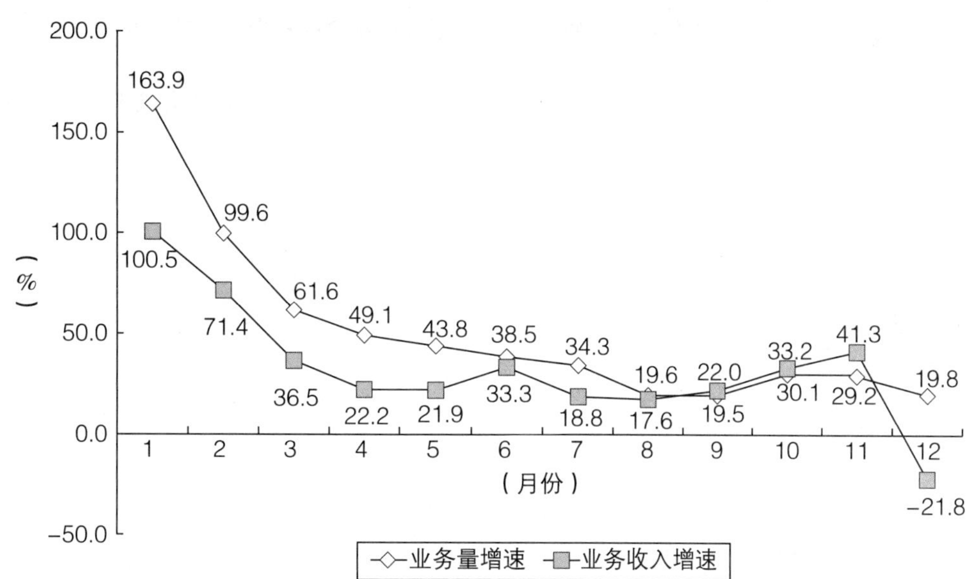


图5　2021年1—12月河南省快递业务量及收入增长变化情况

## 八、物流行业景气水平向好

2021年，河南省物流业景气指数（LPI）平均值为53.3%，高于上年同期0.2个百分点，低于全国平均水平0.1个百分数，较前三季度差距进一步缩小，仍保持在50%以上景气区间运行。业务活动预期指数平均值为60.5%，高于正常水平10.5个百分点，位于较高景气区间，物流业未来预计将继续保持平稳增长。2020—2021年河南省物流业景气指数各指标平均值增长变化情况如图6所示。

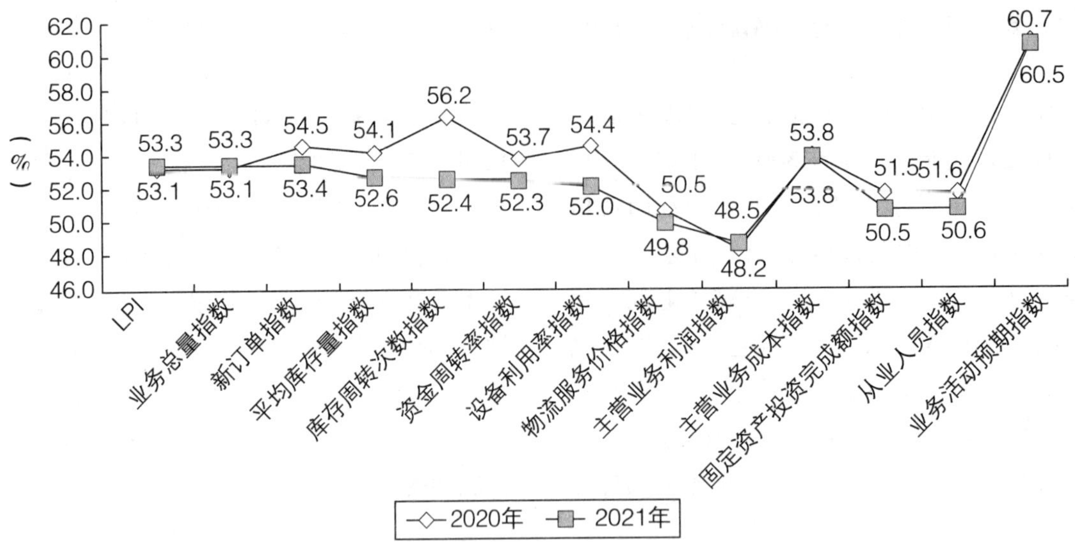


图6　2020—2021年河南省物流业景气指数各指标平均值增长变化情况

（河南省物流与采购联合会）

# 2021年湖南省物流业发展情况

2021年，湖南省物流行业坚决贯彻党中央、国务院和省委、省政府工作部署，坚持稳中求进工作总基调，全面落实“三高四新”战略定位和使命任务。全省社会物流总额突破13万亿元，社会物流总费用与GDP的比率为14.5%，首次低于全国平均水平。行业运行稳中有进，降本提质增效成效明显，实现了“十四五”良好开局。

## 一、物流需求稳中有升

2021年，湖南省社会物流总额133263.9亿元，同比增长8.5%。从构成看，工业品物流总额82486.6亿元，同比增长6.1%；外省流入物品物流总额40912.6亿元，同比增长11.7%；进口货物物流总额1775.8亿元，同比增长12.3%；农产品物流总额7605.3亿元，同比增长9.2%；再生资源物流总额187.8亿元，同比增长8.1%；单位与居民物品物流总额295.8亿元，同比增长27.9%。工业订单和原材料进出口较上年有明显增长，工业品物流总额和外省流入物品物流总额增量贡献率合计达到91.9%，为历年最高水平。2017—2021年湖南省社会物流总额及增速情况如图1所示。

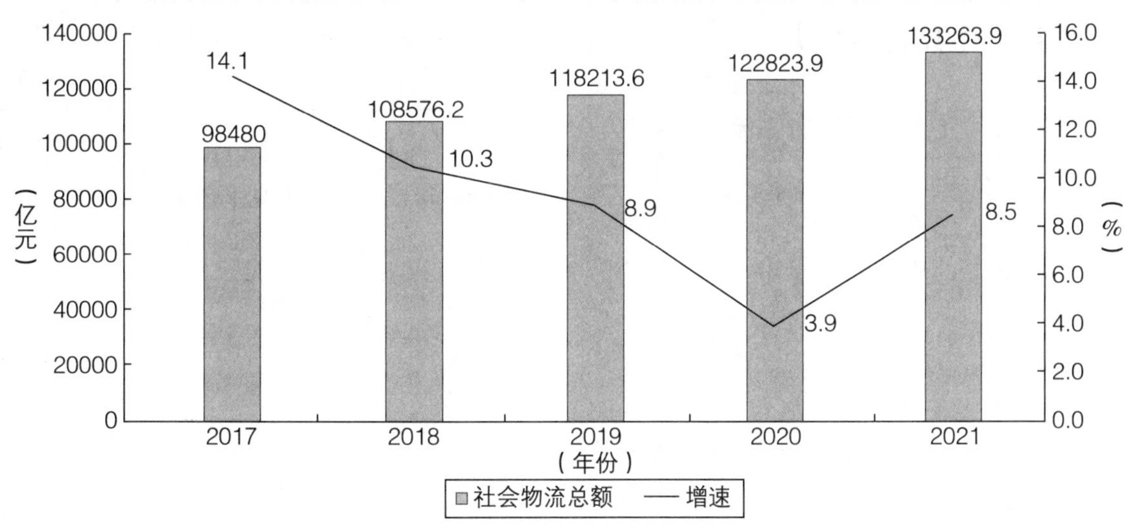


图1　2017—2021年湖南省社会物流总额及增速情况

资料来源：湖南省物流与采购联合会。

## 二、行业运行总体平稳

2021年，湖南省社会物流总费用6660.7亿元，同比增长8.2%。其中，运输费用3294.0亿元，增长12.2%；保管费用2291.5亿元，增长5.6%；管理费用1075.2亿元，增长3.8%。社会物流总费用与GDP的比率为14.5%，比上年同期下降0.2个百分点，低于全国平均水平0.1个百分点。全省物流业总收入4294.5亿元，同比增长9.3%，两年平均增长5.6%，年均增速维持在合理水平，物流市场规模发展势头良好。2017—2021年湖南省社会物流总费用与GDP占比如图2所示。

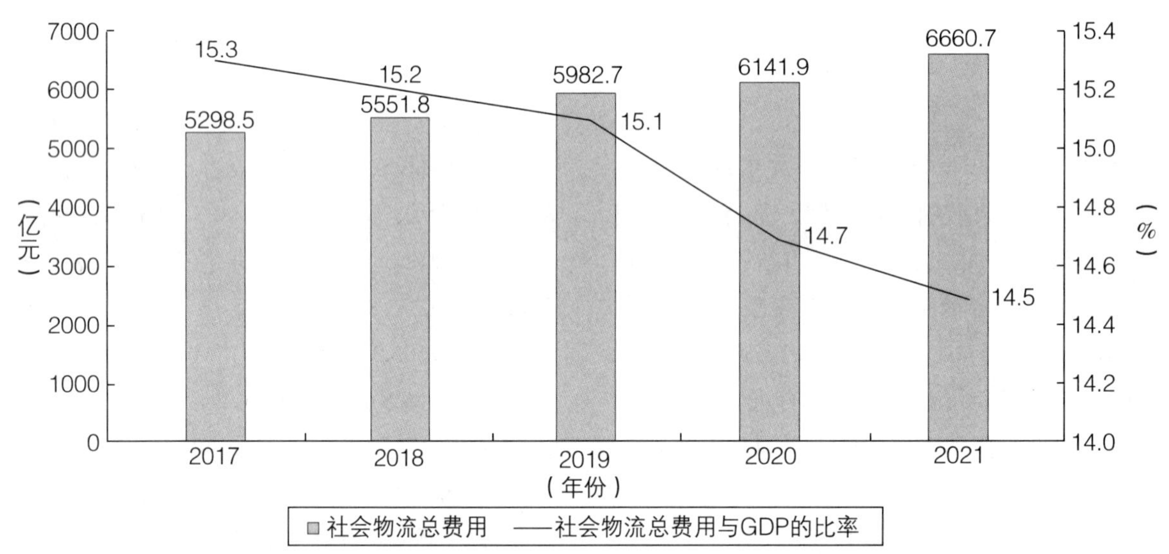


图2 2017—2021年湖南省社会物流总费用与GDP占比

## 三、市场主体稳步壮大

截至2021年年底，湖南省物流主体4.7万余家，规模以上企业1100余家（交通运输、仓储、邮政类），国家标准A级物流企业277家，数量居全国第八，居中部六省第三，其中5A级24家、4A级140家、3A级107家、2A级6家。全省有3家物流企业入选中国物流企业50强，5家企业入选中国民营物流企业50强。全省物流园区87个，其中国家级示范物流园3个，省级示范物流园15个。湖南省A级物流企业按地区分布情况如下表所示。

湖南省A级物流企业按地区分布情况表

单位：家

| 区域 | 5A | 4A | 3A | 2A | 小计 |
|---|---|---|---|---|---|
| 全省 | 24 | 140 | 107 | 6 | 277 |
| 长沙市 | 10 | 72 | 25 | 1 | 108 |
| 岳阳市 | 2 | 20 | 11 | 1 | 34 |
| 郴州市 | 3 | 11 | 17 | 1 | 32 |
| 株洲市 | 3 | 8 | 18 | — | 29 |
| 湘潭市 | 3 | 10 | 9 | 2 | 24 |
| 衡阳市 | 3 | 8 | 8 | — | 19 |

续 表

| 区域 | 5A | 4A | 3A | 2A | 小计 |
|---|---|---|---|---|---|
| 永州市 | — | — | 8 | — | 8 |
| 怀化市 | — | 2 | 4 | — | 6 |
| 娄底市 | — | 3 | 4 | — | 7 |
| 邵阳市 | — | 2 | 1 | — | 3 |
| 常德市 | — | 2 | 1 | 1 | 4 |
| 益阳市 | — | 2 | — | — | 2 |
| 湘西州 | — | — | 1 | — | 1 |
| 张家界市 | — | — | — | — | — |

资料来源：湖南省物流与采购联合会。

## 四、基础设施日臻完善

2021年，湖南省完成物流相关固定资产投资1050.7亿元，为年度目标的130.0%，同比增长43.1%，投资增幅居全国前列。全省高速公路通车总里程超过7000公里；全面推进在建24个高速公路项目，总里程1602公里；对4570公里农村公路进行了提质改造。内河水运方面，18个千吨级泊位建成投运，新开工3个高等级航道项目。全面推进湘赣边区域6条高速公路、19条普通国省道项目，开展农村客货邮融合发展试点，遴选5个县（市）作为试点县，2个县（市）作为培育县。

（湖南省物流与采购联合会）

# 2021年海南省物流业发展情况

2021年，海南省现代物流业发展成效显著。既是海南自由贸易港建设引领经济社会高质量发展成势见效之年，也是“十四五”时期现代物流业发展取得重大进展的开局之年。主要特征表现为，一是进口物流快速增长，拉动社会物流总额的规模化增长；二是物流运输与批发零售物流高速增长，推动物流市场量快速增长。从总体上看，海南自由贸易港零关税和运输自由便利制度红利得到释放，全省物流业跨入战略机遇期，特别是随着全岛封关运作时间的逼近，跨境物流迎来了市场爆发期，物流业正在充分发挥催化产业集聚效应的作用。

## 一、社会物流总额大幅提升

2021年，海南省社会物流总额首次突破万亿元，达到10241.76亿元，同比增长22.43%，两年平均增长13.97%。其基本特征是进口物流增速达到74.26%。外省流入物品物流总额同比增长26.49%，继续保持高速增长态势。

从构成来看，农产品物流总额2014.79亿元，同比增长10.64%，两年平均增长9.19%，占全省社会物流总额的19.67%，同比下降2.1个百分点；工业品物流总额2426.6亿元，同比增长10.3%，两年平均增长3.64%，占全省社会物流总额的23.69%，同比下降2.61个百分点；进口货物物流总额1144.18亿元，同比增长74.26%，两年平均增长42.67%，占全省社会物流总额的11.17%，同比增长3.32个百分点；外省流入物品物流总额4625.22亿元，同比增长26.49%，两年平均增长17.53%，占全省社会物流总额的45.16%，同比增长1.45个百分点；单位与居民物品物流总额30.97亿元，同比增长17.9%，占全省社会物流总额的0.31%，同比下降0.06个百分点。2021年海南省社会物流总额构成情况如图1所示。

## 二、社会物流总费用平稳增长

2021年，海南省社会物流总费用1072.70亿元，同比增长24.46%，两年平均增长16.18%。社会物流总费用与GDP的比率为16.57%，同比增长1个百分点。

从结构来看，运输费用561.11亿元，同比增长33.64%，两年平均增长21.83%，占社会物流总费用的52.31%，比上年升高3.59个百分点；保管费用330.93亿元，同比增长12.39%，两年平均增长9.2%，占社会物流总费用的

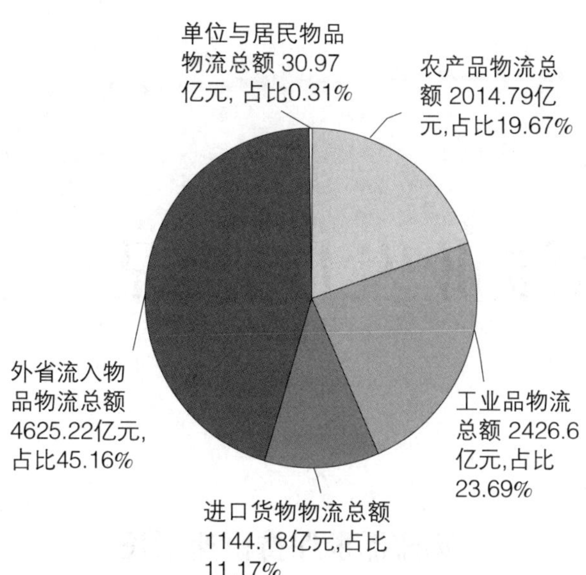


图1　2021年海南省社会物流总额构成情况

30.85%，比上年降低3.31个百分点；管理费用180.66亿元，同比增长22.43%，两年平均增长13.97%，占社会物流总费用的16.84%，比上年降低0.28个百分点。2021年海南省社会物流总费用构成情况如图2所示。

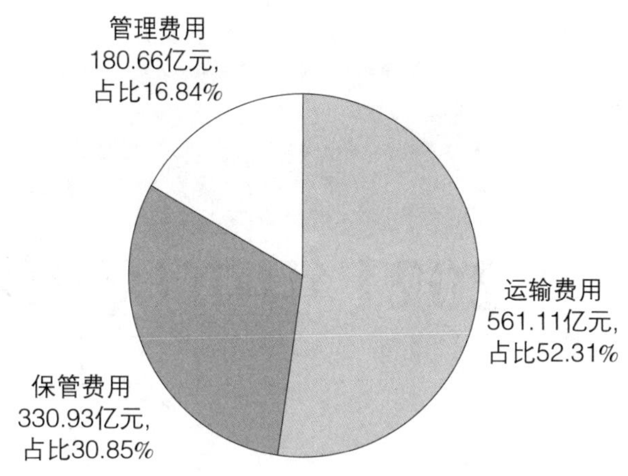


图2　2021年海南省社会物流总费用构成情况

## 三、物流业务收入高速增长

2021年，海南省现代物流业务收入864.25亿元，同比增长50.50%。其中交通运输、仓储和邮政业务收入439.71亿元，同比增长25.46%，占社会物流业收入的50.88%，比上年降低10.15个百分点；批发零售业内部物流收入338.87亿元，同比增长124.56%，占物流业务收入的39.21%，比上年升高12.93个百分点；工业内部物流收入85.67亿元，同比增长17.57%，占物流业务收入的9.91%，比上年降低2.78个百分点。

## 四、物流业增加值快速增长

2021年，海南省完成物流业增加值约241.17亿元，同比增长37.3%，占GDP的3.7%，同比提高0.07个百分点；对GDP的贡献率为10.05%，同比提高8.15个百分点。

（海南省发展改革委经贸处）

# 2021年重庆市物流业发展情况

2021年，重庆市口岸物流深入贯彻党中央决策部署和重庆市委、市政府要求，立足新发展阶段、贯彻新发展理念、融入新发展格局，克服复杂多变的国际形势和常态化新冠肺炎疫情的双重影响，积极推动内陆国际物流枢纽和口岸高地建设，成效显著、亮点突出，有力地促进了全市实体经济恢复发展，实现“十四五”良好开局。

## 一、物流货运规模增速回升

2021年重庆市完成货运量14.43亿吨，同比增长18.8%。其中，铁路完成0.16亿吨，同比下降15.2%；公路完成12.12亿吨，同比增长21.6%；水路完成2.15亿吨，同比增长8.3%；航空完成14.57万吨，同比增长10.2%。铁公水运输结构调整为1.1：84.0：14.9。全市完成货物周转量3841.66亿吨公里，同比增长9.0%。其中，铁路完成246.66亿吨公里，同比增长25.5%；公路完成1155.84亿吨公里，同比增长9.5%；水路完成2435.94亿吨公里，同比增长7.3%；航空完成3.22亿吨公里，同比增长48.2%。全市完成内河港口货物吞吐量1.98亿吨，同比增长20.0%；空港货物吞吐量47.87万吨，同比增长16%（资料来源：《2021年重庆市国民经济和社会发展统计公报》）。

## 二、物流需求保持快速增长

2021年，重庆市社会物流总额36752.0亿元，同比增长15.6%。其中，农产品物流总额2055.0亿元，同比增长16.8%；工业品物流总额26391.1亿元，同比增长14.4%；外部流入货物物流总额7830.9亿元，同比增长19.7%；单位与居民物品物流总额163.2亿元；再生资源物流总额311.8亿元，同比增长42.7%。2021年重庆市社会物流总额构成及增长变化情况如下表所示。

**2021年重庆市社会物流总额构成及增长变化情况**

单位：亿元

| 指标名称 | 2021年 | 同比增长（%） |
| --- | --- | --- |
| 社会物流总额 | 36752.0 | 15.6 |
| 农产品物流总额 | 2055.0 | 16.8 |
| 工业品物流总额 | 26391.1 | 14.4 |
| 进口货物物流总额 | 2832.3 | 21.7 |
| 外省货物物流总额 | 4998.6 | 18.5 |
| 单位与居民物品物流总额 | 163.2 | —— |
| 再生资源物流总额 | 311.8 | 42.7 |

## 三、物流运行质量持续提升

2021年，重庆市社会物流总费用3966.3亿元，同比增长9.6%。从结构看，运输费用2348.3亿元，同比增长8.0%；保管费用1216.3亿元，同比增长12.3%；管理费用401.7亿元，同比增长11.3%。社会物流总费用与GDP的比率为14.2%，同比下降0.3个百分点，持续低于全国平均水平，初步构建了支撑产业发展的高效率低成本物流环境。2021年重庆市社会物流总费用构成情况如下图所示。

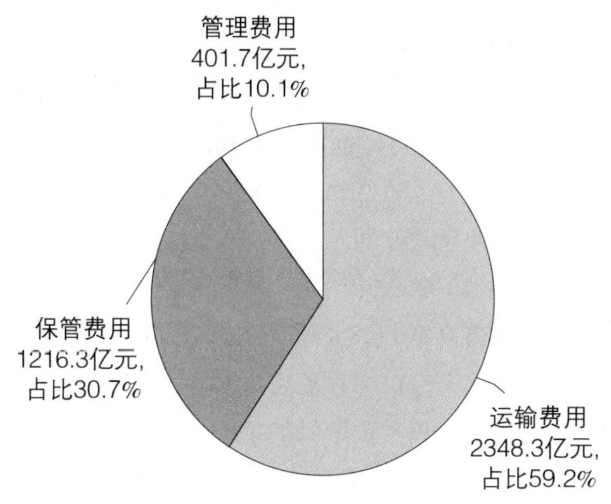


2021年重庆市社会物流总费用构成情况

## 四、物流市场主体不断壮大

2021年，重庆市物流业总收入3161.5亿元，同比增长9.9%。三羊马（重庆）成功上市，全市上市物流企业总数达到6家。全年新评（含升级）A级物流企业14家，其中5A级1家、4A级1家、3A级12家，A级物流企业保留量达到67家（5A级物流企业6家），实现物流业务收入330亿元、同比增长12.9%。长安民生入选2021年中国物流企业50强名单，位列第47位。全球50强物流企业中，有10家在渝设立子公司、30余家在渝开展业务，国际物流企业主体规模进一步壮大。

## 五、口岸开放功能日趋完善

2021年，万州、永川先后获批设立综合保税区，果园港口岸查验基础设施顺利通过国家验收，寸滩港口岸物流功能平稳转移至果园港，万州机场对外开放进入国家审理程序，国家口岸办正在征求有关国家部委意见。重庆铁路口岸成功获批全国第四张化学药品首进备案“牌照”，重庆成为继北京、上海、广州之后，全国第四个、西部地区首个药品首进口岸城市。果园港口岸进境肉类指定监管场地查验基础设施通过重庆海关预验收，正在开展海关总署验收。江北机场保税港区二期货运站建成投用，航空进出口货物保障能力增强。截至2021年年底，重庆已形成1个自贸区、6个综合保税区、4个保税物流中心、9类海关指定监管场地的发展格局。

## 六、物流对外通道量质双升

东向，长江上游航运中心地位巩固。2021年，重庆市水路货运量达2.1亿吨，由上年负增长转为正增长。港口货物吞吐量约2亿吨、同比增长20%，占长江上游港口货物吞吐总量的90%。全年开行沪渝直达快线1192艘次、同比增长32.6%，运输集装箱27.7万标准箱、同比增长40.3%；嘉陵江干支联运集装箱班轮累计开行11艘次，运输集装箱319个标准箱；长江干线“小改大”开行913艘次，运输集装箱12.2万标准箱。

西向，中欧班列（成渝）第一品牌地位巩固。中欧班列（成渝）开行超4800列，货值2000亿元，货量、货值均居全国第一，综合重箱率为94%。回程货量占总运量的比重超50%，实现重去重回、去回平衡、量质双升。稳定运行线路33条，辐射26个国家71个城市，干支网络覆盖亚欧大陆全境。“渝新欧”在全国89个中欧班列品牌中荣获唯一一个中国驰名商标，影响力进一步增强。

南向，陆海新通道网络持续拓展。2021年，陆海新通道铁海联运班列开行2000列、同比增长56%，货值131亿元、同比增长70%，货量、货值占通道总货量、总货值比率超30%，位居"13+1"省区市第一。全国首发中老铁路（重庆—老挝万象）去、回程班列，在泰国、柬埔寨等国家新布局海外仓3个，海外仓总数达到8个，班列线路覆盖107个国家（地区）、315个港口。重庆跨境公路班车共计发车3306车次、同比增长17%，发运7438标准箱、增长17%，货值约20.2亿元、同比增长45%。

北向，渝满俄班列开行频次不断加密。2021年，渝满俄班列开行1034列，其中去程214列、回程820列，货值近80亿元。

空中，国际航空货运取得历史性突破。2021年，江北国际机场国际（地区）航线新增5条、共计106条；国际货邮吞吐量达到22.1万吨、同比增长46.8%，连续10年领跑西部主要枢纽机场，航空货运中转比例提升至17.6%。航空货运基地建设提速，重庆第一家货运基地航空公司国货航重庆公司正式运行。

## 七、物流枢纽布局逐步完善

2021年，重庆空港型国家物流枢纽入选"十四五"首批国家物流枢纽建设名单，是西南地区唯一的空港型国家物流枢纽，重庆成为全国唯一兼有水陆空（港口型、陆港型、空港型）三型国家物流枢纽的城市。重庆国际物流枢纽园区建设有限责任公司被评为全国首批国家物流枢纽标杆运营企业，运营质量全国领先；果园港集装箱堆场扩能项目建成投用，鱼嘴铁路货运站南货场加快建设，集疏运功能进一步完善。全年，果园港枢纽新增招商入驻企业60家；国际物流枢纽园区签约项目49家，协议金额达401亿元；江津综保区签约项目45个，协议引资额160亿元。

## 八、物流营商环境持续优化

一是口岸物流顶层设计不断完善，印发实施《重庆市物流业发展中长期规划（2021—2035年）》《重庆市现代物流业发展"十四五"规划（2021—2025年》《重庆市口岸发展"十四五"规划（2021—2025年）》《共建成渝地区双城经济圈口岸物流体系实施方案》《重庆中欧班列高质量发展实施意见》《重庆市内陆国际物流分拨中心建设实施方案（2021—2025年）》《中新（重庆）战略性互联互通示范项目交通物流领域专项规划（2021—2025年）》，配套出台《重庆市支持口岸物流高质量发展若干政策》及操作办法，首次实现重庆市口岸物流发展政策统筹，为口岸物流规划实施夯实政策保障基础。

二是聚焦跨境贸易全流程、全链条，持续深化口岸通关、物流组织改革创新，探索优化"离港确认"模式，单票货物转关手续办理时间压缩90%以上；深化推广应用"提前申报""两步申报""两段准入"，进出口整体通关时间较2017年压缩60%以上，圆满完成国务院制定的目标任务。重庆跨境贸易便利化水平在2020年中国营商环境评价中位居全国前列。

三是筑牢疫情防控防线，进行进口非冷链集装箱预防性消毒累计4万个，进行集装箱核酸检测累计1.1万个，及时发现并成功处置4起货物检测阳性事件，杜绝了进口非冷链货物"物传人"，营造了安全稳定的物流和生产环境。

（重庆市物流与供应链协会　焦飞）

# 2021年四川省物流业发展情况

2021年，四川省物流业运行稳中有进，质量与效率同步提升，行业处于高位景气区间，实现“十四五”良好开局。

## 一、物流需求稳定恢复

2021年，四川省社会物流总额达到101075.7亿元，按可比价格计算（下同）增长12.0%，两年平均增长7.4%。从构成看，工业品物流总额57055.1亿元，同比增长11.0%，两年平均增长6.5%，占全省社会物流总额的比重为56.4%；进口货物物流总额31334.4亿元，同比增长17.3%，两年平均增长9.1%，占全省社会物流总额的比重为31.0%；再生资源物流总额207.7亿元，同比增长20.0%，两年平均增长22.0%；农产品物流总额9383.3亿元，同比增长6.9%，两年平均增长6.6%；单位与居民物品物流总额3094.9亿元，同比下降0.1%，两年平均增长9.7%。（部分数据因四舍五入的原因，存在总计与分项合计不等的情况）

## 二、物流收入平稳增长

2021年，四川省物流业实现总收入5384.6亿元，同比增长9.3%，两年平均增长4.2%。从构成看，运输环节收入3963.07亿元，占物流总收入的比重为73.6%；保管环节收入656.92亿元，占物流总收入的比重为12.2%。

## 三、物流效率逐步提升

2021年，四川省社会物流总费用7906.2亿元，同比增长15.8%，两年平均增长3.3%。从构成看，运输费用5580.5亿元，同比增长13.4%，两年平均增长1.5%，占全省社会物流总费用的比重为70.6%；保管费用1690.2亿元，同比增长22.7%，两年平均增长8.3%，占全省社会物流总费用的比重为21.4%；管理费用635.5亿元，同比增长20.4%，两年平均增长7.3%，占全省社会物流总费用的比重为8.0%。2021年四川省社会物流总费用构成情况如下图所示。

全省社会物流总费用与GDP的比率为14.7%，比前三季度下降0.1个百分点，与全国平均水平差距缩小到0.1个百分点。

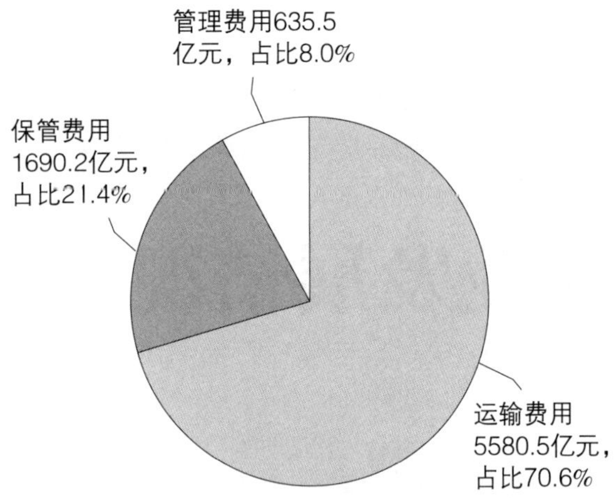


2021年四川省社会物流总费用构成情况

## 四、物流行业景气度保持较高水平

2021年第四季度，四川省物流业景气指数为60.0%，比第三季度提高2.0个百分点。

（四川省发展改革委经济贸易处）

# 2021年陕西省物流业发展情况

2021年，陕西省物流业在陕西省委、省政府的正确领导下，统筹疫情防控和经济社会发展，主动服务并融入新发展格局，加快交通物流基础设施建设，改善物流业发展环境，推进“一带一路”国际交通商贸物流中心和“三网三港”核心物流体系建设，为全省经济发展提供了有力的物流保障。

## 一、陕西省交通运输重点项目建设情况

2021年，陕西省累计完成综合交通投资约585亿元，其中，公路和水路约446亿元、铁路约89亿元、民航约49亿元。

2021年全省高速公路总里程达6484公里。其中普通国道、省道统筹实施城镇过境公路、区域重要路段、能源运输通道、红色旅游公路等重点项目，建设规模达1770公里，建成通车315公里。

铁路建设情况。西康、西十高铁线开工建设，西延高铁加快实施，安康至重庆高铁工程获国家发展改革委批复，延安经榆林至鄂尔多斯高铁前期工作加紧办理；实施咸铜铁路电气化改造工程，建成投用于西安火车站改扩建工程。

民航建设情况。西安咸阳国际机场三期扩建工程积极推进，宝鸡、府谷等机场项目前期工作加快完善。

## 二、陕西省进出口物流情况

2021年，陕西省进出口总值4757.8亿元，同比增长25.9%。其中，出口2566.1亿元，同比增长33%；进口2191.7亿元，同比增长18.6%，同期贸易顺差374.4亿元。全年对“一带一路”沿线国家进出口总值达810.2亿元，比上年增长28.2%。

## 三、陕西省主要运输方式发展情况

2021年，陕西省主要运输方式完成货物运输总量16.07亿吨，比上年下降2.8%；完成货物运输周转量3946.14亿吨公里，比上年增长6.7%。2021年陕西省主要运输方式货物运输情况如表1所示，2021年陕西省主要城市货物运输情况如表2所示。

**表 1　　2021 年陕西省主要运输方式货物运输情况**

| 指标名称 | 指标值 | 同比增长（%） |
|---|---|---|
| 货物运输量（亿吨） | 16.07 | −2.8 |
| 其中：铁路 | 3.79 | −22.8 |
| 公路 | 12.27 | 5.7 |
| 货物运输周转量（亿吨公里） | 3946.14 | 6.7 |
| 其中：铁路 | 2126.07 | 14.0 |
| 公路 | 1818.67 | −0.7 |

注：部分数据存在四舍五入差别，不做机械调整。

**表 2　　2021 年陕西省主要城市货物运输情况**

| 城市名称 | 指标名称 | 指标值 | 同比增长（%） |
|---|---|---|---|
| 西安市 | 货物运输量（万吨） | 27047.65 | 5.2 |
| | 其中：铁路 | 481.34 | 2.2 |
| | 公路 | 26526.75 | 5.2 |
| | 民航 | 39.56 | 5.1 |
| | 货物运输周转量（亿吨公里） | 505.48 | 0.6 |
| 宝鸡市 | 货物运输量（万吨） | 11700 | 6.0 |
| | 货物运输周转量（亿吨公里） | 134.59 | −0.3 |
| 榆林市 | 铁路货物运输量（万吨） | 25238.00 | 13.8 |
| | 公路货物运输量（万吨） | 28528.90 | 6.0 |
| | 铁路货物运输周转量（亿吨公里） | 552.26 | 12.4 |
| | 公路货物运输周转量（亿吨公里） | 548.26 | −0.6 |
| 汉中市 | 公路货物运输量（万吨） | 4369.00 | 5.6 |
| | 公路货物运输周转量（万吨公里） | 575901.00 | −0.6 |
| 安康市 | 公路货物运输周转量（亿吨公里） | 49.42 | −0.7 |
| 延安市 | 货物运输量（万吨） | 4202.00 | — |
| | 货物运输周转量（亿吨公里） | 54.70 | — |
| 咸阳市 | 公路货物运输量（万吨） | 12228.00 | — |
| 渭南市 | 公路货物运输量（亿吨） | 1.71 | 5.9 |
| | 公路货物运输周转量（亿吨公里） | 234.20 | −0.6 |
| 铜川市 | 货物运输周转量（亿吨公里） | 102.01 | −0.7 |

## 四、陕西省邮政和快递业务发展情况

2021年，陕西省邮政业务总收入168.51亿元，同比增长18.7%；快递业务量11.18亿件，同比增长21.9%。其中，西安市邮政业务收入101.51亿元，比上年增长11.2%，快递业务量7.87亿件，增长17.2%；宝鸡市邮政业务收入38.6亿元，比上年增长11.1%，邮政业邮政函件业务量30万件，包裹业务量1624.58万件，快递业务量4363.54万件，快递业务收入4.8亿元；榆林市邮政业务收入42.97亿元，比上年增长10.4%，邮政业邮政函件业务量20.35万件；汉中市邮政业务收入11.36亿元，增长13.3%；安康市邮政业务收入6.35亿元，同比增长41.4%；延安市邮政业和快递业累计业务总收入5.81亿元，比上年增长14.8%，其中快递业收入5.31亿元，比上年增长31.4%；渭南市快递业务量5080.58万件，比上年增长31.5%，邮政业务收入11.2亿元，比上年增长11.9%；咸阳市邮政业务总收入6.82亿元；铜川市邮政行业业务总收入（不包括邮政储蓄银行直接营业收入）完成19391.01万元，比上年增长16.61%，邮政业务总收入完成18911.38万元，比上年增长23.89%，快递业务量553.61万件，比上年增长27.40%，快递业务收入9154.34万元，比上年增长44.29%。

## 五、中欧班列运行情况

2021年，西安公路港中欧班列“长安号”全年开行突破3800列，国际货运干线增加至16条，全面覆盖亚欧大陆全境，班列开行量、重箱率、货运量等核心指标稳居全国前列。全年运送货物总重达284.8万吨以上，截至2021年年底，开行总量累计突破11300列。

## 六、陕西省物流业网络货运企业情况

2021年，陕西省具备网络货运经营资质的企业有37家。网络货运企业不断完善平台信息发布、线上交易、全程监控、金融支付、咨询投诉、在线评价、查询统计、数据调取等方面与线下实体物流企业的对接，加快推进全省物流业高质量发展。

## 七、陕西省物流业市场主体发展情况

（一）2021年全省物流业市场主体呈现融合发展态势。中外运、中远海运、京东集团、菜鸟网络等国内大型物流企业与陕西省内物流企业不断深化合作；顺丰速递、传化智联等国内大型物流企业在陕西省内设立区域总部；大型国企陕西省物流集团增资重组拓展物流业务项目；大型国企延长石油、陕煤化工、西部机场集团等均已设立专业物流运营公司；西安货达、陕西卡一车等网络货运平台企业快速发展。

（二）2021年全省从事交通运输、仓储和邮政业的法人单位有1.34万个，年营业收入过1000万元的企业有近800家。

（三）截至2021年年底，全省A级物流企业共179家，其中3A级物流企业98家、4A级物流企业47家、5A级物流企业13家；国家A级网络货运平台企业6家，其中4A级网络货运平台企业4家、5A级网络货运平台企业2家。

（陕西省道路运输协会　闫鸣）

# 2021年甘肃省物流业发展情况

2021年，甘肃省统筹疫情防控和经济社会发展取得重大成果，物流运行稳中有进，社会物流总额保持良好增势，“十四五”计划实现良好开局。

## 一、社会物流总额平稳增长

2021年，甘肃省社会物流总额完成19097亿元，按可比价格计算，同比增长10.6%，增速比上年同期回升3.2个百分点。

从构成看，工业品物流总额8082亿元，按可比价格计算，同比增长8.9%；农产品物流总额2422亿元，增长11.5%；单位与居民物品物流总额50亿元，增长20.1%；外省货物物流总额8138亿元，增长11.8%；进口货物物流总额394亿元，增长12.1%；再生资源物流总额11亿元，增长10.0%。2021年甘肃省社会物流总额构成情况如图1所示。

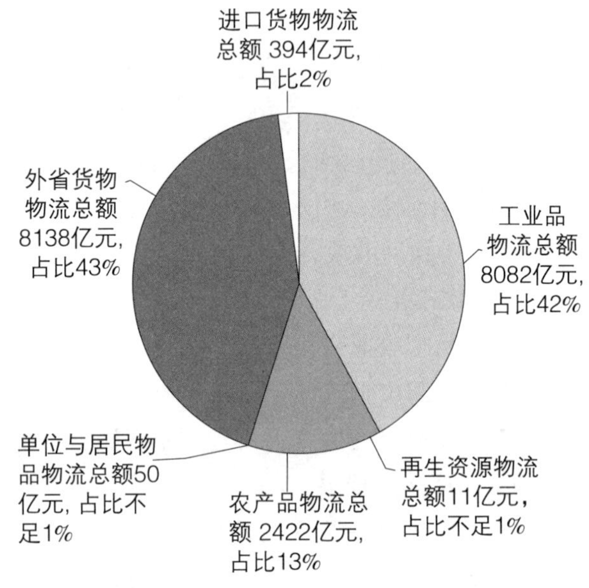


图1 2021年甘肃省社会物流总额构成情况

## 二、货运规模稳中有升

2021年，甘肃省铁路、公路、航空、油气管道完成货运量8.54亿吨，比上年增长12.1%。其中，铁路货运量完成0.64亿吨，比上年增长8.0%；公路货运量完成6.97亿吨，比上年增长13.7%；航空货运量完成0.000084亿吨，比上年增长1.3%；油气管道货运量完成0.93亿吨，比上年增长4.0%。2021年甘肃省按运输方式完成货运量及占比情况如图2所示。

2021年，全省各种运输方式完成货物周转量3765.82亿吨公里，比上年增长12.3%。其中铁路货物周转量完成1689.98亿吨公里，比上年增长12.9%；公路货物周转量完成1197.41亿吨公里，比上年增长17.4%；航空货物周转量

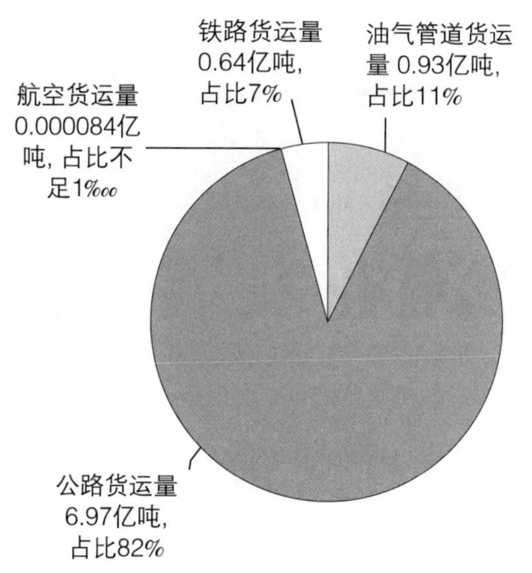


图2　2021年甘肃省按运输方式完成货运量及占比情况

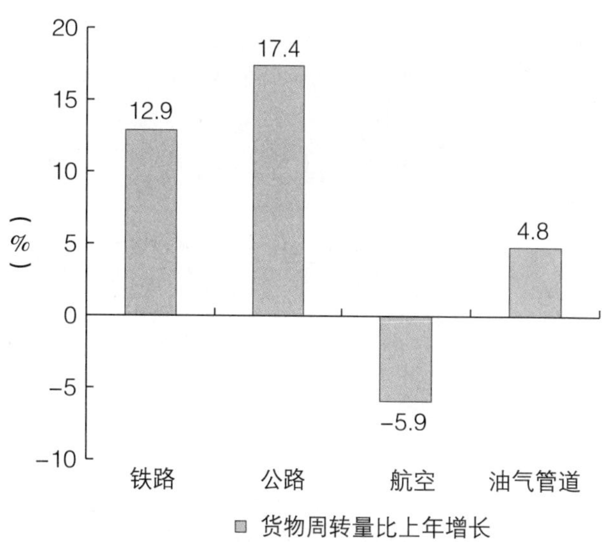


图3　2021年各种运输方式货物周转量增长情况

完成0.13亿吨公里，比上年下降5.9%；油气管道货物周转量完成878.3亿吨公里，比上年增长4.8%。2021年各种运输方式货物周转量增长情况如图3所示。

## 三、社会物流总费用与GDP的比率有所下降

2021年，甘肃省社会物流总费用1774亿元，同比增长15.1%。社会物流总费用与生产总值的比率为17.3%，比上年下降0.2个百分点，高于全国平均水平2.6个百分点。

从结构看，运输费用1273亿元，增长14.4%；保管费用364亿元，增长16.6%；管理费用137亿元，增长17.0%。显示出经济运行中保管和管理费用增长较快，物流成本依然较高。2021年甘肃省社会物流总费用构成情况如图4所示。

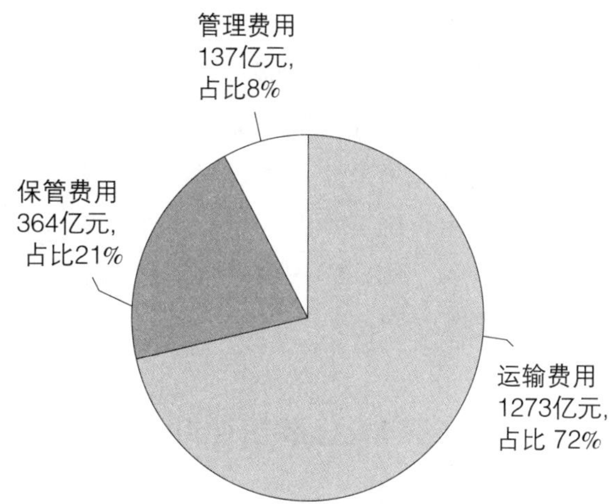


图4　2021年甘肃省社会物流总费用构成情况

## 四、物流业总收入实现较快增长

2021年，甘肃省物流业总收入1358亿元，同比增长14.4%。

（兰州交通大学甘肃省物流与运输装备行业技术中心）

# 2021年青海省现代物流业发展情况

2021年，面对新冠肺炎疫情的严重冲击和严峻复杂的经济发展形势，青海省现代物流业积极贯彻高质量发展理念，省委、省政府成立了现代物流体系建设工作领导小组，省发展改革委牵头制定印发了《青海省现代物流体系建设联席会议制度》，相关部门加快研究制定《关于推进现代物流体系建设的意见》等系列政策措施，物流运行逆势回升，增势平稳，物流规模再上新台阶，为保障民生、促进经济发展提供了有力支撑。

## 一、社会物流总额快速回升

2021年，青海省社会物流总额完成6979.9亿元，物流需求旺盛，需求系数为2.1。从构成看，工业品物流总额3016.4亿元，农业品物流总额528.5亿元，单位与居民物品物流总额985.7亿元，进口及省外货物物流总额2445.4亿元，再生资源物流总额3.9亿元。数据显示，全省工业品和外部流入品物流需求持续加快，是促进物流业快速增长的主要支撑。同时，工业企业降本增效和环保意识不断增强，再生资源循环利用产业发展迅猛、前景广阔。2021年青海省社会物流总额构成情况如图1所示。

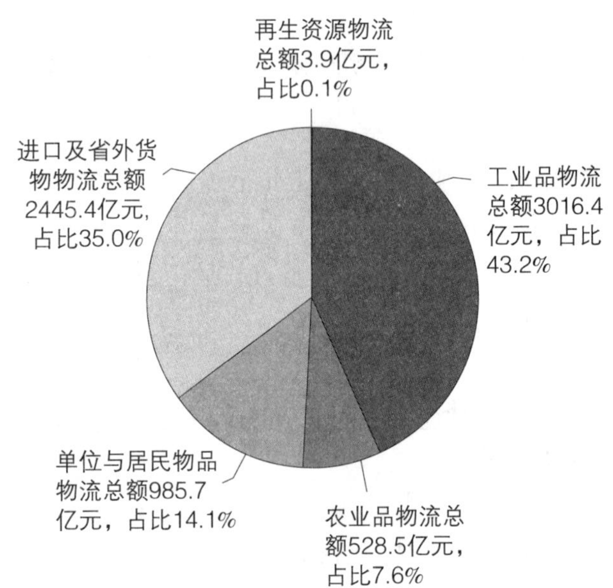


图1　2021年青海省社会物流总额构成情况

## 二、货运量及货物周转量大幅增加

2021年，青海省公铁航累计完成货运总量17821.0万吨，同比增长24.7%。其中，铁路货运量3734.7万吨，同比增长8.1%；公路货运量14082.7万吨，同比增长30.0%；航空货运量3.6万吨，同比下降22.1%。全省公铁航累计完成货运周转量591.9亿吨公里，同比增长42.6%。其中，铁路货物周转量431.1亿吨公里，同比增长

48.5%；公路货物周转量160.5亿吨公里，同比增长28.8%；航空货物周转量0.3亿吨公里，同比下降4.8%。公铁航平均运距332.1公里，同比增长14.5%。其中，铁路平均运距1154公里，同比增长37.4%；公路平均运距114公里，同比下降0.9%；航空平均运距720.2公里，同比增长23.5%。数据显示，全省统筹推进疫情防控和经济社会发展成效明显，货运量大幅增长，短距离运输主要以公路为主，中长距离运输主要以铁路为主，在疫情常态化防控的大环境下，公路运输的运输半径增长受限。2021年青海省公铁航货运量月度走势如图2所示。

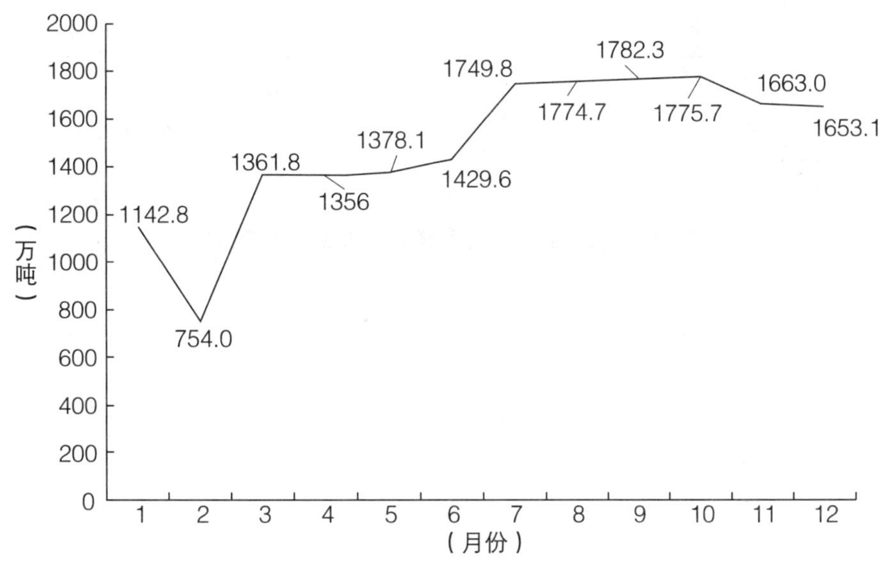


图2　2021年青海省公铁航货运量月度走势

## 三、物流货运主体规模不断壮大

截至2021年年底，青海省共有道路货物运输业户16381户，同比增长3.6%。其中，道路货物运输企业2597户，同比增长19%；个体户13784户，同比增长1.2%。在运输企业中，拥有车辆100辆及以上企业72户，占比0.4%；拥有车辆50～99辆的企业77户，占比0.5%。道路货物运输业户共有货运车辆46343辆，总吨位64.1万吨。数据显示，2021年全省道路货物运输业户规模不断壮大，运输企业快速增长，但大型物流企业占比不高，运输企业小、散、弱情况严重，龙头企业带动示范作用有待进一步增强。2021年青海省道路货运企业规模情况如图3所示。

## 四、物流业景气指数运行平稳

2021年，青海省物流业景气指数均值为50.7%，同比增长2.7个百分点，低于国家指数1.5个百分点。通过年度数据来看，全省物流业景气指数虽然与全国相比略微偏低，但较2020年有明显回升，总体处于荣枯线以上，物流发展态势良好、运行平稳。按月度分析，全省物流业受季节影响明显，冬春季物流需求减弱，货运量减少，从3月开始物流需求迅速回升，到7月达到峰值。2020—2021年青海省各月物流业景气指数变化趋势如图4所示。

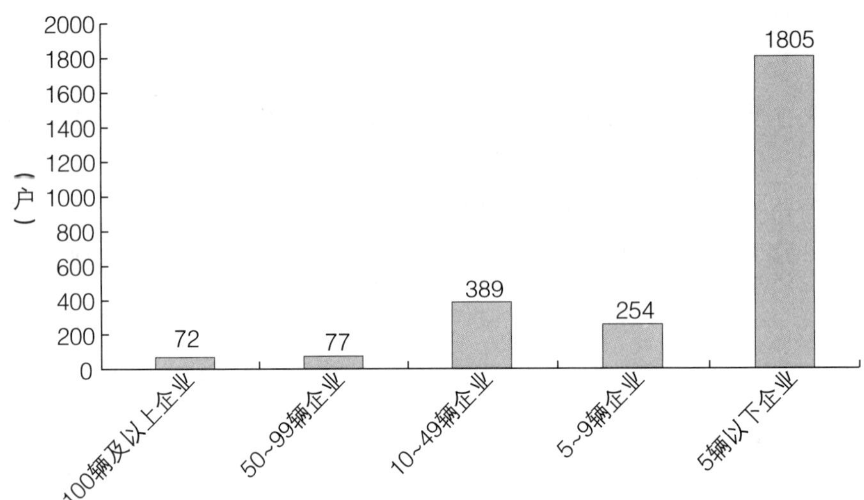


图3 2021年青海省道路货运企业规模情况

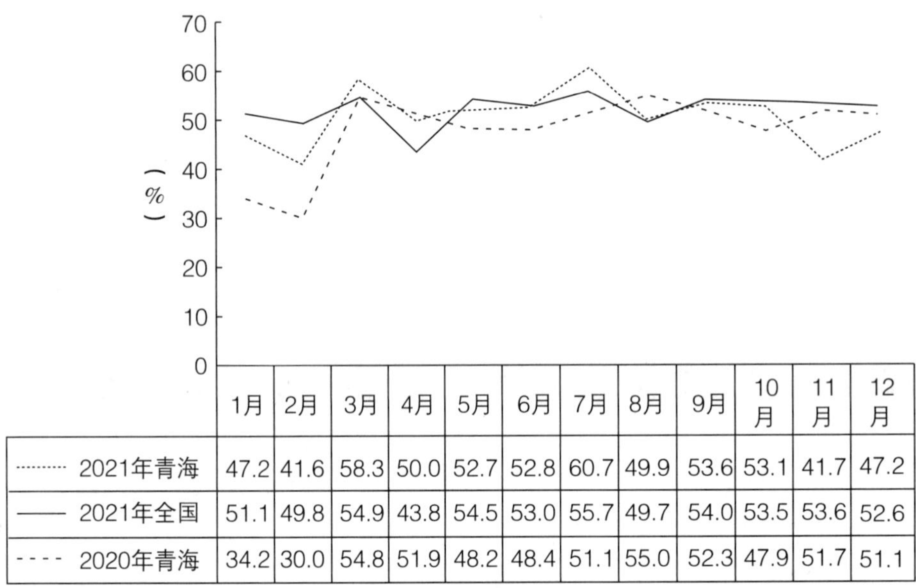


| | 1月 | 2月 | 3月 | 4月 | 5月 | 6月 | 7月 | 8月 | 9月 | 10月 | 11月 | 12月 |
|---|---|---|---|---|---|---|---|---|---|---|---|---|
| ······ 2021年青海 | 47.2 | 41.6 | 58.3 | 50.0 | 52.7 | 52.8 | 60.7 | 49.9 | 53.6 | 53.1 | 41.7 | 47.2 |
| —— 2021年全国 | 51.1 | 49.8 | 54.9 | 43.8 | 54.5 | 53.0 | 55.7 | 49.7 | 54.0 | 53.5 | 53.6 | 52.6 |
| - - - 2020年青海 | 34.2 | 30.0 | 54.8 | 51.9 | 48.2 | 48.4 | 51.1 | 55.0 | 52.3 | 47.9 | 51.7 | 51.1 |

图4 2020—2021年青海省各月物流业景气指数变化趋势

## 五、社会物流总费用与GDP的比率基本持平

2021年，青海省社会物流总费用600.4亿元，社会物流总费用与GDP的比率为17.9%，与上年基本持平，高于全国3.2个百分点。其中，运输费用309.6亿元，保管费用192.6亿元，管理费用98.2亿元。数据显示，受地理区位、经济条件和物流信息化智能化等因素影响，全省物流业总体发展水平依然偏低，费用成本偏高，市场竞争力较弱。同时，随着货运总量的增加和燃油、人员工资等物流成本的上涨，运输费用和管理费用增长较快，推动了社会物流总费用的增长。

## 六、社会物流总收入继续增长

2021年，青海省社会物流总收入416.6亿元，物流企业平均利润率为3.8%。数据显示，受市场经济大环境严峻复杂、新冠肺炎疫情等不确定因素影响，全省传统物流企业市场竞争激烈、盈利困难，亟须加大物流产业扶持力度，加快促进网络货运、多式联运、“两业”联动等物流新业态、新模式发展，积极推动青海省传统物流企业向规模型、综合性、多链条的高质量发展路径转型，以进一步支撑和促进青海省经济持续、健康、绿色发展。

（青海省工业和信息化厅）

# 2021年宁夏回族自治区物流业发展情况

2021年，面对复杂严峻的国际环境和国内新冠肺炎疫情散发等多重考验，宁夏回族自治区在区党委和政府的正确领导下，各地区各部门认真贯彻落实习近平总书记视察宁夏重要讲话精神，坚决执行党中央、国务院各项决策部署，坚持稳中求进的工作总基调，完整、准确、全面贯彻新发展理念，积极融入新发展格局，科学统筹疫情防控和经济社会发展，扎实做好“六稳”工作，全面落实“六保”任务，全区物流运行呈现总体平稳、稳中有进的发展态势，主要指标保持稳定增长，发展活力持续增强，转型升级积极推进，高质量发展取得新成效，实现“十四五”良好开局。

## 一、社会物流需求保持较快增长，运行态势持续向好

2021年，宁夏回族自治区经济运行呈现总体平稳态势，物流需求延续前期的中高速增长，全区社会物流总额完成9123.98亿元，同比增长28.1%，比上年同期回升32.3个百分点，两年平均增长11.5%。从各季度来看，增速比一季度、上半年和前三季度分别回落3.9个、4.4个和0.7个百分点。2020—2021年宁夏回族自治区社会物流总额及增长变化情况如图1所示。

工业品物流需求增长较快，支撑带动作用强劲。2021年，随着市场需求不断增加，原材料价格增长较快，企业经营不断改善，工业生产持续加快。全区工业品物流总额完成6317.40亿元，同比增长36.2%，比上年同期回升35.1个百分点，两年平均增长18.7%，比一季度回升1.7个百分点，比上半年和前三季度分别回落1.9个和1.0个百分点。在工业物流需求结构中，一是轻重工业稳定增长。全年规模以上重工业增加值增长7.6%，轻工业增加值增长12.8%。二是非公有工业快速增长。全年规模以上非公有工业增加值增长9.4%，高于全区工业增速1.4个百分点。其中，私营企业增加值增长10.3%。三是十大工业行业“9增1降”。全年煤炭行业增加值增长15.1%、电力增长13.5%、化工增长0.6%、冶金增长5.3%、有色增长2.0%、轻纺增长11.9%、机械增长3.2%、医药增长26.5%、其他行业增长18.9%、建材下降4.8%。四是主要产品产量较快增长。全年原煤产量增长5.9%、工业发电量增长10.4%、原油加工量增长16.8%、乳制品增长23.7%、化学药品原药增长20.5%、电石增长7.8%、精甲醇增长10.8%、原铝增长1.3%、钢材增长20.8%、铁合金增长

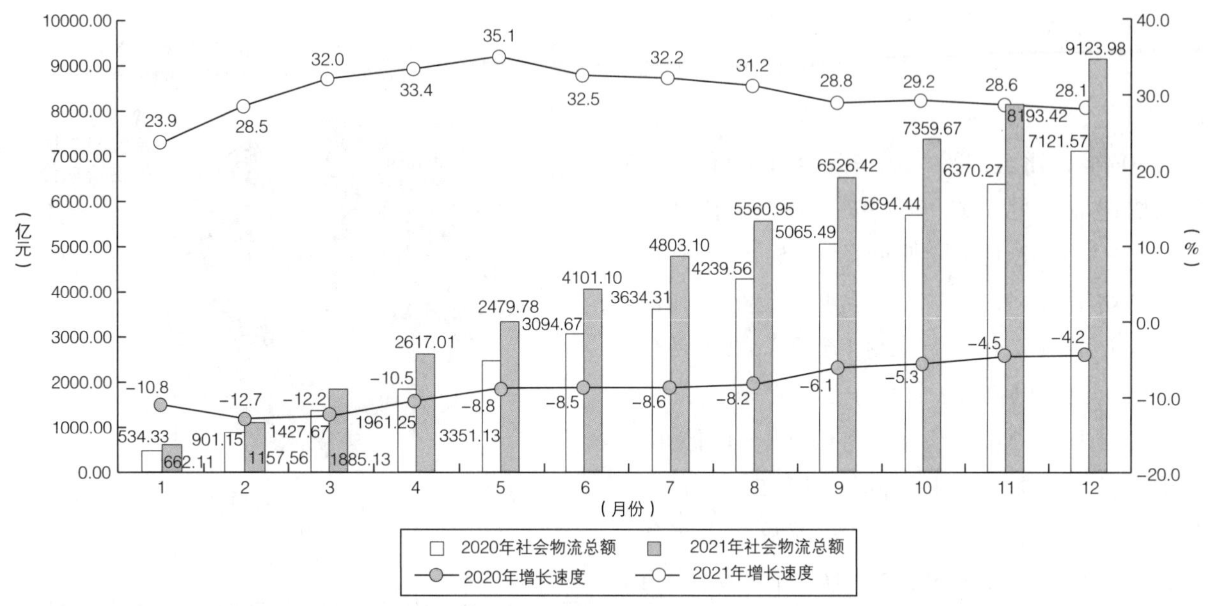


图1　2020—2021年宁夏回族自治区社会物流总额及增长变化情况

10.9%、金属切削机床增长35.8%、工业自动调节仪表与控制系统增长34.9%。工业品物流占全社会物流总额的69.2%，比2020年提高4.1个百分点，拉动社会物流总额增长23.6个百分点。

批发业物流需求持续复苏，市场活力仍然较强。2021年，全区批发业物流总额完成2114.25亿元，同比增长14.7%，比上年同期回升32.9个百分点，恢复到2019年的93.8%。比一季度、上半年和前三季度分别回落12.0个、7.3个和0.7个百分点。占比62.5%的限上批发业物流增长12.8%，拉动批发业物流增长8.1个百分点；占比37.5%的限下批发业物流增长18.0%，拉动批发业物流增长6.6个百分点。批发业物流占全社会物流总额的23.2%，比2020年降低2.7个百分点，拉动社会物流总额增长3.8个百分点。

农产品物流增速稳定，需求保持良好态势。2021年，全区农产品物流总额完成628.89亿元，同比增长7.8%，两年平均增长13.8%，比一季度、上半年和前三季度分别回落21.3个、8.6个和0.2个百分点。主要因素一是粮食总产量368.44万吨，实现“十八连丰”。二是畜牧养殖规模不断扩大。三是奶产业发展势头良好。四是主要农产品供给充足，农产品市场保持总体稳定。

进口货物物流增速稳步回升，但进一步趋缓。2021年，全区进口货物物流总额完成39.2亿元，同比增长6.8%，比上年同期回升67.1个百分点，恢复到2019年的42.6%。比一季度和上半年分别回落7.0个和13.4个百分点，比前三季度回升2.6个百分点。

单位与居民物品物流保持较快增长，需求动力不减。面对疫情散发和极端天气等不利因素影响，各地区各部门积极落实“保基本民生”等政策措施，基本生活类消费较快增长。2021年，与民生相关的单位与居民物品物流总额完成24.23亿元，同比增长23.0%，比上年同期回升16.8个百分点，两年平均增长10.9%，比一季度、上半年和前三季度分别回落22.3个、12.6个和7.2个百分点。增速比社会消费品零售总额高20.4个百分点。受疫情影响，居民减少出行，居家线上消费需求明显增长。2021年，全区网上零售额302.8亿元，增长46.0%，其中，实物商品网上零售额83.5亿元，增长30.4%，比全国平均水平高18.4个百分点。全区快递业务量完成9962.97万件，同比增长36.1%，增速比上年同期回落13.5个百分点，两年平均增长42.7%，比一季度、上半年和前三季度分别回落48.1个、28.1个和16.2个百分点。增速比全国高6.2个百分点，在全国31个省市区中排第12位；快递业务收入15.41亿元，同比增长30.3%，比上年同期回升5.6个百分点，两年平均增长27.4%，比一季度、上半年和前三季度分别回落29.1个、16.2个和9.1个百分点。增速比全国高12.8个百分点，在全国31个省市区中排第5位。快递包裹每件收入15.47元，每件比全国多5.93元。快递包裹收入人均212.55元，比全国少518.89元。

2021年宁夏回族自治区社会物流总额构成情况如图2所示，2021年宁夏回族自治区快递业务发展情况如图3所示。

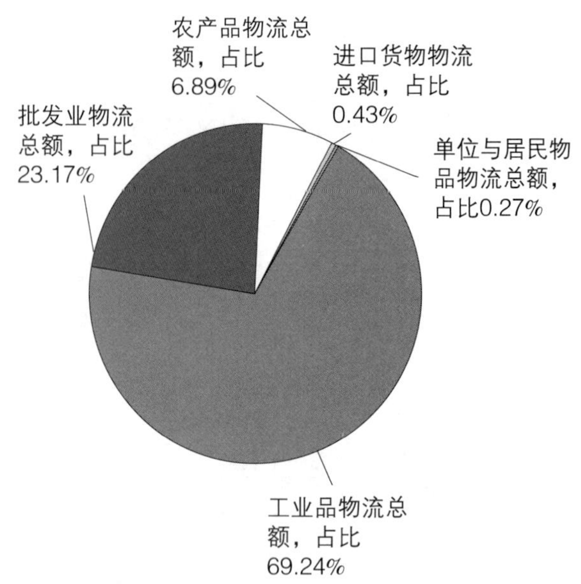


图2　2021年宁夏回族自治区社会物流总额构成情况

## 二、社会物流总费用平稳增长，成本压力仍然较大

2021年，宁夏回族自治区社会物流总费用773.00亿元，同比增长16.1%，比上年回升14.4个百分点，比一季度、上半年和前三季度

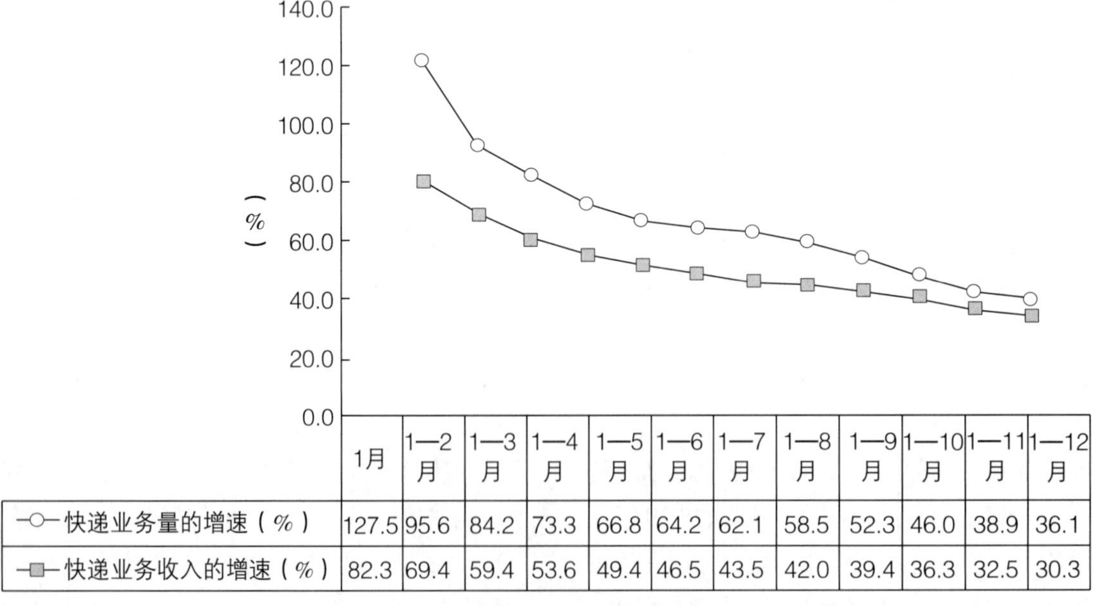


| | 1月 | 1—2月 | 1—3月 | 1—4月 | 1—5月 | 1—6月 | 1—7月 | 1—8月 | 1—9月 | 1—10月 | 1—11月 | 1—12月 |
|---|---|---|---|---|---|---|---|---|---|---|---|---|
| —○— 快递业务量的增速（%） | 127.5 | 95.6 | 84.2 | 73.3 | 66.8 | 64.2 | 62.1 | 58.5 | 52.3 | 46.0 | 38.9 | 36.1 |
| —■— 快递业务收入的增速（%） | 82.3 | 69.4 | 59.4 | 53.6 | 49.4 | 46.5 | 43.5 | 42.0 | 39.4 | 36.3 | 32.5 | 30.3 |

图3　2021年宁夏回族自治区快递业务发展情况

分别回落10.8个、3.9个和0.1个百分点。比全国高3.6个百分点。社会物流总费用与GDP的比率为17.1%，比上年同期回升0.1个百分点，比第一季度、上半年和前三季度分别回落0.2个、0.6个和0.5个百分点。比全国（14.6%）高2.5个百分点。主要是供应链上下游仍处在修复期，物流运行尚未恢复至正常水平，成本压力仍然较大。从短期来看，与上年同期疫情期间相比，物流运行效率有所改善，供应链韧性不断提高，成为支撑国民经济恢复的稳定力量。

从结构看，运输费用606.81亿元，同比增长15.8%，增速比上年同期回升13.7个百分点，比一季度和上半年分别回落15.8个和4.4个百分点，比前三季度回升0.7个百分点，占总费用的78.5%；保管费用119.04亿元，同比增长17.8%，比上年同期回升16.8个百分点，比一季度回升4.1个百分点，比上半年和前三季度分别回落3.5个和4.3个百分点，占总费用的15.4%；管理费用47.15亿元，同比增长14.6%，比上年同期回升17.0个百分点，比一季度、上半年和前三季度分别回落1.2个、1.4个和2.4个百分点，占总费用的6.1%。

## 三、物流业增加值稳定增长，保持良好态势

2021年，宁夏回族自治区物流相关行业实现增加值414.68亿元，按可比价格计算，同比增长9.3%，增速比上年同期回升8.8个百分点，两年平均增长4.8%，比一季度、上半年和前三季度分别回落18.9个、8.4个和3.3个百分点，比全区GDP增速高2.6个百分点，占全区GDP的9.2%，比上年同期低0.3个百分点。其中，交通运输、仓储和邮政业实现增加值204.02亿元，同比增长12.1%，增速比上年同期回升7.7个百分点，比一季度、上半年和前三季度分别回落24.2个、9.5个和3.5个百分点；批发零售业实现增加值210.66亿元，同比增长6.7%，增速比上年同期回升10.0个百分点，比一季度、上半年和前三季度分别回落14.0个、7.4个和3.1个百分点。2021年宁夏回族自治区社会物流相关行业增加值如图4所示。

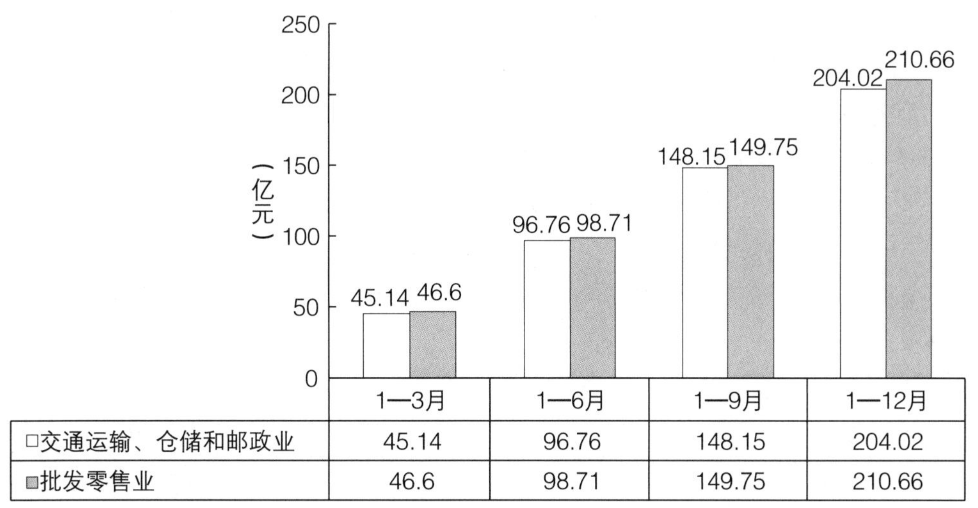


图4　2021年宁夏回族自治区社会物流相关行业增加值

## 四、交通运输保持良好运行，有力支撑经济发展

2021年，由于新冠肺炎疫情持续影响全球经济增长恢复，外部环境更趋严峻复杂和不确定，宁夏回族自治区经济恢复势头有所放缓，但物流运行仍为经济恢复增长提供了强有力支撑，2021年，全社会完成货运量48072.59万吨，同比增长9.2%，比上年同期回升8.4个百分点，两年平均增长4.9%，比一季度、上半年和前三季度分别回落31.8个、9.2个和5.2个百分点。全社会累计完成货物周转量为874.91亿吨公里，同比增长14.4%，比上年同期回升6.7个百分点，两年平均增长11.0%，比一季度、上半年和前三季度分别回落36.2个、10.3个和5.1个百分点。

铁路货运量和货物周转量恢复成效显著。2021年，全区铁路货运量完成9423.00万吨，同比增长9.1%，比上年同期回升3.2个百分点，两年平均增长7.5%，比一季度、上半年和前三季度分别回落5.7个、8.1个和1.8个百分点。铁路货运量占全区货运量的19.6%，与上年持平，拉动全区货运量增长1.8个百分点。铁路货运周转量完成234.50亿吨公里，同比增长9.3%，比上年同期回升8.8个百分点，两年平均增长4.8%，比一季度和上半年分别回落3.1个和1.5个百分点，比前三季度回升2.7个百分点。

公路货运量和货物周转量运行态势持续向好。2021年，公路货运量完成37506万吨，同比增长9.6%，比上年同期回升10.0个百分点，两年平均增长4.5%，比一季度、上半年和前三季度分别回落44.7个、10.1个和6.4个百分点。拉动全区货运量增长7.5个百分点。公路货运周转量完成577.70亿吨公里，同比增长19.4%，比上年同期回升8.8个百分点，两年平均增长14.9%，比一季度、上半年和前三季度分别回落73.1个、16.0个和9.3个百分点。

航空货运量及货物周转量增速回落。航空货运量完成2.30万吨，同比下降22.5%，比上年同期回落11.7个百分点，两年平均下降16.9%，比一季度、上半年和前三季度分别回落41.7个、50.7个和18.8个百分点。航空货物周转量完成3300.00万吨公里，同比下降11.6%，比上年同期回落3.1个百分点，两年平均下降10.3%，比一季度、上半年和前三季度分别回落58.5个、64.8个和28.2个百分点。

管道货运量及货物周转量降幅收窄。管道货运量完成1141.29万吨，同比下降2.6%，比上年同期回落4.7个百分点，比一季度、上半年和前三季度分别回升4.4个、4.5个和1.9个百分点。管道货物周转量完成62.37亿吨公里，同比下降5.6%，比上年同期回落17.8个百分点，比一季度、上半年和前三季度分别回落5.2个、2.2个和0.4个百分点。2021年宁夏回族自治区货运量增长变化情况如图5所示。

## 五、物流业固定资产投资稳定恢复，增速平稳增长

2021年，物流业固定资产投资同比增长9.6%，比上年同期回升12.7个百分点，两年平均增长3.1%，比一季度和上半年分别回落5.1个和0.7个百分点，比前三季度回升1.8个百分点。比同期全社会固定资产投资增幅高7.4个百分点。其中，交通运输、仓储和邮政业投资额同比增长9.6%，比上年同期回升13.5个百分点，比一季度和前三季度分别回升1.4个和2.3个百分点，比上半年回落0.2个百分点；批发零售业投资额同比增长9.7%，比上年同期回落8.0个百分点，比一季度、上半年和前三季度分别回落274.9个、11.8个和11.3个百分点。

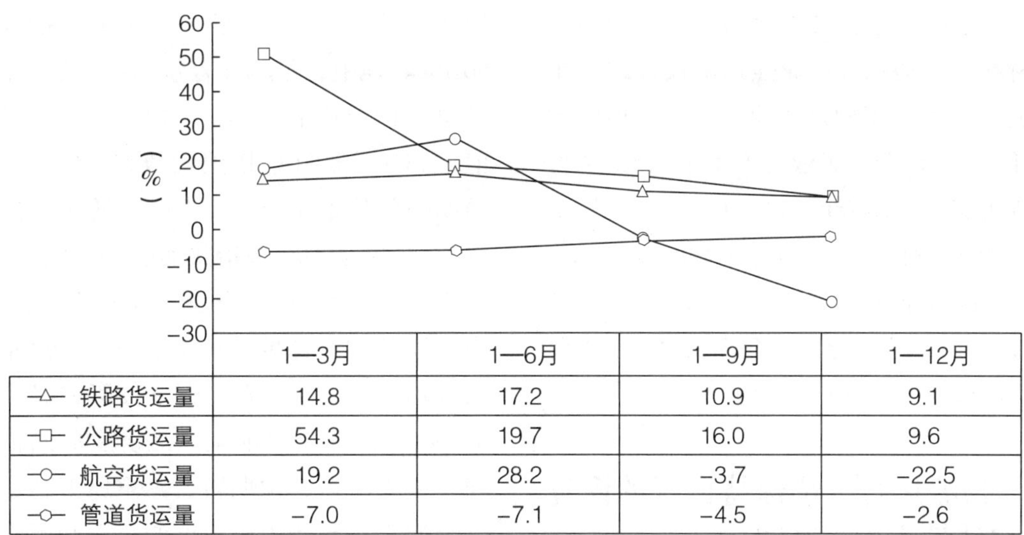


| | 1—3月 | 1—6月 | 1—9月 | 1—12月 |
|---|---|---|---|---|
| —△— 铁路货运量 | 14.8 | 17.2 | 10.9 | 9.1 |
| —□— 公路货运量 | 54.3 | 19.7 | 16.0 | 9.6 |
| —○— 航空货运量 | 19.2 | 28.2 | −3.7 | −22.5 |
| —○— 管道货运量 | −7.0 | −7.1 | −4.5 | −2.6 |

图5　2021年宁夏回族自治区货运量增长变化情况

## 六、重点物流企业主体活力进一步增强，盈利水平有所提升

2021年，重点调查的45户物流企业累计实现物流业务收入80.15亿元，同比下降1.1%，比上年同期回落49.6个百分点，比一季度、上半年和前三季度分别回落11.6个、15.3个和1.4个百分点；物流业务成本73.66亿元，同比下降4.2%，比上年同期回落59.4个百分点，比一季度、上半年和前三季度分别回落0.4个、17.0个和5.1个百分点。其中，运输成本同比增长16.5%，占总成本的51.6%，而在运输成本中燃料成本同比增长16.9%，拉动运输成本增长7.7个百分点；营业利润3.03亿元，同比增长8.7%；职工薪酬5.23亿元，同比增长21.9%。每百元物流收入成本91.90元，比2020年的94.88元降低2.98元。货运量同比增长18.5%，比上年同期回升11.9个百分点，货物周转量同比增长11.2%，比上年同期回升1.2个百分点。以上数据均显示出2021年物流企业主体活力进一步被激发，单位成本有所下降，盈利水平有所提升。但是仍有38%的物流企业亏损。

## 七、重点企业物流效益稳步提升，新动能引领作用凸显

在生产供给持续向好，市场需求持续稳定、原材料价格持续上涨、企业盈利水平明显提升、新旧动能协同拉动等有利因素带动下，工商企业采用供应链协同推进生产经营的理念明显提升，特别是疫情以来物流上下游协同合作的水平提升，专业物流服务的广度、密度、深度不断增加。全区工商企业物流需求继续保持较快增长势头。2021年，重点调查的99户工商企业销售总额达1896.34亿元，同比增长45.6%，比上年同期回升53.1个百分点，比一季度、比上半年和前三季度分别回升17.8个、8.9个和5.3个百分点；企业购进总额1079.65亿元，同比增长29.4%，比上年同期回升36.2个百分点，比一季度、上半年和前三季度分别回升11.3个、14.2个和2.1个百分点；企业物流成本78.13亿元，同比增长19.2%，比上年同期回升27.0个百分点，比一季度和上半年分别回升3.6个和7.2个百分点，比前三季度回落5.0个百分点；购销比

56.9%，比上年同期低7.2个百分点。主要因素一是新材料、清洁能源产业强劲增长，2021年全区规模以上工业新材料产业工业总产值同比增长44.1%，拉动全区工业总产值增长8.3个百分点，成为工业经济新的增长点；二是高技术和装备制造业引领增长，2021年全区规模以上工业高技术制造业增加值增长22.5%，装备制造业增加值增长12.7%，分别比全部规模以上工业增加值增速高14.5个和4.7个百分点。

## 八、物流运行继续保持良好的恢复态势，总体处于景气区间

2021年，由于国内疫情散发，加上季节性回调，给消费品行业带来一定影响，但是市场需求整体平稳上升趋势不改，为经济复苏继续注入动力。物流运行继续保持良好的恢复态势，总体处于景气区间。2021年，宁夏回族自治区1—12月物流业务景气指数均值为50.1%。其中，平均库存量指数均值54.4%，业务总量指数均值51.8%，物流服务价格指数均值51.5%，新订单指数均值50.7%，业务活动预期指数均值49.6%，库存周转次数指数均值48.7%，资金周转率指数均值48.5%，设备利用率指数均值48.5%，从业人员指数均值46.0%，主营业务利润指数均值44.5%，主营业务成本指数均值43.4%，固定资产投资完成额指数均值39.0%。但是当前全国经济发展面临需求收缩、供给冲击、预期转弱三重压力和疫情的持续影响，外部环境更趋严峻复杂和不确定，致使宁夏回族自治区生产增速放缓，消费恢复不及预期。经济恢复势头有所放缓的同时，企业运行成本持续上涨，部分领域盈利能力和业务活动预期偏弱的问题依然突出。

（宁夏现代物流协会　刘汉才　顾宁军）

# 2021年青岛市物流业发展情况

2021年，青岛市深入贯彻“创新、协调、绿色、开放、共享”新发展理念，以企业、项目为媒介，围绕存量变革、增量崛起集中发力，推动物流产业规模化、品牌化、平台化发展，为打造“一带一路”国际合作新平台注入了新动能。

## 一、发展现状

（一）产业规模持续扩大

2021年，青岛市实现物流业增加值1533.4亿元，同比增长17.2%；增加值占GDP的比重达到10.8%，对国民经济发展的支撑保障作用日益凸显。全市社会物流总费用2034.8亿元，同比增长12.2%，在物流总体需求持续增长的背景下，费用规模不断扩大，社会物流总费用占GDP的比重为14.4%，较2020年下降0.2个百分点，物流效率有所改善。全市社会物流总额34197.3亿元，同比增长19.7%，增速较上年同期提升16.2个百分点，保持快速良好的增长势头。

（二）枢纽、通道网络不断升级

国际枢纽海港能级提升，胶东国际机场投产运营，叠加国家物流枢纽、代表性物流园区等枢纽项目功能优势，保障产业链、供应链的物流畅通。新开国际全货机航线5条，总数达到8条；港口新增内陆港8个、海铁联运线路7条，总数分别达到26个和62条，货物、集装箱吞吐量分别跃居全球第四、第六位；2021年全年完成海铁联运量181.9万标准箱，同比增长10.2%；上合示范区多式联运中心新开通至吉尔吉斯斯坦比什凯克、英国伦敦、阿塞拜疆巴库、德国汉堡等11条国际班列运营线路，进一步延伸了精品化、多元化的线路布局，全年累计开行中欧班列（齐鲁号）621列，同比增长54.9%。

（三）企业、市场培育量质齐升

推动市场主体加速升级，以标准化、品牌化的示范引领，激发市场转型动力和创造活力，培育产业规模化、网络化发展的生态圈。国家A级物流企业、龙头物流企业成为产业发展主力军，全市净增A级物流企业13家，总数达到100家（其中最高等级5A级物流企业11家）。“汇通丰源供应链”等2家企业入选中国冷链物流百家重点企业。新增“海程邦达”1家A股上市企业，总数达到3家。开展全市物流企业综合实力20强、冷链物流10强企业、物流业10大领军人物评选等优秀企业、先进个人系列评选活动，不断提升行业重点领域企业的综合竞争力和主导能力，释放网络规模的经济效益。

（四）物流组织、服务模式创新连续突破

内外贸货物全程联运“一单制”操作模式及海铁联运“国际中转集拼业务”试点常态化发展，口岸国际物流辐射能力和贸易便利化水平进一步提升。山东省首张中国国际货运代理协会多式联运提单（CIFA提单）在上合示范区签发并成功推行3单，实现多式联运单据简化及铁路提单的融资属性。“上合示范区中欧中亚班列上合多式联运‘一单制’进口试点工程”入选山东省多式联运“一单制”试点工程；青岛港自动化码头自主创新与智慧物流协同发展等4个案例入选国家物流业制造业深度融合创新发展典型案例；莱西市“共享平台+邮政快递”项目入选全国农村物流服务品牌。

（五）区域合作、国际合作更加密切

海运、航空网络支撑更加完善，青岛港国际友好港26个、海上集装箱航线190余条，与世界上180多个国家和地区的700多个港口建立了贸易往来；空中航线190条，与国内外89个城市实现直航。国际陆路合作成为“一带一路”建设的重要动力引擎，中欧班列（齐鲁号）运营公司设立韩国、日本营销中心，与阿拉木图、巴库、莫斯科、明斯克等重要物流节点城市均有国际物流合作业务。依托黄河流域、山东半岛城市群物流资源整合优化，日韩货运班轮与中欧班列有效衔接，中欧班列（齐鲁号）青岛集结中心建设成效不断凸显。

（六）规划引领、政策支撑持续完善

按照规划基础、总体要求、优化区域物流发展格局、健全物流网络层次体系、推进物流统筹融合发展、加速物流产业跨界创新、保障措施七大部分框架，编制印发《青岛市“十四五”物流业发展规划》作为“十四五”时期青岛市物流业发展的指导性文件，同时印发实施《青岛市物流业发展三年行动计划（2021—2023年）》。研究出台鼓励国际班列运营、支持航空货运发展、多式联运发展等支持政策，大力发展现代物流业。

## 二、存在问题

（一）产业认知与支撑保障方面

一是产业发展认知有待进一步深化，物流业与关联产业关系密切，尚未建立起与关联产业优势高度融合、匹配的物流发展体系。就物流论物流的产业认知和孤立观念，不利于物流业发展，应深化产业链、供应链研究，带动物流规模经济发展。二是产业发展推进力度有待进一步增强，物流业发展涉及发改、商务、工信、财政、规划、金融等多个部门，制约物流业高质量发展的体制机制障碍仍然存在。

（二）物流与产业融合方面

存量物流发展模式有了一定的基础，但网络化、集约化、规模化等谋求增量的发展模式及与制造、商贸联动发展的创新模式不完善，缺乏与之相配套的新兴衍生业态。中欧班列在发行量、运营线路、货源结构、综合服务等方面取得了阶段性成果，但支撑其长远发展的贸易和产业形态比较薄弱，融合共赢的“班列+”良性发展格局未形成。航空货运方面缺乏龙头航空物流企业和技术指向型产业的高效带动，基地航空公司与机场的战略协同能力不同，青岛地区通过航空发运的货物主要为机械配件、纺织品和日用品，高科技制造、生物医药、高端冷链等高附加值产品不足。

（青岛市交通运输局物流业发展处　戚丽丽）

# 2021年武汉市物流业发展情况

2021年，武汉市统筹推进常态化疫情防控和经济社会发展，国民经济继续保持快速恢复态势，物流规模再上新台阶，物流业运行总体呈现全面恢复、快速增长、质效提升的发展态势，物流成本稳中有降，物流业高质量发展取得新成效。

## 一、总体运行情况

2021年武汉市物流业运行指标如表1所示。

表1　2021年武汉市物流业运行指标　a

| 类别 | 指标名称 | 单位 | 2021年 | 较2020年增长（%） | 较2019年增长（%） |
|---|---|---|---|---|---|
| 物流业运行指标 | 社会物流总额 | 亿元 | 42826.48 | 16.30 | 6.40 |
| | 社会物流总费用 | 亿元 | 2272.73 | 10.20 | —[①] |
| | 社会物流总费用与GDP的比率 | % | 12.80 | -0.4个百分点 | — |
| | 物流业增加值 | 亿元 | 1617.11 | 14.70 | 4.40 |
| | 物流业增加值占GDP的比重 | % | 9.13 | 0.10个百分点 | -0.42 |
| | 物流业增加值占第三产业的比重 | % | 14.62 | 0.02个百分点 | -1.10 |
| | 物流业总收入 | 亿元 | 1694.56 | 11.10 | 0.20 |
| 货运指标 | 社会货运量 | 万吨 | 67089.19 | 27.30 | -0.70 |
| | 货物周转量 | 亿吨公里 | 3719.60 | 20.70 | -4.60 |
| | 机场货物吞吐量 | 万吨 | 31.60 | 66.90 | 29.90 |
| | 港口货物吞吐量 | 万吨 | 11679.00 | 10.8 | 27.5 |
| | 其中：集装箱吞吐量 | 万TEU | 247.50 | 26.1 | 45.3 |
| 邮政业指标 | 邮政行业业务收入 | 亿元 | 170.68 | 29.5 | 22.9 |
| | 邮政行业业务总量 | 亿元 | 172.78 | 37.3 | -33.5 |
| | 快递行业业务收入 | 亿元 | 144.28 | 31.0 | 25.6 |
| | 快递行业业务量 | 亿件 | 16.04 | 46.0 | 42.0 |

① 由于水运统计方式及口径发生变化，导致测算总费用与2019年不具备可比性。

（一）物流业主要运行指标

1. 社会物流总额

2021年，武汉市社会物流总额为42826.48亿元，同比增长16.3%。从构成来看，农产品物流总额710.47亿元，同比增长10.7%；工业品物流总额19183.42亿元，同比增长18.0%；进口货物物流总额1430.40亿元，同比增长11.5%；再生资源物流总额80.71亿元，同比增长43.8%；单位与居民物品物流总额154.45亿元，同比增长30.7%；市外购进物品物流总额21267.03亿元，同比增长15.1%。2021年武汉市社会物流总额变化情况如表2所示。

表2　2021年武汉市社会物流总额变化情况

| 社会物流总额 | 2021年（亿元） | 较2020年增长（%） | 较2019年增长（%） |
| --- | --- | --- | --- |
| 农产品物流总额 | 710.47 | 10.7 | 18.1 |
| 工业品物流总额 | 19183.42 | 18.0 | 5.3 |
| 进口货物物流总额 | 1430.40 | 11.5 | 32.7 |
| 再生资源物流总额 | 80.71 | 43.8 | 32.7 |
| 单位与居民物品物流总额 | 154.45 | 30.7 | 22.9 |
| 市外购进物品物流总额 | 21267.03 | 15.1 | 5.5 |

2. 社会物流总费用

2021年，武汉市社会物流总费用为2272.73亿元，同比增长10.2%。其中，运输费用793.81亿元，同比增长24.9%；保管费用960.17亿元，同比增长17.3%；管理费用518.75亿元，同比增长20.1%，三者的比例为34.9∶42.3∶22.8。2021年武汉市社会物流总费用构成情况如图1所示。

2021年，武汉市运输费用为793.81亿元，同比增长24.9%。其中铁路运输费用112.99亿元，同比增长9.0%，占比14.2%；水路运输费用261.89亿元，同比增长33.3%，占比33.0%；公路运输费用417.09亿元，同比增长24.9%，占比52.6%；航空运输费用1.84亿元，同比增长27.6%，占比0.2%。2021年武汉市运输费用构成情况（分运输方式）如图2所示。

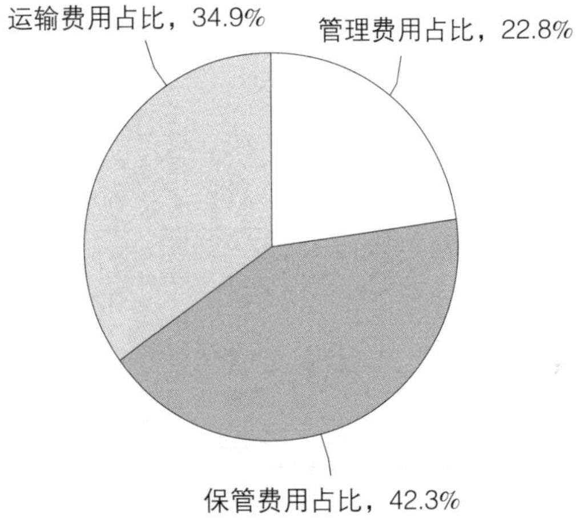


图1　2021年武汉市社会物流总费用构成情况

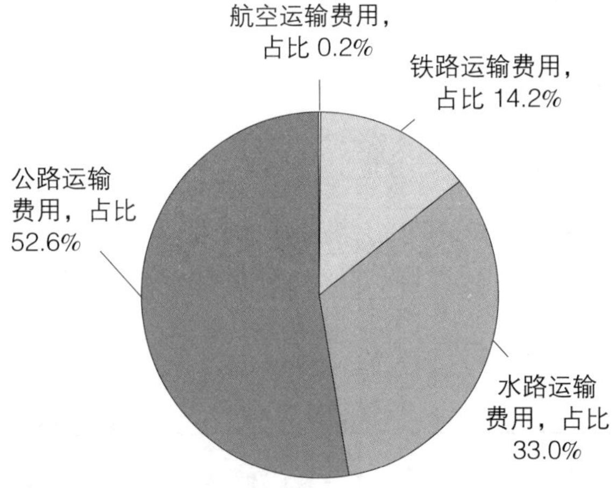


图2　2021年武汉市运输费用构成情况（分运输方式）

2021年，武汉市社会物流总费用与GDP的比率为12.8%，比上年下降0.4个百分点，低于全国水平1.8个百分点。社会物流总费用与GDP的比率保持下降趋势，物流运行效率持续改善。2016—2021年全国和武汉社会物流总费用与GDP的比率对比如图3所示。

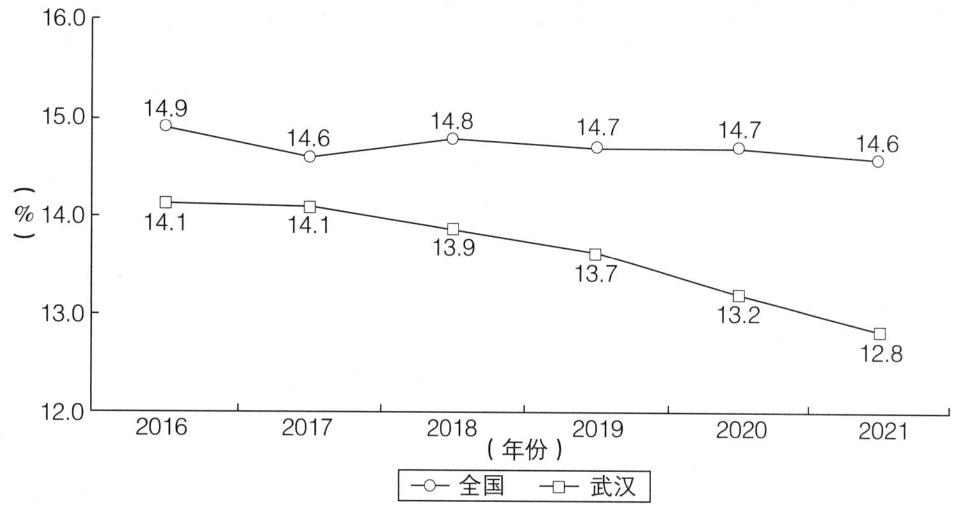


**图3　2016—2021年全国和武汉社会物流总费用与GDP的比率对比**

3.物流业增加值

2021年，武汉市物流业增加值1617.11亿元，同比增长14.7%（不变价增幅12.6%）。全市物流业增加值占GDP的比重为9.13%，同比增长0.10个百分点。物流业增加值占第三产业增加值的比重为14.62%，同比增长0.02个百分点。2019—2021年武汉市物流业增加值变化情况如表3所示。

**表3　2019—2021年武汉市物流业增加值变化情况**

| 指标 | 单位 | 2019年 | 2020年 | 2021年 |
| --- | --- | --- | --- | --- |
| 物流业增加值 | 亿元 | 1548.98 | 1409.83 | 1617.11 |
| 同比增长 | % | 9.1 | −9.0 | 14.7 |
| 物流业增加值占GDP的比重 | % | 9.55 | 9.03 | 9.13 |
| 物流业增加值占第三产业增加值的比重 | % | 15.72 | 14.60 | 14.62 |

4.物流业总收入

2021年，武汉市物流业总收入为1694.56亿元，同比增长11.1%，市场规模稳步扩大。2019—2021年武汉市物流业总收入情况如图4所示。

（二）主要货运指标

1.货运量

2021年，武汉市社会货运总量67089.19万吨，同比增长27.3%。其中，铁路货运量8736.80万吨，同比增长9.2%；水运货运量13216.00万吨，同比增长2.0%；航空货运量20.80万吨，同比增长97.8%；公路货运量45115.60万吨，同比增长42.2%。2021年武汉市社会货运量构成情况如图5所示。

2.货物周转量

2021年，武汉市货物周转量3719.60亿吨公里，同比增长20.7%。其中，铁路货物周转量1536.80亿吨公里，同比增长20.9%；水运货

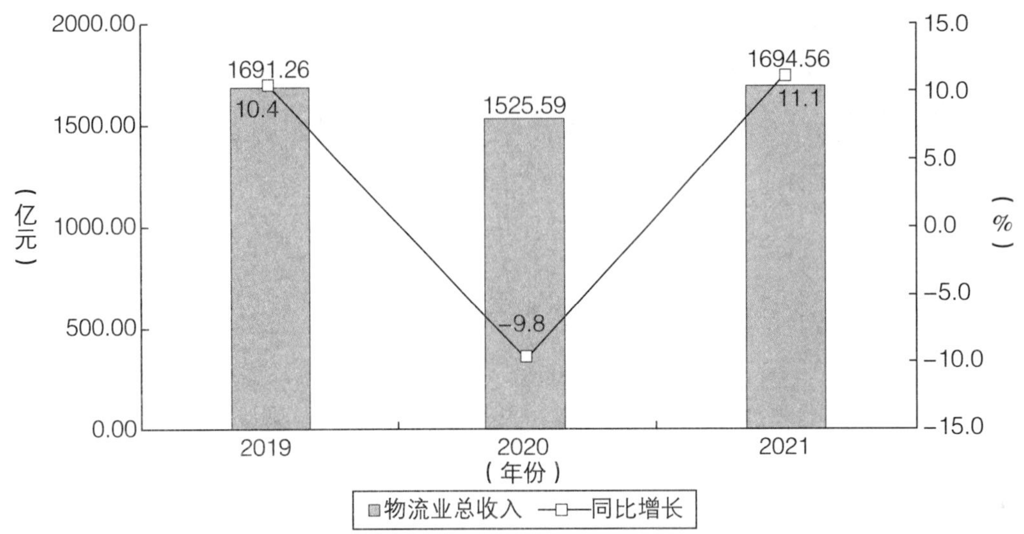


图4 2019—2021年武汉市物流业总收入

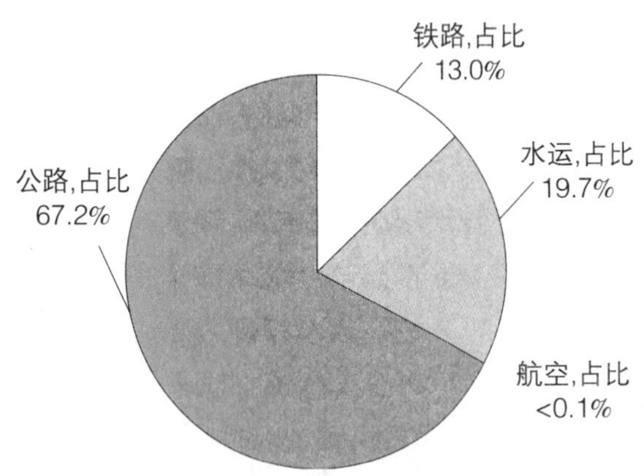


图5 2021年武汉市社会货运量构成情况

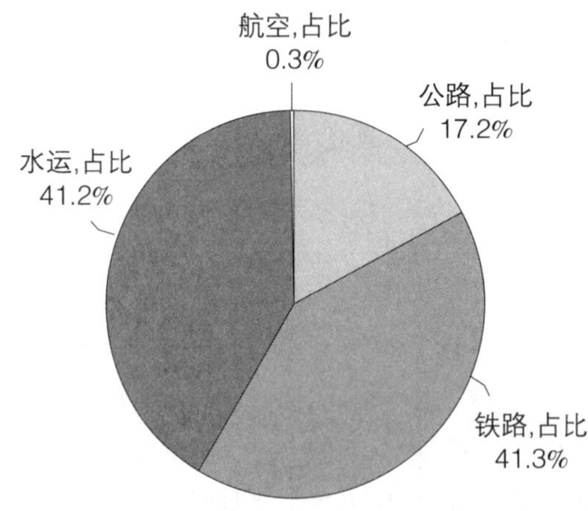


图6 2021年武汉市货物周转量构成情况

物周转量1533.91亿吨公里，同比增长14.8%；航空货物周转量10.48亿吨公里，同比增长154.7%；公路货物周转量638.42亿吨公里，同比增长35.5%。2021年武汉市货物周转量构成情况如图6所示。

3. 机场货物吞吐量

2021年，武汉天河机场货物吞吐量31.60万吨，同比增长66.8%，其中国际（地区）货物吞吐量14.57万吨。2019—2021年武汉市机场货物吞吐量变化情况如图7所示。

4. 港口货物及集装箱吞吐量

2021年，武汉市港口货物吞吐量11679万吨，同比增长10.8%；港口集装箱吞吐量247.5万TEU，同比增长26.1%。2019—2021年武汉市港口货物吞吐量变化情况如图8所示。

5. 铁路货场到发量

2021年，武汉市铁路货场发送量966.0万吨，同比增长7.8%；铁路货场到达量3187.4万吨，同比增长3.1%。2019—2021年武汉市铁路货运到发量变化情况如图9所示。

（三）邮政业指标

1. 邮政业总体情况

2021年，武汉市邮政行业业务收入（不

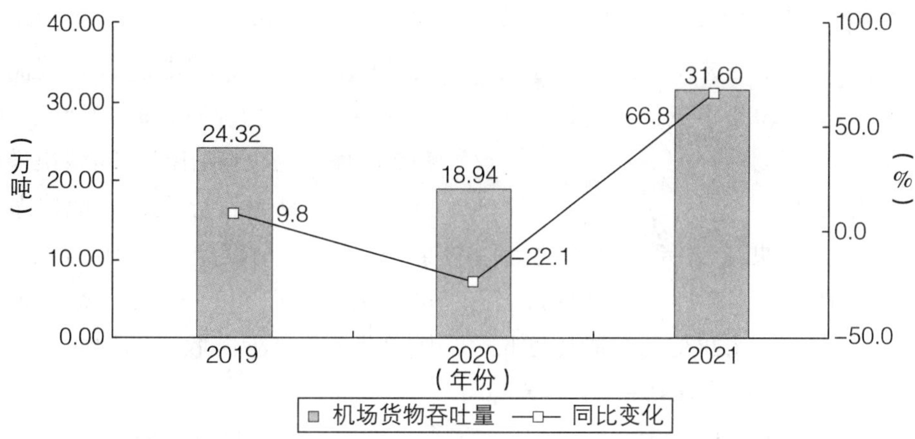


图7　2019—2021年武汉市机场货物吞吐量变化情况

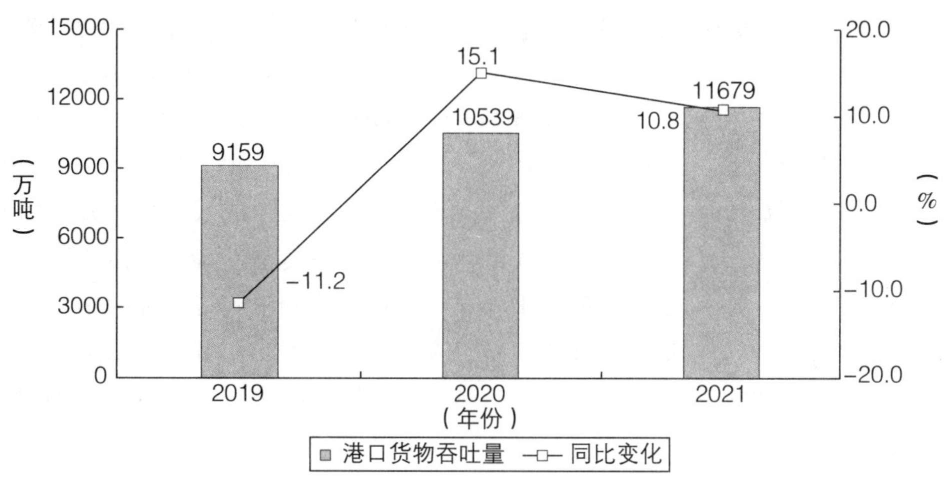


图8　2019—2021年武汉市港口货物吞吐量变化情况

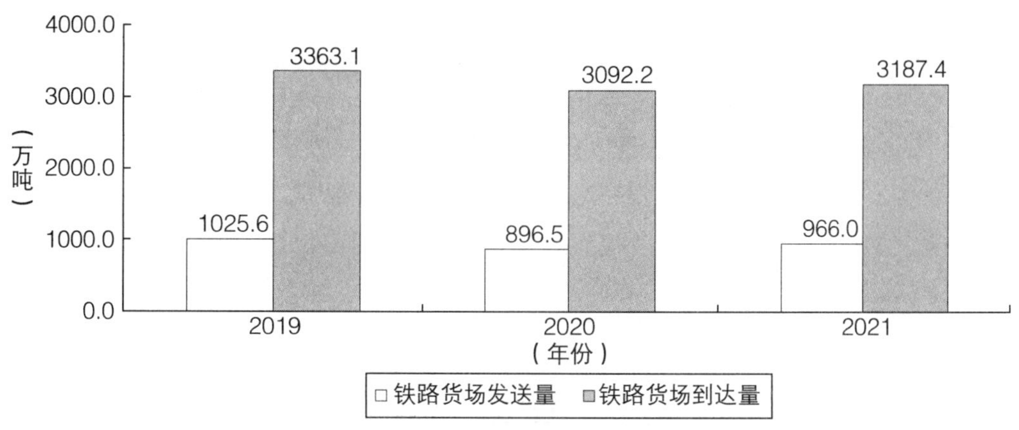


图9　2019—2021年武汉市铁路货运到发量变化情况

包括邮政储蓄银行直接营业收入）累计完成170.68亿元，同比增长29.5%；业务总量累计完成172.78亿元（按2020年不变价进行计算），同比增长37.3%。

2.快递业务发展情况

2021年，武汉市快递服务企业业务量160412.39万件，同比增长46.0%，在全国排名第14位；快递业务收入144.28亿元，同比增长31.0%，在全国排名第12位。2019—2021年武汉市快递行业发展情况如图10所示。

2021年，全市快递单价为8.99元/件，同比下降10.3%，高于湖北省的平均单价0.03元/件，低于全国的平均单价0.55元/件，平均单价总体呈现下降趋势。

从快递业务类型来看，2021年同城业务量24530.89万件，同比增长21.0%，快递单价7.57元/件，同比下降3.4%；异地业务量135305.83万件，同比增长51.8%，快递单价6.43元/件，同比下降7.9%；国际/港澳台业务量575.66万件，同比增长24.1%，快递单价95.99元/件，同比下降17.9%。

同城、异地、国际/港澳台快递业务量分别占全部快递业务量的15.3%、84.3%和0.4%；同城、异地、国际/港澳台、其他快递业务收入分别占全部快递收入的12.9%、60.3%、3.8%和23.0%。与上年相比，同城快递业务量的比重下降了3.2个百分点，异地快递业务量的比重提高了3.2个百分点，国际/港澳台快递业务量的比重下降了0.1个百分点。2021年武汉市快递业务量与业务收入结构如图11所示。

## 二、运行情况分析

2021年，武汉市社会物流总额增速高于GDP增速4.1个百分点，物流需求系数持续提升；物流业增加值突破1600亿元，物流业增加值占GDP的比重连续3年保持在9.0%以上，持续有力支撑和引领了全市经济社会的发展；物流运行降本增效成效显现，社会物流总费用与GDP的比率连续下降，比上年下降0.4个百分点；物流基础设施建设加快推进，多个重点物流项目加快实施；货运供给能力持续增强，中欧班列（武汉）辐射范围持续扩大，武汉港快速航线相继开通，大宗货物“公转铁”“公转

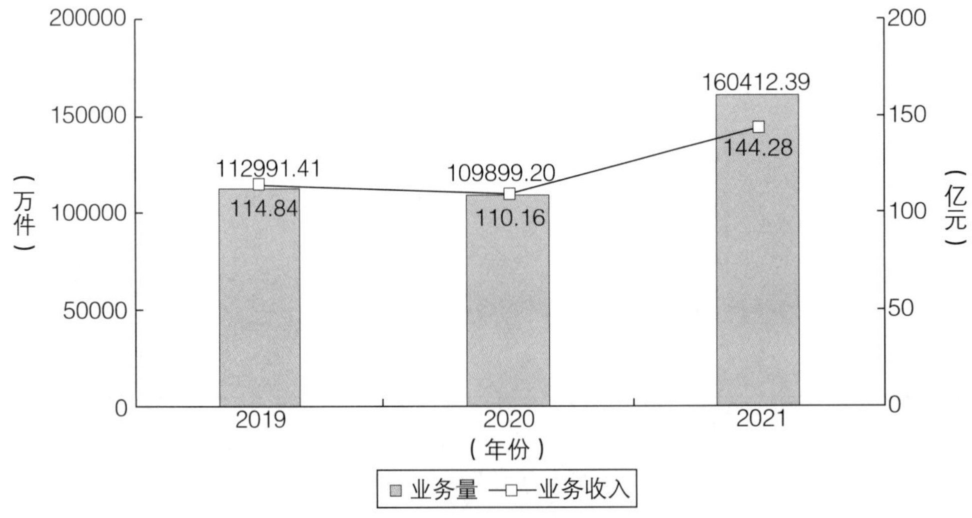


图10 2019—2021年武汉市快递行业发展情况

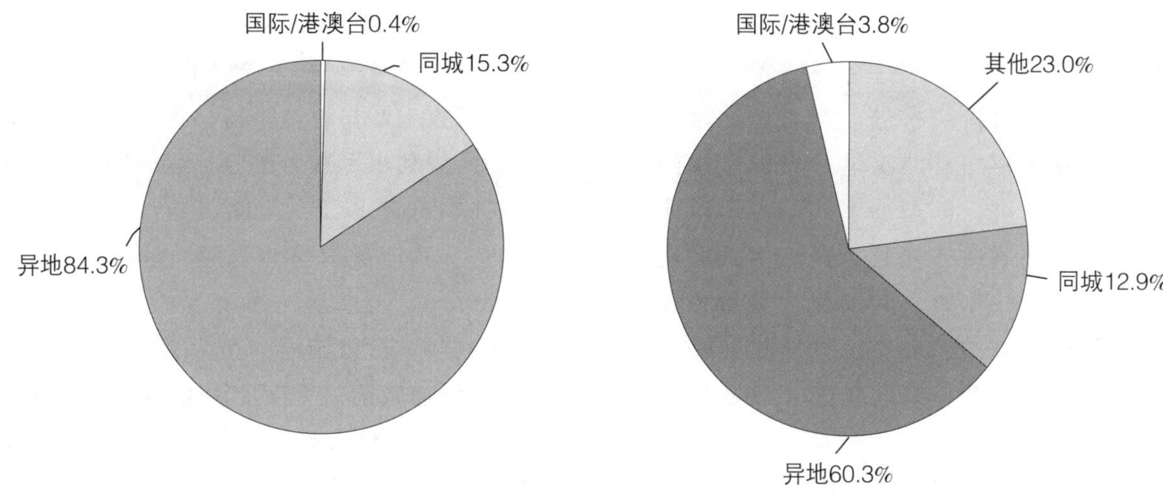


图11　2021年武汉市快递业务量与业务收入结构

水”等运输结构调整持续推进。

（一）物流市场规模增势良好

2021年，武汉市社会物流总额42826.48亿元，同比增长16.3%，物流需求规模再创新高、增势良好，单位GDP物流需求系数为2.42。从年内走势看，受下半年疫情散发和上年同期基数较高等因素影响，社会物流总额走势前高后低，一季度同比增长60.0%，上半年同比增长31.0%，前三季度同比增长23.7%。从结构来看，工业品物流总额同比增长18.0%，增速比上年加快28.8个百分点，增速超过疫情前水平；进口物流总额同比增长11.5%，增速比上年回落7.5个百分点，受疫情与国际关系影响，进口物流具有下行压力；单位与居民物品物流总额同比增长30.7%，增速比上年加快36.7个百分点，电商、网络购物已经成为居民消费的重要渠道，消费物流需求加速增长。物流业增加值同比增长14.7%，增速超过疫情前水平，其中，交通运输、仓储和邮政业增幅17.9%，增速高于同期GDP增幅5.6个百分点，高于同期第三产业增幅5.5个百分点，全市物流业增加值占GDP的比重同比上升0.1个百分点，物流业支柱地位持续巩固。

（二）物流运行效率有所改善

2021年，武汉市社会物流总费用与GDP的比率为12.8%，连续保持下降趋势，低于全国水平1.8个百分点，物流运行降本增效成效有所显现。每百元社会物流总额花费的社会物流总费用为5.31元，同比下降5.3%，物流运行效率有所改善。从物流运行各环节来看，运输费用、保管费用、管理费用同比分别增长24.9%、17.3%和20.1%，三者占比呈现“34.9：42.3：22.8”的结构特征。其中，供应链生产环节恢复加快，带动各环节运输费用快速增长；因疫情影响增加的防疫费用及人工、材料、机械费用上涨等因素推动管理费用上涨，企业经营成本压力仍不容忽视。

（三）物流基础设施加快建设

2021年，武汉市物流建设完成投资96.17亿元，同比增长18.6%。其中，园区基础设施完成投资7.12亿元，54个在建物流项目完成投资89.05亿元。加快推进重点物流项目建设，山绿集团国家骨干冷链物流基地加快建设，打造“农产品冷链物流+区域分拨中心+中央厨房+供应链贸易（金融）”的综合服务体系；湖北首家依托航空口岸建设的保税物流中心——天河国际机场保税物流中心（B型）、全国最大智慧物流基地——顺丰武汉电商产业园等项目持续推进。全方位建设“五型”国家物流枢纽，武汉港口型国家枢纽核心项目持续推进，阳逻港多式联运示范园分拣区项目顺利通过预验收，武汉多式联运海关监管中心加快推进；武汉成功获批建设陆港型国家物流枢纽，吴家山铁路集装箱中心站增建线束、海关监管区扩建、汉欧国际物流园项目持续推进。

（四）物流货运组织能力增强

2021年，中欧班列（武汉）辐射范围持续扩大，新开行至意大利米兰、哈萨克斯坦阿拉木图2条国际班列，开通首列“武汉—钦州—东南亚”铁海联运班列，实现29条跨境运输线路常态化运营，中欧班列（武汉）年开行量达455列，同比增长97.8%，并超过历史最高水平。2021年，武汉港口集装箱吞吐量首次入围全国港口前20强，完成集装箱吞吐量247.50万标准箱，同比增长26.1%，增速位列全国第二；相继开通武汉—韩国近洋直达航线、武汉—宁波舟山港、济宁港、营口港等直达航线以及武汉—宜昌、南京集装箱快线，武汉港辐射力、影响力显著提升。加快发展多式联运，2021年多式联运量9.58万标准箱，同比增长52.0%；铁水联运二期项目已开港通车，实现中欧（武汉）班列从阳逻港始发，大宗货物“公转铁”“公转水”等运输结构调整持续优化。

## 三、企业经营情况分析

2021年武汉市调查物流企业175家，其中运输企业102家（含11家运输代理），占比58.3%；综合企业48家，占比27.4%；仓储企业21家，占比12.0%；快递企业4家，占比2.3%。

根据调查企业统计数据显示，2021年，全市物流运行态势良好，物流市场需求整体稳健，物流收入增长总体平稳，物流成本高位增长，企业盈利水平有所改善，运行环境持续向好。具体来看有以下几方面。

（一）物流需求整体稳健，港口水运发展强劲

2021年，武汉市样本企业货运量同比增长19.4%，增速较前三季度加快4.7个百分点；货物周转量同比增长18.8%，增速较前三季度下降3.6个百分点，物流市场需求总体保持平稳增长态势，但增速有所放缓。配送量和包装量同比分别增长22.4%和17.5%，增速分别较前三季度加快5.7个和3.0个百分点，电商、快递与民生消费物流加速发展，刺激配送量和包装量平稳较快增长。装卸搬运量和吞吐量同比分别增长21.5%和17.5%，其中，武汉港累计完成集装箱吞吐量247.50万标准箱，同比增长26.1%，集装箱吞吐量位居全国港口第20位，增速位列全国第二，集装箱业务持续高涨；中欧班列（武汉）货物运量持续增加，为国际抗疫合作提速升级，2021年累计向欧洲运送口罩、防护服、呼吸机、手术衣等防疫物资9770.86吨；多式联运发展持续加快，阳逻港铁水联运一期多式联运量同比增长52.0%。快递服务业务稳步增长，全市快递服务企业业务量累计完成16.04亿件，同比增长46.0%；快递业务收入144.28亿元，同比增长31.0%。快递服务质量持续提升，武汉快递业公众满意度排名全国第6位。

（二）收入增速总体平稳，增值收入增长迅猛

2021年，武汉市样本企业物流收入同比增长34.9%，增速较前三季度下降1.3个百分点，物流收入增速总体平稳。从分项看，运输、配送和仓储收入同比分别增长34.4%、39.5%和

32.7%，主要物流业务活动维持较快增速。信息及相关服务收入、货代业务收入和一体化物流业务收入同比分别增长44.2%、34.9%和28.9%，物流业加快产业转型升级，企业信息化水平持续提升，信息及相关服务等增值收入增长迅猛，同时多式联运业务的快速发展有力支撑相应收入增长。2021年武汉市物流企业业务收入构成及同比变化情况如图12所示。

（三）物流成本高位增长，人力投入同比增加

2021年，武汉市样本企业物流成本同比增长31.1%，增速较前三季度回落10.6个百分点，但仍保持高位增长，成本压力不容忽视。物流主要成本中，运输、配送、装卸搬运和仓储成本同比分别增长27.8%、35.3%、22.9%和29.3%，业务量增长带动相应业务活动成本上涨，其中，冷链物流道路运输、仓储管理等环节成本受疫情防控影响持续上涨。管理成本和应付职工薪酬同比分别增长21.4%和25.2%，受疫情防控等因素影响，人工管理成本持续上涨，部分企业仍面临招工用工难问题。2021年武汉市物流企业业务成本构成及同比变化情况如图13所示。

（四）盈利水平有所改善，运行环境稳中向好

2021年，武汉市样本企业营业利润同比增长33.2%，增速较前三季度加快1.7个百分点，企业盈利水平有所改善。资产总计和流动资产合计同比分别增长12.5%和28.1%，增速较前三季度加快1.0个和10.7个百分点，物流营商环境持续优化，资金流动性增强；固定资产投资完成额同比增长37.3%，增速较前三季度加快4.3个百分点，重点物流项目建设加快推进，投资额增速稳中有进，物流基础设施环境持续改善，全市物流基础设施服务能力进一步提升。

## 四、物流业景气指数

（一）物流业景气概况

2021年，武汉市物流业景气指数（LPI）月度均值为54.9%，高于上年4.6个百分点，高于全国平均水平1.5个百分点。从全年来看，

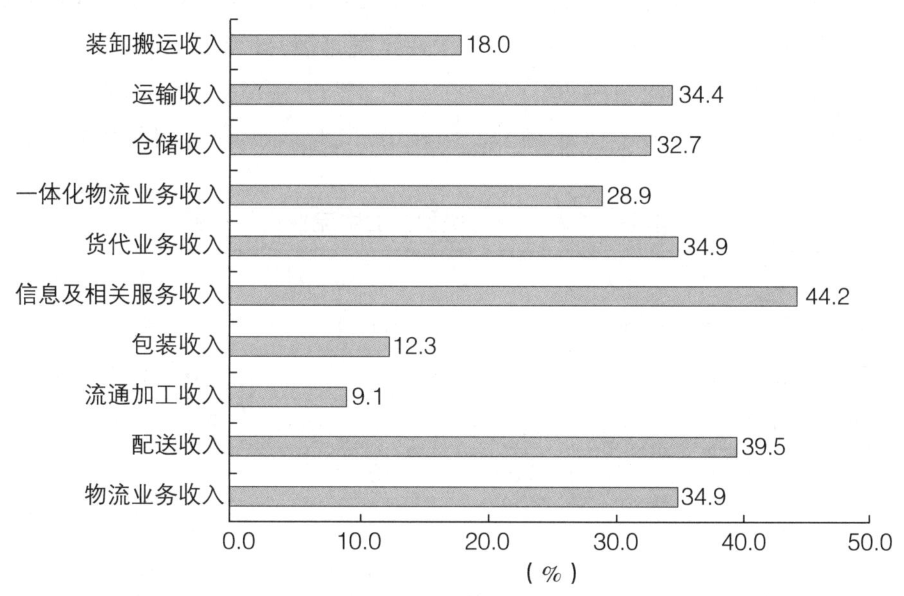


图12　2021年武汉市物流企业业务收入构成及同比变化情况

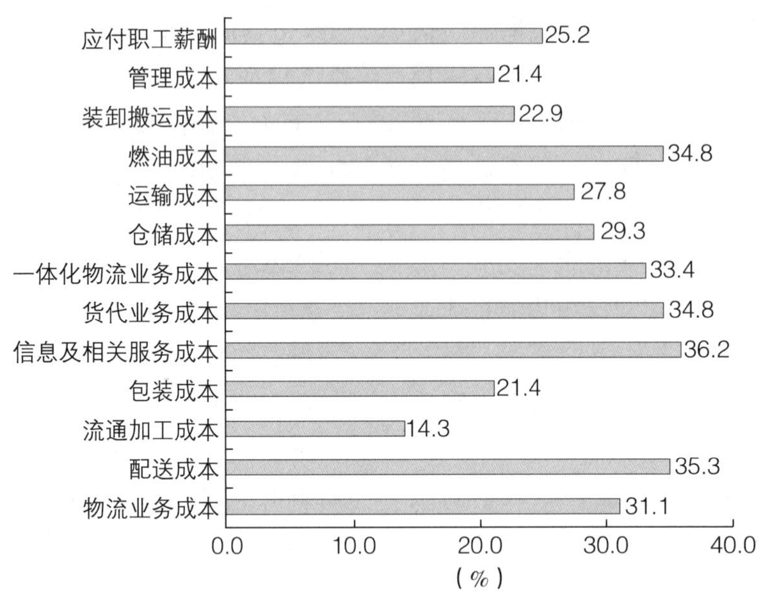


**图13　2021年武汉市物流企业业务成本构成及同比变化情况**

物流业景气指数一季度为52.9%，实现良好开局，二季度升至57.9%的高点，下半年受需求放缓和多点疫情散发影响，三季度指数回落至52.3%，四季度缓中趋稳回升到56.3%，实现圆满收官。其中，12月全市物流业景气指数（LPI）为56.3%，较上月回落1.4个百分点，高于全国同期（52.6%）3.7个百分点，物流业景气指数虽小幅回落但仍在扩张区间，物流运行总体呈平稳增长态势。2020年12月—2021年12月全国和武汉物流业景气指数走势如图14所示。

2021年，从企业类型来看，综合型、运输型和仓储型物流企业景气指数月度平均值分别为58.2%、52.7%和57.3%，分别高于上年5.5个、3.9个和6.2个百分点，较三季度均有不同程度回升。从A级企业情况看，A级物流企业景气指数月度均值为56.8%，3A级及以上物流企业景气指数月度均值为57.0%，非A级物流企业景气指数月度均值为51.5%。2021年1—12月武汉分类型企业物流业景气指数如表4所示。

**表4　2021年1—12月武汉分类型企业物流业景气指数**　单位：%

| | 1月 | 2月 | 3月 | 4月 | 5月 | 6月 | 7月 | 8月 | 9月 | 10月 | 11月 | 12月 | 均值 |
|---|---|---|---|---|---|---|---|---|---|---|---|---|---|
| 运输型 | 54.2 | 38.4 | 59.2 | 56.9 | 56.8 | 53.9 | 51.5 | 44.5 | 51.5 | 48.4 | 60.8 | 56.2 | 52.7 |
| 仓储型 | 53.1 | 68.2 | 50.0 | 53.3 | 64.3 | 55.9 | 50.0 | 54.2 | 60.0 | 57.1 | 64.3 | 56.7 | 57.3 |
| 综合型 | 56.4 | 47.8 | 61.1 | 62.9 | 59.1 | 61.9 | 57.1 | 56.3 | 59.5 | 61.8 | 57.6 | 56.4 | 58.2 |
| 非A级 | 53.4 | 33.3 | 57.3 | 55.3 | 56.3 | 52.6 | 50.0 | 44.9 | 54.1 | 53.4 | 50.0 | 57.7 | 51.5 |
| A级 | 54.5 | 50.0 | 59.8 | 60.5 | 60.3 | 59.3 | 55.1 | 52.5 | 55.9 | 55.7 | 62.7 | 55.3 | 56.8 |
| 3A级及以上 | 54.7 | 50.0 | 60.2 | 63.2 | 60.0 | 59.0 | 56.1 | 52.6 | 55.4 | 55.2 | 62.5 | 55.6 | 57.0 |

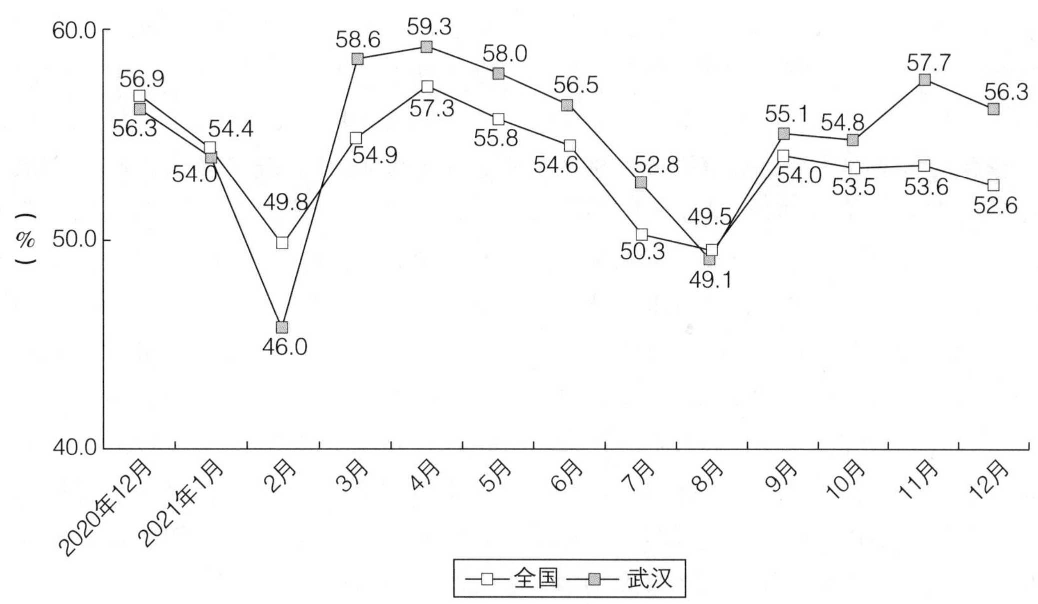


**图14　2020年12月—2021年12月全国和武汉物流业景气指数走势**

（二）景气指数分析

1.业务活动总体平稳，仓储活动保持活跃

2021年，武汉市物流业务总量指数月度均值为54.9%，高于上年4.6个百分点，高于前三季度均值0.5个百分点，低于上半年均值0.6个百分点；新订单指数月度均值为53.5%，高于上年5.5个百分点，高于三季度均值0.3个百分点，低于上半年均值0.8个百分点。其中，12月业务总量指数和新订单指数分别为56.3%和53.1%，较上月分别回落1.4个和4.1个百分点，但仍在扩张区间。其中，水运集装箱、航空跨境电商、快递与民生消费品物流保持较快增长，道路货运业保持平稳，冷链仓储物流业务受疫情影响有所下滑。2021年，平均库存量指数月度均值为51.4%，高于上年4.8个百分点；库存周转次数指数月度均值为52.6%，高于上年4.8个百分点。其中，12月平均库存量指数为53.1%，较上月回落0.9个百分点，库存周转次数指数为54.6%，较上月回落1.0个百分点，库存业务量增速与商品周转速率有所放缓，但仓储活动仍保持活跃。

2.资金环境整体稳健，运行条件持续改善

2021年，武汉市资金周转率指数月度均值为50.4%，高于上年4.3个百分点，高于前三季度均值0.8个百分点，高于上半年均值0.7个百分点。其中，12月资金周转率指数为52.4%，较上月回落1.1个百分点，资金环境整体保持稳健，部分企业存在流动资金周转困难。固定资产投资完成额指数月度均值为53.4%，高于上年3.5个百分点，其中，12月固定资产投资完成额指数为55.6%，较上月回升2.6个百分点，物流运行的基础设施条件继续改善。设备利用率指数月度均值为52.6%，高于上年4.6个百分点，高于前三季度均值0.6个百分点，高于上半年均值0.3个百分点，全年物流运行设备使用效率稳步提升。其中，12月设备利用率指数为53.1%，较上月回落2.0个百分点，受疫情影响物流需求增速趋缓，设备利用率有所下降，但指数仍处于景气区间，设备使用效率整体稳定。

3. 成本压力不容忽视，利润空间有待提升

2021年，武汉市物流服务价格指数月度均值为51.4%，高于上年4.3个百分点，与上半年、前三季度均值基本持平，物流服务价格水平整体平稳。其中，12月物流服务价格指数为50.0%，较上月回落2.6个百分点，道路货运价格有所回落。主营业务成本指数月度均值为58.5%，高于上年3.2个百分点，高于前三季度均值0.9个百分点，高于上半年均值0.6个百分点。其中，12月主营业务成本指数为62.2%，较上月上升1.1个百分点，企业经营成本压力不容忽视，尤其中小企业业务恢复较缓、费用与成本相对较高。主营业务利润指数月度均值为50.6%，高于上年7.0个百分点，与上半年均值持平，高于前三季度均值0.4个百分点。其中，12月主营业务利润指数为52.0%，较上月回落1.5个百分点，受油价等要素成本上涨和节假日促销影响，利润水平有所回落，利润空间整体有待提升。

4. 就业形势总体平稳，物流运行平稳向好

2021年，武汉市从业人员指数月度均值为50.6%，高于上年1.1个百分点，高于上半年0.3个百分点，与前三季度均值持平，物流行业就业形势总体平稳。其中，12月从业人员指数为49.2%，较上月回落1.2个百分点，电商大促后用工需求降低，临近年底，人员存在季节性流动。业务活动预期指数月度均值为58.2%，高于上年5.9个百分点，低于三季度均值0.5个百分点，低于上半年均值0.6个百分点。其中，12月业务活动预期指数为51.2%，较上月回落6.5个百分点，伴随春节临近，物流需求出现季节性放缓，业务活动预期指数有所下降，但仍在景气区间，企业对未来预期总体乐观，物流运行将延续总体平稳向好态势。

本文资料来源：《武汉统计月报》（武汉市统计局）、武汉物流企业、工业企业和商业企业的抽样调查数据、武汉市交通运输生产指标月度统计数据（武汉市交通运输局）、《武汉市邮政业运行情况》（武汉市邮政管理局）

注：此报告中部分数据因四舍五入，存在总计与分项合计不等的情况。

（武汉市交通运输局　武汉现代物流研究院）

# 2021年宜昌市物流业发展情况

2021年，宜昌市经济保持增长，物流行业发展质量进一步提高。物流企业生产态势持续恢复，市场需求总体向好。全市社会物流总额迈向1万亿元新台阶，取得新冠肺炎疫情后重振的较好成绩。

## 一、社会物流需求规模有所提升

2021年，宜昌市社会物流总额为12055.91亿元，同比增长33.72%。从结构来看，农产品物流总额为966.62亿元，同比增长19%；工业品物流总额为5608.65亿元，同比增长44.57%；外部流入货物物流总额为5457.83亿元，同比增长26.85%；单位与居民物品物流总额为19.73亿元。（注：部分数据因四舍五入的原因，存在总计与分项合计不等的情况）

农产品物流继续保持较快增长。脐橙、茶叶、中药材等特色优势产业发展紧扣农业产业链，不断促进农产品加工销售，降低农民物流采购成本。

工业品物流需求保持较快增长。从各细分行业看，2021年全市规模工业生物医药产业同比增长36.8%，装备制造业、工业新材料同比分别增长48.9%、52.7%，明显高于其他行业板块。

进口物流需求规模增势良好。2021年全市外贸进出口总额突破300亿元大关，同比增长64.2%，高于湖北省平均增速39.4个百分点。其中，出口额达到307.2亿元，进口额达到31.3亿元。出口商品涵盖了化工、电子、医药等多个门类。实现了消费市场品质更高，创新发展活力更足的良好局面。

在新冠肺炎疫情影响下，网络购物、电商平台等成为居民消费的重要渠道。2021年1—12月，全市邮政行业业务总量累计完成17.01亿元，同比增长27.12%；全市快递服务企业业务量累计完成62582.77万件，同比增长13.56%。

2021年全年，宜昌市物流业景气指数均值为54。从年内走势来看，一季度的3月总指数上升至57.13，物流主体活力进一步激发，为全年最高；三季度的8月总指数出现一定波动下降至49.5，为全年最低。在主要分项指数中，物流企业业务量及设备利用率指数均处于较高景气水平，显示出物流活动恢复良好，供需行业延续良好发展态势。

## 二、社会物流运行效率继续改善

2021年，宜昌市社会物流总费用为702.29

亿元，同比增长28.36%。社会物流总费用占GDP的比例为13.98%，同比增加1.15%。和2019年社会物流总费用占GDP的比例相比，下降了0.1个百分点。从构成来看，运输费用为378.78亿元，占总费用的53.93%，与上年同期相比增长43.41%；保管费用为253.51亿元，占总费用的36.10%，与上年同期相比增长15.75%；管理费用为70亿元，占总费用的9.97%，与上年同期相比增长9.37%。受大宗商品、成品油等价格持续上涨因素影响，各物流环节所花费的成本出现一定程度上涨。2021年，全市货运量、货物周转量同比分别增长40.02%、40.15%。港口吞吐量为1.14亿吨，同比增长41.27%，集装箱铁水联运量年均增长20.63%。从运输环节来看，各运输方式间有序协同发展，运输物流结构进一步优化，多式联运业务枢纽建设取得新突破。2021年通过联运中转过坝全国各地货物突破600吨，同比增长98.4%，全年完成集装箱多式联运量15万标准箱，同时开辟了宜渝、宜汉等多条集装箱始发班轮。

## 三、物流市场主体活力增强

2021年，宜昌市社会物流总收入为579.3亿元，同比增长25.32%，物流业增加值483.2亿元，同比增长38.17%。在疫情防控措施的有效保障下，各物流企业着力提质增效，整体盈利水平稳步回升。物流行业营商环境持续优化，市场规模有所提升，2021年全市A级物流企业总数达到117家，为全湖北省增速第一，市、县、乡农村物流网络体系实现100%覆盖，物流基础设施设备不断完善，物流供给服务保持快速增长。

2021年，全市GDP为5022.7亿元，其中第一产业增加值为548.94亿元、占比10.93%；第二产业增加值为2103.36亿元，占比41.88%；第三产业增加值为2370.4亿元，占比47.19%。物流业增加值占第三产业增加值的比重达到20.38%，占GDP的比重达到9.62%。全市11家重点物流园区交易额653亿元，同比增长14.71%。其中，三峡物流园全年交易额突破500亿元。全市94家重点物流企业累计营业收入为87.5亿元，同比增长19.47%。

2021年是物流行业极具考验且富有成效的一年，宜昌市物流业圆满完成“十三五”各项指标。根据宜昌市委、市政府的要求，宜昌市物流业发展中心将致力推进宜昌长江咽喉枢纽建设，助力宜荆荆恩城市群一体化发展，推动信息技术与物流业深度融合，扎实做好各项重点工作，持续优化营商环境不断激发市场活力，实现“十四五”良好开局。

（宜昌市物流业发展中心）

# 2021年黑龙江省物流园区发展情况

为全面掌握黑龙江省物流园区建设状况，及时发现并解决行业面临的突出问题，更好地推动物流园区高质量发展，根据国家发展改革委有关工作安排，黑龙江省物流行业主管部门联合省物流与供应链商会、省现代物流与供应链产业研究院共同对黑龙江省物流园区的发展情况进行了调研。

截至2021年年底，根据黑龙江省各地市提交的信息，符合本次调研要求的物流园区共有29家。

## 一、物流园区发展现状

（一）规划布局情况

作为黑龙江省经济技术相对发达的“哈大齐牡”经济带，也是物流园区相对集中的地区。在13个地市中，有5个地市没有符合调研要求的物流园区。黑龙江省各地市物流园区分布统计情况如表1所示。

在29家物流园区中，处于运营状态的有24家，占82.76%；处于在建状态的有3家，占10.34%；处于规划状态的有2家，占6.9%。

（二）物流园区物流通路主导方式

黑龙江省约90%的物流园区物流通路以公路为主，以铁路为主导的占比为6.9%，以航空为主导的占比为3.4%。

（三）服务类型分布情况

调查数据显示，综合服务型的物流园区占市场主流。黑龙江省物流园区按不同服务类型的分布情况如图1所示。

（四）开发方式

从园区开发方式来看，政府在物流园区开发建设中起着重要作用，20.69%的物流园区开发方式为政府规划、开发商主导，31.03%的物流园区为政府规划、企业主导，44.83%的园区为企业自主开发，其他开发方式占比3.45%（1家）。黑龙江省物流园区按开发方式的分布情况如图2所示。

**表1　黑龙江省各地市物流园区分布统计情况**　单位：家

| 哈尔滨 | 齐齐哈尔 | 牡丹江 | 佳木斯 | 大庆 | 绥化 | 双鸭山 | 伊春 | 黑河 | 鹤岗 | 鸡西 | 七台河 | 大兴安岭 |
|---|---|---|---|---|---|---|---|---|---|---|---|---|
| 9 | 4 | 5 | 3 | 0 | 4 | 0 | 0 | 2 | 1 | 1 | 0 | 0 |

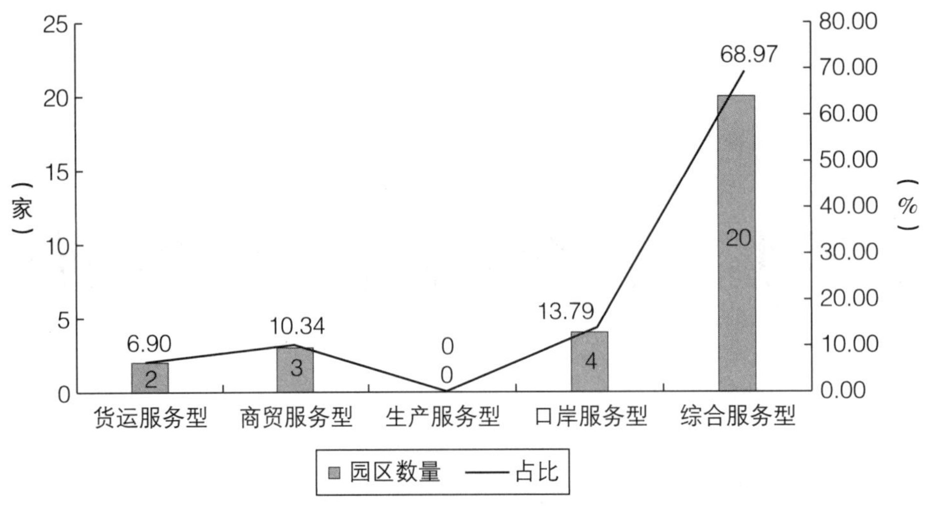


**图1 黑龙江省物流园区按不同服务类型的分布情况**

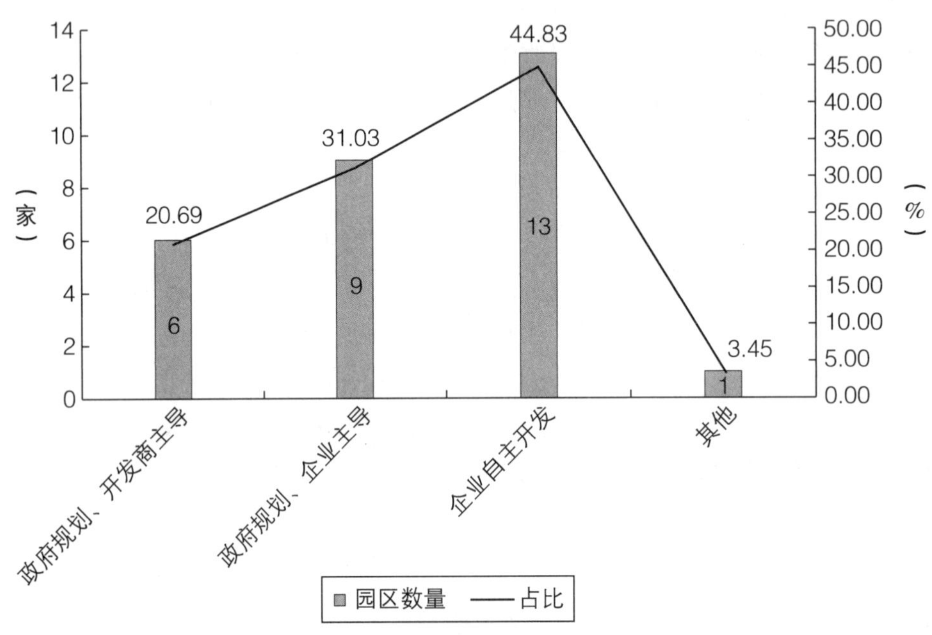


**图2 黑龙江省物流园区按开发方式的分布情况**

（五）占地面积规模分布情况

黑龙江省物流园区中占地10万～29万平方米的中小物流园区有20家，占物流园区用地总面积比例达到71.43%。占地规模最大的是肇东市物流园区，达250万平方米（规划）。黑龙江省物流园区按占地面积规模统计情况如表2所示。

**表2 黑龙江省物流园区按占地面积规模统计情况**

| 占地面积（万平方米） | 10～19 | 20～29 | 30～49 | 50～100 | 101～250 |
|---|---|---|---|---|---|
| 园区数量（家） | 12 | 8 | 4 | 2 | 3 |
| 数量占比（%） | 41.38 | 27.59 | 13.79 | 6.90 | 10.34 |

（六）投资规模分布情况

黑龙江省物流园区投资规模集中分布在1亿~15亿元，在这一区间呈现相对均匀分布的状态。在可确认的已完成物流专项投资中，新香坊物流基地的总投资额最高，达15亿元。黑龙江省物流园区按投资规模统计情况如表3所示。

**表3　　黑龙江省物流园区按投资规模统计情况**

| 投资规模（亿元） | 0.5~1 | 1.1~3 | 3.1~6 | 6.1~15 | 15.1~100 |
|---|---|---|---|---|---|
| 园区数量（家） | 2 | 11 | 8 | 6 | 2 |
| 数量占比（%） | 6.90 | 37.93 | 27.59 | 20.69 | 6.90 |

（七）就业规模情况

黑龙江省29家物流园区中正常运营的有24家，各园区就业规模差距很大，最少的只有15人，最多的达到2113人。正常运营的24家物流园区就业规模统计情况如表4所示。

**表4　　正常运营的24家物流园区就业规模统计情况**

| 就业人数（人） | 50 | 51~300 | 301~800 | 801~1500 | 1501~5000 |
|---|---|---|---|---|---|
| 园区数量（家） | 4 | 4 | 4 | 6 | 6 |
| 数量占比（%） | 16.67 | 16.67 | 16.67 | 25.00 | 25.00 |

（八）运营年限情况

黑龙江省各类物流园区中，持续运营时间最长的是29年。黑龙江省物流园区运行年限统计情况如表5所示。

**表5　　黑龙江省物流园区运行年限统计情况**

| 运行年限（年） | 0（在建） | 0（规划） | 3 | 4~5 | 6~10 | 11~15 | 16~20 | 21 |
|---|---|---|---|---|---|---|---|---|
| 园区数量（家） | 3 | 2 | 9 | 2 | 7 | 3 | 2 | 1 |
| 数量占比（%） | 10.34 | 6.90 | 31.03 | 6.90 | 24.14 | 10.34 | 6.90 | 3.45 |

（九）吞吐量规模情况

此次调研数据显示，有吞吐量数据的物流园区有21家，其中年吞吐量101万~600万吨的园区有7家，占比33.33%。21家物流园区吞吐量统计情况如表6所示。

**表6　　21家物流园区吞吐量统计情况**

| 吞吐量规模（万吨/年） | ＜1 | 1~10 | 11~50 | 51~100 | 101~600 | 601~1200 |
|---|---|---|---|---|---|---|
| 园区数量（家） | 3 | 2 | 4 | 3 | 7 | 2 |
| 数量占比（%） | 14.29 | 9.52 | 19.05 | 14.29 | 33.33 | 9.52 |

（十）入驻企业情况

符合此次调研关于企业入驻要求的物流园区有21家。入驻企业数量为11～100户的园区比例较大，占38.1%。黑龙江省物流园区企业入驻情况统计如表7所示。

表7　　黑龙江省物流园区企业入驻情况统计

| 入驻企业规模（户） | 10 | 11～100 | 101～200 | 201～400 |
|---|---|---|---|---|
| 园区数量（家） | 4 | 8 | 4 | 5 |
| 数量占比（%） | 19.05 | 38.10 | 19.05 | 23.80 |

（十一）物流需求主要来源

黑龙江省物流园区的货源需求主要来自货物中转，农产品基地、商贸批发市场、城市居民消费、工业园区（含经济技术开发区等）和其他需求依次降低。

（十二）服务功能情况

1.市场服务功能

除了最基本的运输和仓储服务功能做到所有园区全覆盖以外，其他的市场配套或者延伸服务功能普遍存在服务缺项。黑龙江省物流园区各种市场服务功能覆盖率及排名情况如图3所示。

2.政务服务功能

与物流园区入驻企业主要成员业务密切相关的政府服务功能覆盖率较低，交通部门的政务服务覆盖率最高，但也仅达到了37.93%。黑龙江省物流园区政务功能覆盖情况如图4所示。

3.信息化服务功能

黑龙江省共有13家物流园区具备不同功能和水平的综合信息服务平台，总覆盖率为44.83%。在各种子模块服务功能中，信息发布和物业管理这两个功能模块的覆盖率排在前两名，覆盖的园区数量分别为13家和9家。黑龙江省物流园区综合信息服务平台功能覆盖分布情况如图5所示。

（十三）运营管理情况

1.管理方式

86.21%的物流园区运营管理主体为企业自主，10.34%的物流园区由政府设立专委会管理，3.45%的物流园区委托第三方专业运营管理机构进行管理。

2.入驻企业类别

黑龙江省物流园区入驻的企业类型主要有第三方物流、商贸、快递、电商、公路专线运输、加工制造、信息平台类和金融保险类企业，入驻企业类别呈多元化态势，物流生态圈逐步形成。从入驻企业的规模实力来看，3A、4A、5A级物流企业占有一定比例。各类物流园区入驻企业分类数据集中度统计如表8所示。

表8　　各类物流园区入驻企业分类数据集中度统计

| 排名 | 企业类型 | 集中度（%） | 排名 | 企业类型 | 集中度（%） |
|---|---|---|---|---|---|
| 1 | 第三方物流企业 | 72.41 | 6 | 加工制造企业 | 10.34 |
| 2 | 商贸企业 | 55.17 | 7 | 信息平台类企业 | 10.34 |
| 3 | 快递企业 | 48.28 | 8 | 其他（货代企业） | 10.34 |
| 4 | 电商企业 | 37.93 | 9 | 金融保险类企业 | 6.90 |
| 5 | 公路专线运输企业 | 31.03 | | | |

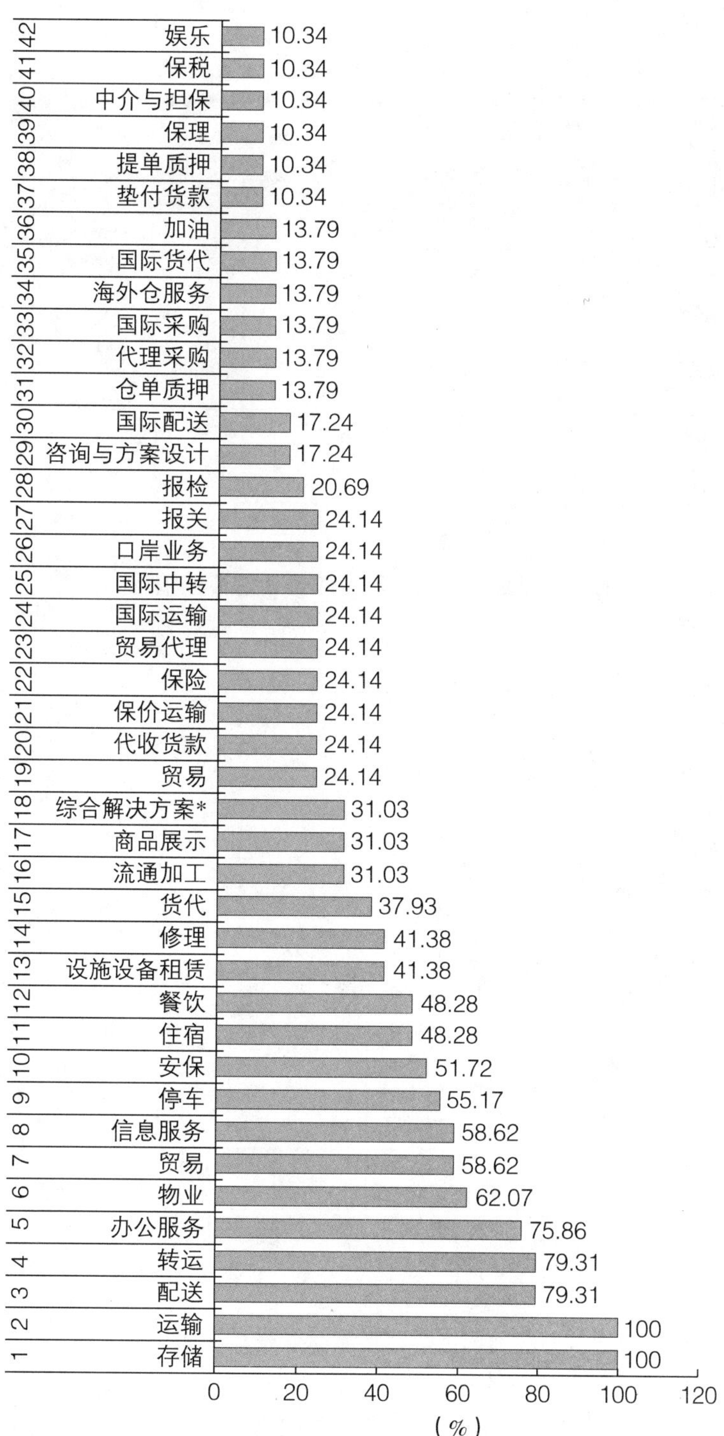


**图3　黑龙江省物流园区各种市场服务功能覆盖率及排名情况**

注：*“综合解决方案”中包含了提供综合物流与供应链解决方案的服务。

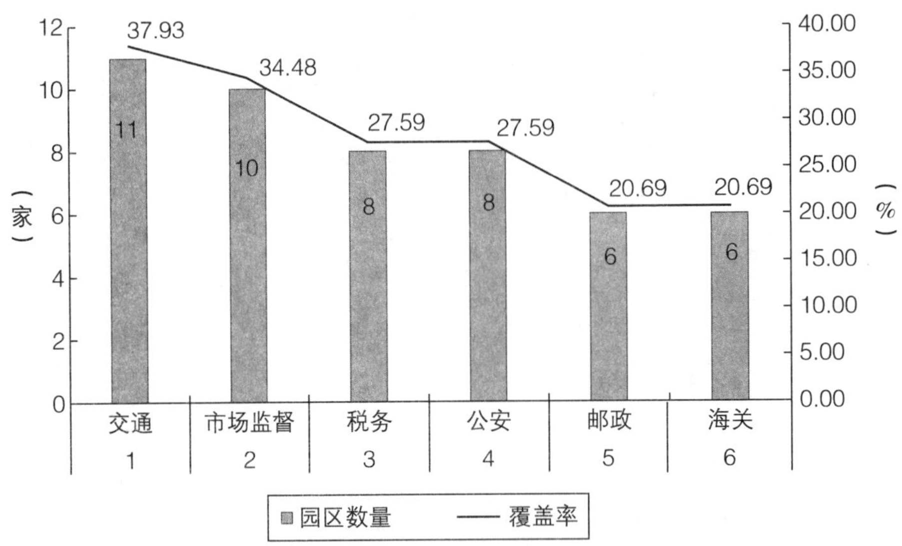


图4 黑龙江省物流园区政务功能覆盖情况

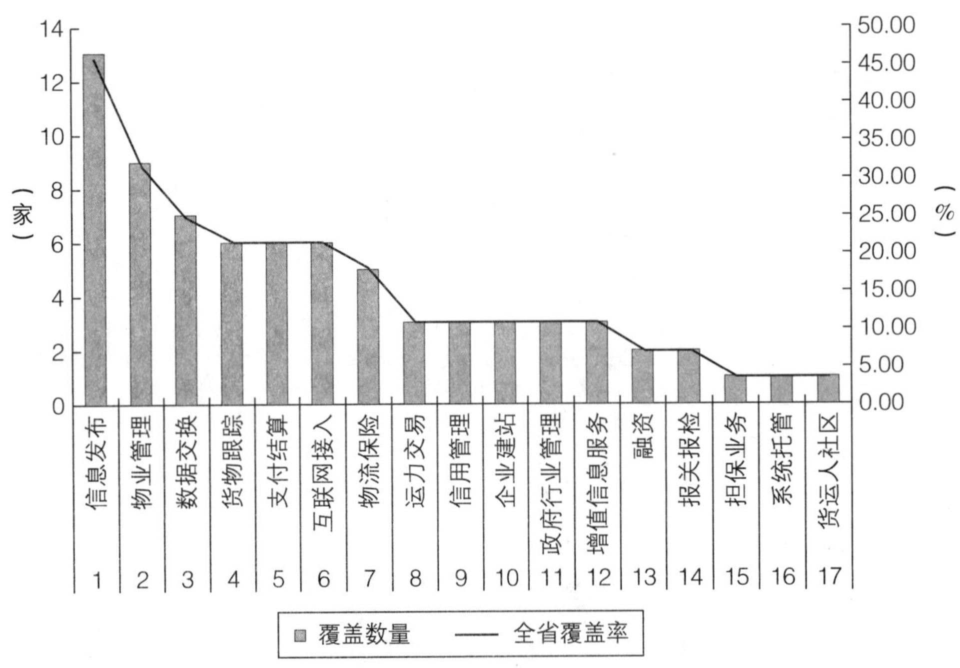


图5 黑龙江省物流园区综合信息服务平台功能覆盖分布情况

3.流转商品种类

按商品类别划分，农副土特产位居集中度排名第一名，达到了89.66%。黑龙江省物流园区流转商品种类集中度排名如表9所示。

## 二、面临的主要问题和应对措施

（一）面临的主要问题

黑龙江省物流园区发展中面临的主要问题有，支持性政策不足、运营成本高、资金周转

表9　　黑龙江省物流园区流转商品种类集中度排名

| 排名 | 品名 | 集中度（%） | 排名 | 品名 | 集中度（%） | 排名 | 品名 | 集中度（%） |
|---|---|---|---|---|---|---|---|---|
| 1 | 农副土特产 | 89.66 | 8 | 机械 | 41.38 | 15 | 钢材 | 24.14 |
| 2 | 食品 | 82.76 | 9 | 药品 | 37.93 | 16 | 有色金属 | 17.24 |
| 3 | 日用品 | 58.62 | | 工业零部件 | 37.93 | 17 | 化工品 | 13.79 |
| 4 | 家居建材 | 48.28 | 11 | 纺织品 | 34.48 | 18 | 危化品 | 6.90 |
| | 快递件 | 48.28 | | 电子电器 | 34.48 | | 其他 | 6.90 |
| 6 | 水产品 | 44.83 | 13 | 车辆 | 31.03 | | | |
| | 农资 | 44.83 | 14 | 煤炭 | 27.59 | | | |

说明：上表的集中度=有效调查表中出现的次数/有效调查表的总数，只反映对应品类的商品在园区调查表中重复频率的高低，不能反映对应商品流转的数量。

困难、缺乏运营管理人才等。黑龙江省物流园区面临的问题统计如表10。

（二）应对措施

针对面临的问题和发展需要，物流园区运营企业从18个方面设计了自己的应对措施。黑龙江省物流园区应对措施方案统计如表11所示。

表10　　黑龙江省物流园区面临的问题统计

| 排名 | 问题 | 集中度（%） | 排名 | 问题 | 集中度（%） |
|---|---|---|---|---|---|
| 1 | 支持性政策不足 | 58.62 | 10 | 周边道路不畅 | 24.14 |
| 2 | 运营成本高 | 48.28 | 11 | 铁路运力受限 | 20.69 |
| 3 | 资金周转困难 | 48.28 | 12 | 市场检查多 | 20.69 |
| 4 | 缺乏运营管理人才 | 41.38 | 13 | 招工用工难 | 20.69 |
| 5 | 配套设施不完善 | 37.93 | 14 | 土地资源制约 | 17.24 |
| 6 | 设施水平不高 | 31.03 | 15 | 同质化竞争 | 17.24 |
| 7 | 税费偏高 | 27.59 | 16 | 战略定位不明确 | 10.34 |
| 8 | 有效需求不足 | 24.14 | 17 | 行政审批难 | 6.90 |
| 9 | 创新驱动不足 | 24.14 | 18 | 其他 | 3.45 |

表 11　　黑龙江省物流园区应对措施方案统计

| 排名 | 措施 | 集中度（%） | 排名 | 措施 | 集中度（%） |
|---|---|---|---|---|---|
| 1 | 提高员工素质 | 79.31 | 10 | 推广现代供应链 | 51.72 |
| 2 | 拓展业务领域 | 72.41 | 11 | 提升绿色物流水平 | 51.72 |
| 3 | 提高服务质量 | 72.41 | 12 | 建立完善综合信息服务平台 | 48.28 |
| 4 | 与各类产业深度融合 | 68.97 | 13 | 引进龙头和平台型企业 | 44.83 |
| 5 | 与上下游客户建立更紧密的关系 | 68.97 | 14 | 采用智慧物流技术 | 44.83 |
| 6 | 扩大辐射区域 | 65.51 | 15 | 集约用地 | 41.38 |
| 7 | 降低运营成本 | 65.51 | 16 | 推广先进的组织方式 | 31.03 |
| 8 | 发展多式联运 | 58.62 | 17 | 布局海外仓 | 13.79 |
| 9 | 推进园区互联互通 | 55.17 | 18 | 其他 | 3.45 |

在18条应对措施中，集中度排在前5的分别是提高员工素质、拓展业务领域、提高服务质量、与各类产业深度融合、与上下游客户建立更紧密的关系。各物流园区对提高员工素质均有迫切的需求。

有13.79%的园区企业准备或已经布局海外仓，全球发展已被部分企业列在了发展日程中。

（三）园区发展主要政策诉求

大部分物流园区希望政府可以加大资金支持力度，以帮助企业对内提高员工素质、升级基础设备设施，对外开拓更广阔的市场。黑龙江省物流园区政策诉求统计情况如表12所示。

表 12　　黑龙江省物流园区政策诉求统计情况

| 排名 | 政策诉求 | 集中度（%） | 排名 | 政策诉求 | 集中度（%） |
|---|---|---|---|---|---|
| 1 | 加大政府资金支持力度 | 79.31 | 11 | 推动信息互联共享 | 48.28 |
| 2 | 降低物流企业税收负担 | 72.41 | 12 | 优化物流园区融资环境 | 44.83 |
| 3 | 推动园区融入国家物流枢纽网络 | 68.97 | 13 | 保证物流园区存量用地稳定 | 34.48 |
| 4 | 明确物流园区基础设施地位，纳入城市总体规划 | 62.07 | 14 | 改善园区周边交通条件 | 34.48 |
| 5 | 推动物流资源要素向园区聚集 | 62.07 | 15 | 提供便利通关条件 | 34.48 |
| 6 | 降低物流用地成本 | 62.07 | 16 | 扩大土地增量供给 | 31.03 |
| 7 | 降低用水、用电、用气成本 | 62.07 | 17 | 简化行政审批手续 | 27.59 |
| 8 | 加大示范物流园区支持力度 | 62.07 | 18 | 引导铁路入园 | 27.59 |
| 9 | 支持智慧物流创新发展 | 55.17 | 19 | 规范各类行政性收费管理 | 17.24 |
| 10 | 鼓励发展多式联运 | 55.17 | 20 | 其他 | 3.45 |

## 三、共建物流园区发展之路

（一）政府层面

一是将物流园区纳入地方政府物流基础设施建设的总体规划；二是积极引导和助力企业向信息化、平台化方向发展；三是引导培育适当规模的生产服务型物流园区；四是切实改善投融资环境，设立财政专项资金，通过投资补助、贷款贴息、示范奖励等多种形式支持物流园区发展，对符合条件的园区，在银行贷款、企业发债、股权融资等方面给予政策支持；五是进一步推动简政、减税、降费，政府相关办事机构进驻大型物流园区联合办公，实行“一站式”服务；六是持续做好示范物流园区工程；七是重视行业商协会和第三方机构的专业能力和协调作用。

（二）物流园区运营管理单位层面

1.产业融合

消费升级、产业升级、内需扩张，深入推进产业融合提供市场动力。物流园区靠近商品市场、靠近生产加工集聚区，引进加工企业，与生产企业、流通企业和消费居民实现高效衔接，实现供需双方深度融合，从而达到延伸产业链、优化供应链、提升价值链的效果。

2.园区提档、转型升级

目前黑龙江省物流园区基础设施比较落后，服务功能不足，需要进一步完善和提升服务能力，顺应不断向前演进的市场需要。从入驻企业供应链需求的角度出发，结合自身实际情况，为入驻企业提供个性化、专业化、全方位的服务，致力于打造区域相关产业发展的供应链服务中心。

3.信息化技术引领

信息化技术已深入各个行业，物流园区需抓紧信息化建设，提升园区的服务力和竞争力。

4.结合自身和市场实际情况，走差异化竞争的道路

5.培育物流服务的生态圈

物流园区入驻的企业类型众多，有物流企业、贸易企业、生产和流通加工企业，也有围绕这些企业提供各种信息服务、商务服务和生活服务的企业，还有提供政务服务的机构。这些单位相互依存，互相需要，形成了物流园区生态圈，这种生态圈又是大社会经济生态系统的有机组成部分。为这个物流园区生态圈提供良好的生态环境，协调好其中各个角色之间的利益关系，不仅可以为园区的持续发展打下良好的基础，还能为物流园区运营企业持续孕育新的利润源。

6.开展物流园区标准化工作，推进物流园区互联互通

开展物流园区标准化工作，加大示范物流园区的支持和宣传力度，积极主动参与互联互通，参与国家的园区互通平台，进而从整体上提升物流园区的网络效应。

7.跟上市场演进的节奏，及时创新发展

物流园区要抓住时机，从管理、服务和技术三个方面进行创新发展，以应对市场的变化。

（黑龙江省物流与供应链商会　黑龙江省现代物流与供应链产业研究院）

第六部分

# 物流技术与装备

# 2021年中国物流装备业

2021年是我国“十四五”规划的开局之年，也是我国进入高质量发展的重要一年。国家加快推进以国内大循环为主体、国内国际双循环相互促进的新发展格局，全面推动现代流通体系建设，全面加快智能制造发展，为我国物流装备业带来了巨大发展机遇。

## 一、2021年我国物流装备业发展环境

1．物流装备行业发展宏观环境

2021年面对严峻复杂的国内外环境和新冠肺炎疫情防控常态化，我国政府积极应对，全面推进经济高质量发展，国内生产总值达1143670亿元，比上年增长8.1%，占世界经济的比重超过18%，对世界经济增长的贡献率达25%左右。2021年我国全员劳动生产率达到146380元/人，比上年提高8.7%，高于人均GDP的增速。

在政策上，国家陆续颁布了《“十四五”智能制造发展规划》《“十四五”冷链物流发展规划》《商贸物流高质量发展专项行动计划（2021—2025年）》等系列文件。文件中都强调加快提升物流技术装备水平，推动智慧物流发展，为物流技术装备业高质量发展指明了方向。

在技术上，互联网+、物联网、工业互联网、智能计算、数字孪生、区块链、人工智能、物流自动化、5G通信、工业机器人等先进技术均开始在物流技术装备业集成应用，为智慧物流装备技术创新插上了翅膀，推动了物流装备技术迭代创新、集成应用、软硬件融合，物流技术装备业进入以技术为驱动的高速增长新时代。

总体来看，各项物流政策密集出台，对物流技术装备行业克服疫情冲击、推动物流技术装备业快速发展有着积极作用。

2．物流装备行业发展环境分析

2021年，智能制造、电商快递快速发展是推动物流装备需求增长的主要动力，劳动力成本上升和机器代人是推动物流技术装备发展的核心要素，建立和完善双循环战略的现代流通体系是物流技术装备业发展的重大机遇。

（1）快递业物流装备市场需求保持高速增长。2021年我国快递业务量达到了1085亿件，在上年巨大基数上仍实现了同比增长30%。2019—2021年我国快递业务的增长量超过了除中国以外的全世界快递业务量的总和。快递业务量的高速增长加大了对物流技术装备的需求。

（2）智能制造推动物流技术装备快速发

展。2021年我国制造业增加值同比增长9.8%，占GDP的比重达到27.4%，同比提高1.1个百分点。其中，产量同比增长超过10%的主要产品包括新能源汽车、工业机器人、集成电路、风力发电量、金属切削机床、微型计算机设备、乙烯、太阳能发电量、核能发电量。2021年高技术制造业始终呈现快速增长趋势，全年增加值较2020年增长18.2%。

2021年新能源汽车跨越式发展，智能制造持续走深向实，智能工厂非标自动化集成商继续保持迅速发展态势，工业机器人市场保持稳定增长。高技术制造业的快速发展需要物流技术装备产业支撑，智能制造快速发展带来了物流技术装备市场需求的快速增长。

（3）现代流通体系建设为商贸物流装备市场带来机遇。2020年9月，习近平总书记指出“构建新发展格局，必须把建设现代流通体系作为一项重要战略任务来抓”，现代流通体系建设成为贯穿2021年的商贸流通工作重点。2021年3月，“强化流通体系支撑作用”写入我国“十四五”规划；12月中央经济工作会议再次强调现代流通体系建设是畅通国内大循环的重要保证。

应用先进的物流技术装备、加快发展现代物流体系是建设现代流通体系和全国统一大市场的基础设施，围绕这一方向，国务院、国家发展改革委、商务部等部门提出了众多措施，为商贸物流装备市场提供政策支持。

## 二、2021年我国物流技术装备行业发展分析

1. 自动仓储系统行业需求增长，技术创新步伐加快

2021年我国自动仓储系统市场保持快速增长，市场销售额增长20%～30%，并且有持续加快发展的趋势。从细分行业来看，电子商务领域的发展仍然是最大的市场驱动力；新能源电动汽车生产和销售不断增加，以新能源为主的电池产业成为带动物流装备市场发展的新动力。2021年新能源市场需求出现爆发式增长，仅宁德时代一家企业，其物流装备投入就将近30亿元。白酒行业近几年发展迅速，规模化带来的物流需求大幅攀升；医药方面继续呈现稳步快速发展的态势；高铁、工程机械等高端制造领域对智能物流装备的需求日渐增长。

从设备类型来看，得益于电子商务和智能制造的迅猛发展，以类KIVA为代表的AGV市场增速明显；快速分拣设备和输送设备市场高速发展，增幅大于40%；此外，自动化立体库、货架的需求量也在迅速增加；货到人拣选系统逐渐为市场所接受，增长快速。

从技术创新角度看，一是数字化受到物流技术装备行业的高度重视，尤其以数字孪生、远程监控等最为突出，远程监控系统将成为下一个技术应用热点；二是无人化成为技术创新追求的目标，无人化技术集中应用在自动装卸、自动码垛、自动储存、自动拣选、自动包装、自动分拣、自动输送、自动集货等多个方面，3D机器视觉技术的发展使物流无人化上了一个新台阶；三是产品创新具有多样性，以AGV/AMR为代表的物流机器人导航技术创新已经呈现出多样化的态势，自动化立体库技术逐步向Mini-load、四向和多层穿梭车、KIVA等以箱为储存单元的方向发展。

2. 物流机器人行业繁荣发展，融合创新

2021年国内物流机器人产业繁荣发展。特别是在受到疫情影响和外部环境持续振荡的情况下，物流机器人产业经历了原材料价格上涨、芯片短缺、工程交付困难等一系列考验

后，仍呈现快速发展、融合创新的繁荣景象。

物流机器人结合智能制造、电子商务、商贸流通等行业的智慧物流场景应用，与人工智能（AI）及工业互联网发展叠加，针对自动搬运、智能分拣、货物存储、自动装卸、场内输送等场景实现无人化作业。

根据新战略移动机器人产业研究所的统计数据，2021年国内市场共销售工业应用移动机器人（AGV/AMR）72000台，同比增长75.61%；市场销售额达到126亿元，同比增长64.00%。物流领域是移动机器人最大的应用市场，市场需求增长在40%以上。2021年移动机器人行业共发生29起融资事件，总计金额超过40亿元。

通过对当前物流移动机器人产业的发展观察，移动机器人行业需要大力推进机器人系统的通信接口和控制平台的标准统一，实现不同厂家机器人可以在统一平台内柔性扩展，统一调度和优化，实现群智能。在导航技术上，要从目前AMR自主导航技术向未来的多模态智能导航技术发展，实现迭代创新。

此外，应大力推进具有相对标准化的物流机器人产品的研发，如无人叉车类搬运机器人，这类机器人一旦取得技术突破，产品性价比将超过普通叉车，带来叉车领域的技术革命，推动物流机器人市场爆发式增长。

3．2021年我国叉车销售量突破100万台，占世界总量的一半以上

据中国工程机械工业协会工业车辆分会统计，2021年我国叉车销售量达1099382台，同比增长37.38%。据世界工业车辆统计报告数据显示，全世界2021年叉车市场总销售量1969410台，同比增长24.44%。我国叉车销售量超过了中国以外国家的叉车销售量总和，继续位列世界叉车市场第一位。

从国内市场销售看，2021年国内叉车市场共销售785965台，销售量占亚洲市场的78.17%，占世界市场的39.91%。

从产业结构看，2021年我国电动叉车销售量高速增长，电动叉车（包括电动平衡重乘驾式叉车和各类电动仓储叉车）销售量为657787台，同比增长60.33%，呈现高速增长态势。其中，AGV叉车销售总量达609台，同比增长250%，进入高速增长阶段。

从销售流向看，华东地区销售372373台，市场份额占47.52%；华南地区销售161653台，市场份额占20.63%；华中地区销售65573台，市场份额占8.37%；华北地区销售70149台，市场份额占8.95%。

2021年我国共向世界上179个国家和地区出口叉车，遍布世界五大洲，其中欧洲、美洲、亚洲是我国机动工业车辆产品的传统出口市场。2021年我国出口叉车315763台，同比增长73.82%。其中，电动叉车出口234598台，同比增长84.79%。

4．托盘行业保持高增长，实现新发展

2021年我国托盘年产量、保有量进一步提升；托盘循环共用、国际合作取得重大突破；聚焦“双碳”目标、积极推动托盘行业绿色可持续发展；新材料、新产品、新技术、新设备、新模式竞相涌现。托盘应用市场范围进一步扩大，贯穿于整个供应链中，加强了上下游企业联动，有效提升了供应链效率，托盘在整个供应链中的地位得到稳步提升。

根据中国物流与采购联合会托盘专业委员会资料，2021年我国托盘年产量约为3.9亿片，同比增长14.71%；托盘市场保有量达16.6亿片，同比增长7.10%；托盘循环共用托盘池总规模超过3400万片，同比增长19.30%，木托盘占有率逐年降低，塑料托盘占有率逐年提

升，木托盘和塑料托盘总占有率超过80%。

托盘标准化工作持续推进。2021年国家权威部门陆续印发《关于做好标准化物流周转箱推广应用有关工作的通知》《商贸物流高质量发展专项行动计划（2021—2025年）》等文件，大力推进托盘标准化工作。

托盘数字化成为行业发展方向。随着物联网技术的发展和普及应用，条码、RFID、激光识别、5G等技术的跨界参与，托盘行业的数字化得到快速发展。其中，2021年路凯推出智慧云平台，面向带板运输全场景推出数字化综合解决方案；京东云箱推出“易箱达”App、“京东云箱数智运力平台”，积极推动“智慧物流”快速发展；上海乐橘部署无人叉车与共享托盘的联合应用，探索智慧托盘等多种智慧供应链场景新生态；普拉托基于数字化理念进行托盘共享模式创新；箱箱共用依托AIoT云管理平台，为客户提供端到端智能托盘循环服务。

新材料助力托盘产品进一步升级，越来越多的企业开展新材料托盘的研发。内蒙古佳运通以工业固废为原料生产托盘，不断进行原料和工艺的升级；广东达中新使用改性材料作为原料生产塑料托盘，可回收循环利用；河北聚久采用新型复合材料生产的托盘质量轻、强度高、耐低温、防水、防虫蛀、防霉变；芜湖亚太通用以废弃的农膜和城市垃圾分类中的废塑料作为原材料，开发了具有革命性替代趋势的新型节能环保的木塑模压托盘；河南明镁科技开发生产出的新型镁合金自拆卸物流托盘具有设计独特、结构合理、装卸操作方便等特点。

5．货架行业市场规模继续扩大

2021年货架市场规模比2020年增长约20%，创历史新高。受市场需求刺激，货架头部企业都兴建了新的制造基地，产能提升，但由于价格竞争激烈，原材料价格大幅波动，货架企业利润并没有同步增长。

从产品类别分析，自动化高层货架保持高速增长；电商类货架在经历了2020年的发展高峰后，开始趋于平稳；穿梭车货架经过多年发展，已经被市场认可，2021年市场规模得到提高，目前托盘式穿梭车货架基本上取代了传统的压入式、驶入式、重力式等货架，多层箱式穿梭车在高效率要求领域也有大量应用，在一些行业，穿梭车货架有着不可替代的重要性；传统的横梁式、搁板式货架虽然价格竞争极为激烈，但由于项目工期短、制造简单、回款快，仍然占有很高的市场比例。

分地区看，华东、华南地区货架需求约占市场总量的70%；西南地区对货架需求稳步提升；海外地区因受疫情影响，货架需求有所降低。

从行业角度分析，2021年市场需求最为强势的三大行业是食品饮料、商业物流及医药化工，其中尤以酒类、石化格外突出。

## 三、总结

2021年我国物流技术装备业需求保持快速增长，比上年增长约25%，其中自动化分拣系统、叉车产品、物流机器人等细分领域市场需求增长快速，技术创新点多，带动了托盘、货架、自动化立体库持续快速增长。

（王继祥）

# 2021年中国载货车业

## 一、2021年我国载货车产业发展环境

2021年是我国“十四五”规划的开局之年，在统筹疫情防控和经济发展的情况下，国内生产总值（GDP）为1143670亿元，按不变价格计算，比上年增长8.1%，两年平均增长5.1%，在主要经济体中表现亮眼，实现“十四五”良好开局。

为了对冲疫情的不利影响，固定资产投资起到了稳定经济的重要作用。2021年全国固定资产投资明显回暖，固定资产投资总额达544547亿元，同比增长4.9%，比2020年上升2个百分点。房地产、制造业和基建投资也呈现前高后低的复苏态势。2021年，我国公路货物周转量总体平稳，公路运价指数明显上涨，尤其是2021年10月以后，运价指数持续走高，保持在景气区间。2019—2021年我国公路货物周转量如图1所示，2019—2021年我国公路物流运价指数如图2所示。

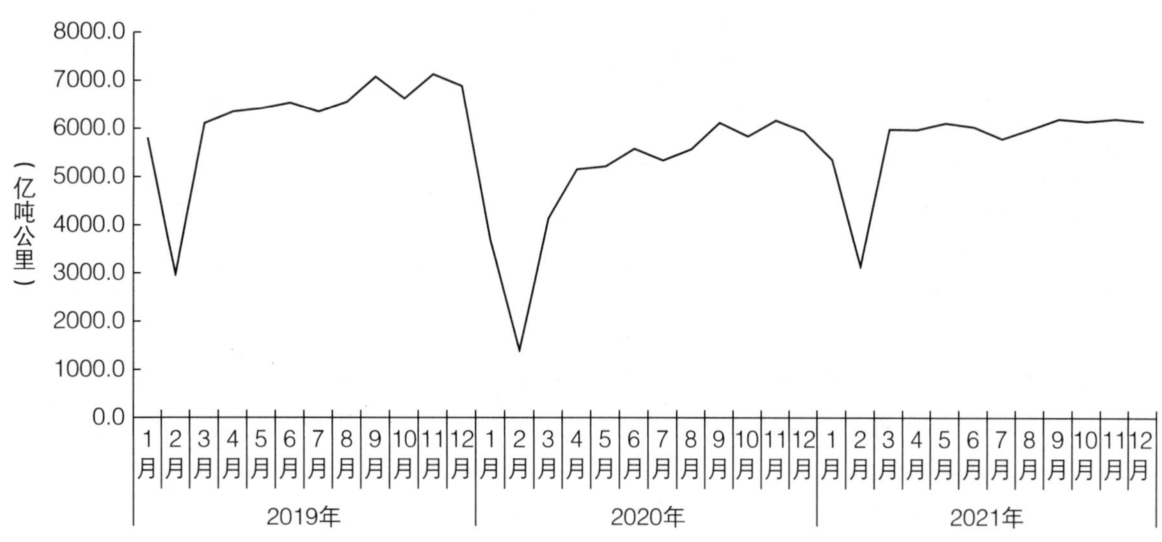


图1　2019—2021年我国公路货物周转量

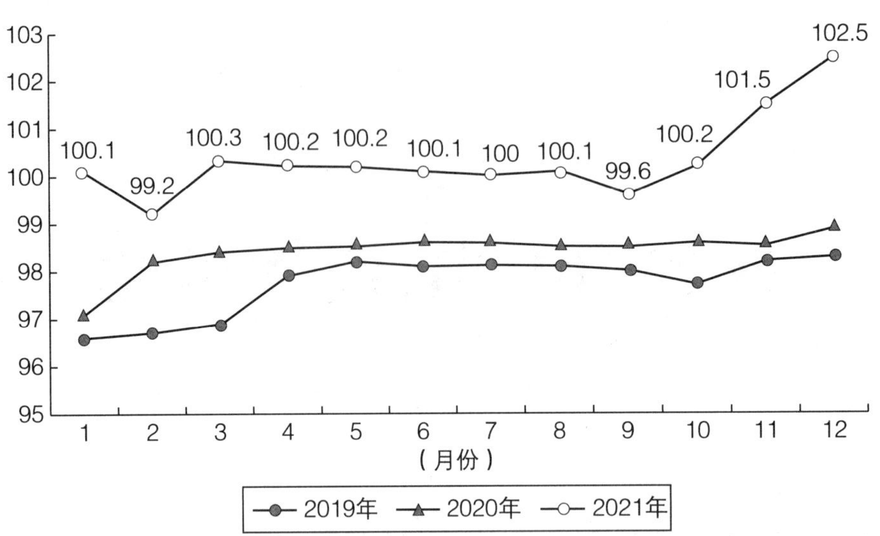


**图2 2019—2021年我国公路物流运价指数**

## 二、2021年我国载货车市场整体情况

2021年我国载货车共销售427.47万辆，在2020年高基数影响下同比下降8.76%。细分领域中，微型载货车降幅最大，全年销量60.46万辆，同比下降14.65%。中型载货车是唯一实现销量正增长的细分车型，销量达到17.84万辆，同比增加12.14%，主要原因是2021年国家加大了对轻型载货车的超载超限治理力度，在挤出效应下，用户不得不购买运力更大的中型载货车。2017—2021年我国载货车分车型销量情况如表1所示。

**表1 2017—2021年我国载货车分车型销量情况**

| 车型 | 2017年（辆） | 2018年（辆） | 2019年（辆） | 2020年（辆） | 2021年（辆） | 2021年同比增加（%） |
|---|---|---|---|---|---|---|
| 重型载货车 | 1116851 | 1147884 | 1174252 | 1618932 | 1393429 | –13.93 |
| 中型载货车 | 229113 | 177206 | 139338 | 159113 | 178423 | 12.14 |
| 轻型载货车 | 1718943 | 1894978 | 1883166 | 2198748 | 2098278 | –4.57 |
| 微型载货车 | 568444 | 665557 | 653402 | 708354 | 604560 | –14.65 |
| 合计 | 3633351 | 3885625 | 3850158 | 4685147 | 4274690 | –8.76 |

资料来源：中国汽车工业协会。

受政策及行业需求影响，我国货车产品结构正发生深刻变化。对于重型载货车来讲，2021年，牵引车的市场份额明显下降，由2020年的48.33%下降到2021年的45.66%。受公路物流市场需求回暖驱动，普通载货车市场份额提高到18.47%。2018—2021年我国重型载货车产品结构变化情况如图3所示。

2021年我国载货车共实现出口34.25万辆，比2020年大幅增长75.9%，其中，载货车整车出口276359辆，载货车非完整车辆出口30119

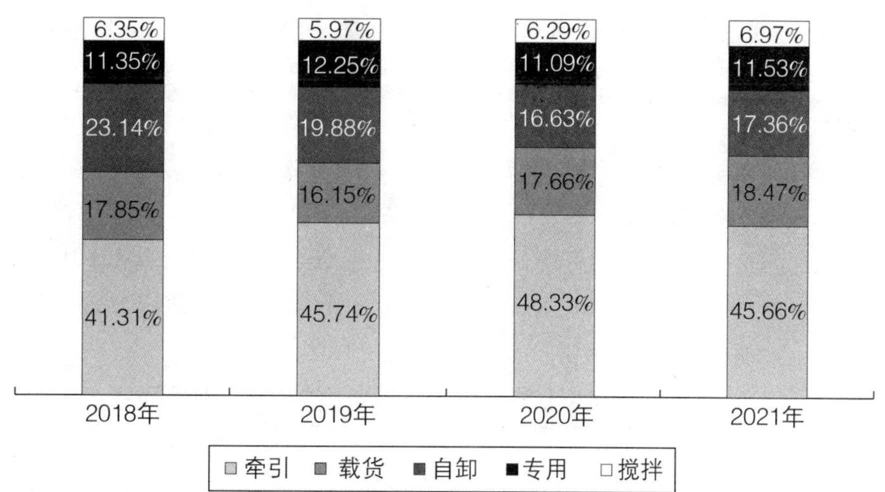


**图3 2018—2021年我国重型载货车产品结构变化情况**

辆，半挂牵引车出口36057辆。

在载货车出口量排名前十的企业中，中国重汽、北汽福田和陕汽集团分别居细分领域第一。北汽福田共完成载货车整车出口量48076辆，稳居第一。2021年我国载货车分车型出口量前十的企业销量如表2所示。

**表2　2021年我国载货车分车型出口量前十的企业销量**

| 排名 | 半挂牵引车 | | 载货车整车 | | 载货车非完整车辆 | |
|---|---|---|---|---|---|---|
| | 企业 | 出口量（辆） | 企业 | 出口量（辆） | 企业 | 出口量（辆） |
| 1 | 中国重汽 | 15740 | 北汽福田 | 48076 | 陕汽集团 | 13832 |
| 2 | 东风集团 | 5364 | 长城汽车 | 41285 | 一汽集团 | 11602 |
| 3 | 陕汽集团 | 5023 | 江淮汽车 | 38336 | 东风集团 | 3293 |
| 4 | 北汽福田 | 3048 | 中国重汽 | 37810 | 上汽红岩商用车 | 575 |
| 5 | 一汽集团 | 2702 | 长安汽车 | 25749 | 庆铃汽车 | 411 |
| 6 | 徐州徐工 | 1527 | 上汽大通 | 23854 | 中国重汽 | 258 |
| 7 | 江淮汽车 | 1193 | 东风集团 | 22173 | 比亚迪 | 148 |
| 8 | 成都大运 | 716 | 江铃股份 | 13721 | — | — |
| 9 | 上汽红岩商用车 | 702 | 中兴汽车 | 5108 | — | — |
| 10 | 安徽华菱 | 37 | 江西昌河 | 3411 | — | — |

资料来源：中国汽车工业协会。

## 三、主要企业

1. 重型载货车企业

2021年一汽、东风和中国重汽位居重型载货车企业销量前三，但同比2020年均有不同程度下降。排名前十的企业中，中国重汽降幅最小，降幅为2.5%，全年共实现销量286367辆，江淮汽车降幅最大。2021年我国重型载货车销量排名前十的企业销售情况如表3所示。

2. 中型载货车企业

中型载货车企业中北汽福田稳居第一，2021年销量达75875辆，增幅57.19%，领先优势进一步扩大。2021年我国中型载货车销量排名前十的企业销售情况如表4所示。

表3　2021年我国重型载货车销量排名前十的企业销售情况

| 排名 | 企业 | 2021年（辆） | 2020年（辆） | 同比增长（%） |
|---|---|---|---|---|
| 1 | 中国第一汽车集团有限公司 | 346531 | 376389 | −7.93 |
| 2 | 东风汽车集团有限公司 | 264411 | 310916 | −14.96 |
| 3 | 中国重型汽车集团有限公司 | 286367 | 293716 | −2.50 |
| 4 | 陕西汽车集团股份有限公司 | 193144 | 231203 | −16.46 |
| 5 | 北汽福田汽车股份有限公司 | 105387 | 147434 | −28.52 |
| 6 | 上汽红岩汽车有限公司 | 63007 | 80077 | −21.32 |
| 7 | 安徽江淮汽车集团股份有限公司 | 34156 | 54090 | −36.85 |
| 8 | 成都大运汽车集团有限公司 | 30348 | 35754 | −15.12 |
| 9 | 徐州徐工汽车制造有限公司 | 19263 | 27681 | −30.41 |
| 10 | 安徽华菱汽车有限公司 | 14574 | 21202 | −31.26 |

资料来源：中国汽车工业协会。

表4　2021年我国中型载货车销量排名前十的企业销售情况

| 排名 | 企业 | 2021年（辆） | 2020年（辆） | 同比增长（%） |
|---|---|---|---|---|
| 1 | 北汽福田汽车股份有限公司 | 75875 | 48270 | 57.19 |
| 2 | 中国第一汽车集团有限公司 | 26889 | 18537 | 45.06 |
| 3 | 成都大运汽车集团有限公司 | 20273 | 24776 | −18.17 |
| 4 | 安徽江淮汽车集团股份有限公司 | 14854 | 14115 | 5.24 |
| 5 | 东风汽车集团有限公司 | 14677 | 17368 | −15.49 |
| 6 | 庆铃汽车（集团）有限公司 | 9022 | 10864 | −16.96 |
| 7 | 四川南骏汽车集团有限公司 | 8974 | 10692 | −16.07 |
| 8 | 中国重型汽车集团有限公司 | 3573 | 6291 | −43.20 |
| 9 | 浙江飞碟汽车制造有限公司 | 2281 | 2237 | 1.97 |
| 10 | 湖北三环专用汽车有限公司 | 405 | 502 | −19.32 |

资料来源：中国汽车工业协会。

3. 轻型载货车企业

多年来，北汽福田稳居轻型载货车销量第一，2021年销量达到414045辆，同比下降4.18%。2021年销量增幅最高的企业是上汽大通，同比增幅高达13.57%，销量接近10万辆。2021年我国轻型载货车销量排名前十的企业销售情况如表5所示。

4. 微型载货车企业

微型载货车行业较稳定，上汽通用五菱多年来居行业第一，但2021年销量降幅较大。前五名企业中，山东凯马实现了51.74%的同比增加，表现较好。2021年我国微型载货车销量排名前十的企业销售情况如表6所示。

表5　2021年我国轻型载货车销量排名前十的企业销售情况

| 排名 | 企业 | 2021年（辆） | 2020年（辆） | 同比增长（%） |
| --- | --- | --- | --- | --- |
| 1 | 北汽福田汽车股份有限公司 | 414045 | 432087 | -4.18 |
| 2 | 东风汽车集团有限公司 | 234320 | 229275 | 2.20 |
| 3 | 长城汽车股份有限公司 | 233006 | 225002 | 3.56 |
| 4 | 安徽江淮汽车集团股份有限公司 | 208404 | 213212 | -2.26 |
| 5 | 江铃汽车股份有限公司 | 186011 | 192425 | -3.33 |
| 6 | 重庆长安汽车股份有限公司 | 178342 | 182067 | -2.05 |
| 7 | 中国重型汽车集团有限公司 | 109364 | 170278 | -35.77 |
| 8 | 上汽大通汽车有限公司 | 96255 | 84755 | 13.57 |
| 9 | 中国第一汽车集团有限公司 | 77442 | 94419 | -17.98 |
| 10 | 金杯汽车股份有限公司 | 63796 | 71765 | -11.10 |

资料来源：中国汽车工业协会。

表6　2021年我国微型载货车销量排名前十的企业销售情况

| 排名 | 企业 | 2021年（辆） | 2020年（辆） | 同比增长（%） |
| --- | --- | --- | --- | --- |
| 1 | 上汽通用五菱汽车股份有限公司 | 370333 | 502065 | -26.24 |
| 2 | 东风汽车集团有限公司 | 87357 | 90264 | -3.22 |
| 3 | 重庆长安汽车股份有限公司 | 55687 | 54235 | 2.68 |
| 4 | 山东凯马汽车制造有限公司 | 41792 | 27542 | 51.74 |
| 5 | 奇瑞汽车股份有限公司 | 32019 | 22705 | 41.02 |
| 6 | 山东唐骏欧铃汽车制造有限公司 | 13987 | 1904 | 634.61 |
| 7 | 北汽福田汽车股份有限公司 | 1631 | 2647 | -38.38 |
| 8 | 江西昌河汽车有限责任公司 | 1151 | 2388 | -51.80 |
| 9 | 北汽瑞翔汽车有限公司 | 500 | 0 | — |
| 10 | 江西江铃集团晶马汽车有限公司 | 91 | 14 | 550.00 |

资料来源：中国汽车工业协会。

## 四、2021年我国货车产业特点

1.货车合规管理趋严，对产品结构造成一定影响

为贯彻落实《全国安全生产专项整治三年行动计划》和《道路运输安全专项整治三年行动实施方案》要求，从生产源头和登记管理环节提升轻型货车和小微型载客汽车的安全技术性能，治理轻型货车“大吨小标”、小微型载客汽车违法载货引发的道路交通事故。公安部和工信部联合发布了《关于进一步加强轻型货车、小微型载客汽车生产和登记管理工作的通知》。

蓝牌轻卡进城更便利。部分大吨位轻卡甚至中卡通过将总质量“标小”的方式，成功转变为“蓝牌轻卡”身份，从而可享受蓝牌轻卡进城便利等一系列政策红利。因此4.5吨蓝牌轻卡一直是轻卡市场的主销车型，从2021年的数据可以看出，市场上近50%的车型为4～4.5吨车型。这部分蓝牌轻卡扰乱了运输市场，且给交通安全造成极大隐患，成为空车称重新规重点检查对象。

政策严格执行，对于轻型货车和中型货车的产品结构将产生深刻影响。只有少部分需求会转向黄牌中型货车，这是因为黄牌货车对驾驶员和通行证的要求较高。4.5吨以下蓝牌轻卡驾驶员具备C1驾驶证即可，而驾驶4.5吨以上卡车则需具备B2驾照；B2驾照相比C1驾照取得难度增加，并且取得成本较高，此外如果在计分周期内扣分还需进行驾驶证年审，因此从驾驶资格方面来看，黄牌货车相比蓝牌货车而言存在一定难度。合规蓝牌轻卡的需求将增加。蓝牌轻卡虽然严格执行新技术要求，但是其优势在多个领域大于黄牌卡车，且对超载超限的严格治理致使蓝牌轻卡运载能力下降，相应的车辆需求也将增多。另外，在挤出效应下，微型卡车需求也会增加，尤其是运输能力强的宽体微卡。

2.产品层面，6×4牵引车市场份额明显提升

2021年，6×4牵引车销量同比增长6%，占重型牵引车份额达94%，比2020年提高9个百分点。6×2牵引车生存空间进一步压缩，基本退出市场。此外，由于按轴收费政策红利接近尾声，快递牵引车逐渐向大型化转变，4×2车型市场份额增速收窄。2018—2021年我国牵引车分驱动形式市场份额变化情况如图4所示。

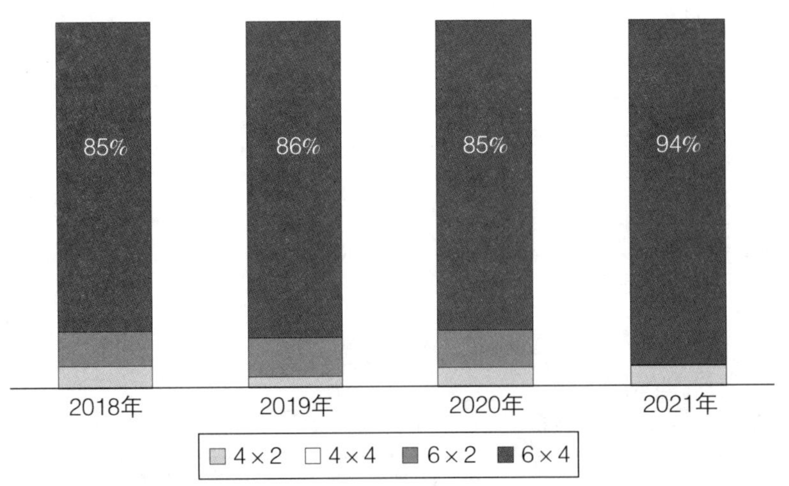


图4 2018—2021年我国牵引车分驱动形式市场份额变化情况

3.新能源货车保持较快发展势头

2021年，我国货车销量整体下降8.76%，但是新能源货车销量同比大幅增加141.9%，其中，纯电动、插电式和燃料电池货车销量均大幅增长，全年销量合计达到83118辆，创历史新高。2021年8月以来，财政部等五部委共发布了两批氢燃料电池汽车示范城市群，大规模的氢燃料电池汽车以奖代补推广正式展开，在双碳目标下，我国氢燃料电池汽车产业进入密集的政策红利驱动发展阶段。以奖代补政策推动下，我国氢燃料电池货车将保持高速增长。2021年我国新能源货车分车型销售情况如表7所示。

表7　2021年我国新能源货车分车型销售情况

| 车型 | | 2021年（辆） | 2020年（辆） | 同比增长（%） |
|---|---|---|---|---|
| 插电式混合动力货车 | 载货车 | 1137 | 77 | 1376.62 |
| | 半挂牵引车 | 0 | 0 | — |
| | 货车非完整车辆 | 9 | 3 | 200 |
| | 小计 | 1146 | 80 | 1332.5 |
| 纯电动货车 | 载货车 | 72513 | 29559 | 145.32 |
| | 半挂牵引车 | 4726 | 1042 | 353.55 |
| | 货车非完整车辆 | 4157 | 3630 | 14.52 |
| | 小计 | 81396 | 34231 | 137.8 |
| 燃料电池货车 | 载货车 | 74 | 0 | — |
| | 半挂牵引车 | 482 | 28 | 1621.43 |
| | 货车非完整车辆 | 20 | 23 | −13.04 |
| | 小计 | 576 | 51 | 1029.4 |
| 合计 | | 83118 | 34362 | 141.9 |

资料来源：中国汽车工业协会。

［中汽信息科技（天津）有限公司　李新波］

# 2021年中国工业车辆行业

2021年中国工业车辆销量再创历史新高，机动工业车辆总销售量突破百万台。参加中国工程机械工业协会工业车辆分会（以下简称“工业车辆分会”）统计的企业2021年机动工业车辆销售量达1099382台，与2020年同期的800239台相比，增长了37.38%；非机动工业车辆销售量为1239556台，与2020年同期的1000588台相比，上升了23.88%。2021年我国机动工业车辆各月销售统计如表1所示。

表1　　2021年我国机动工业车辆各月销售统计　　单位：台

| 月份 | Ⅰ类 | Ⅱ类 | Ⅲ类 | Ⅲ类 | | Ⅳ类＋Ⅴ类 | Ⅰ～Ⅲ类电动叉车 | Ⅰ类＋Ⅳ类＋Ⅴ类平衡重式叉车 | Ⅰ～Ⅴ类工业车辆 |
|---|---|---|---|---|---|---|---|---|---|
| | 电动平衡重乘驾式叉车 | 电动乘驾式仓储叉车 | 电动步行式仓储叉车 | Class31 车身重量250kg | Class32 车身重量＞250kg | 内燃平衡重式叉车（实心、充气轮胎） | | | |
| 1 | 7122 | 939 | 37232 | 22841 | 14391 | 29146 | 45293 | 36268 | 74439 |
| 2 | 4252 | 558 | 18888 | 11135 | 7753 | 17969 | 23698 | 22221 | 41667 |
| 3 | 9536 | 1371 | 50643 | 32883 | 17760 | 64178 | 61550 | 73714 | 125728 |
| 4 | 9415 | 1183 | 50940 | 31525 | 19415 | 53803 | 61538 | 63218 | 115341 |
| 5 | 9713 | 1227 | 48461 | 30693 | 17768 | 43867 | 59401 | 53580 | 103268 |
| 6 | 11359 | 1346 | 50908 | 31912 | 18996 | 39077 | 63613 | 50436 | 102690 |
| 7 | 10073 | 1360 | 49514 | 32638 | 16876 | 33143 | 60947 | 43216 | 94090 |
| 8 | 10986 | 1514 | 48536 | 31311 | 17225 | 37461 | 61036 | 48447 | 98497 |
| 9 | 10092 | 1739 | 45441 | 27489 | 17952 | 33696 | 57272 | 43788 | 90968 |
| 10 | 9494 | 1392 | 42292 | 25527 | 16765 | 30727 | 53178 | 40221 | 83905 |
| 11 | 10426 | 1469 | 43846 | 26792 | 17054 | 31982 | 55741 | 42408 | 87723 |
| 12 | 10525 | 1475 | 42520 | 24529 | 17991 | 26546 | 54520 | 37071 | 81066 |
| 合计 | 112993 | 15573 | 529221 | 329275 | 199946 | 441595 | 657787 | 554588 | 1099382 |

## 一、国内市场

根据世界工业车辆统计协会数据显示，2021年中国叉车市场全年共销售机动工业车辆785965台，与2020年的620065台相比，增长了26.76%。2021年，中国叉车销售量占亚洲市场的78.17%，比2020年增长了1.13个百分点；占世界市场的39.91%，比2020年增长了0.73个百分点，继续位列世界第一位。2021年世界叉车市场销售情况如表2所示。

表2　2021年世界叉车市场销售情况

| 项目 | 全世界（台） | 亚洲（台） | 中国（台） | 中国占世界（%） | 中国占亚洲（%） |
|---|---|---|---|---|---|
| 2020年 | 1582605 | 804831 | 620065 | 39.18 | 77.04 |
| 2021年 | 1969410 | 1005513 | 785965 | 39.91 | 78.17 |
| 同比增长（%） | 24.44 | 24.93 | 26.76 | — | — |

## 二、出口情况

根据工业车辆分会采录汇总报告销售量数据显示，2021年我国出口机动工业车辆共315763台，与2020年的出口量181658台相比，上升了73.82%。其中电动叉车出口234598台，与2020年的出口量126952台相比，上升了84.79%；内燃叉车（含集装箱叉车）出口81165台，与2020年的出口量54706台相比，上升了48.37%。2021年机动工业车辆各月出口情况如表3所示。

表3　2021年机动工业车辆各月出口情况　单位：台

| 月份 | 1 | 2 | 3 | 4 | 5 | 6 |
|---|---|---|---|---|---|---|
| 出口量 | 18625 | 12305 | 26816 | 24961 | 25286 | 31004 |
| 月份 | 7 | 8 | 9 | 10 | 11 | 12 |
| 出口量 | 30056 | 29431 | 29702 | 26909 | 29934 | 30734 |

在机动工业车辆的出口中，电动叉车234598台，占出口量的74.30%；内燃叉车81165台，占出口量的25.70%。电动叉车的出口构成比例与上年同期相比增长了4.41个百分点。2020—2021年机动工业车辆出口比例变化如表4所示。

表4　2020—2021年机动工业车辆出口比例变化

| 年份 | 机动工业车辆合计（台） | 电动叉车 | | 内燃叉车 | |
|---|---|---|---|---|---|
| | | 出口量（台） | 占比（%） | 出口量（台） | 占比（%） |
| 2020 | 181658 | 126952 | 69.89 | 54706 | 30.11 |
| 2021 | 315763 | 234598 | 74.30 | 81165 | 25.70 |

2021年我国共向世界上179个国家和地区出口机动工业车辆，遍布世界五大洲，其中亚洲、欧洲、美洲是中国机动工业车辆产品的传统出口市场。2021年出口到亚洲的机动工业车辆为77031台，与2020年出口量49819台相比，上升了54.62%；出口到欧洲的机动工业车辆为129327台，与2020年出口量73994台相比，上升了74.78%；出口到美洲的机动工业车辆为87155台，与2020年出口量43325台相比，上升了101.17%。2020—2021年我国机动工业车辆出口各洲数量及同比增速如表5所示。

表5　2020—2021年我国机动工业车辆出口各洲数量及同比增速　单位：台

| 产品 \ 出口地区 | | 全世界 | 欧洲 | 美洲 | 亚洲 | 非洲 | 大洋洲 |
|---|---|---|---|---|---|---|---|
| 电动平衡重乘驾式叉车 | 2020年 | 15619 | 5427 | 3230 | 5538 | 621 | 803 |
| | 2021年 | 31791 | 12637 | 7000 | 9449 | 1038 | 1667 |
| | 同比增长（%） | 103.54 | 132.85 | 116.72 | 70.62 | 67.15 | 107.60 |
| 电动乘驾式仓储叉车 | 2020年 | 2017 | 260 | 298 | 903 | 96 | 460 |
| | 2021年 | 4094 | 709 | 979 | 1439 | 275 | 692 |
| | 同比增长（%） | 102.97 | 172.69 | 228.52 | 59.36 | 186.46 | 50.43 |
| 电动步行式仓储叉车(Class 31) | 2020年 | 62391 | 30030 | 14405 | 15343 | 1018 | 1595 |
| | 2021年 | 115952 | 52319 | 32878 | 26507 | 1143 | 3105 |
| | 同比增长（%） | 85.85 | 74.22 | 128.24 | 72.76 | 12.28 | 94.67 |
| 电动步行式仓储叉车(Class 32) | 2020年 | 46925 | 21535 | 12780 | 10748 | 516 | 1346 |
| | 2021年 | 82761 | 40736 | 23829 | 14740 | 701 | 2755 |
| | 同比增长（%） | 76.37 | 89.16 | 86.46 | 37.14 | 35.85 | 104.68 |
| 内燃平衡重式叉车 | 2020年 | 54706 | 16742 | 12612 | 17287 | 5016 | 3049 |
| | 2021年 | 81165 | 22926 | 22469 | 24896 | 5857 | 5017 |
| | 同比增长（%） | 48.37 | 36.94 | 78.16 | 44.06 | 16.77 | 64.55 |
| 工业车辆合计 | 2020年 | 181658 | 73994 | 43325 | 49819 | 7267 | 7253 |
| | 2021年 | 315763 | 129327 | 87155 | 77031 | 9014 | 13236 |
| | 同比增长（%） | 73.82 | 74.78 | 101.17 | 54.62 | 24.04 | 82.49 |

在机动工业车辆中，电动叉车出口量中欧洲和美洲分别占45.35%和27.57%；内燃叉车出口数量中亚洲和欧洲分别占30.67%和28.25%。2021年电动及内燃叉车出口各洲的数量及比例如表6所示。

表6　　2021年电动及内燃叉车出口各洲的数量及比例

| 地区 | 电动叉车 | | 内燃叉车 | |
|---|---|---|---|---|
| | 数量（台） | 占比（%） | 数量（台） | 占比（%） |
| 欧洲 | 106401 | 45.35 | 22926 | 28.25 |
| 美洲 | 64686 | 27.57 | 22469 | 27.68 |
| 亚洲 | 52135 | 22.22 | 24896 | 30.67 |
| 非洲 | 3157 | 1.35 | 5857 | 7.22 |
| 大洋洲 | 8219 | 3.51 | 5017 | 6.18 |
| 合计 | 234598 | 100.00 | 81165 | 100.00 |

（中国工程机械工业协会工业车辆分会秘书长　张洁）

# 2021年中国托盘业

2021年是中国共产党成立100周年、"十四五"规划的开局之年，也是开启全面建设社会主义现代化国家新征程之年。虽然全球仍受新冠肺炎疫情的影响，但在党中央的坚强领导下，我国疫情防控阻击战取得重大战略成果。2021年我国物流业呈现坚实复苏态势，实体经济持续稳定恢复，拉动物流需求快速增长，托盘行业整体也同样保持高速增长，总体呈上升趋势，实现"十四五"良好开局。托盘年产量、保有量逐年提升；托盘循环共用、国际合作取得重大突破；聚焦"双碳"目标、积极推动托盘行业绿色可持续发展；新材料、新产品、新技术、新设备、新模式竞相涌现。托盘应用市场范围进一步扩大，贯穿于整个供应链中，加强了上下游企业的联动，有效地提升了供应链效率，托盘在整个供应链中的地位逐步提升。

## 一、托盘市场规模持续扩大

2021年，我国托盘市场规模持续扩大，托盘年产量、保有量和循环共用托盘池规模均以较高速度增长。我国托盘年产量约为3.9亿片，同比增长14.71%；托盘市场保有量达到16.6亿片，同比增长7.10%；托盘循环共用企业加速扩大各自托盘池规模，推进带托运输和供应链一体化发展；我国托盘池总规模约为3400万片，同比增长19.30%，占托盘保有量的2.05%。木托盘占有率逐年降低，塑料托盘占有率逐年提升，木托盘和塑料托盘总占有率在80%以上。2003—2021年我国托盘保有量情况如图1所示，2017—2021年我国循环共用托盘池规模及增长率情况如图2所示。

## 二、行业政策和标准明确发展方向

2021年4月1日，交通运输部办公厅等8部门印发《关于做好标准化物流周转箱推广应用有关工作的通知》。

2021年8月6日，商务部等9部门印发关于《商贸物流高质量发展专项行动计划（2021—2025年）》的通知，提升商贸物流标准化水平。

2021年，中共中央、国务院印发了《国家标准化发展纲要》，重点提到要加强现代物流等服务领域标准化。

2021年6月10日，国家标准化管理委员会正式批准中国物流与采购联合会承担ISO/TC 51

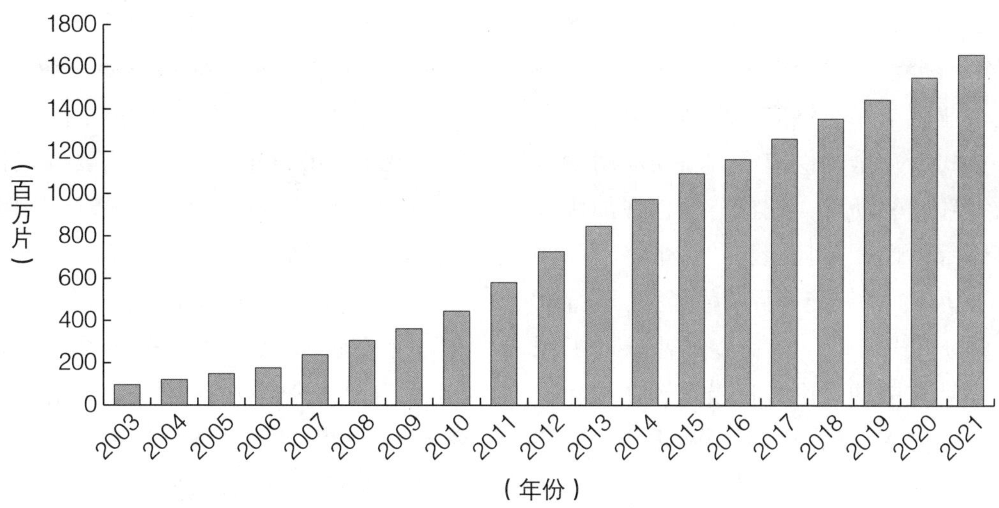


**图1　2003—2021年我国托盘保有量情况**

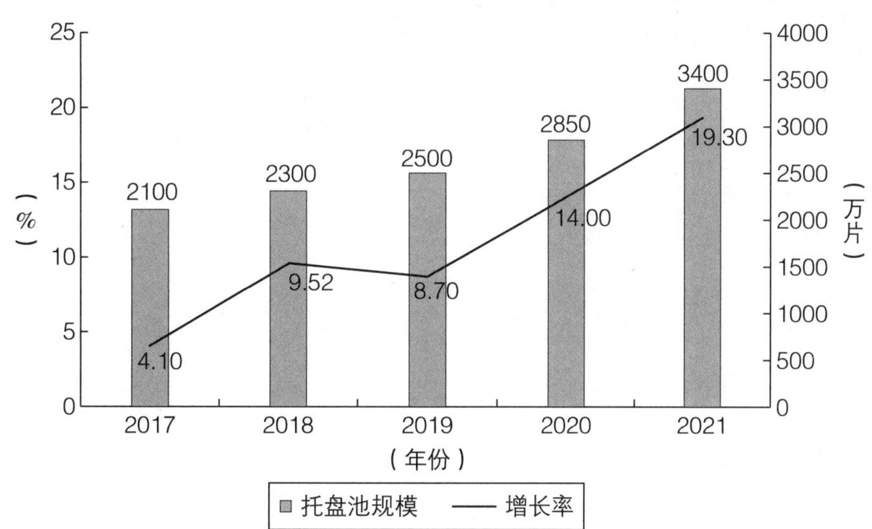


**图2　2017—2021年我国循环共用托盘池规模及增长率情况**

（Pallets for unit load method of materials handling，单件货物搬运用托盘）国内技术对口单位，此项工作的开展正式全面实现了国内TC与国际TC的工作对接。

2021年8月20日，国家市场监督管理总局、国家标准化管理委员会发布公告（2021年第11号），批准发布由全国物流标准化技术委员会提出并归口的《通用半托盘尺寸及性能要求》（GB/T 40479—2021）和《联运通用滑板托盘尺寸及性能要求》（GB/T 40481—2021）两项托盘行业国家标准，并于2022年3月1日正式实施。

## 三、托盘行业供应链建设日趋完善

"十四五"规划中提出要提升产业链供应链现代化水平，推动全产业链优化升级，传统产业向高端化、智能化、绿色化方向发展，发展服务型制造业。2021年3月，商务部等8单位公布了第一批全国供应链创新与应用示范城市和示范企业名单，在供应链创新与应用试点基础上，正式启动全国供应链创新与应用示范创建。在大环境驱动下，托盘行业也在加快推进供应链体系建设，并且随着“一带一路”共建的快速发展和“一带一路”托盘共享行动（BRAPS）的正式启动，进一步加速推进了托盘行业国际供应链的建设，积极发挥在国际物流供应链中的作用，助力物流国际化与供应链一体化发展。

在原材料方面，我国木材资源相对于欧洲、南美等地区比较匮乏，全国“一带一路”木质载具（包装）创新发展大会的成功举办，进一步将托盘行业服务网络向上游原材料端延伸，逐步完善了托盘行业供应链建设。

为推进物流业与制造业等产业深化融合，提升物流业制造业深度融合创新发展水平，深入推动物流业降本增效和制造业转型升级，促进供应链融合发展，2021年，国家发展改革委公布了《物流业制造业深度融合创新发展典型案例名单》，路凯中国和集保两家企业的案例入选。企业以标准循环共用托盘为切入点，推动了制造业在生产、运输、仓储等环节一系列设施设备标准化改造，打通了资源壁垒，提升了供应链效率。

## 四、托盘循环共用体系建设取得重大突破

“十四五”规划中提出要加快构建以国内大循环为主体、国内国际双循环相互促进的新发展格局；中共十九届六中全会决议中指出要把握新发展阶段，贯彻创新、协调、绿色、开放、共享的新发展理念，加快构建以国内大循环为主体、国内国际双循环相互促进的新发展格局，推动高质量发展；商务部等9部门印发的《商贸物流高质量发展专项行动计划（2021—2025年）》中指出要探索构建开放式标准托盘、周转箱（筐）循环共用体系，支持托盘、周转箱（筐）回收网点、清洗中心、维修中心等配套设施建设；特别是自“一带一路”倡议提出以来，我国与沿线国家贸易来往更加频繁，加强了中欧间经济和贸易发展的对接与融合，促进了经济合作和互动交流。托盘作为物流基础单元，是中欧班列等多种运输方式中的重要器具，在“一带一路”商贸流通、物流运输、加强中欧经贸合作中发挥着极其重要的作用。因此，要加速推进国内和国际间托盘循环共用体系建设，促进物流业高质量发展。托盘循环共用以带托运输为主要应用形式，通过带托运输，企业可以实现快装快卸，从而减少车辆等待装卸的时间，降低人工成本，提高车辆周转率，带来车辆节能减排等绿色效益。

2021年11月15日，中国物流与采购联合会与欧洲托盘协会（EPAL）以视频会议形式召开了“‘一带一路’托盘共享行动（BRAPS）启动会”。本次会议的召开，标志着BRAPS工作的正式启动，是我国托盘行业在循环共用和国际合作发展方面的又一重要举措。BRAPS不仅是全球化托盘共享的先行者，同样也是助力物流国际化与供应链一体化发展的重要手段和途径。BRAPS的建立，促进了中欧间托盘的对接，加强了国际间的交流与合作，推动了托盘在“一带一路”沿线国家间的循环共享，从而更好地加速物流与供应链全球化发展进程。

2021年，以路凯中国、集保、京东云箱、普拉托、上海乐橘为代表的托盘运营企业，不断更新托盘池中的产品类型，以适应多行业协

同发展，加速扩大各自托盘池规模和运营网络，提升服务能力，并纷纷推出具有特色的增值服务，推进托盘一贯化作业，提升效率，有效地促进供应链协同发展，加速托盘循环共用生态体系建设，为行业创造更多可持续发展价值。

近几年，国外的企业也一直在我国开展相关业务。例如，韩国众力物流集团（LogisALL）是以统合物流为核心的国际化高端物流企业，其下属的韩国托盘共用公司KPP和韩国物流箱共用公司KCP以及韩国共同物流公司KLP构成了韩国唯一的物流共用化系统。众力物流集团拥有2000万片托盘，4000万只包装容器，在全球10个国家拥有21个公司、90余个仓储网点。2006年，韩国众力物流集团在上海投资成立了独资公司——众力物流设备租赁（上海）有限公司（简称LAS）。日本托盘租赁公司（JPR）拥有1200多万个托盘及物流器具，是日本最大的托盘租赁供应商，在日本有63个营运中心，同样也在我国市场经营多年，与深圳市顺航通供应链物流有限公司保持着良好的合作关系。

## 五、托盘用原材料价格持续上涨

受全球疫情影响，全球供应链受阻，物流运费价格上涨。2021年托盘用进口原材料板材和原木价格处于上涨趋势，二季度和三季度价格上涨明显，四季度价格略有下降。2021年丹麦一级云杉（干材22×145/100、22×220）价格走势如图3所示，2021年加拿大SPF价格走势如图4所示，2021年进口樟子松、落叶松价格走势如图5所示，2021年进口原木（落叶松和白松）价格走势如图6所示。

2021年托盘行业国内锯材（托盘材料）价格整体也呈逐步上涨态势。主要原因有二。一是响应我国“十四五”规划环境治理的要求，大部分林区限制砍伐和禁止砍伐松树；二是受国外疫情影响，供应链不顺畅导致运量不足，运输成本上升，国外进口材料价格上涨。包装材料要求高，损耗较大，国内锯材加工量难以满足进口材料的缺口，使得国内材料近一年的涨幅比较大。托盘行业国内

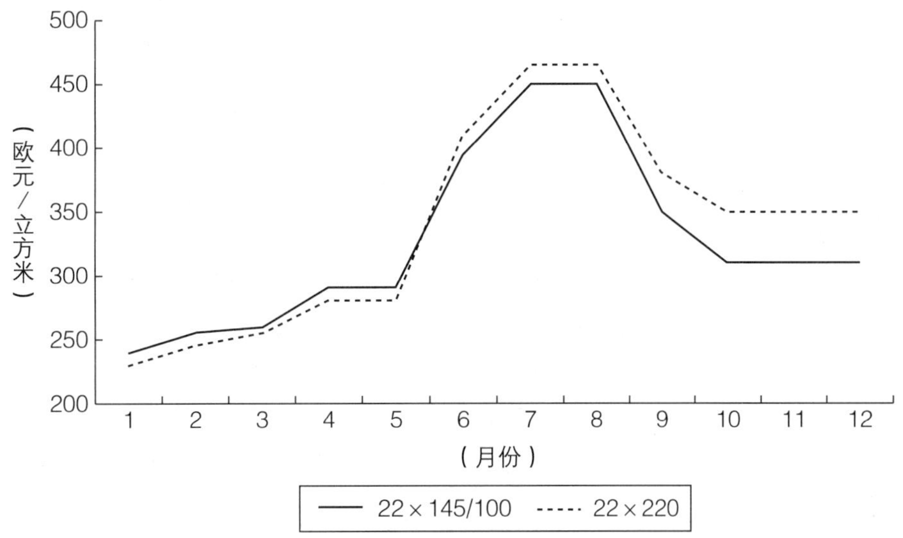


图3　2021年丹麦一级云杉（干材22×145/100、22×220）价格走势

资料来源：中物联托盘委。

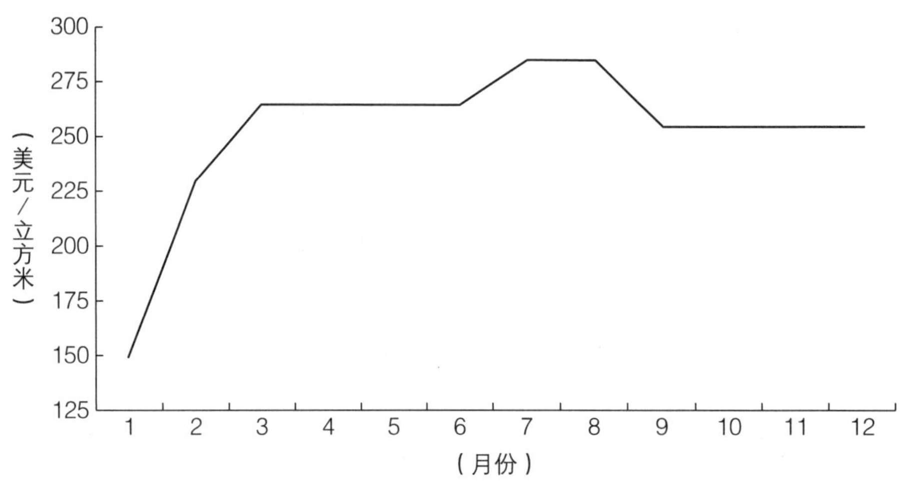


**图4　2021年加拿大SPF价格走势**

资料来源：中物联托盘委。

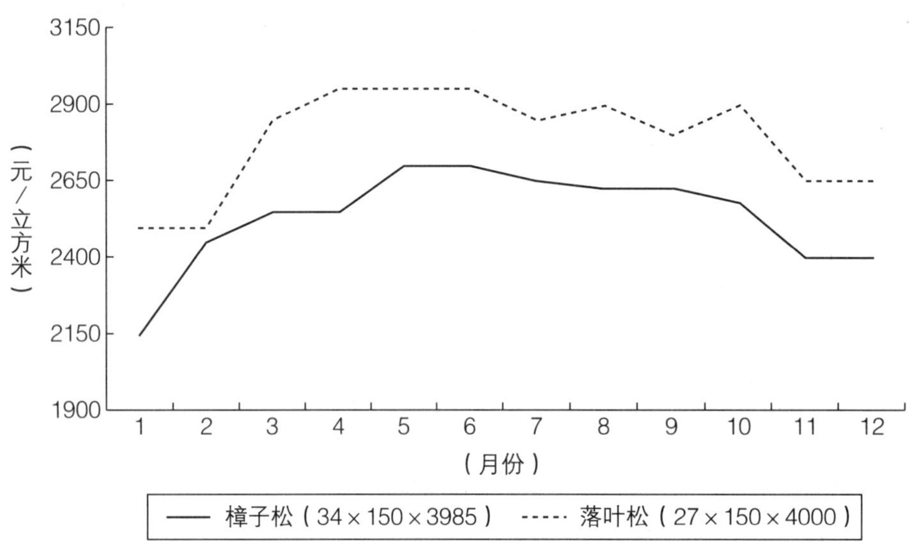


**图5　2021年进口樟子松、落叶松价格走势**

资料来源：中物联托盘委。

锯材整体价格二季度和三季度上涨明显，四季度趋于平稳。12月较1月价格上涨20.90%，较2020年最低价格上涨约38.46%。2021年各月托盘行业国内锯材（托盘材料）价格趋势如图7所示，2021年较2020年托盘行业国内锯材（托盘材料）各月同比增长率情况如图8所示。

## 六、数字化为托盘行业发展注入新动能

“十四五”规划中指出要加快数字化发展。发展数字经济，推进数字产业化和产业数字化，推动数字经济和实体经济深度融合，打造具有国际竞争力的数字产业集群。随着全球数

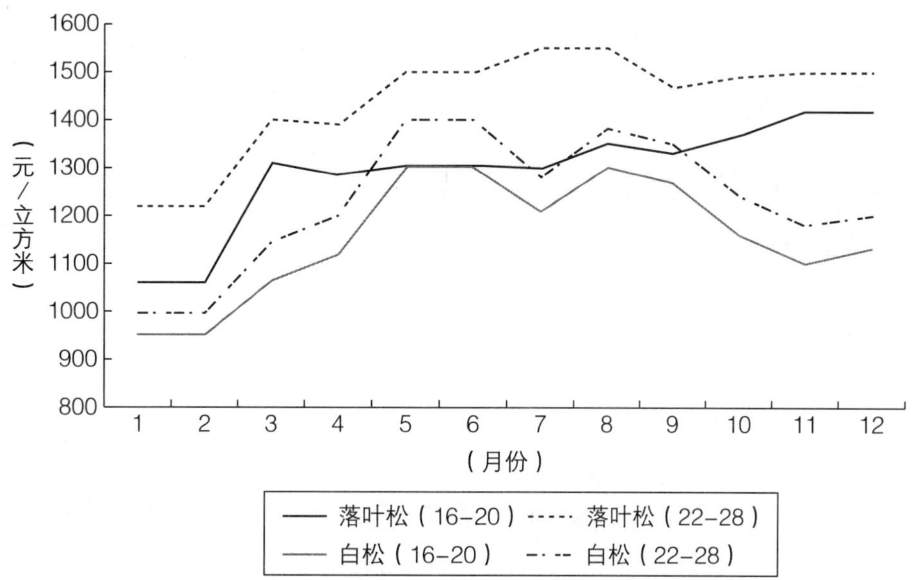


**图6　2021年进口原木（落叶松和白松）价格走势**

资料来源：中物联托盘委。

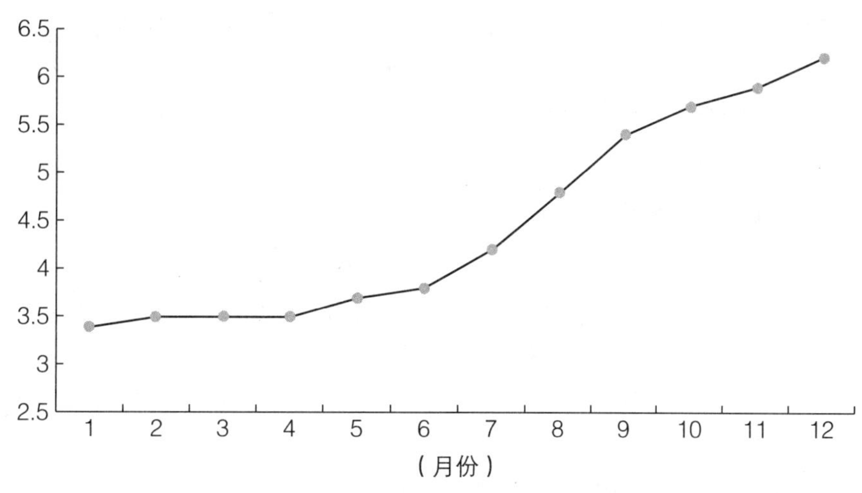


**图7　2021年各月托盘行业国内锯材（托盘材料）价格趋势**

注：价格趋势数据是以国内木材的价格为基数换算所得，只显示价格曲线，不表示真实价格。

字化和信息化的加速发展，数字经济日益成为经济复苏和经济增长的新引擎。数字化供应链是经济社会发展到一定阶段的必然产物，是未来供应链创新的基本方向。数字化是当前供应链发展方向，加快数字化改造有利于推动传统产业的转型升级。托盘作为物流系统中重要的集装器具，其行业进行数字化转型是必然的趋势。我国托盘产业目前已经向规模化、集约化方向转变，基础能力在不断加强。随着物联网技术发展和应用的普及，条码、RFID、激光识别、5G等技术跨界的参与，托盘运营企业相继在数字化方面取得了新的突破，促使托盘行业的数字化得到了快速的发展。

路凯推出了智慧云平台，该平台是一套面

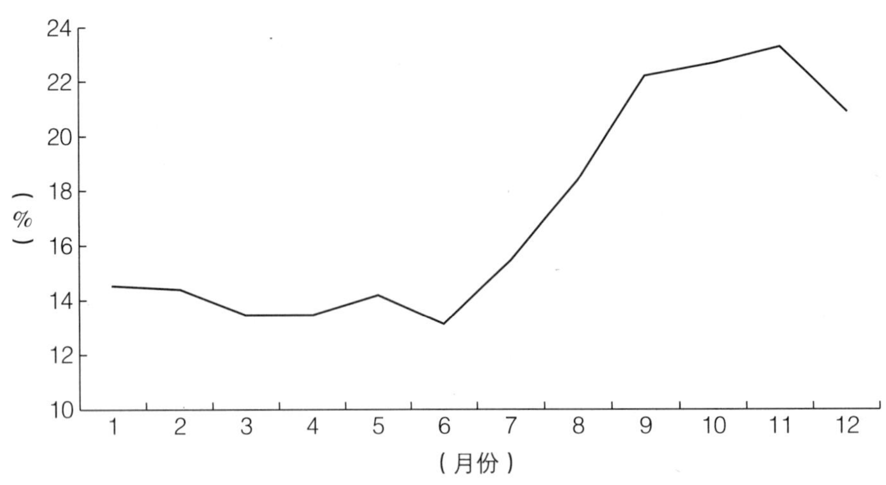


**图8 2021年较2020年托盘行业国内锯材（托盘材料）各月同比增长率情况**

向带板运输全场景的数字化综合解决方案，也是面向客户的综合业务服务平台。智慧云的上线，标志着路凯“业务数字化”战略的正式启动，为推动大规模带板运输起到关键支撑作用。集保以托盘数字化创新，助力客户打造智慧供应链。托盘编码、托盘信息化管理以及智能托盘的创新发展能够提升供应链端到端的可视化管理效率，提高内部数字化决策能力，实现精准投放，并且为高效柔性的供应链设计提供前瞻性产品，更好匹配供应链的自动化、标准化和数字化，助力企业客户打造智能数字化供应链。例如，京东云箱推出“易箱达”App；上海乐橘与南京电信签署战略合作协议；普拉托基于数字化理念，将“托盘共享”模式及“共享经济”模式进行了创新，自主研发了“普托E享”数字化系统；箱箱共用依托AIoT云管理平台，具备了全链路数字化、托盘智能化、运营网格化等综合技术能力。托盘企业数字化进程的不断推进，有效提高了托盘在生产、使用中的便利性，托盘循环共用和智能化托盘得到快速发展，数字化为用户提供更高价值。

此外，中包物联、小蚁托盘、韩国众力物流集团等托盘运营企业也都在提升各自在供应链领域的数字化服务能力。

## 七、自动化及智能化生产设备加速创新

不仅托盘运营企业在积极提升各自的数字化管理水平，托盘设备企业也在对相关设备进行智能化和数字化的改造与升级。随着托盘循环共用企业的快速发展、标准化托盘池的加速扩张、客户要求的逐步提升、劳动力紧缺以及人工成本的不断上涨，托盘企业生产方式也在由传统的人工生产逐步向自动化生产转变，并且国内托盘自动化生产设备快速发展，为“中国制造”走向世界打下了坚实基础。

国外的自动化托盘生产企业主要是以液压托盘生产线为主，代表企业有西班牙的卡贝（CAPE）、意大利的德尔塔（DELTA）和斯拓迪（STORTI）。2011年，天津新创引入了第一台液压托盘生产线，开启了我国托盘自动化生产设备的使用和研发道路。

泰瑞机器是行业内一家拥有全产业链的注塑机企业，一直致力于科技的创新与研发的突

破，其所研发的专用托盘自动化生产方案，可无须人工，在塑料托盘的生产、取出、修边、插钢管、堆码等环节进行自动化操作，为企业解决劳动力不足所带来的困扰，同时也节省了大量的人工成本，优化了企业管理。

青岛赛帆作为国内木托盘自动化设备生产企业代表，产品类型不仅涵盖气动和液压托盘打钉生产线，也在积极创新研发木料整理设备、输送线、面板机等自动化加工设备。堆垛机适用范围广、运行效率高、操作简单、数控化运行，可设定堆垛数量及高度；输送线可根据客户需求量身定制，最大限度地为客户减少人工，避免不必要的车间内部中转和搬运等，极大地提升了作业效率；面板机精度高、效率快，可随时切换不同规格，减少人工参与生产工序，解决了以往设备在加工工艺上的一些难点，为企业切实做到降本增效。

随着每年数以百万片的循环共用托盘的诞生，循环共用托盘在完成一次使用后，可通过维修延长托盘的生命周期和使用年限，而不是用新的托盘替换。路凯中国第一个大型自动化循环载具运营服务中心——嘉兴超级营运中心具有集约化、规模化的托盘高效维修系统，开启了托盘自动化维修分拣的新篇章。

## 八、绿色低碳提高行业可持续发展能力

近些年，环境问题已经成为全球普遍关注的重要话题，我国十分重视环境保护和节能减排。2020年9月22日，我国政府在第七十五届联合国大会上提出，中国将提高国家自主贡献力度，采取更加有力的政策和措施，二氧化碳排放量力争于2030年前达到峰值，努力争取于2060年前实现碳中和，并将“双碳”目标于2021年正式写入了政府工作报告。“双碳”目标对于我国各行各业来说既是机遇也是挑战，物流业作为复合型服务业，在有效促进国家经济增长的同时，也面临着大量的能源消耗和温室气体排放问题，物流业减少碳排放是实现“双碳”目标的重要组成部分。

集保于2021年已经实现了碳中和。集保服务于世界上复杂的供应链，托盘使用的木材100%来源于可持续发展认证森林，通过单元化载具的循环共用方案助力客户实现“双碳”目标。箱箱共用、路凯中国、内蒙古佳运通、普拉托、中和智能包装、豪迈中国、芜湖亚太通用、乐橘科技、山东腾博、武汉新天地、小蚁托盘等企业，同样也在深入践行绿色低碳理念，提升各自企业的社会责任感，从原材料到生产运营以及设备等各方面，通过不同方式对托盘全生命周期进行绿色管理，积极推动我国托盘行业可持续发展。

## 九、新材料助力托盘产品进一步升级

传统的托盘以木托盘和塑料托盘为主，还有部分纸托盘、铝托盘、金属托盘等。随着木材价格的高涨、“双碳”目标的提出，以及人们对于低碳环保、节能减排、循环利用意识的不断加强，越来越多的企业关注到新材料托盘的研发。新材料在托盘行业的应用也得到了逐步提高，众多类型的新材料托盘面向市场。

内蒙古佳运通以工业固废为原料，通过不断进行原料和工艺的升级，生产的托盘与传统托盘相比，自重可减轻20%左右，性能

提升30%，并且可节约15%左右的成本。广东达中新材料使用改性材料作为原料生产塑料托盘，可回收循环利用，顺应“碳中和”趋势。河北聚久采用新型复合材料生产的托盘质量轻、强度高、耐低温、适用范围广、可拆装、易清洗、可定制。芜湖亚太通用以废弃的农膜和城市垃圾分类中的废塑料作为原材料，开发了具有革命性替代趋势的新型节能环保木塑模压托盘。河南明镁科技依托吉林大学材料科学与工程学院的研究，开发生产出的新型镁合金自拆卸物流托盘设计独特、结构合理、装卸操作方便，有效减少物流所需人工，解决了现有的叉车装卸货物需要大量人工配合搬运的问题。

## 十、资本市场助推托盘企业提升竞争力

近年来，托盘行业始终保持高速增长，企业的稳步发展离不开资金的支持。与此同时，部分融资租赁企业非常关注托盘行业的发展，希望能够为企业提供更多资金支持，通过资本市场驱动行业和企业创新发展。2021年，普拉托、乐橘科技先后宣布完成了A+轮和B轮融资，资金将主要用于研发企业新产品、扩大智能托盘运营规模、搭建物流体系、布局碳中和赛道、优化产业布局、提升数智化运营能力等，推动行业高质量发展。

## 十一、传统托盘企业勇于创新与突破

随着托盘行业和企业的快速发展，传统企业面临的用工老龄化、创新能力弱、专项人才缺乏等问题逐渐显露出来。因此包装企业也在立足于传统的基础上，由粗放式管理向追求高品质、高效率、高效益的精益化管理转变，着力实现提质增效，勇于创新与自我突破。上海庙航联合业界9家企业共同成立了启航包装集团，希望能够提升多区域、多服务的能力，同时制定了属于本企业轻量化、低成本的工具集，仔细分析客户企业需求，努力扩大服务场景和服务半径。江阴中和、昆山信得等企业近些年在快速发展的同时，同样也非常注重企业的精益化管理、文化建设和高质量人才的培养。很多托盘企业根据需要配备了ERP、WMS等软件系统，不断进行自我升级与优化，提高了企业的管理水平。在人才培养方面，客户逐渐关注重视包装企业带来的产品设计、优化降本、智能制造、售后服务等一系列附加服务，因此企业不断引进高级专业人才，强化技术人才储备，建立完善考核机制，积极开展员工培训，着重培养创新型、复合型、应用型高端人才。

（中国物流与采购联合会托盘专业委员会 孙熙军　王芮）

# 第七部分

# 物流教育、信息化、标准化

# 2021年中国物流教育与培训

2021年，随着我国国民经济结构的调整，物流产业发展发生新的变化，以互联网、物联网、大数据、5G和人工智能为代表的新技术、新模式和新业态成为创新驱动物流产业升级发展的新动能，物流产业结构加速调整，物流产业人力资源需求和人才培养工作面临新的挑战。

截至2021年年底，全国有700个本科物流类专业点、1300多个高职物流类专业点和560多个中职物流类专业点。为应对后疫情时代国家物流行业对物流人才培养提出的新需求、新挑战，2021年我国物流教育培训工作以服务国家战略、服务行业企业和院校人才培养、推进业务数字化转型为主线，依托广大企业、院校和社会培训机构，开展国家物流管理“1+X”证书制度试点、采购及供应链管理人才培养、产教融合及国际合作与交流等方面的工作。

## 一、物流教育培训服务国家新战略

1.职业分类大典修订，新增物流类数字职业

2021年，人社部、市场监督管理总局、国家统计局共同启动2015年版《中华人民共和国职业分类大典》修订工作，行业内企业按照修订工作要求开展行业内审、行业会审、论证新增职业、修订原有职业，最终推进通过了物流工程技术人员和供应链管理师等四个数字职业；新增了冷链物流、危化品物流、医药物流和烟草物流四个新工种；修订了物流服务师职业定义；修改了仓储人员小类。

2.持续开展援藏援疆扶贫工作

2021年，中国物流与采购联合会（以下简称“中物联”）继续以专业援建、送教上门的方式为新疆喀什、西藏日喀则、河北任丘等地开展专业建设对口支持和师资培训工作。中物联与全国14个省、市、自治区达成共识，减免建档立卡贫困学生（含退伍军人）参与职业技能等级证书考核的费用。

3.深化军民融合

2021年2月、11月中物联分别与退役军人事务部、中国退役军人就业创业服务促进会签署战略合作协议开展深入合作，积极推荐会员企业参与“退役军人事务部退役军人合作企业”项目，开发为退役军人服务物流相关课程。目前，中物联已组织完成了军网智慧物流与信息化项目的资源开发工作，累

计组织与自行开发视频资源61G、考试+练习题300道。

4. 试点学分银行，物流管理“1+X”证书认定

中物联是我国职业教育国家学分银行的试点单位，物流管理“1+X”证书是第一个通过我国职业教育国家学分银行认定的学习成果，行业“1+X”证书作为认定的学习成果直接存入国家学分银行。

## 二、供应链教育培训工作取得新进展

1.《供应链管理师国家职业技能等级认定培训教材》（三级）正式出版

2021年，《供应链管理师国家职业技能等级认定培训教材》（三级）正式出版，二级和一级进入出版流程。教材编写历时9个月，作为唯一一套国家职业技能等级认定培训教材，该教材是企业、院校、第三方社会培训评价组织开展职业技能等级培训、评价工作的重要依据。新教材的出版，为培养供应链管理技术技能大军，助力数字经济高质量发展和健康运行提供至关重要的支撑作用。

2. 供应链运营“1+X”证书

供应链运营“1+X”证书是新获批试点项目，为使各试点院校对此项目有更清晰的认识和理解，2021年5月，北京中物联物流采购培训中心组织召开了“2021年供应链运营‘1+X’证书制度试点线上说明会”，起到了很好的宣传推广作用。截至2021年年底，共有12家供应链运营“1+X”证书考核站点，师资培训百余名，全年共计396人参加了考试。

## 三、物流教改教研工作注入新活力

1. 专业建设

在高等教育领域，2021年中物联和物流教指委共同编写完成了《2020—2021年中国物流高等教育年度报告》，承担了教育部物流专业新文科建设试点、教育部物流管理与工程类专业课程思政教学指南研制等工作。并且组织开展了“物流教指委新文科建设试点”申报工作，确定了首批49个列入建设试点的专业点。组织编写发布了《物流管理与工程类专业新文科建设行动纲领》。

职业教育领域，2021年教育部印发了《职业教育专业目录（2021年）》，新版目录中物流业专业相比上一版共新增2个专业、更名5个专业、调整归属3个专业，调整后的职业教育物流类专业目录共设置16个专业，包括中职类4个、高职类10个、职业本科类2个专业。

2. 采购认证项目知识体系更新

2021年，中物联推出了首个本土化采购知识体系，吸收了大量本土化采购案例及资源，构建了自有知识产权的海螺模式，并根据新的体系完成了采购认证项目知识体系更新，出版了中级、高级和注册级三个级别共10个模块的教材，完成了相关师资培训、数字化资源开发、题库建设等工作。

3. 推动两业融合人才培养工作

2021年3月，中物联和物流教指委、物流行指委、企业、院校共同成立“智慧物流与智能制造融合人才培养工作组”，开展了物流业制造业融合教改教研课题申报，全年共立项课题80个，课题申报涉及智慧物流与智能制造行业人才需求、产业链图谱和知识图谱研究、“双高”专业建设路径和实施方案研究、专业

教学师资队伍建设与实践研究、职业技能竞赛赛项开发与研究、专业实验实训装备标准研究与开发等方面内容。

4.评审推荐工作

2021年，中物联和物流教指委开展了教育部新文科研究和改革实践项目的申报推荐工作。在2020年度物流管理与工程类专业国家级一流专业建设点的遴选推荐工作中，最终有32个物流类专业点被列入第二批国家级一流专业建设点。经专家评审，物流职业教育课程思政示范项目推荐工作共选出拟推荐课程6项、递补备选课程1项报教育部。第二批国家级职业教育教师教学创新团队遴选推荐工作，经过评审，共遴选出12个不同单位的教学团队报送至教育部，并按照教育部指标要求，组织完成了“十四五”首批职业教育物流类国家规划教材遴选推荐工作。

## 四、物流教育培训国际项目新成果

1.《物流汉语》正式出版

为更好地服务“一带一路”物流管理“1+X”证书的推广工作，2021年10月，中物联组织编写的《物流汉语》正式出版，相关配套资源也已开发完成，该项目得到教育部和国家汉办的高度重视，要求行业尽快开发相关资源和慕课提供给“一带一路”沿线国家院校和企业使用。经过两年多的推广与实践，目前行业“1+X”证书在东南亚国家职业教育领域拥有一定的影响力，并取得初步成果。

2.物流管理“1+X”证书项目通过全球标准认证

2021年，中物联积极推进和国际采购与供应管理联盟（IFPSM）的战略合作，物流管理“1+X”证书通过了IFPSM全球标准认证（Global Standard）。根据IFPSM有关规定和互认协议，取得物流管理“1+X”证书的人员可申领由国际采购与供应管理联盟颁发的国际证书，该证书在全球范围内得到认可，并可以得到全球标准互认联盟内的国家和组织相关证书的互认以及院校相关课程学分的互认。

3.国际认证项目体系更新

中物联积极推进和国际供应链与运营管理协会（ASCM，原APICS）就“生产与库存管理（CPIM）第一部分中文版认证项目”的合作，推进完成了ITC供应链管理国际认证项目4模块新体系的基础建设工作。

## 五、物流教育培训数字化转型新发展

中物联为促进物流教育培训工作向数字化、网络化、智能化发展。2021年大力推进物流教育培训数字化转型工作，主要从以下几个方面展开。一是线上培训走向专业化，建立了数字化直播技术平台，满足了高质量线上直播、录播需求；二是教学培训资源数字化，采用“数字化书橱”概念取代传统的培训文件分发，实现了对受众阅读行为的分析；三是培训过程通过数字化技术实现从培训前受众分析到培训后评价的闭环管理，培训开始前对培训受众情况进行大数据分析，掌握受众基本情况，在培训后将培训反馈进行实时可视化采集，便于培训复盘和迭代提升；四是培训认证项目题库资源数字化，采用了全线上化资源库建设，实现了出题、审题、组卷的全面线上协作；五是考试测评系统数字化，从传统的线下考试转型为全面线上化考试，考核形式从传统的简单理论考试转型为理论考试+线上实操考试，进一步提升了考评的针对性和时效性特征。

2021年，中物联在做好疫情常态化防控的基础上顺利完成两次物流、采购从业人员考试及能力测评工作。在考试组织上对中高风险地区及有隔离情况的考生采用远程线上监考方式，最大限度地减少人员流动风险，确保考生安全。此外项目还进行了数字化升级改造，开发了线上考试配套使用的报名系统、考试系统、阅卷系统及电子证书查询系统，实现了考试认证从报名到证书查询全流程线上操作。同时以现有知识体系为基础，开发了线上学习课程12门，服务社会学员2.1万人。

## 六、物流教育培训认证、赛事工作取得新成效

1.物流管理、供应链运营“1+X”证书考试

在推动国家“1+X”证书制度试点方面，2021年中物联共组织29661人完成物流管理、供应链运营“1+X”证书的考试工作，考试规模相比上年增长10.82%。其中包括700余名来自全国各地30多家物流企业的在岗人员，至此，行业“1+X”证书已经涵盖全国所有省区市以及中国香港、中国澳门和中国台湾地区，行业“1+X”证书的行业企业认可度、社会影响力进一步提升。

2.师资培训

2021年中物联共举办各类“1+X”相关师资培训21期，培训人数达1396人；全年分别以“双师型教师”“采购与供应链管理”“智能制造与物流两业融合”“课程思政”等为主题开展多期师资培训，累计参培教师700余名。

3.赛事活动

2021年，中物联组织开展了“第七届全国大学生物流设计大赛”“第二届全国供应链大赛”“2021年全国行业职业技能竞赛——供应链管理师赛项”“首届全国物流与供应链专业教师职业能力竞赛”“‘盛世华人杯’第二届全国大学生采购实践大赛”“2021年全国职业院校技能大赛”“现代物流综合作业和智慧物流作业方案设计与实施赛项”7项赛事。竞赛内容覆盖物流、采购、供应链专业，参赛人群不仅有院校学生，还有千余名行业企业在职人员。

“第二届全国供应链大赛”于2021年3月启动，历时三个月，共覆盖全国29个省区市，1338支队伍报名参赛，参赛规模再创历史新高。大赛首次增设职工组赛道，比赛具有代表性、规范性和科学性，为助力我国供应链人才培养提供了平台，对推动我国现代供应链发展有重要意义；“2021年全国行业职业技能竞赛——供应链管理师赛项”共有来自全国各地的1699名职工组选手，最终来自阿里巴巴、厦门象屿、中国移动的三名企业职工获得全国技术能手称号，引发了良好的社会反响；“首届全国物流与供应链专业教师职业能力竞赛”共有来自全国30个省区市的391所本科、高职院校的600余名教师参加了比赛，赛事为参赛教师搭建了交流互鉴的平台，推动了广大教师的专业化成长，为行业下一步研究制定教师职业能力标准、搭建教师层级培养体系奠定了基础；采购管理作为供应链管理的重要环节，“‘盛世华人杯’第二届全国大学生采购实践大赛”搭建了检验学生跨学科实践能力的平台，对助力院校高水平采购人才的培养具有积极意义；为全面落实“岗课赛证融通”的要求，中物联面向参加“2021年全国职业院校技能大赛”“现代物流综合作业和智慧物流作业方案设计与实施赛项”的所有院校免费开放大赛“1+X”模块练

习平台和题库，为部分省赛提供全程免费技术支持。

## 七、物流教育培训产教融合工作有新突破

为服务发展新格局、深化产教融合，进一步促进教育链、人才链、产业链、创新链有机衔接，2021年行业积极组织开展系列工作。

1.深入走访调研

为深入了解院校、企业实际需求，2021年人力资源专业委员会走访调研了京东集团、百世集团、中通快运、中国物流股份有限公司、成都工业职业技术学院、济南职业学院、湖北交通职业技术学院、安徽工商职业学院等20余家企业和院校。

2.组织院校名师实战训练营

2021年5月、7月，中物联分别在福州、成都、辽宁组织了三期院师资培训。培训邀请了行业标杆企业高管及实战派管理专家，立足企业实际应用、企业运营管理案例，深度解析新时代数字化物流与供应链的发展趋势、企业数字化转型具体实施方案与企业实际人才需求，为院校教师与知名企业高层管理者搭建交流学习平台。

3.推动校企互访

2021年9月，中物联组织核心院校走进百世集团，与百世集团高管共同探讨未来物流行业人才培养新模式以及深化“三教”改革的相关工作。

（中国物流与采购联合会教育培训部）

# 2021年中国物流信息化

2021年，我国物流业总体实现稳步复苏，现代物流体系高质量发展取得新成效。实体经济持续稳定恢复，拉动物流需求快速增长，物流供给服务体系进一步完善，供应链韧性提升，有力地促进了宏观经济提质增效降本，物流业实现了“十四五”的良好开局，为畅通国内大循环、促进国内国际双循环提供了有力支撑。随着技术的更新迭代，物流与供应链信息化向数字化、智能化、绿色化方向转变。

## 一、国家对物流信息化工作高度重视

2021年，国家针对物流信息化、智能化建设出台了众多纲领性文件，具体如下。

3月，国家发展改革委在《关于加快推动制造服务业高质量发展的意见》中指出要深入开展信息技术、科创服务、金融服务、服务外包、售后服务、人力资源服务、现代物流、现代供应链、设施管理等服务领域标准化建设行动，推动制造服务业标准体系逐步完善。持续完善工业互联网标识解析体系，网络互联、边缘计算、数据规范体系和工业App等共性标准，支持针对涉及安全健康环保的技术要求制定强制性国家标准。

3月，商务部等有关部门印发的《电子商务与快递物流协同发展典型经验做法》总结了12项工作任务的典型经验做法，供各地认真学习借鉴，分别是加强规划引领，保障电子商务快递物流基础设施用地；健全农村寄递物流体系；引导国家电子商务示范基地、电子商务产业园区与快递物流园区融合发展；推动配送车辆规范运营；便利配送车辆通行；推广智能投递设施；鼓励快递末端集约化服务；提高科技应用水平；鼓励信息互联互通；推动供应链协同；推进快递包装绿色治理；推广使用新能源车辆。

4月，交通运输部等8部门在《关于做好标准化物流周转箱推广应用有关工作的通知》中指出要加大信息技术应用和配套设施建设，积极引导物流周转箱生产流通企业搭建物流周转箱信息系统，加强对物流周转箱使用的动态监测与管理。鼓励物流周转箱采用物联网、5G、射频识别（RFID）等先进技术，完善货物收发、运输等流通环节配套设施设备，实现果蔬等产品从生产到最终消费全链条的监控与可追溯，确保食品安全。逐步健全物流周转箱配套设施。各地在物流园区、货运场站、冷链设施、农产品产地仓储设施规划建设时，应统筹考虑标准化物流周转箱应用的需求，完善相关配套设施，拓展各类服务功能，满足物流周转箱仓储、装卸、维修、消毒以及预冷等各项服务需求，保障物流周转箱的清洁卫生，为标准化物流周转箱的推广应用提供有效支撑。

8月，工业和信息化部在《关于加强智能网联汽车生产企业及产品准入管理的意见》中指出要夯实基础能力，进一步完善智能网联汽车标准体系建设，加快推动汽车数据安全、网络安全、在线升级、驾驶辅助、自动驾驶等标准规范制修订。鼓励第三方服务机构和企业加强相关测试验证和检验检测能力建设，不断提升智能网联汽车相关技术和网络安全、数据安全水平。

9月，交通运输部印发《交通运输领域新型基础设施建设行动方案（2021—2025年）》，指出要推进综合交通大数据中心体系建设，打造综合交通运输“数据大脑”；建设综合交通运输信息平台，增强综合交通运输运行动态掌控和突发事件应急指挥能力；鼓励和支持各地交通运输主管部门统筹开展综合交通运输信息平台建设，加强各级综合交通运输信息平台互联互通，助力通信信息基础设施建设；开展5G等技术在重要交通基础设施的融合应用研究，结合5G商用部署，协同推进对高速公路重点路段、重要综合客运枢纽、港口和物流园区的网络覆盖；推广车联网、船联网技术应用，推动建设泛在感知、港车协同的智慧互联港口等具体措施。

10月，交通运输部印发《绿色交通“十四五”发展规划》的通知，强调要坚持创新驱动，强化绿色交通科技支撑。推进绿色交通科技创新，构建市场导向的绿色技术创新体系，支持新能源运输装备和设施设备、氢燃料动力车辆及船舶、LNG和生物质燃料船舶等应用研究；加快新能源汽车性能监控与保障技术、交通能源互联网技术、基础设施分布式光伏发电设备及并网技术研究。

## 二、物流企业信息化向数字化、智能化、平台化发展

1.物流自主可控的物联网装备技术提升数字化水平

随着5G、物联网、大数据等技术逐步在物流产业链中运用，创造性地实现了“智能路径规划”“智能跟踪”“智能单证”等智能化场景应用，实现传统的线下接触式服务转为线上非接触式的智能化自助服务。运易通科技有限公司研发了一款多用途货运追踪设备——定位宝，采用多重定位设计，集成GPS/LBS定位信息，可根据不同地区信号情况自动切换，主要用于陆运货物的全程跟踪和数据分析，可与ibeacon标签、蓝牙温度探头等设备互联，能实现轨迹回放、实时告警、实时定位、电子围栏、到达预测。另研发的安防宝是专门针对内河水运大宗货物运输的一款多用途可拆卸安防摄像产品。设备采用独创技术将多重定位北斗/GPS/LBS同时集成到安防云摄像设备中去，实现国内首创的“带定位功能的、可拆卸的、专用安防云摄像产品”。

2.智能化提高车货匹配的效率、订单组合的科学性

目前国内物流企业普遍存在订单小而配送点多、人工排布线路不能精确计算配送成本、降本增效的效果不明显、订单信息和车辆资源信息不能完全共享、运输环节人工派车不能有效达到配载联运最优化等问题，同时大数据分析能力弱，人工调度派车涉及的订单、车辆、

线路、路况、时间、交接、货物类别等数据碎片化、分散化，无法进行精准汇总、分析、优化。在此情况下，漯河双汇物流投资有限公司研发了“智能物流调度信息化系统”，通过双汇物流ERP、车货匹配平台进行订单导入、订单整合，结合百度货运地图，通过算法输出需求车辆和配送线路，并将配送线路信息下发至车货匹配平台，实现在线竞价找车、在线派车、在线导航，实现订单组合的科学性，有效降低公司运营成本，提升物流服务水平。调度人员整体操作效率提升了30%以上，综合节约运输成本超5%。公司还将车辆违章数据智能化分析的结果与智能物流调度信息化系统打通，实现了在计划层面对路线选择进行主动干预，有效规避了事故与违章的高发路段，更实现了对司机行车安全的人文关怀。信息化系统帮助企业在业务流程上实现了从人工调度到系统智慧调度，有效提高了订单组合的科学性，实现了公司效益最大化。

成品酒运输大多为传统运输模式，在信息化方面比较落后，导致出现流程难以有效管控、管理成本高、沟通效率低等问题。中国物流亳州有限公司研发的SO56是实现现代物流仓、干、配一体化业务的第三方物流企业现代物流信息管理系统。该系统通过使用大数据分析技术、机器学习技术、模型预测技术、数据结果可视化呈现技术，结合自主开发的调度核心算法，对订单排线调度进行优化改进，实现自动匹配、自动派单、自动生成分拣单、自动生成派车单等方式，简化操作步骤，缩短调度派单时间。数据全程可视化，业务各环节操作可追溯，使发货人、承运人、配送员、收货人可随时了解业务订单的最新状态和配送进度。

3. 蓄冷式冷链装备智能化应用逐步落地

中车石家庄公司研发的蓄冷式冷藏集装箱产品，以标准集装箱为基本框架，以蓄冷技术实现箱内温度的控制，蓄冷式装备一次性充冷固定时间后，以相变材料缓慢相变的方式对运输环境进行持续性的冷输出，维持较长时间内的恒温制冷，使用过程中无须能源，节电、节油。同时蓄冷式冷链装备可以与运输设备（汽车、火车、轮船、拖车等）及设备电源脱离，可与普通集装箱一样运输。

蓄冷装备依托信息化系统，建立可信的全程冷链监控系统，实现装备位置、行驶路径、温湿度等信息的实时收集和展示。推进了铁路冷链业务的数字化产业布局。

4. 基于AI技术，快递业务末端智能化服务产品升级

快递企业末端派送的效率和服务质量在包裹全流程中占据重要位置，为了顺应快递小哥派送环节多媒体化、智能化、客户化的要求，圆通公司研发推出基于AI技术的智能电话助手——智小递App，产品是由前端机器人+后端知识库管理平台+电话呼转服务融合而成。用户（快递小哥）通过开启呼转服务即可启用智能电话助理，并针对快递行业定制化专属问答知识库，与各相关业务系统对接，打破信息孤岛，支持用户高度自定义、开场白自定义和常见问题自定义，以实现高度个性化的电话助理。区别于市面上一般的电话助手，智小递可以针对快递业务的不同场景，让机器人根据客户的不同需求给出专业的回答，以此提高电话助理对话成功率，提升来电者（快递客户）的使用体验。智小递有效助力快递业一线业务工作，实现提质增效，将更好地保障网络高效高质量运行，为快递小哥提高整体工作效率10%，综合投诉降低5%，不仅减少处罚，节省的时间还可以创造更多的价值。

## 三、产业物流信息化为制造及商贸企业提供数字基础，搭建数据交互平台

1.促进传统产业链数字化升级

传统冻品行业流通方式存在很多弊端，如渠道层级多、流通效率低、产销不匹配、产能浪费多等情况。冷链物流配送存在“小、散、乱”的问题，针对冷链设施设备建设、温度控制和操作规范等方面缺少统一标准，运输设备能耗高，非法改装冷藏车辆，装卸环节自动化水平低。“冻品在线”率先在冷链食材行业发起“互联网+”的探索之路，通过在直营城市B2B中不断沉淀和优化，搭建了“产业B2B交易平台+SaaS服务+供应链金融+大数据服务”的综合性互联网平台。建立覆盖全球的集采网络，打造可视化、数字化的行情监测系统，构建B2B三大开放体系，即订单系统、物流系统、推广系统，组成全链路的生鲜冷链食材分销网络，建立“最后一公里”冷链物流基础设施，重视大数据运用场景，沉淀行业最全消费大数据，以更加规范化、透明化的供应链平台替代原来粗放的线下批发市场。

2.供应链管理更加透明化、标准化

湖北迈睿达供应链股份有限公司将SaaS（软件即服务）、RaaS（机器人即服务）的模式应用于汽车制造物流供应链管理的实际工作中。公司自主研发的“迈睿达智慧供应链管理系统”与智慧物流设备系统对接，包括数据采集、订单收发、物料分配等全链条覆盖，为承接智能制造企业的供应链管理服务打下了良好的基础。基于系统打造集成主流厂商的智能物流设备平台，自主研发的设备调度系统在收到操作任务后统筹协调设备平台上的AMR、AGV、无人叉车、自动立体库等相关智能设备。SaaS模式的应用，推动了供应链管理的透明化、数字化，为客户精益生产提供了数字基础，也为智能设备提供了数据交互的平台。RaaS模式的应用为客户节约了时间和投入成本，减少了客户在专业问题上的风险，为公司的供应链管理服务降低了成本，也为公司承接智能制造企业的供应链管理服务打下了良好的基础。

3.数字供应链管理平台为国家医疗保驾护航

新冠肺炎疫情的暴发，对全球各地区供应链产生巨大的冲击。在此背景下，启润医疗科技（厦门）有限公司就当下业务开展医疗数字供应链管理平台的创新与应用，保障在特殊环境下医院的供应链稳定。公司根据当前“国贸医疗”的业务特征，从信息流、实物流、资金流、商流四个维度开展研究建设。在软件设计上，采用领域模型作为贯穿软件生命周期的通用设计表达语言，遵循面向对象的设计方法，遵守“高内聚、低耦合”的设计原则。通过PC端与移动H5的协同运作提供物流仓储管理服务平台，将烦琐的服务流程智能化，更通过restful微服务架构，将有效无缝对接上下游数据，协调物流仓储作业各环节的管理，使得运输管理更有效率和效益。在移动端上，采用Uni-App框架开发，一套代码稍微做下适配，就可以打包成H5、App、各种主流小程序，解放生产力，降低开发及维护成本，为后期的发展奠定基础。“国贸医疗数字供应链平台”建设，使“国贸医疗”实现供需匹配、效率提升、医疗产品安全提升、客户服务供应端优化协同的效果。

4.“数值化”赋能供应链，实现从供应保障向价值运营转变

中国移动通信集团安徽有限公司通过全面实行标准化，基于供应链各个环节、24个指标、“七色预警”，构建供应链“晴雨表”体系，展现各环节健康图谱，监控、共享、分

析运营数据，实现全周期精益化管控；贯通内部、外部流程，推行三级联动、三级预警、三级稽核机制，实现端到端协同；创建大数据模型及算法，开展需求画像及健康度分析，实现数智化赋能，驱动运营；结合5G、物联网等技术实现“一物一ID”，实现物资全生命周期的“四可”管控；构建“供应链大脑”，将自动预测、自动预警、智能调拨、路径智能规划等与供应链融合，推进物资供应模式向智慧供应链交付运营转变。主要依托构建“晴雨表”数字化管理体系、建立端到端全流程协同、建立全生命周期管理体系、创新物联网管理模式、构建“供应链大脑”智慧平台，从五个方面提高供应效能，促进公司形成敏捷、高效、智慧的供应链管理体系。“供应链大脑”智慧平台体系如下图所示。

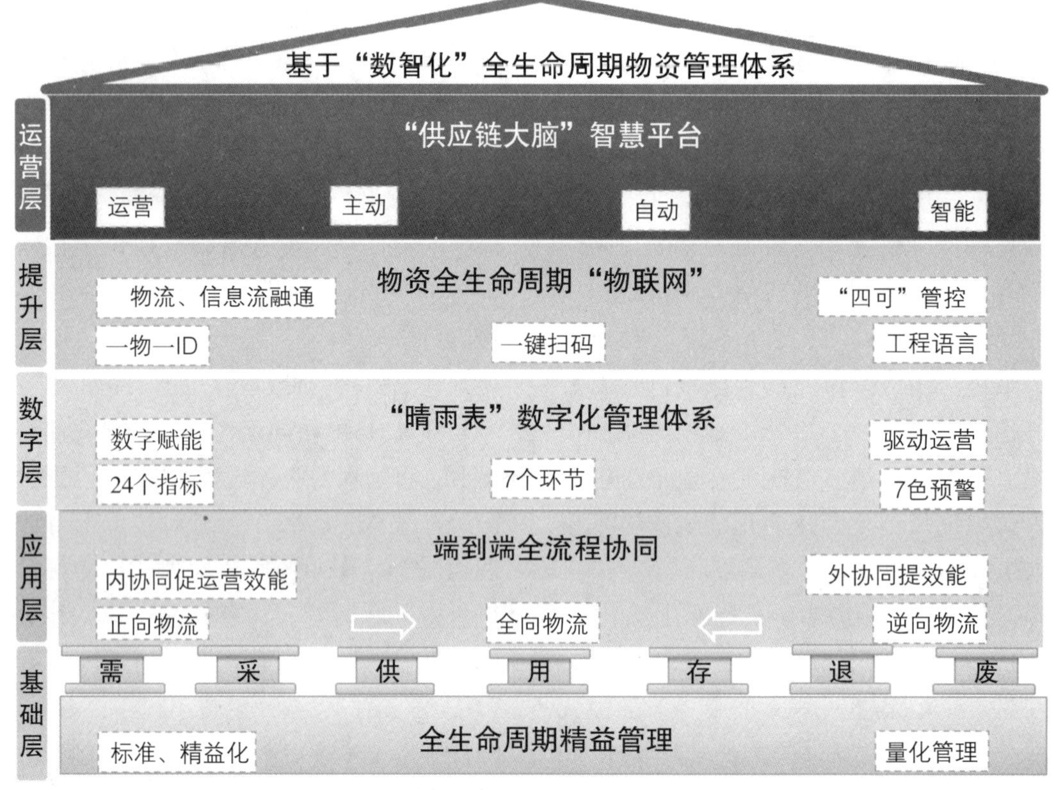


“供应链大脑”智慧平台

## 四、物流平台数智化水平提升推动行业数字化变革

1.数智化思维助力大宗商品供应链平台转型升级，构建产业链生态圈

传统的B2B跨境贸易业务环节中由于人工操作部分太多，导致差错率高、成本高，无法提供统一的服务给客户，业务模式单一、无品类运营、无法引导消费，采购议价能力差导致利润率低，支付手段落后、交易风险高、用户体验差，业务量扩大后带来资金风险问题等。FACTORYHOOD（寰宇优厂）中欧化工跨境产业互联网平台致力于实现中欧两地化工品供应体系的精准对接，平台一直受制于IT体系不够

完善的问题，使买卖双方无法进行对接，导致无法满足业务发展及变革的需要。基于此，深圳市敏思达信息技术有限公司以数智化思维从平台的框架层、组件层、应用层和解决方案层，为其定制开发大宗商品B2B供应链平台，实施整体信息化建设。数字化技术应用对平台进行了整合，形成跨洲际供应网络体系，解决了企业信息孤岛、信用孤岛、物流孤岛、资源孤岛、数据孤岛、风险管理孤岛等问题。通过平台建立标准业务流程，让每个参与方都能通过系统发声。依托产业线上交易平台建立互联互通、融合发展的关系，将各自为营的格局转为“既竞争又合作、既独立生存又开放包容”的良性生态格局。有效构建并升级化工产业链生态圈，搭建了开放、共享的产业线上服务平台，集成了交易、结算、仓储、物流、金融等配套服务，应用程度高，客户黏性强。

平台在标准化、贸易、结算、物流管理、大数据五大基础上，形成智慧产业互联网，以智慧产业互联网支持化工供应链的发展，实现服务智能化、管理智能化。

2.网络货运平台数字化发展

网络货运平台目前在税务、政策、运营等方面处于探索阶段，标准尚须完善，在实际操作中缺乏具体运行办法，更易受多方因素制约而出现偏差。总体来说，网络货运平台在技术应用、风控要求、监管力度、政策支持上还需有更大的突破，规范化和标准化整合的过程是网络货运破局的关键。为此江西约货科技有限公司依托“互联网+大数据+AI”技术，贴合市场需求，实现数字化匹配与业务模式融合，致力于打造“高智慧化、高数字化、高效率化”的物流服务平台。平台可实现行驶轨迹查询功能，使运费安全获得保障，数据可做到随时检测与同步，自建的自动化风控系统采取拦截与风险判定双引擎作业。

网络货运经营者需要对运营过程中出现的单据接入异常、车辆资质异常、运输轨迹异常、运单与资金流水单匹配异常等情况进行监测，做到快速反应，确保单据接入正常。大多数平台普遍存在单据条数、人工校验项目多，异常识别耗时久、出错率高，识别过程缺乏弹性等问题，不能满足实时监控和预警要求，尤其是业务波动量较大时段，异常识别规则及阈值控制靠人工把关，会出现信息化手段缺位、直观监控能力有限、异常信息反馈路径烦琐、不能实时预警并动态介入、用户体验不佳等问题。百世优货科技（天津）有限公司通过大数据、互联网、人工智能等技术，搭建了基于场景的风控矩阵，涵盖风控规则、参数与措施等，将主营业务的各网络货运单据异常实现AI智能识别与自动化反馈。项目将运单风控分散到创建运单、发车、到达、编辑、签收、支付等各业务环节，全程实时进行网络货运信息合规检查，使问题早发现、早反馈、早处理，推动风控自动化、实时化，异常可视化。采用AI智能识别网络货运信息异常，提升了网络货运信息异常识别的准确度与效率。运单的每一个节点均触发平台规则校验，校验结果智能化反馈到货主，基于异常提示，货主可以进行调单或申诉，调单后会再次触发自动校验，仅申诉类异常转到人工处理，可由人工消除异常。此机制不仅可以减少信息流通环节，货主还可以及时获知运单异常情况，可异步从容调单与申诉，提升用户体验，增强平台可预期性。

曹妃甸港物联科技有限公司依托大数据处理和智能物联等技术，租用阿里云服务器，采用北斗GIS地理位置信息服务、LBS基站服务和AI智能服务，建设港车厂协同网络货运平台，整合港口资源，优化集疏港业务，将人、车、货、场、码头、内陆港等要素进行有效衔接和协同。通过信息共享和供应链协作，将货主、平台、运输公司、司机无缝互联，实现发货、中转、调度、在途、签收、结算等全过程的物流协作互通。有效整合上下游资源，实现高效率的协同物流，提升平台参与方的信息化和物流标准化程度，解决物流行业管理效率低、信息不对称、物流服务标准缺失、综合成本高的问题。项目应用后可减少物流中间环节，大幅降低集疏港物流成本，提高港口集疏运效率和服务质量，吸引更多的货主和运输车辆加入项目平台，并以示范模式快速扩大其在港口货运市场的辐射范围。

中储南京智慧物流科技有限公司研发的中储智运平台集电子商务交易系统、OA系统、BI系统、云计算等多个系统于一身，拥有包括前台首页、手机安卓版、手机iOS版、微信服务号、后台管理操作系统、物流大数据分析及预测系统等多个产品。平台通过实名认证（证照、资格、人脸识别等）、过程控制（可视化在途跟踪、节点控制、智运罗盘等）、保证金、运输保险等多项机制确保每笔业务的真实性与安全性，同时所有业务通过平台进行竞价交易和结算，实现“信息流”“业务流”“票据流”“资金流”和“轨迹流”的统一运作与管理。平台可实现管理流程及运输过程的全程可视化，提供物流大数据智慧分析、预测与决策。后台的综合运营管理系统是集TMS运输管理系统、FMS财务管理系统、OA综合办公系统、CRM客户关系管理系统、BI数据统计分析及报表可视化等多个系统于一身。

3.多式联运整合多种运输方式物流资源，构建全程智慧供应链信息服务生态圈

多式联运作为一种集高效、安全、经济、环保等众多优势于一身的综合性运输方式，能够通过不同运输方式的优势互补来减少货物中转环节、缩短运输时间、降低运输成本。目前我国各种运输方式之间及城市交通间已建成初步联运模式，但多式联运市场体系尚未健全，衔接水平和衔接效率仍然不高，信息互联互通水平不高、数据不联通、标准不统一，致使难以整合共享，全程数据跟踪服务缺失。上海文景信息科技有限公司研发的“智运网——多式联运供应链创新服务平台”基于大数据的平台结构，实现了多维度精细化的统计分析、秒级数据处理速度以及实时采集建模，并支持私有化部署；利用区块链去中心化共享机制，采用P2P分布式记账模式，同时在整个数据传输环节中采用非对称加密技术实现智能单证，可实现单证及时转移、立即签发；SaaS云应用可支持车队、仓储、报关、货代等业务管理；基于微服务的EDI/API数据交换中心能够与交通运输部、国铁集团、国家物流信息平台、国家电子口岸，以及各大港口、铁路、公路和金融机构等类型系统全面对接，形成多式联运全程物流跟踪数据库，实现多式联运平台内部之间以及与外部单位系统之间的无缝衔接与互联互通，为订单全程跟踪打下基础。另外，平台采用多式联运一单制模式，依据平台积累的大量真实的物流数据，通过大数据分析技术，构建风险管控体系，整合商业银行、保险、信托等金融机构资源，以提单作为物权凭证，为中小型企业供应链金融服务的开展提供强大保障。

4.物流服务平台向产业互联网平台转型升级

上海找油信息科技有限公司作为国家认定的高新技术企业、能源产业互联网的领头羊，通过移动互联、LBS及大数据等新兴技术，重构能源消费行业的信息流、资金流和物流，以SSSaaS（Software软件 + Service服务 +

Supply Chain供应链）构建新型能源交易平台。在能源需求层面，为物流车辆提供可定制的一站式能源数字化管理系统；在能源供给层面，为加油站提供软硬结合的一站式智慧加油和数字化供应链服务，并以在线经济平台模式将两者进行精准匹配，助力能源消费企业降本增效、赋能加油站智慧升级。SaaS云系统是为物流企业搭建的可定制、可共享、智能化的全行业解决方案。它借助于智慧油卡，打破主营、民营及合资加油站之间的壁垒，实现了物流客户、物流司机、加油站之间的互联互通。实现了平台向上游炼厂直接采购，通过合作油站向物流企业货车加注，平台形成了从上游炼厂到终端零售的直通供应链。

## 五、仓配管理系统智慧化、数字化发展

传统的仓储管理模式都是以纸质单据为凭证进行仓储作业的。为解决仓储作业效率低下、库存信息不准确、人工管理成本高等问题，以实现仓储精细化管理为目标，湖南移动通信有限公司开发了基于PDA终端的智慧仓储平台，通过基于超高频RFID的物联网技术来提高仓储效率、空间利用率，实现物体的跟踪可追溯、业务操作智能化、库存透明化，从而提高库存管理效率和生产力水平。

近几年以B2C电商的快速发展为驱动，客户对电商物流服务的要求越来越高，为了支持最终消费者订单快速满足的需求，门到门信息技术有限公司推出标准化物流设备数字仓库，并建立标准化仓库作业流程，将标准的物流设备进行数据采集，通过平台与货主对接，实现运力资源的优化配置，提升满足大型货主可视化、网络化、规模化、标准化服务的能力，提供运力一体化解决方案。在结合已有的线下配送体系提供最优运力的同时，通过线上的透明物流系统，为货主、收货人提供货物状态的实时查询，保障货物安全。对车辆所在位置推送货源信息，增进企业与车辆间信息互通，让企业与仓库之间产生信息的直接交流，真正提高企业货物调度效率，对货物与车辆实时监控，降低物流总成本，使企业利润提升。信息化技术实现了数字仓库的建设，通过节能减排真正实现绿色物流。

目前我国大宗物资物流园区的信息化水平有了明显提升，有先进的建设理念；物流信息化和基础设施同步建设，有室内仓储、保税库、期货交割库等现代仓储设施；有RFID条码技术、PDA手持终端、无人天车、机器人等现代化智能设备。但园区的仓配管理系统智能化仍处于起步阶段，大数据分析、智能决策支撑等软件系统缺失，园区内不同模块及不同园区之间信息互联互通性较差，信息孤岛仍然存在，难以形成完整、高效的信息供应链，制约了园区的发展。四川物通科技有限公司定制开发的“物通大宗物资数字化仓配管理系统”，通过二维码扫描、图像识别、RFID等智能设备可实现自动信息采集，以动态储位分配和智能调度决策模型与算法为核心，实现了大宗物资仓配管理全流程数字化、作业全过程控制智能化。系统应用后，园区吞吐量增长率超过25%，仓库容积利用率提高15%，现场总体作业效率提升35%，园区交通阻塞率显著下降，车辆配送效率提高超过 20%，终端客户平均等候时间减少2小时以上，准时送达率提高35%以上，收发差错率由0.1%下降为0.01%。

## 六、物流大数据、区块链等技术推动航运物流数字化进程，增强数字化管理能力

在信息化高度发展的今天，航运物流的信息化程度低于其他行业。航运物流产业链较长，这些环节内部虽然各自有信息化系统，但产业链上下游之间没有连通。航运物流需高度依赖各环节之间的协同，传递大量单据和信息。亿海蓝（北京）数据技术股份公司基于互联网，以船舶位置监控为核心搭建航运大数据信息平台，为大宗商品及集装箱产业运输链上的多种类型企业提供实时的船舶物流跟踪服务。综合利用船舶信息、集装箱物流跟踪信息、提单信息和反洗钱黑名单制裁查验策略，建立以海运货物为主的贸易真实性核查系统。以数据和技术能力为基础，实现港航调度可视化。

纸质提单在航运物流中普遍存在传输效率低、在途时间长、在多个快递服务之间传递和交换、安全性弱、解决损坏和遗失甚至被盗提单的重新签发需要花费较多时间、签发和运输一张纸质提单的成本高昂等问题。区块链作为新一代信息技术正被加速应用，区块链技术与电子提单的结合给纸质提单普遍存在的问题提供了解决方案。中国外运股份有限公司利用区块链技术多中心、自动化、可信任等特性，开发NVOCC区块链电子提单项目，实现承运人和托运人双方安全透明，使公平公正的交易成为可能，并为电子提单提供跨国贸易中的信用来源，使电子提单具备同纸质提单相类似的“可转让性”，为借助网络实现价值转移提供了技术支撑。NVOCC区块链电子提单应用不断深入，助力中外运与客户、船公司和海外网络构建新型信任协同机制，增强与客户交易间的数字化管理能力，并显著提升全链条业务处理能力和市场拓展能力，降低物流运营成本和安全风险。为打造“数字外运”、发展数字经济迈出了坚实的一步。

（中国物流与采购联合会网络事业部 晏庆华 王盼盼）

# 2021年中国物流标准化

## 一、2021年国家标准化总体情况

2021年是我国“十四五”的开局之年，国家层面扎实推进标准化战略实施，加快建设推动高质量发展的标准体系，持续深化标准化管理创新，推进标准制度型开放，提升标准化基础能力，在各方各面提出了近90项工作任务，标准化重点在推动产业链供应链标准化、“碳达峰”标准化、乡村振兴标准化和加强社会建设标准化四个方面着力加强。全年共计发布国家标准4405项，备案行业标准4257项，备案地方标准7593项。截至2021年年底，我国现行有效国家标准累计达到40289项，累计发布行业标准97222项，累计发布地方标准73788项。2021年，共有5758家社会团体在全国团体标准信息平台注册，公布33403项团体标准。相关数据显示，2021年已有超过35万家的企业公开了215万多项企业标准，遴选出近千项企业标准“领跑者”。

在中共中央、国务院印发的《国家标准化发展纲要》（以下简称《纲要》）中提出了2025年和2035年的发展目标。到2025年，标准供给、标准运用、标准化工作以及标准化发展要实现四个转变。同时还要达到“四个目标”，一是全域标准化深度发展；二是标准化水平大幅提升；三是标准化开放程度显著增强；四是标准化发展基础更加牢固。到2035年，结构优化、先进合理、国际兼容的标准体系更加健全，具有中国特色的标准化管理体制更加完善，市场驱动、政府引导、企业为主、社会参与、开放融合的标准化工作格局全面形成。《纲要》还部署了七大任务，包括推动标准化与科技创新互动发展、提升产业标准化水平、完善绿色发展标准化保障、加快城乡建设和社会建设标准化进程、提升标准化对外开放水平、推动标准化改革创新和进一步夯实标准化发展基础。《纲要》的发布确定了我国新时期标准化发展的宏伟蓝图，对我国标准化事业发展具有重要里程碑意义。

## 二、2021年物流标准化工作

1.物流标准化政策环境

（1）推进国内国际双循环。

2021年年底国务院办公厅印发《国务院办公厅关于促进内外贸一体化发展的意见》（国办发〔2021〕59号）。文件指出“推进内外贸一体化有利于形成强大国内市场，有利于畅通国内国际双循环”，提出要促进标准认证衔接，包括要积极开展国内国际标准转化，补齐国内标准短板，提高标准技术水平，持续提升国内国际标准一致性，加强与全球产业链上下游企业协作，共同制定国际标准。提出要“引导外贸企业、跨境电商、物流企业加强业务协同和资源整合，加快布局海外仓、配送中心等物流基础设施网络，提高物流运作和资产利用效率”。在国务院办公厅印发的《国务院办公厅关于加快发展外贸新业态新模式的意见》（国办发〔2021〕24号）中也提出培育一批优秀海外仓企业，鼓励传统外贸企业、跨境电商和物流企业等参与海外仓建设，提高海外仓数字化、智能化水平。提出要“推进海外仓标准建设，到2025年，依托海外仓建立覆盖全球、协同发展的新型外贸物流网络，推出一批具有国际影响力的国家、行业等标准”。商务部发布的《“十四五”电子商务发展规划》中也提出要“健全电子商务行业标准，重点开展海外仓等新业态标准研制”。

从国家和政府发布的文件来看，推进内外贸一体化、培育电子商务企业和物流企业走出国门，制定适用于国内和国际双循环发展的电子商务物流服务、管理标准，以及海外仓的建设和数字化发展标准，将有利于构建国内国际双循环，促进形成国内和国际双循环的新发展格局。

（2）物流业高质量发展方面。

推动物流业高质量发展需要深入贯彻创新发展理念、协调发展理念、绿色发展理念、开放发展理念、共享发展理念。2021年国家和政府在推动物流绿色发展、数字化智慧化发展方面提出了诸多要求。

2021年国务院印发《国务院关于加快建立健全绿色低碳循环发展经济体系的指导意见》（以下简称《意见》），《意见》中指出要“打造绿色物流”，提出要调整运输结构推进多式联运，发展甩挂运输、共同配送等绿色物流组织模式，加大绿色车辆的配置，鼓励智慧仓储、智慧运输，推动建立标准化托盘循环共用制度，在逆向物流方面也提出要引导生产企业建立逆向物流回收体系等一系列措施。提出要完善绿色标准、绿色认证体系和统计监测制度。开展绿色标准体系顶层设计和系统规划，形成全面系统的绿色标准体系。各部门也积极落实绿色发展，研究制定绿色低碳转型实施方案，交通运输部印发的《绿色交通“十四五”发展规划》（以下简称《规划》）就提出到2025年交通运输绿色发展的具体目标和主要任务，主旨也是优化调整运输结构、推广低碳设施设备、丰富多式联运服务产品、创新运输组织管理模式、推广标准化运载单元和包装单元的应用等，提升综合运输效率，进而促进节能减排降碳。《规划》中提出要健全绿色交通标准规范体系，加强新技术、新设备、新材料、新工艺等方面标准的有效供给，加快推进多式联运枢纽设施、运输装备等的能耗限值和绿色运营等标准的制修订。商务部等9部门印发的《商贸物流高质量发展专项行动计划（2021—2025年）》中也提出健全绿色物流体系，鼓励使用环保的包装和物流器具并循环使用，推广节能和清洁能源运输工具与物流装备，支持节能环保型仓储设施和绿色分拣中心建设，加快构建新型再生资源回收体系等。交通运输部还专门针对快递业中包装浪费及造成的污染制定发布了《邮件快件包装管理办法》（以下简称《办法》），《办法》提出包装邮件快件应当坚持实用、安全、环保原则，符合寄递生产作业和保障安全的要求，节约使用资源，避免过度包装，防止污染环境。《办法》规定了国内邮件快件包装物在包装的采购使用、包装的操作等环节中寄递企业的主体责任和法定义务，以及具体的要求。

2021年习近平总书记在中共中央政治局第三十四次集体学习时强调“把握数字经济发展趋势和规律，推动我国数字经济健康发展”，数字化发展也成为物流变革和升级的必然趋势。交通运输部印发的《交通运输标准化“十四五”发展规划》中分别从基础设施、交通装备、运输服务、智慧交通等方面提出了构建高质量发展的标准体系和重点任务，包括了开展智能高铁、自动驾驶、智能航运、北斗导航系统应用等标准体系研究，部署交通基础设施网、运输服务网、能源网、信息网融合发展标准研究，以数字化为主要特点的智能装备、载运工具的标准制修订，新型装备如无人车、智能仓储、自动驾驶营运车辆等技术标准的研制，电子货运、智能转运、物联网航空货物跟踪技术等服务标准的研制，以及交通运输信息资源融合等标准的制定。商务部印发的《商务部关于加强“十四五”时期商务领域标准化建设的指导意见》也提出要完善商贸流通数字化标准，一是体现在商务领域数字技术应用标准体系建设，研究建立统一的大数据全流程管理标准；二是推动5G、人工智能、物联网、区块链等新技术标准化的应用；三是加强服务载体、物流支付、监测分析等标准建设；四是提升公共服务平台、示范基地、产业园区的服务承载能力。

物流业高质量发展方面将是未来五年物流转型升级的主要任务，这也是未来五年物流标准化工作的重点，包括将物流研究成果及时转化为物流技术标准，物流技术在物流领域的应用标准，以及体现数字物流、绿色物流、回收物流、双碳技术与管理等标准。

（3）冷链物流。

冷链物流的特点一是跨专业领域，二是专业技术要求高。冷链物流涉及农产品、农副产品、食品、医药、化工等多个市场需求，近年来呈现了快速增长态势，虽然政府管理不断加强，但仍面临不少突出的瓶颈问题。2021年国务院印发的《“十四五”冷链物流发展规划》中提出了到2025年的发展目标，确定了打造冷链物流运行体系，构建“四横四纵”冷链物流大通道体系，健全肉类、水果、蔬菜、水产品、乳品、速冻食品和疫苗等重点品类的冷链物流服务体系，加快完善冷链物流全链条监管体系，以及完善冷链物流支撑体系的五大体系建设。在冷链物流标准化方面提出，一是加强冷链基础通用标准和冷链基础设施、技术装备、作业流程、信息追溯等重点环节以及冷链物流绿色化、智慧化等重点领域标准制修订，加快填补标准空白；二是要制定冷链强制性国家标准，把好冷链产品安全底线；三是加强标准评估和执行力度，严格落实冷链物流强制性国家标准，加强冷链物流标准宣贯，提高推荐性标准采用水平，开展冷链物流标准监督检查和实施效果评价等。

2.物流标准化工作回顾

（1）2021年度发布的物流标准。

2021年1—12月新发布物流国家标准45项，新备案的物流行业标准43项，包括国家发展改革委14项、交通运输部9项、工业和信息化部9项、中华全国供销合作总社5项，应急管理部、国家铁路局、国家邮政局、国家药监局、国家新闻出版署、农业农村部各发布1项。新发布的强制性国家标准主要为港口作业安全和海运危险货物的安全技术要求。推荐性标准包括了通用仓库规划与管理、物流枢纽建设、物流车辆、集装箱、货架、托盘、周转箱等通用设施设备标准，物流信息与管理标准、物流服务质量与绩效管理标准、多式联运接口标准，以及冷链物流、跨境物流、电商与快递物流、汽车物流、出版物流、应急物流等专业类物流标准。2021年1—12月发布的物流国家标准汇总如表1所示，2021年1—12月备案的物流行业标准汇总如表2所示。

表1　　2021年1—12月发布的物流国家标准汇总

| 序号 | 标准号 | 标准名称 | 实施日期 |
|---|---|---|---|
| 1 | GB 16994.1—2021 | 港口作业安全要求 第1部分：油气化工码头 | 2022/12/1 |
| 2 | GB 16994.2—2021 | 港口作业安全要求 第2部分：石油化工库区 | 2022/12/1 |
| 3 | GB 16994.3—2021 | 港口作业安全要求 第3部分：危险货物集装箱 | 2022/12/1 |
| 4 | GB 40163—2021 | 海运危险货物集装箱装箱安全技术要求 | 2021/11/1 |
| 5 | GB 40558—2021 | 固体散装货物海运安全技术要求 | 2022/3/1 |
| 6 | GB/T 4857.23—2021 | 包装运输包装件基本试验 第23部分：垂直随机振动试验方法 | 2022/5/1 |
| 7 | GB/T 4892—2021 | 硬质直方体运输包装尺寸系列 | 2021/10/1 |
| 8 | GB/T 18354—2021 | 物流术语 | 2021/12/1 |
| 9 | GB/T 21071—2021 | 仓储服务质量要求 | 2022/7/1 |
| 10 | GB/T 21072—2021 | 通用仓库等级 | 2022/6/1 |
| 11 | GB/T 22430—2021 | 集装箱运输电子数据交换 集装箱进/出门报告报文 | 2022/5/1 |
| 12 | GB/T 22431—2021 | 集装箱运输电子数据交换 船舶离港报文 | 2022/5/1 |
| 13 | GB/T 22432—2021 | 集装箱运输电子数据交换 船舶挂靠信息报文 | 2022/5/1 |
| 14 | GB/T 24359—2021 | 第三方物流服务质量及测评 | 2022/6/1 |
| 15 | GB/T 28577—2021 | 冷链物流分类与基本要求 | 2022/6/1 |
| 16 | GB/T 28581—2021 | 通用仓库及库区规划设计参数 | 2022/6/1 |
| 17 | GB/T 28842—2021 | 药品冷链物流运作规范 | 2022/6/1 |
| 18 | GB/T 30331—2021 | 仓储绩效指标体系 | 2022/7/1 |
| 19 | GB/T 39652.1—2021 | 危险货物运输应急救援指南 第1部分：一般规定 | 2021/11/1 |
| 20 | GB/T 39652.2—2021 | 危险货物运输应急救援指南 第2部分：应急指南 | 2021/11/1 |
| 21 | GB/T 39652.3—2021 | 危险货物运输应急救援指南 第3部分：救援距离 | 2021/11/1 |
| 22 | GB/T 39652.4—2021 | 危险货物运输应急救援指南 第4部分：遇水反应产生毒性气体的物质目录 | 2021/11/1 |
| 23 | GB/T 39830—2021 | 立体仓库钢结构货架抗震设计规范 | 2021/10/1 |
| 24 | GB/T 39907—2021 | 果蔬类周转箱尺寸系列及技术要求 | 2022/3/1 |
| 25 | GB/T 40043—2021 | 快递服务与电子商务信息交换规范 | 2021/8/1 |
| 26 | GB/T 40044—2021 | 快递服务制造业仓配信息交换规范 | 2021/8/1 |

续 表

| 序号 | 标准号 | 标准名称 | 实施日期 |
|---|---|---|---|
| 27 | GB/T 40065—2021 | 果蔬类周转箱循环共用管理规范 | 2022/3/1 |
| 28 | GB/T 40202—2021 | 跨境电子商务物流信息交换要求 | 2022/3/1 |
| 29 | GB/T 40208—2021 | 物流信息资源核心元数据 | 2021/12/1 |
| 30 | GB/T 40292—2021 | 跨境电子商务 电子运单规范 | 2021/12/1 |
| 31 | GB/T 40413—2021 | 应急物流公共标识代码编制规则 | 2022/3/1 |
| 32 | GB/T 40475—2021 | 冷藏保温车选型技术要求 | 2022/3/1 |
| 33 | GB/T 40479—2021 | 通用半托盘尺寸及性能要求 | 2022/3/1 |
| 34 | GB/T 40480—2021 | 物流追溯信息管理要求 | 2022/3/1 |
| 35 | GB/T 40481—2021 | 联运通用滑板托盘尺寸及性能要求 | 2022/3/1 |
| 36 | GB/T 40569—2021 | 物流周转箱标识与管理要求 | 2022/5/1 |
| 37 | GB/T 40705—2021 | 集装箱运输电子数据交换 放箱单报文 | 2022/5/1 |
| 38 | GB/T 40706—2021 | 集装箱运输电子数据交换 订舱确认报文 | 2022/5/1 |
| 39 | GB/T 40707—2021 | 集装箱运输电子数据交换 船舶预报信息报文 | 2022/5/1 |
| 40 | GB/T 40708—2021 | 集装箱运输电子数据交换 集装箱装卸（船）报告报文 | 2022/5/1 |
| 41 | GB/T 40710—2021 | 基于NFC的集装箱电子箱封及系统 | 2022/5/1 |
| 42 | GB/T 40712—2021 | 多用途货车通用技术条件 | 2022/5/1 |
| 43 | GB/T 40811—2021 | 集装箱运输电子数据交换 订舱报文 | 2022/5/1 |
| 44 | GB/T 40812—2021 | 集装箱运输电子数据交换 装箱单报文 | 2022/5/1 |
| 45 | GB/T 40956—2021 | 食品冷链物流交接规范 | 2022/6/1 |

**表2　　2021年1—12月备案的物流行业标准汇总**

| 序号 | 标准编号 | 标准名称 | 实施日期 | 发布单位 |
|---|---|---|---|---|
| 1 | WB/T 1043—2021 | 货架分类及代号 | 2021/7/1 | 国家发展改革委 |
| 2 | WB/T 1042—2021 | 货架术语 | 2021/7/1 | 国家发展改革委 |
| 3 | WB/T 1106—2021 | 大宗货物电子仓单 | 2021/7/1 | 国家发展改革委 |
| 4 | WB/T 1107—2021 | 大宗货物电子运单 | 2021/7/1 | 国家发展改革委 |
| 5 | WB/T 1108—2021 | 出版物物流 退货作业规范 | 2021/7/1 | 国家发展改革委 |
| 6 | WB/T 1109—2021 | 出版物物流 接口作业规范 | 2021/7/1 | 国家发展改革委 |
| 7 | WB/T 1110—2021 | 汽车成套零部件出口包装质量检测规范 | 2021/7/1 | 国家发展改革委 |
| 8 | WB/T 1111—2021 | 汽车零部件托盘包装的打包要求 | 2021/7/1 | 国家发展改革委 |
| 9 | WB/T 1112—2021 | 汽车制造零部件物流标签规范 | 2021/7/1 | 国家发展改革委 |

续　表

| 序号 | 标准编号 | 标准名称 | 实施日期 | 发布单位 |
|---|---|---|---|---|
| 10 | WB/T 1114—2021 | 应急物流数据交换通用要求 | 2021/7/1 | 国家发展改革委 |
| 11 | WB/T 1115—2021 | 体外诊断试剂温控物流服务规范 | 2021/7/1 | 国家发展改革委 |
| 12 | WB/T 1116—2021 | 阁楼式货架 | 2021/7/1 | 国家发展改革委 |
| 13 | WB/T 1117—2021 | 预应力混凝土管桩物流服务规范 | 2021/7/1 | 国家发展改革委 |
| 14 | WB/T 1118—2021 | 预应力混凝土管桩物流管理服务规范 | 2021/7/1 | 国家发展改革委 |
| 15 | JT/T 1347—2020 | 公铁联运货运枢纽功能区布设规范 | 2021/4/1 | 交通运输部 |
| 16 | JT/T 1348—2020 | 冷链货物空陆联运通用要求 | 2021/4/1 | 交通运输部 |
| 17 | JT/T 1349—2020 | 多功能钢质托盘技术要求 | 2021/4/1 | 交通运输部 |
| 18 | JT/T 1350—2020 | 海铁联运 列车磅单报文 | 2021/3/1 | 交通运输部 |
| 19 | JT/T 1351—2020 | 海铁联运 需求车提报报文 | 2021/3/1 | 交通运输部 |
| 20 | JT/T 1352—2020 | 海铁联运 列车运行与货物追踪接口 | 2021/3/1 | 交通运输部 |
| 21 | JT/T 1371—2021 | 电动营运货车选型技术要求 | 2021/5/1 | 交通运输部 |
| 22 | JT/T 1387—2021 | 邮件快件铁路运输交接操作要求 | 2022/2/1 | 交通运输部 |
| 23 | JT/T 1388—2021 | 滚装甩挂运输操作规程 | 2022/2/1 | 交通运输部 |
| 24 | JB/T 14032—2021 | 钢制货架载荷试验方法 | 2021/10/1 | 工业和信息化部 |
| 25 | JB/T 14033—2021 | 流利式货架 | 2021/10/1 | 工业和信息化部 |
| 26 | JB/T 14034—2021 | 交叉带式分拣机 | 2021/10/1 | 工业和信息化部 |
| 27 | JB/T 14035—2021 | 推块式分拣机 | 2021/10/1 | 工业和信息化部 |
| 28 | JB/T 14036—2021 | 仓储塑料周转箱 | 2021/10/1 | 工业和信息化部 |
| 29 | JB/T 14173—2021 | 单元托盘储存类穿梭车货架 | 2021/10/1 | 工业和信息化部 |
| 30 | QC/T 1149—2021 | 大件运输专用车辆 | 2021/10/1 | 工业和信息化部 |
| 31 | QB/T 5501.3—2020 | 家用电器绿色供应链管理 第3部分：物流与仓储 | 2021/4/1 | 工业和信息化部 |
| 32 | JB/T 14112—2020 | 顶升式仓储运载机器人 | 2021/7/1 | 工业和信息化部 |
| 33 | GH/T 1191—2020 | 叶用莴苣（生菜）预冷与冷藏运输技术 | 2021/3/1 | 中华全国供销合作总社 |
| 34 | GH/T 1311—2020 | 鲜（冻）食用农产品社区配送服务规范 | 2021/3/1 | 中华全国供销合作总社 |
| 35 | GH/T 1317—2020 | 棉花仓储管理规程 | 2021/3/1 | 中华全国供销合作总社 |
| 36 | GH/T 1320—2020 | 棉花仓库分布式光纤温度监测技术规范 | 2021/3/1 | 中华全国供销合作总社 |
| 37 | GH/T 1336—2021 | 宽皮柑橘采后贮藏物流操作规程 | 2021/5/1 | 中华全国供销合作总社 |
| 38 | XF 1131—2014 | 仓储场所消防安全管理通则 | 2014/3/1 | 应急管理部 |
| 39 | CY/T 234—2020 | 出版物物联网物流包件编码 | 2021/2/1 | 国家新闻出版署 |

续 表

| 序号 | 标准编号 | 标准名称 | 实施日期 | 发布单位 |
|---|---|---|---|---|
| 40 | NY/T 1056—2006 | 绿色食品 贮藏运输准则 | 2006/4/1 | 农业农村部 |
| 41 | TB/T 3562—2020 | 铁路保温车 | 2021/4/1 | 国家铁路局 |
| 42 | YZ/T 0175—2020 | 鲜活水产品快递服务要求 | 2021/3/1 | 国家邮政局 |
| 43 | YY/T 0086—2020 | 医用冷藏箱 | 2022/1/1 | 国家药监局 |

（2）重要标准制修订情况。

《物流术语》基础类国家标准发布。《物流术语》（GB/T 18354—2021）是国家标准，经由国家市场监管总局、国家标准化管理委员会批准，于2021年8月20日正式发布，2021年12月1日实施。新修订发布的国家标准中，按物流基础术语、物流作业术语、物流技术与设施设备术语、物流信息术语、物流管理术语、国际物流术语六大部分进行分类，共收纳定义术语250条，新增术语66条，修改完善术语及定义137条，标准的修订和发布将为我国的物流业及其相关领域的物流发展提供基础性支撑。

通用设施、设备、包装标准发布。多年以来，物流设施设备、包装的标准衔接，尤其是实现相互间尺寸的匹配和衔接，以帮助物流的一贯化作业一直是物流标准化的卡点问题，多个全国标准化技术委员会致力于解决这一突出问题。2021年修订发布的《硬质直方体运输包装尺寸系列》（GB/T 4892—2021）在物流包装方面提出了运输包装的尺寸系列。为了与国际标准对标，该标准充分参考了国际相关标准和各国包装尺寸标准，特别是由单个运输包装件形成的包装单元货物尺寸标准，并基于与托盘平面尺寸标准相配套原则，标准修改采用了《包装　运输包装件和单元货物　硬质直方体运输包装尺寸系列》（ISO 3394：2012），规定了基于运输包装模数尺寸600mm×400mm，600mm×500mm和550mm×366mm的硬质直方体运输包装尺寸系列，并给出了所形成的单元货物三个尺寸1200mm×1000mm、1200mm×800mm、1100mm×1100mm。该标准将指导我国物流包装、引导产品标准的设计与应用，对我国逐步进行单元化物流系统建设具有重要意义。

2021年新发布的《通用半托盘尺寸及性能要求》（GB/T 40479—2021）和《联运通用滑板托盘尺寸及性能要求》（GB/T 40481—2021）两项推荐性国家标准，给出了适用于我国的半托盘、滑板托盘的尺寸、结构，规定了其性能要求和试验方法。两项标准的发布进一步丰富了我国托盘的种类，半托盘标准可解决物流配送“最后一公里”带板，提高配送的机械化作业，在提升作业效率方面具有积极意义。滑板托盘标准可大大降低托盘成本，可为我国带板运输提供更多托盘选择。

2021年修订发布的《通用仓库及库区规划设计参数》（GB/T 28581—2021）国家标准，对我国通用仓库的规划布局、信息化、绿色发展提出新的要求，标准在制定的过程中也充分考虑了物流包装模数、托盘的平面尺寸标准等，以此确定了仓储作业的基本货物单元尺寸，并在此基础上给出仓库柱距、站台宽度、库门尺寸、仓库净高等主要规划和设计参数，以确保货物在仓储环节的高效流通。标准的制定和发布对我国通用仓库的新建、改建、扩建具有很好的指导意义。

物流安全标准化。在物流行业，针对危险

货物的运输和仓储一直是强监管范围，2021年交通运输部针对不同品类的危险货物的运输制定发布了多项强制性国家标准。其中，由粉末、颗粒或较大块状等物质组成的固体散装货物，不做中间包装而被直接装入船舶货舱中，在运输过程中这些货物具有易爆、易燃、有毒、腐蚀、放射、污染等特性，容易造成人身伤害、财产损失或环境污染，为此交通运输部制定发布《固体散装货物海运安全技术要求》（GB 40558—2021）强制性国家标准，对固体散装货物进行了分组和危险性分类，并规定了在海运过程中的安全技术基本要求和特殊要求，这项标准适用于我国管辖海域内的固体散装货物海路运输；另一项强制性国家标准《海运危险货物集装箱装箱安全技术要求》（GB 40163—2021）则对集装箱海运危险货物的作业提出了基本要求，另外对装箱前准备、装箱和封箱，以及装箱后都提出了作业要求，通过对作业全流程的规范，来确保使用集装箱载运危险货物的运输安全。

港口因涉及港区设施设备、货物和人员的作业安全，也是物流安全控制与管理的重点领域，不同功能的码头、库区或作业项目在场所、设备操作安全和作业安全要求方面都有较大差异。交通运输部为此按不同类型的港口作业场所和作业项目，制定了作业安全系列标准，制定并发布的《港口作业安全要求》强制性国家标准共分为7个部分，第1部分——油气化工码头、第2部分——石油化工库区、第3部分——危险货物集装箱、第4部分——普通货物集装箱、第5部分——件杂货物、第6部分——固体散装危险货物、第7部分——水泥。系列标准中规定了不同类型作业场所或作业项目的作业过程中的一般要求、作业安全要求、特殊作业要求和应急管理要求，旨在通过标准有效提高港口作业安全水平，降低作业风险。2021年发布了前3个部分标准，分别为《港口作业安全要求 第1部分：油气化工码头》（GB 16994.1—2021）、《港口作业安全要求 第2部分：石油化工库区》（GB 16994.2—2021）、《港口作业安全要求 第3部分：危险货物集装箱》（GB 16994.3—2021）。

另外，随着互联网的发展，通过网约形式快速发展起来的即时配送、同城网约货物配送等平台企业也开始重视作业安全和从业人员安全防护。比如，2021年由中国物流与采购联合会（以下简称“中物联”）牵头，联合滴滴、美团等多家平台企业起草的《网络即时配送食品服务操作规范》团体标准、《网约配送员骑行头盔智能技术应用要求》团体标准、《同城网约货运平台运营安全管理规范》团体标准。

绿色发展标准化。在物流业构建绿色低碳循环体系是“十四五”时期的重点工程，在多个部门的“十四五”发展规划中都提出了具体的要求。2021年国务院印发的《2030年前碳达峰行动方案》，将进一步指导物流业绿色低碳发展。推广标准化运载单元和包装单元的应用，推动标准化托盘及包装器具的循环使用，是提升综合运输效率、促进节能减排降碳的重要手段之一。2021年发布的《果蔬类周转箱尺寸系列及技术要求》（GB/T 39907—2021）和《果蔬类周转箱循环共用管理规范》（GB/T 40065—2021）两项推荐性国家标准主要规定了果蔬类周转箱的尺寸系列、技术要求，以及在循环共用中的管理要求等。标准针对我国果蔬类产品流通过程中普遍采用一次性的纸箱、编织袋、网眼袋，或者非标准化的周转箱，存在物流效率低、安全卫生无法保障和资源浪费等突出问题，在技术要求上给出了适用于单元化作业的系列尺寸，以及使用寿命等重要绿色指标，在循环共用管理标准中对周转箱循环共用过程中的参与方、作业管理、信息管理等都进行了规定。标准适用于用塑料制成的果蔬类产品周转箱循环共用的管理，标准的制定可实现果蔬采摘、物流、销售一贯化作业，可进一步提升物流的绿色发展水平。

另外，由国家发展改革委提出正在制定的《单位产品（服务）碳排放限额编制通则》国家标准，由生态环境部提出正在修订的《油品运输大气污染物排放标准》国家标准，由中物联牵头正在制定的《企业绿色物流评估指标》、《物流企业温室气体排放核算方法》，以及废旧动力电池回收系列标准等都将为物流业的绿色发展提供理论和技术支撑。

数字发展标准化。2021年，习近平总书记提出数字经济正在成为重组全球要素资源、重塑全球经济结构、改变全球竞争格局的关键力量，发展数字经济是把握新一轮科技革命和产业变革新机遇的战略选择。2021年，物流行业数字化转型开始提速，这一年相继完成了《智慧物流服务指南》国家标准、《数字化仓库基本要求》行业标准的制定，但数字物流标准化总体框架的规则和设计尚属于起步阶段。

（3）物流标准实施进一步加强。

推进物流标准化建设，发挥标准在国民经济发展中的基础性、引领性作用，是列入国家标准化发展纲要的重要任务之一。各级政府部门通过标准的宣贯、标准试点等多样化的手段推广物流标准，2021年商务部联合印发《关于开展国家级服务业标准化试点（商贸流通专项）的通知》（商建函〔2021〕132号），试点主要围绕内外贸一体化、商贸流通提质增效两个方向开展，聚焦商贸流通体系建设的重点方向和关键领域，通过开展试点工作，推动各地区、行业、各类市场主体在标准制定、实施、应用方面开拓创新。

中物联也通过多种形式开展标准的宣传。截至2021年12月，依据《物流企业分类与评估指标》国家标准开展的物流企业评估，共评估A级物流企业7745家，其中5A级物流企业405家。该评估工作有力引导物流企业从传统物流向现代物流转型升级，走向规范、科学的发展之路。依据《物流企业冷链服务要求与能力评估指标》国家标准开展的冷链物流企业星级评估共评出106家星级冷链物流企业，已有山东、广东、福建、江西、云南、辽宁、安徽、湖南、河南等15个地方政府出台星级补贴政策，推动冷链物流发展。依据《药品冷链物流运作规范》国家标准开展试点—达标—示范工作，参加试点企业达到448家，其中达标企业119家、示范企业22家；依据《医药产品冷链物流温控设施设备验证性能确认技术规范》国家标准开展设施设备符合性验证，多家生产、流通以及物流企业已将该标准作为设施设备符合性验证的重要依据之一；依据《体外诊断试剂温控物流服务规范》行业标准开展试点，2021年有58家企业成为该标准的试点单位。通过试点、达标、评估等工作，推出了一批综合型和专业型的骨干企业，为政府、行业、企业遴选优质的物流企业提供了依据。

2021年全国物流标准化技术委员会和分技术委员会通过线上、线下相结合的方式开展了多项国家标准、行业标准的解读培训，参加培训人员达到8000余人次，很好地带动了企业从业人员学标准、用标准。

（4）国际标准化需求增强。

随着企业国际物流业务的发展，物流企业对于国际标准化的需求从2020年开始明显增强，但在物流领域国际标准化工作一直明显落后于国内标准化工作。依据中物联的调查数据来看，目前国际标准化组织（ISO）体系框架内还没有以“物流”为名称和工作范围的专业标准化技术委员会，与物流相关的标准化技术委员会主要还是以物流装备、包装、信息等为主，比如ISO/TC 22道路车辆、ISO/TC 51托盘、ISO/TC 104集装箱、ISO/TC 122包装、ISO/TC 204智能交通系统，而物流服务与管理的标准化技术委员会目前只有2019年成立的ISO/TC 321电子商务交易保障技术委员会所涉及的“到最终消费者的配送服务”，ISO/TC 297废物回收与运输技术委员会所涉及的“回收物流”以及2021年成立的ISO/TC 315冷链物流技术委员会。

2021年，中物联相继承担了ISO/TC 51（托盘）、ISO/TC 297（废物回收与运输）、ISO/TC 315（冷链物流）三个国际标准化技术委员会的国内对口工作，对接国际标准化组织，开展国际标准化交流、推动企业参与，对于推动国家标准走出去发挥了积极作用。2021年提交了《无接触冷链物流服务规范》，在ISO/TC 315发起成立了AHG2任务组，承担冷链物流术语研究工作，积极开展《冷链物流术语》国际标准提案的前期准备工作。

总体来看，推动物流国际标准化工作任重道远，在这个领域有国际标准化工作经验的专家还很少，缺少既熟悉物流发展又了解国际标准化规则，同时语言过关的复合性人才，加大人才培养和培育将是“十四五”物流标准化的一项重要任务。

（中国物流与采购联合会标准化工作部）

# 漯河双汇物流投资有限公司

漯河双汇物流投资有限公司（以下简称“双汇物流”）是万通物流国际有限公司旗下的控股子公司，成立于2003年，注册资金7000万元，总部位于河南省漯河市，是国内大型综合冷链物流企业，国家5A级物流企业、国家五星冷链物流企业、中国冷链物流百强企业。

双汇物流在全国15个省、市、自治区成立了20个省级公司、5个办事处，业务网络遍布全国，业务模式多元发展，形成了集运输、仓储、包装、分拣、装卸、配送、网络货运、国内外贸易、汽车后市场、信息化服务等为一体的综合物流服务平台。全国大部分地区物流配送可做到朝发夕至。目前，双汇物流拥有冷库容量25万吨，常温库、配送库建地面积21万平方米，铁路专用线4条，自有车辆1200余台，整合社会车辆12万余台，日运量能达到15000吨以上，年发运量突破500万吨。

双汇物流大力推进企业信息化、数字化、智能化建设，已经建成网络货运平台、冷易通智慧供应链平台、智能调度、供应链预警、司机报账、智能管车、车辆康养、安全协同、车辆自动紧急制动、违章查询、ERP共11个信息化系统，实现“十个全程”管理（全程位置定位、全程温度追踪、全程司机监控、全程车辆康养、全程载重感应、全程油耗显示、全程业务可视、全程调度智能、全程价格上网、全程费用受控），推动企业向现代物流转型升级。

已投入运营的冷易通（郑州）冷链物流园区，是双汇物流倾力打造的首个数字化、智慧化、多元化的冷链物流园区，配置多温区自动化立体库、超万平方米多功能分拣区，货物总存储量可达20万吨，业务涵盖仓储配送、分拣加工、商务办公、贸易金融等服务功能，打造一站式智慧化物流园区服务平台，为客户提供多业态一体化的全供应链服务。

新时期，万隆董事长提出了“大力发展现代物流业，使双汇物流成为国内外、干仓配、科工贸、线上线下、一站式服务的食品全供应链服务商”的发展战略。双汇物流将围绕“物流+科技+贸易”，采取“1+5”发展模式（“1”是物流投资，“5”是运输公司+园区公司+贸易公司+科技公司+网络平台公司），通过管理标准化、全程可视化、业务国际化、创新模式化，推进“六个结合”（工业与商业相结合、内贸与外贸相结合、仓储与物流相结合、分拨与城配相结合、线上与线下相结合、交易与金融相结合），建设十大物流园区，将双汇物流打造成为一流的综合型现代物流企业。

联系人：陈娇　13663953221

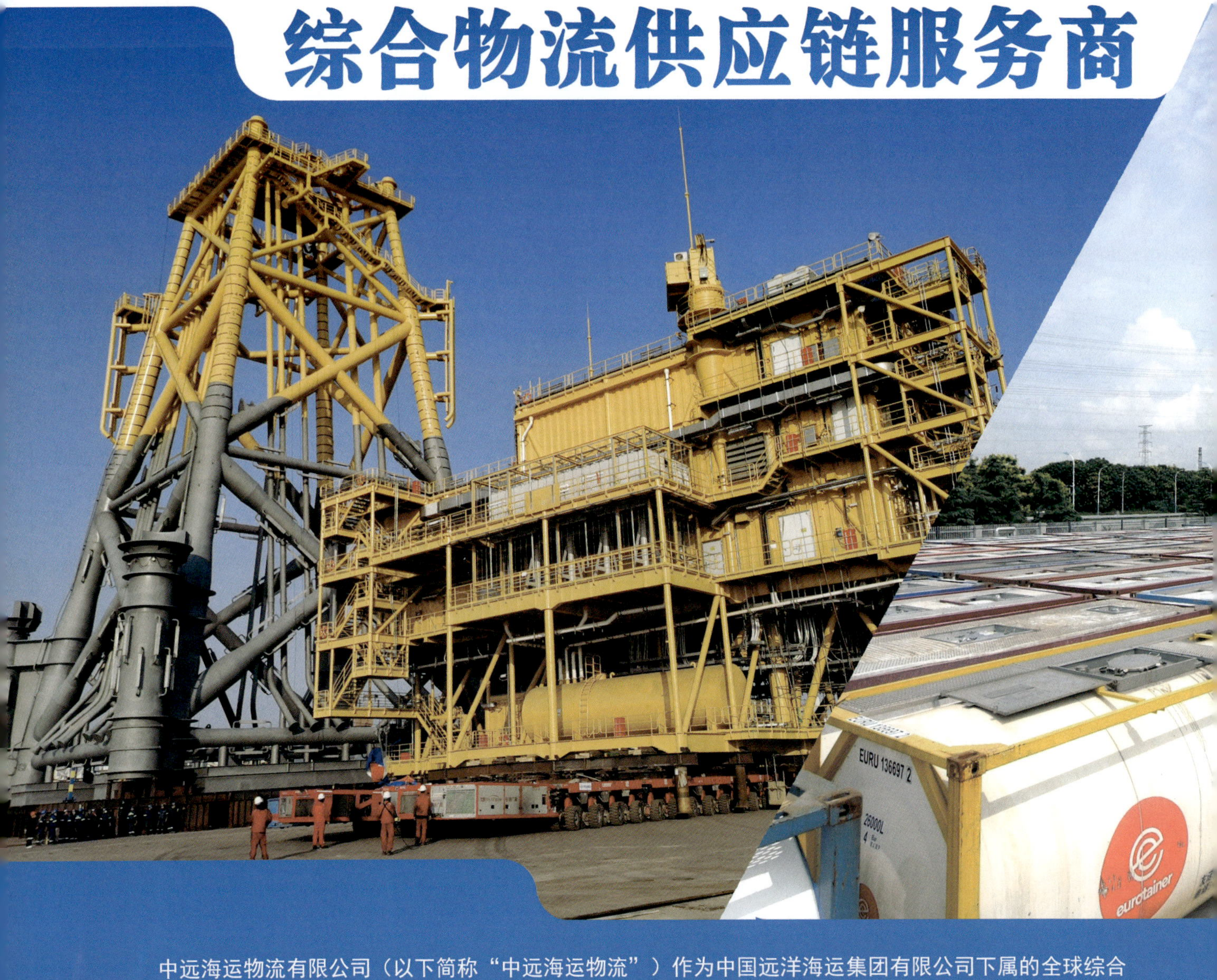

COSCO SHIPPING
江苏江南
35t
COSCO SHIPPING
中远海运
COSCO SHIPPING

股票代码【603569】

## 二、国际铁路运输线路

“一带一路”沿线国家汽车物流领军者，整车、零部件国际铁路运输专家。

**International Railway Transportation Routes**

A leader in automobile logistics in national along the "Belt and Road" and an expert in international railway transportation of vehicles and parts.

### 站到站线路

- 国内始发站：成都、西安、哈尔滨、重庆、沈阳、合肥、郑州、锦州、大连等
- 国外到达站：汉堡、杜伊斯堡、马拉、纽伦堡、蒂尔堡、杜尔日、布达佩斯、莫斯科、新西伯利亚、阿拉木图、塔什干等

**Station-to-Station Routes**

- Domestic departure stations：Chengdu, Xi'an, Harbin, Chongqing, Shenyang, Hefei, Zhengzhou, Jinzhou, Dalian, etc.
- Overseas arrival stations: Hamburg(Germany)、Duisburg(Germany)、Mara(Poland)、Nuremberg(Germany)、Tilburg(Holland)、Dourges (France)、Budapest(Hungary)、Mexico (Russia)、Novosibirsk(Russia)、Alma-Ata (Kasachstan)、 Tashkent(Uzbekistan) .etc.

### 境外代理线路

- 进出口口岸：满洲里、绥芬河、二连浩特、阿拉山口、霍尔果斯
- 国外到达站：汉堡、杜伊斯堡、马拉、纽伦堡、蒂尔堡、杜尔日、布达佩斯、莫斯科、新西伯利亚等

**Overseas Agency Routes**

- Import and Export ports：Manchuria(China)、Suifenhe(China)、Erlianhot(China)、Alataw pass(China)、Horgos(China).
- Overseas arrival stations：Hamburg(Germany)、Duisburg(Germany)、Mara(Poland)、Nuremberg(Germany)、Tilburg(Holland)、Dourges (France)、Budapest(Hungary)、Mexico (Russia)、Novosibirsk(Russia).etc.

## 三、国际海运主要线路

仁川—上海—胡志明—西哈努克—巴生—雅加达—新加坡—林查班—八打雁—仁川

上海—八打雁—上海—平泽—蔚山—上海—香港—八打雁—上海

上海、天津—蒙巴萨（肯尼亚）、达累斯萨拉姆（坦桑尼亚）、德班、伊丽莎白、开普敦（南非）、路易港（毛里求斯）马普托（莫桑比克）

**Water Transportation Routes**

Incheon (Korea)-Shanghai (China)- Ho Chi Minh (Vietnam) - Sihanouk (Cambodia)-Klang (Malaysia;) - Jakarta - Singapore - Laem cha bang(Thailand)etc. – Batangas (Philippines) - Incheon

Shanghai (China)- Batangas (Philippines) - Shanghai (China)- Pyeongtaek (Korea) – Ulsan (Korea)- Shanghai (China)- Hong Kong - Batangas (Philippines) - Shanghai (China)

Shanghai，Tianjin (China)-Mombasa (Kenya), Dar es Salaam (Tanzania), Durban, Elizabeth, Cape Town (South Africa), Port Louis (Mauritius), Maputo (Mozambique)

## 四、海外分支机构

在德国、中国香港、波兰、俄罗斯均设有全资子公司，此外在波兰马拉收购ADP SA 30%股权。

**Oversea Subsidiaries**

We have subsidiaries in Germany, Hong Kong, Poland and Russia, and acquired 30% shares of ADP SA.

**ADD:**

99 Shigezhuang Road, Chaoyang District, Beijing, China

Hamburg. Grobe Elbstrbe 45, 7.OC, 22767 Hamburg, Germany

www.changjiulogistics.global

+49 (0) 40 8090 06950

info.de@changjiulogistics.com

## [托盘篇]

（部分优秀托盘及包装类企业展示，除广告位展示企业外按国家政府网排列省区市顺序，客户序列不分先后）

# 上海庙航包装科技股份有限公司

## ——三十三载，砥砺奋进铸辉煌 三十三年，风雨同舟步铿锵

上海庙航包装科技股份有限公司（以下简称“庙航公司”）自1989年12月成立至今，一直秉持“信念与坚持、理念与梦想、品质与服务”的理念，从无到有的积累都见证了庙航公司发展的步步坚定，从一家工厂到多省区市服务印证了庙航人的发展潜力。我们始终坚持“以质量求生存、以管理求效益、以信誉求发展”的创办宗旨，不仅有经验丰富的技术达人，还有热血澎湃的新生力量，不仅有凝聚力、创造力，更有无限的发展力。

庙航公司总部位于人虹桥核心商业板块（虹桥天地一号楼），上海工厂位于宝山罗店镇（月罗公路1258号），拥有国内先进的自动化托盘生产流水线以及各类包装箱设备。可根据国内外客户需求定制各类包装容器及服务，客户涉及行业有汽车、物流、设备、医药、化工等多个领域。庙航公司先后取得ISO 9001及ISO 14001国际体系认证、出口危险品货物包装容器质量许可证、环境管理体系认证证书和FSC认证。2020年，被认定为“上海市高新技术企业”，并与多家同行成立“上海启航包装集团有限公司”共谋发展。2021年进行了股改，完成了上海股权托管交易中心科技创新板挂牌。

近年来，我们践行国家“碳中和”理念，立足传统创新突破，以科技驱动力带动产品更新迭代，用可循环项目成就一个个成功案例。

长风破浪会有时，直挂云帆济沧海。庙航公司的过去铸就庙航公司的当下，更会成就庙航公司的未来。联系电话：400-003-7733

---



---

北京睿泽恒镒科技股份公司

推动中国物流安全、环保和绿色循环经济，向世界先进水平发展，做行业技术的领航者！联系电话：010-88570356

新创（天津）包装工业科技有限公司

专注于木托盘、木质包装容器、生物质燃料的生产及销售，作为亚洲先进的木托盘生产企业之一，长期致力于生产和推广木托盘标准化及木托盘循环共用。联系电话：400-611-1108

中包物联网科技（天津）有限公司

货安达®智能循环物流器具。联系电话：400-679-0993

内蒙古佳运通智能环保新材料有限公司

通过固废资源化利用创造价值。联系电话：0472-5208867

明辉现代供应链（大连）有限责任公司

设计制作、熏蒸检疫包装载具以满足不同国家的标准。联系电话：0411-86458782

绥芬河市友谊木业（集团）有限公司

知名的国际木材进口商和加工复出口商。联系电话：0453-3988681

上海力卡塑料托盘制造有限公司

中国十大明星托盘企业，根据客户的要求量身定制专用的托盘产品，提供物流解决方案，满足各行各业的需求。 联系电话：021-57251616

上海庆豪塑料托盘制造有限公司

中国十大明星托盘企业，以客户为先、以质量求发展，为广大客户提供更好的塑料托盘和服务。联系电话：021-57251955 57251542

上海易箱物流设备科技有限公司

云享智链，箱聚物载。联系电话：021-60901839

上海乐橘科技有限公司

让一切变得简单，客户轻松使用共享包装及共享物流，构建智慧物流新生态。联系电话：021-66695515

南京汉青包装科技有限公司

中国十大明星托盘企业，专注于托盘新材料的研发和环保型托盘的制造。联系电话：025-83316728

江苏前程工业包装有限公司

提供包装咨询评估、包装设计与打样、包装检测、仓储物流、现场包装和包装循环管理等“一站式”工业包装整体解决方案（CPS）服务。联系电话：400-0510-198

江苏中和智能包装有限公司

全球绿色包装领域知名的大型包装企业。联系电话：0510-86158033

江阴丰惠包装有限公司

中国十大明星托盘企业，丰惠纸制品——免消毒、免熏蒸、环保，外型美观大方、承重性强，防潮、防滑、缓冲性能好，坚固可靠又可回收利用，符合欧美等地的ROHS标准。联系电话：0510-86963203

无锡市前程包装工程有限公司

中国十大明星托盘企业，中国工业包装领域整体包装解决方案服务商。联系电话：400-100-5990

昆山市信得包装制品有限公司

提供专案设计、包装测试、专人服务、专程配送，旨在为客户提供一站式整体包装解决方案。联系电话：0512-57810155

苏州大森塑胶工业有限公司

可依赖的专业物流塑料单元集装器具制造商。联系电话：0512-68632228

苏州工业园区安华贸易有限公司

中国十大明星托盘企业，可循环包装及智能物流系统服务的专业提供商。联系电话：0512—67685678

仪征市升泰环境材料有限公司

中国十大明星托盘企业，通过托盘循环共用、托盘租赁、包装箱租赁在成本、效率以及环境等方面帮助客户实现多重收益。联系电话：0514-83662001

金华市捷特包装有限公司

中国十大明星托盘企业，提供专业的包装咨询、包装设计及整体包装解决方案。联系电话：0579-82721728

浙江荣信模具塑料有限公司

中国十大明星托盘企业，专业制造托盘模具、垃圾桶模具、周转箱模具。联系电话：0576-84628288

芜湖宏春木业集团有限公司

根据客户需求加工订做任意规格尺寸的木托盘和包装箱，具有高抗压、无虫蛀等优点。联系电话：0553-5858008

金源集团芜湖钟山木器包装有限公司

中国十大明星托盘企业，绿色托盘定制专家。联系电话：13505534763

青岛赛帆物流设备有限公司

木包装工业自动化倡行者。联系电话：400-0532-662

广东炜鸿塑料科技有限公司

中国标准木制托盘生产示范基地，根据客户需求提供合适的产品、提升服务水平，不断提供优质的塑料托盘等塑料制品。联系电话：020-62161639

广州市塑料工业集团有限公司

聚焦塑料和有色金属行业，统筹发展供应链业务和塑料制品业务，为客户、股东和员工创造更大价值。联系电话：020-37193688

广东省林格科技集团有限公司

林格储物用创新理念为您提供一站式服务模式。联系电话：0769-22408680

重庆诺信包装制品有限公司

致力于为物流包装提供供应链全套产品和服务，是集研发、生产、销售、服务为一体的综合性物流装备企业。联系电话：023-65221378

路凯（深圳）投资控股有限公司

可循环集装单元载具运作(Returnable Packaging Handling)供应链解决方案服务商。联系电话：400-808-1942

## [铁路篇]

（各路局及相关企业排名不分先后）

# 中国国家铁路集团有限公司

中国国家铁路集团有限公司（简称"中国铁路"）是经国务院批准、依据《中华人民共和国公司法》设立、由中央管理的国有独资公司，注册资本为17395亿元。

中国铁路以铁路客货运输为主业，实行多元化经营。负责铁路运输统一调度指挥，统筹安排路网性运力资源配置，承担国家规定的公益性运输任务，负责铁路行业运输收入清算和收入进款管理。自觉接受行政监管和公众监督，负责国家铁路新线投产运营的安全评估，保证运输安全，提升服务质量，提高经济效益，增强市场竞争能力。坚持高质量发展，确保国有资产保值增值，推动国有资本做强做优做大。

中国铁路所属企业具体情况如下。

## （一）铁路局集团公司（18个）

### 中国铁路哈尔滨局集团有限公司

运营线路覆盖黑龙江省全境和内蒙古自治区呼伦贝尔市，管内满洲里口岸和绥芬河口岸，分别与俄罗斯后贝加尔铁路、远东铁路接轨。哈尔滨局集团公司主动践行"交通强国、铁路先行"历史使命，始终坚持"人民铁路为人民"宗旨，为人民群众便捷出行及区域煤炭、木材、粮食、石油等重点物资运输做出了重要贡献，也为推动新时代东北全面振兴、全方位振兴，提供了强有力的运力保障。联系电话：0451-86428781 0451-95306

### 中国铁路沈阳局集团有限公司

以铁路客货运输服务为主业，实行多元化经营。管辖线路营业里程14583公里，其中高铁3296公里，主要分布在辽宁省、吉林省全境，内蒙古自治区东部及黑龙江省南部、河北省东北部的33个市（州、盟）。铁路货运畅通关内关外、连接沿海腹地，在"通关达海"的物流服务中承担重要职责。联系电话：024-23839289 024-95306

### 中国铁路北京局集团有限公司

经营北京、天津两市，河北、山西两省以及山东、河南两省部分地区国家铁路的国有特大型运输企业。全面实践铁道部跨越式发展思路，以大秦亿吨和第五次大提速为突破口，为全面建设小康社会提供充足的运力保证。立足科技进步，加强技术创新，坚持市场导向，提高经济效益，强化薄弱环节，提高运输能力；逐步实现管理服务信息化、装备水平现代化。联系电话：010-51821114 010-95306

### 中国铁路太原局集团有限公司

管辖大西高铁、张大客专、郑太高铁、石太客专、南北同蒲、大秦、侯月、瓦日、石太、太中、朔准等干线和支线。主要担负着山西省的客货运输任务和周边冀、京、津、蒙、陕等省区市的部分货运任务，在全国铁路网和山西省综合交通运输体系中处于重要地位，为国民经济和区域经济发展作出了积极贡献。联系电话：0651-95306

### 中国铁路呼和浩特局集团有限公司

地处内蒙古自治区中西部，内连西北、华北、东北地区，外接蒙古国、俄罗斯及东欧国家，承担着服务边疆草原、稳固祖国北部边疆的重要任务。联系电话：0471-2244150 0471-95306

### 中国铁路郑州局集团有限公司

位于全国铁路网正中心，中国国家地理运输的战略中心，地跨河南、山西、山东三省，京广、陇海、焦柳、京九四大干线在此交汇，是立足中原、服务四方的交通命脉，承东启西、连接南北的经济走廊，地理位置十分重要，素有"中国铁路心脏"之称，与北京、上海、济南、武汉、太原、西安6个铁路局相邻。联系电话：0371-68322050 0371-95306

### 中国铁路武汉局集团有限公司

地处全国铁路网中部和地理位置中心，管辖湖北省全境、河南省南部以及安徽省部分地区铁路，是全国铁路的重要枢纽和我国中部地区、长江城市集群综合交通体系的重要组成部分。联系电话：027-95306

中国铁路西安局集团有限公司

位于西北地区，线路纵贯南北、横跨东西、覆盖陕西全省；辐射甘肃、宁夏、内蒙古、河南、山西、四川、湖北、重庆等省区市部分地区。是承东启西、连接南北的咽喉要道，是进出川、渝、滇、黔西南地区的运输通道，是全国重要客货流集散地和转运枢纽之一，在西部乃至全国路网中具有重要的战略地位。联系电话：029-95306

中国铁路济南局集团有限公司

东临沿海，西依中原，北与北京铁路局接轨，南与上海铁路局毗邻；管内京沪高铁、京沪、京九、蓝烟、胶新五线纵横南北，胶济客专、胶济、菏兖日三线横亘东西。近年来，济南铁路局坚持“人民铁路为人民”宗旨，全力服务于山东地方经济发展，不断加快铁路建设步伐，提升技术装备现代化水平，快速扩充综合能力，不断提高服务质量。联系电话：0531-95306

中国铁路上海局集团有限公司

管内下辖南京办事处、徐州办事处、合肥办事处、杭州办事处共4个铁路办事处。中国铁路上海局集团有限公司地处东南沿海长江中下游地区。它的管辖地区、线路主要分布在安徽省、江苏省、浙江省和上海市。管辖区内工农业生产发达，内外贸易兴旺。联系电话：021-51222150 021-95306

中国铁路南昌局集团有限公司

主要经营江西、福建两省全部和湖南、湖北两省境内部分铁路运输及其相关产业，管辖京九、沪昆、杭深、杭长、鹰厦、皖赣、峰福、赣龙、吉衡、武九、合九、铜九、漳泉、漳龙、龙厦、昌九城际铁路等干线和60余条支线，东接“长三角”、南连“珠三角”，覆盖鄱阳湖生态经济区、赣南原中央苏区和海峡蓝色经济试验区，在全国铁路网中发挥着承东启西、沟通南北的重要作用。联系电话：0791-87023150 0791-95306

中国铁路广州局集团有限公司

主要管辖广东、湖南、海南三省铁路，践行“以人民为中心”的发展思想，深入推进运输供给侧结构性改革，大力实施货运增量行动、客运提质计划和“复兴号”品牌战略，不断满足人民群众日益增长的美好生活需要。联系电话：020-95306

中国铁路南宁局集团有限公司

管辖铁路集沿海铁路、边疆铁路、山区铁路、民族地区和革命老区铁路等于一体，地处粤港澳大湾区、中国—东盟自贸区、西南中南经济圈交汇处，是我国铁路面向东盟的区域性交通枢纽，肩负着服务西部陆海新通道建设的重大使命。联系电话：0771-95306

中国铁路成都局集团有限公司

管辖四川省、贵州省、云南省（部分）、湖北省（部分）、重庆市四省一市国有铁路，营业里程5238.6公里。管辖干线有宝成、成渝、襄渝、成昆、川黔、黔桂、沪昆、内六、渝怀、沪蓉、万凉、峨攀共12条。管辖合资铁路34条，计5381.5公里。联系电话：028-95306

中国铁路昆明局集团有限公司

直属铁路大致跨越云南省（不含昭通市）、四川省[攀枝花站（不含）以南区间]以及贵州省部分地区，主要负责管内旅客乘降以及货物运输组织工作。管辖贵昆、成昆、南昆、大丽、玉蒙、蒙河6条准轨电气化铁路干线；昆河、蒙宝2条米轨铁路干线；昆玉、广大、水红3条地方、合资铁路；羊场、东川、盘西Ⅰ线、昆阳、安宁、东王6条准轨支线；昆石、昆小、草官3条米轨支线。联系电话：0871-95306

中国铁路兰州局集团有限公司

形成了以兰州为枢纽，由陇海铁路、包兰铁路、兰新铁路、宝中铁路、兰渝铁路等9条普速干线和4条高铁干线及10余条支线构成的西北铁路基本框架。纵横跨川、甘、青、宁四省（区），是亚欧大陆桥在我国境内的重要区段。联系电话：0931-95306

中国铁路乌鲁木齐局集团有限公司

地处全国铁路网西北末端，管辖兰新线和南疆线2条干线。兰新线东起甘肃省境内的安北站与兰州局分界，西至与哈萨克斯坦共和国接壤的阿拉山口站；南疆线自兰新线吐鲁番站至喀什站。联系电话：0991-3660302 0991-95306

**中国铁路青藏集团有限公司**

管辖跨青海、西藏两省（区）的铁路。中国铁路青藏集团有限公司的成立，促进了青藏高原地区与全国各地之间的联系，加强了各民族之间的联系，推进了青藏地区的经济发展。联系电话：0971—95306

## （二）川藏铁路有限公司

川藏铁路（Sichuan-Tibet Railway）是我国境内一条连接四川省与西藏自治区的快速铁路，呈东西走向，为我国国内第二条进藏铁路，也是我国西南地区的干线铁路之一。川藏铁路采用兴建新线与合并旧线的方式修筑，分期分段建设运营，东起四川省成都市、西至西藏自治区拉萨市，线路全长1838公里，设计速度160～200公里/小时。

## （三）专业运输公司（3个）

**中铁集装箱运输有限责任公司**

是中国铁路中欧班列统一经营服务平台，是中欧班列运输协调委员会秘书处单位。以打造世界一流现代物流企业为目标，秉承“诚信、担当、和合、创新”的企业精神，坚持“以市场需求为导向、以优质服务为追求、以客户满意为标准”的经营理念，依靠人才和信息化两大基础，积极推进中欧班列、多式联运、箱管箱修三大品牌建设。联系电话：400-706-0288

**中铁特货物流股份有限公司**

主营业务有商品汽车物流、冷藏物流和大件物流，配属、使用的商品汽车运输专用车、长大货车、冷藏货物运输车等铁路专业车辆2万余辆，拥有55个商品汽车物流中心，总面积278万平方米。联系电话：400-706-8888

**中铁快运股份有限公司**

是中国铁路直属现代物流企业，国家AAAAA级物流企业。中铁快运设有18个区域分公司、13个省区市分公司（中心营业部）和7个子公司，在全国322个城市设有3200多个营业机构，“门到门”服务网络覆盖2906个市、县。联系电话：95572

## （四）非运输企业（11个）

中国铁路投资有限公司、中国铁道科学研究院集团有限公司、中国铁路经济规划研究院有限公司、中国铁路信息科技集团有限公司、中国铁路设计集团有限公司、中国铁路国际有限公司、铁总服务有限公司、中国铁道出版社有限公司、《人民铁道》报业有限公司、中国铁路专运中心、中国铁路文工团有限公司。

# [综合篇]

（部分优秀物流企业展示，除广告展示企业外按国家政府网排列省区市顺序，客户序列不分先后）

## 岳阳胥家桥综合物流园

岳阳胥家桥综合物流园（以下简称“园区”）是由岳阳市城运集团规划建设的集城市配送中心、商贸仓储物流中心、多式联运中心、大数据物流信息中心、供应链物流服务中心于一体的综合物流产业园区，拥有以浩吉铁路为核心，依托杭瑞高速、城陵矶高速、107国道、北环线等交通主干线，形成以公路、铁路为主，辐射城陵矶水港、三荷机场空港的立体交通网络，具有得天独厚的区位及交通优势，立足岳阳，服务湘北、鄂南、赣西。

园区规划占地面积约5200亩，其中净用地面积约2800亩，另预留远期用地约3648亩，采用整体规划、分期建设、滚动开发的模式。园区首个项目于2019年12月开工，于2020年纳入湖南省重点建设项目，为岳阳市“千亿物流产业”示范园区。园区现投资规模已超过50亿元，已启动城市配送中心、防疫应急物资储备库、智慧商贸物流园（PPP项目）三个项目，其中城市配送中心项目占地面积332亩，主要建设内容包括展销中心、高标仓及物流总部大楼、公寓楼等相关配套设施，于2022年10月交付使用；防疫应急物资储备库项目占地面积60亩，主要建设内容包括甲类仓库、丙类仓库、展销中心及相关配套设施，于2022年9月交付使用；智慧商贸物流园项目于2021年4月正式启动建设，规划面积约890亩，项目以标准仓、公路港、供应链综合服务等为主，计划于2023年10月交付使用。

园区现筹备城市配送中心二期片区开发项目、坪田站公铁联运项目，打造以公路、铁路为主的陆港型物流枢纽，诚邀社会各界参与岳阳胥家桥综合物流园的投资、建设、运营，合力开发园区，共享发展成果。

联系电话：0730-8221188　19973022625（李主任）19973023268（朱主任）

## 通湖物流园

江苏通湖物流园有限公司由宿迁市交通产业集团有限公司投资建设，位于325省道南侧、通湖大道西侧，建设一期项目225亩、二期项目220亩，预计总投资10亿元。该项目为宿迁市物流业“十三五”时期“一核、五区、多节点”发展格局的重要组成部分。园区一期分为综合服务中心、区域分拣中心、仓储保管中心、城市配送中心、智能车源中心和智慧信息中心六大功能板块，主营物流服务、代理服务、金融服务、车辆服务和社会服务五大核心业务，具体包括货物干线运输、省内分拨、同城配送、仓储、供应链金融、保险、产品展销、车辆服务、物流信息化服务、企业管理咨询服务、房屋租赁服务、住宿服务及物业服务等。项目的建成运营对于提升宿迁市物流运行效率，降低物流综合成本，优化物流空间布局，促进工业、商贸企业发展将起到积极作用。

联系电话：0527-84353666 0527-84353888

## 中国诚通供应链服务有限公司

中国诚通供应链服务有限公司（以下简称“公司”）位于古城西安，是国务院国资委所属中国物流集团有限公司的成员企业——中国物流股份有限公司的全资子公司，成立于1989年，于2017年完成公司制改制，注册资本7847.13万元。

公司始终贯彻“准确识别客户需求、及时满足客户需求、以创新理念引领客户需求”的经营方针，坚持“为客户创造价值”的服务理念，依托陕西省制造业发展优势，围绕汽车、机械、家电及重大工程项目等领域，开展“贸易、加工、仓储、运输、配送”一体化服务。在做强做优传统业务基础上，公司不断开拓酒类物流、生产物流等新业态，致力于推动产业链上下游融通发展，打造配套服务体系，助力服务客户做大产业、做强品牌，共同助推制造业物流业深度融合发展。目前，公司与宝武钢铁、鞍钢、河钢、首钢、马钢、比亚迪汽车、陕汽集团、西矿环保、同力重工、雷丁汽车等50余家钢铁行业龙头企业和大型装备制造企业保持着稳定良好的合作关系，在行业内树立了良好口碑。

公司通过了IATF 16949认证、ISO 9001质量管理体系认证和国家“AAAA”级物流企业认证，公司中高级物流管理师人数占比49%，拥有专业的客户服务团队。连续多年荣获客户颁发的“优秀物流服务商”荣誉，荣获“改革开放40年·陕西省物流行业杰出贡献企业”称号。

联系电话：029-82522411

# 中外运物流（云南）有限公司

中外运物流（云南）有限公司（以下简称“外运物流云南公司”）是云南省政府“央企入滇”的重点引进物流企业，系中外运物流下属单位，集团母公司为招商局集团。外运物流云南公司位于昆明高新东区，占地178亩，总投资5.2亿元，目前已建成8万平方米高标准双层立体仓库，项目一期于2017年投入使用，二期于2022年下半年全部投入使用。此外，外运物流云南公司在大理设有办事处，作为省内干线布局的重要运作节点。

外运物流云南公司主要服务于世界500强企业，客户业务主要涉及快消品、特色产业、大健康医药以及跨境物流等领域，通过SAP、DSP、SDCC等物流信息系统，可按客户需求实现系统对接与订单数据交互，并可灵活适应不同应用场景与模型，为客户提供全面的物流信息化服务，并通过标准化运作流程、标准化效率成本、标准化服务质量实现标准化的客户服务体系。通过多式联运，依托中外运物流搭建的三网融合、四区协同的端到端全网运营平台，为客户提供全场景交付服务的供应链产品。

外运物流云南公司作为“灾急送”公益备灾仓，曾多次联合壹基金、中国扶贫基金会等救灾伙伴响应全国重大自然灾害地区及新冠肺炎疫情地区的社会公众救援运输需求，践行“国家有需，招商必应，外运必达”的央企使命和社会责任。

外运物流云南公司曾被授予“云南省物流业守信企业”，荣获“2020全国快消品经销商优秀仓配服务案例奖”，多次获评优秀供应商。

联系电话：0871-65957980

---

# 陕西卡一车物流科技有限公司

陕西卡一车物流科技有限公司（以下简称“公司”）成立于2015年，是国家“AAAAA”级综合型现代物流企业，致力于大宗商品物流运输、供应链服务、互联网科技等领域。为能源、化工、建材等行业的产业链上下游企业提供金融、供应链管理、贸易等多项解决方案及服务，以及基于公路、铁路、水路的多式联运物流服务，累计服务全国企业用户数超过2000家，货运总量超过1.8亿吨。

通过将传统物流与互联网技术进行深度融合，公司自主研发并构建了西北地区大宗商品物流供应链服务平台，通过大数据、区块链等先进技术打造了便捷、高效、公开、透明、可追溯的一体化供应链服务模式，有力提升了企业的竞争力，推动了流通领域的提质、降本、增效，并先后与陕煤集团、晋能集团、川煤集团在煤炭智慧运输、销售管理等方面进行深度合作，促进了煤矿产销运全链条数字化、智能化发展。

公司通过“诚信、创新、合作、共赢”的经营理念，建立了由百余个物流联运网点、数十个公铁集运站及大型仓储物流中心等物流节点组成的线下物流服务网络，加盟货运车辆近40万辆，同时组建了2000多家指定加油、加气、维保、车辆审验、ETC等服务网点，构建了以陕西省为中心，辐射全国的大宗商品物流供应链综合服务保障体系。

联系电话：029-88377203

---

# 九江市新雪域置业有限公司

九江市新雪域置业有限公司是九江新雪域冷链物流园的开发运营主体。2009年9月成立，注册资本1.03亿元，占地面积200亩，辐射服务相关涉温产业1200亩。主要经营冷链供应链管理、冷链仓储服务、专业农批市场、大宗农产品物流、进口肉类平台运营、冷链供应链金融、冷链咨询服务、市场物业服务等。是赣北地区专业冷链园区和江西省冷链龙头企业之一，是集冻品、干货、调味品、粮油、炒货、农副产品等多业态为一体的城市民生保障综合服务集聚区，是赣北地区名副其实的“后厨房”和“大冰箱”。 2020年5月实现江西进口肉类“0”的突破， 按照“一个口岸一个产业”的发展战略，依托进口肉类指定监管场地，构建物流链，优化物流配套体系。随着平台物流链的成功构建，将实现九江进口肉类指定监管场地的江海、水陆运输方式向水铁运输方式延伸，进一步构筑冷链物流公共平台的区域辐射范围和服务能力，提升江西省口岸功能和对外开放水平，大幅降低进口肉类产品物流成本，形成辐射赣北及周边皖、鄂、湘等省份冷链物流采购及配送体系。补足产业链，打造对外开放新平台，规划建设九江进口商品（肉类）产业园、九江进口肉类体验馆，更有利于九江进口肉类平台信息流、资金流、商流、技术流和人才流的汇聚。

联系人：许佳　联系电话：13979281077

中国物流集团有限公司

定位于“综合物流服务方案提供者、全球供应链组织者”，着力发展综合物流服务、供应链集成服务、国际物流服务、物流设施综合服务、物流生态服务五大业务集群。面向未来，中国物流集团将抢抓历史机遇、融入国家战略、践行央企使命，以“促进现代流通、保障国计民生”为己任，秉持“责任、高效、绿色、安全”的发展理念，努力降低社会物流成本，维护产业链供应链安全稳定，为加快建设现代流通体系、构建新发展格局和保障全球产业链供应链安全稳定贡献力量。联系电话：010-51895188

中铁物贸集团有限公司

是中国中铁股份有限公司指定专业从事物资集中采购和物资贸易的大型企业集团，在国内物流与物资采购、贸易领域拥有较高的影响力和美誉度，是中国物流与采购联合会副会长单位，北京企业（诚信创建）评价协会副理事长单位，全国供应链创新与应用示范企业，2018—2019年度全国企业文化优秀成果一等奖单位，2019年全国公共采购“优秀集中采购机构”，荣获“2020中国物流杰出企业”和“2020中国物流创新奖”。 联系电话：010-61829816

中国新兴交通物流有限责任公司

是一家国际化综合服务型物流企业，主营业务为供应链管理、物流设计、物流服务、信息服务等。新兴交通物流通过构建以铁、铝、煤、油等大宗工业原材料为主导的综合运输网络和集货配送物流体系，向大型工业企业提供生产所需的基础性物流服务，为终端客户提供一体化的物流集成解决方案。新兴交通物流肩负“为国家创造财富、为客户创造价值、为员工创造幸福”的使命，以发展现代物流为己任、以科学管理为手段、以高素质人才队伍为基石，营造“快乐工作，幸福生活”的文化氛围，努力实现“新兴共赢链”。联系电话：010-68283303

普天物流技术有限公司

是中国普天的全资子公司，国家高新技术企业。公司始终坚持科技创新，持续拓展产业空间。经过近半个世纪的积累和发展，已经形成了以物流咨询及规划设计为突破、以物流自动化装备制造为核心、以物流信息管控平台为支撑、以物流系统集成为主导的完整的技术产业链条，成为国内一流的物流自动化、智能化、信息化系统集成商和服务商。目前，公司已成功为800多家大中型企业提供了物流系统产品、服务和完整的物流系统解决方案，业务涉及烟草、电力、电商、医药、医院与应急物流保障、邮政及速递、图书、快速消费品、新能源、智能制造及物流园区规划等多个行业。联系电话：010-62418017

中物华商集团股份有限公司

业务覆盖物流与供应链、金融物流、物流地产、绿色装配式建筑、港口运营、投资等行业。集团注重研发，不断创新，走可持续发展之路。坚持破除边界，联合包括金融、制造、流通等多行业，多业联动，共同发展。集团已与多家央企、地方国资企业、国内知名龙头企业、境外上市公司、知名学府及研究机构签订了战略合作协议，为客户和合作伙伴不断提升价值。联系电话：010-68291800

北京普田物流有限公司

是一家以汽车物流为主的国家“AAAAA级综合服务型物流企业”，集多产业运营为一体的现代物流服务商。主要为福田汽车集团提供全价值链的物流服务，自1996年伴随福田汽车集团共同成长，始终坚持以业务创新为动力、以信息化为手段，走科技创新、智慧物流之路，营业收入快速稳步增长，已成为中国汽车物流产业的重要力量。联系电话：400-886-5156

安迅物流有限公司

是国美集团投资的第三方物流企业，是领先的第三方行业解决方案服务平台公司。安迅物流一直秉承“以用户为中心，以需求为导向，以体验为根本”，从客户应用场景出发，深挖不同场景下客户的个性化需求，为客户提供涵盖低成本、多场景、数据化、一体化、弹性化的行业解决方案。安迅物流还将在自身物流设施、国美门店基础上，兼容并包、开放共享，搭建一套社会化的基于供应链的开放平台，为全社会提供优质服务。联系电话：400-128-8000

天津港

是国家重要的战略资源，是京津冀及“三北”地区的海上门户、雄安新区主要出海口，是“一带一路”的海陆交汇点、新亚欧大陆桥经济走廊的重要节点和服务全面对外开放的国际枢纽港，连续多年跻身世界港口前十强。天津港是我国重要的现代化综合性港口 、世界人工深水大港，码头等级达30万吨级，航道水深22米，拥有各类泊位192个，万吨级以上泊位128个，主要由北疆、东疆、南疆、大沽口、高沙岭、大港六个港区组成。联系电话：022-25705298

河北省物流产业集团有限公司

以供应链集成服务为核心主业，改革创新和产融结合双轮驱动，着力构建“大宗商品、现代物流、再生资源、产业加工”四大战略集群。河北省物流产业集团以“物联世界、产业报国”为企业使命，致力于建设现代供应链集成服务领军企业和智慧物流龙头企业，积极发挥供应链集成服务独特优势，服务国家战略，展现国企担当，以创新引领新物流，数字赋能新征程，促进资源要素跨产业、跨区域流动和合理配置，持续为客户和社会创造价值，谱写“新物流、新征程”华彩篇章。联系电话：0311—88600323

山西中鲁物流有限公司

是一家集智能研发、设计制造、物流仓储、生产加工、销售和服务于一体的综合性集团公司，以互联网、物联网、云计算和大数据为核心技术，以“物流大数据”“供应链大数据”为核心业务，以智慧物流园区、智能研发、家居F2B2C产业生态链、商流物流一体化服务、现代物流基础设施建设五大业务板块为主体。联系电话：0351-6960399

### 一汽物流有限公司

始终坚持以“技术驱动物流，创新发展物流”为基本点，布局入厂、工厂、整车、备品、新业态五大物流板块，秉承以客户为中心、为客户创造价值的理念，做大物流事业、做优物流服务、做强物流品牌，不断向着把一汽物流打造成为“国内顶级世界一流”汽车物流综合解决方案提供者而努力。联系电话：0431-82025700

### 哈欧国际物流股份有限公司

主营跨境集装箱多式联运业务，是集保税监管、仓储、物流、贸易等多领域全产业链业务于一体的综合性跨境物流运输企业。目前，公司的产品“哈欧班列”“哈俄班列”均已并入中国铁路总公司的中欧班列运行图；班列线路已经延伸至俄罗斯、白俄罗斯、波兰、德国、比利时等多个国家，并结合客户的需求实现“站—站”“站—门”“门—门”等全门点服务。境内提货范围及作业能力已经覆盖东北、华北、华东、华南等全国大部分区域，境外覆盖了波兰、捷克、意大利、法国、德国、比利时等欧洲主要国家。联系电话：0451-51196688

### 上海安能聚创供应链管理有限公司

是国家“AAAAA级综合服务型物流企业”，以“物流创造无限可能”为使命，专注为客户降本增效，提供高性价比、更好体验的运输服务。安能物流依靠创新型商业模式推动，持续从客户需求出发，创新推出MiNi电商系列、精准零担快运、定时达、安心达、普惠达等行业优势产品。安能物流以大数据、云计算等科技手段为基础，自主研发48套IT系统推动科技创新和运营结合，精细化管理实现了运营的全链路数字化。联系电话：95344

### 上海光明领鲜物流有限公司

是光明乳业股份有限公司的全资子公司，具有雄厚的实力和丰富的物流管理经验。领鲜物流是以冷链为主的多温度带综合性物流企业，营运团队深谙冷链体系及各温域物流服务体系建设，不仅为光明乳业提供仓储配送服务，也面向社会为第三方客户提供食品物流服务，是专业的供应链解决方案提供商。领鲜物流依托光明乳业建立起强大的物流网络，可延伸至各县级城市及乡镇，覆盖终端网点50000+。由上海及全国各物流中心始发的每日干线线路多达200余条，客户下单24小时送达。联系电话：021-50567881

### 上海郑明现代物流有限公司

自2011年起升级转型后，先后引入美国红杉资本、法国凯辉投资基金、国际金融公司（IFC）资本、摩根士丹利、国家开发银行、春华资本及远洋资本等。业务范围涵盖冷链物流、温控仓网、工业品物流、商贸物流、供应链金融等领域。郑明现代秉承服务至上的理念，竭诚为广大客户提供优质服务。联系电话：021-62277668

### 上海中石化工物流股份有限公司

主要从事各类化工危险品（剧毒品、危险废弃物）专业运输并集普通化工品运输、货运代理、仓储管理、多式联运、大件设备运输和第三方物流管理策划及与物流相关的汽车维修、驾驶员培训、槽罐监测、无车承运人等服务为一体的综合性物流业务。先后获得中国化工物流30强企业、全国“安康杯”竞赛7连胜单位、上海市文明单位、上海市5星级诚信创建单位、上海市5星级交通安全资信企业、上海市现代物流服务名牌企业、中石化华东销售分公司“标杆运输服务供应商”“陶氏物流之星”“赛科特别贡献奖”等荣誉称号。联系电话：021-57942178

### 上汽安吉物流股份有限公司

是上海汽车集团股份有限公司所属专业从事物流业务的全资子公司，为国内外主要主机厂和零部件厂家提供物流服务。在多年的发展历程中，上汽安吉物流不断挑战自我、勇于创新，配送网络覆盖全国562个城市，为国内外主要主机厂和零部件厂家及6000多家4S经销店、6000多家维修站提供智能化、一体化、网络化的汽车物流供应链服务，并为约5000家4S经销店提供质押监管服务。上汽安吉物流将继续秉承“以诚行道，以信载物”的企业文化，以诚实守信行道载物，以卓越服务为客户创造价值、成就未来，成为科技引领、数字驱动的全供应链服务商。联系电话：021-25050666

### 惠龙易通国际物流股份有限公司

是国内专业从事道路运输、水路运输和大宗商品在线销售的物流电商龙头骨干企业。公司十余年不跨界，专注于物流与电子商务领域精耕细作，坚持“互联网+物流+金融”与工业融合发展，率先创立了国内无车无船主承运人的场内电商交易新模式，获国家相关部委评定的“智慧交通与现代物流创新示范基地”“电子商务示范企业”“互联网与工业融合创新试点企业”、中国建设银行的“互联网金融创新试点企业”、人社部的“全国物流行业先进集体”。联系电话：0511-85188888

### 安得智联科技股份有限公司

是一家致力于为客户提供端到端数智化供应链解决方案的物流科技企业。基于美的“T+3”产销模式及渠道一盘货变革的经营实践，安得智联建立了端到端全链路数智化的物流运营迭代能力，可为客户提供从原料到成品的生产精益物流服务，线上线下一盘货、To b/C一体化、仓干配一体化及送装服务的一体化供应链解决方案，协助企业推动渠道变革与供应链效率优化，提升竞争优势，助力客户实现可持续性发展。联系电话：400-000-0056

### 福建八方物流股份有限公司

是福建省交通运输集团有限责任公司旗下专业提供第三方物流服务的国有企业，是中国物流百强企业，“AAAA级综合服务型物流企业”。公司通过优化整合集团所拥有的集装箱码头、集装箱陆运、仓储堆场、货运代理、道路货运等物流资源，进一步进行集成创新、流程再造，打造一个以港口为龙头的海峡西岸现代综合物流体系，以优质的服务和完善的信息网络系统为支撑，构建立足海西、辐射全国的完整物流供应链。联系电话：0591-88026750

漳州漳龙物流园区开发有限公司

漳龙物流园区是福建省级现代服务业集聚示范区和省级示范物流园区。园区以“资源整合、产业融合、运营创新、典型示范”为原则，立足漳州优势产业，依托漳州及周边区域完善的立体交通网络，在做好现代化运输、仓储、配送、流通加工等基础物流服务的同时，做强全程供应链管理，开拓“物流+金融”产业融资平台，打造漳州市规模大、企业聚集度高、物流服务能力强、功能齐全的物流综合体。联系电话：17705965656

江西蓝海物流科技有限公司

主要提供道路普通货物运输、货物装卸及搬运服务、货物仓储（危化品及易燃易爆物品除外）、运输代理服务、陆路国际货运代理、货车销售、物联网技术应用等服务、以出版物流为基础、积极拓展第三方物流，得到了快速发展，形成了城市配送、城际配送、供应链服务、专线配送等多业态、跨区域的发展布局。联系电话：0791-82298589

山东高速物流集团有限公司

依托山东高速集团交通主业优势，积极整合省内相关物流资源，实施“一网一链一平台”战略，即搭建物流骨干枢纽服务网、产业供应链、智慧物流与大数据服务平台，形成以“网”承载资源、以“链”赋能产业、以“平台”驱动发展的战略路径，打造成为行业领先、国际知名的智能化、一体化物流与供应链综合服务商。2020年公司被山东省委、省政府授予“山东省抗击新冠肺炎疫情先进集体”荣誉称号，被人力资源社会保障部和中国物流与采购联合会授予“全国物流行业先进集体”荣誉称号。 联系电话：0531-89251605

济南铁路经营集团有限公司

以公铁水联运为主营业务，以物流总包和金融物流为主要服务模式，涵盖了物流配送、仓储、国际联运、物流信息服务、定制物流方案和传统的货运代理业务。多年来，集团公司秉承“真诚服务，携手共赢”的服务理念，以适应市场多样化的需求为己任，以降低全社会物流成本、打造绿色物流企业为目标，积极为客户提供全方位的物流解决方案，并与山东省内外20余家大型生产流通企业建立了长期合作关系。联系电话：0531-82426806

山东凯达物流有限公司

是一家集仓单质押、货物储存、物流配送、信息服务为一体，多元化经营、全方位发展的现代化综合型国家“AAAA”级物流企业。公司先后被授予中国物流百强企业、全国先进物流企业、全国通用型仓储前五十强企业、山东省服务名牌企业、山东省诚信企业、山东省守合同重信用单位、山东省服务标准化示范单位、山东省电子商务示范企业、全国企业文化建设典范企业、省级文明单位等荣誉称号。联系电话：0633-7771111

河南大一物流集团有限公司

主要业务范围有物流金融服务、物流信息服务、物流园区服务、电子科技、电子导航仪器、移动网络信息服务、互联网信息服务、保险经纪、出租汽车客运、货物运输、机动车维修、餐饮、住宿、仓储、货运站经营、客运站经营等，是国家“AAAA”级物流企业。联系电话：0379-64545919

一拖（洛阳）物流有限公司

是集公路运输、铁路运输、公铁海多式联运、国际货运班列、仓储配送、物流装备制造、设备安装、机动车维修、汽车租赁及驾驶员培训等为一体的“AAAA级综合型物流企业”。中共十八大以来，积极融入国家“一带一路”和对外开放体系建设，以一拖铁路编组站铁路枢纽存量资源为基础，规划建设东方红（洛阳）国际陆港，完善服务功能，作业能力达到年集装箱吞吐量10万标准箱，先后开行了“洛阳至中亚”“洛阳至俄罗斯”国际货运班列和“洛阳至青岛”“洛阳至宁波”“洛阳至连云港”等铁海联运班列，构筑起洛阳“东联西进”国际国内物流骨干通道，是洛阳生产服务型国家物流枢纽建设运营主体。联系电话：0379-64968149

河南中原铁道物流有限公司

是隶属于郑州铁路局的专业化物流企业，国家综合服务型“AAAAA”级物流企业、国家“AAA”级信用等级认证企业、河南省信用建设示范单位。公司积极搭建快运物流新平台，创新“内贸+外贸”混合编组物流新模式，突出“高频次、小批次、公交化”的运输特点，成功开行郑州圃田至新疆乌西特需班列。联系电话：0371-68360219

湖南星沙物流投资有限公司

是一家现代物流综合服务型企业。公司秉承“厚德载物、天人合流”的企业思想，始终坚守“服务创造价值、合作成就未来”的企业发展理念，致力于提供卓越的物流服务，开创“让优秀的企业成为我们的客户、让我们的客户成为优秀的企业”的美好未来。经营范围包括物流金融服务、物流咨询服务、三方物流服务、物流信息服务、物流基础设施投资管理服务、标准化厂房投资运营服务等。联系电话：0731-82958784

广东林安物流发展有限公司

是一家以现代智慧物流园区运营和管理，以及搭建现代物流信息交易服务平台、供应链金融平台、第四方物流服务平台为主的物流供应链产业集团。集团在“互联网+高效物流”、物流信息化平台与物联网应用、物流信用平台与行业大数据、智慧物流骨干网络体系建设以及物流人工智能和云平台领域居全国领先水平，是广东省人民政府重点扶持的龙头企业。联系电话：400-8866-956

广州市广百物流有限公司

是广州商贸投资控股集团有限公司下属国有独资企业，公司坚持“安全、便捷、优质、诚信”的服务理念，深耕商贸物流领域，聚焦协调发展、优势互补的“一主四翼”板块业务，建设中国南部物流枢纽园区，发展现代仓储、城市配送、供应链一体化业务和物业经营管理，服务深入地区5万多个配送网点，构建了以广州为中心、服务粤港澳大湾区、面向全国的综合物流营运网络。先后获批国家“AAAA”级物流企业、中国物流示范基地、中国五星级仓库、广东省物流龙头企业、广东省供应链管理示范企业、广州市城市配送重点企业。联系电话：020-83050487

**深圳市深国际西部物流有限公司**

是深圳国际控股有限公司全资子公司。西部物流建立、运营的“前海（全球）跨境电子商务产业园”为“第二批国家电子商务示范基地”，也是一家以跨境电子商务为主要业务的产业园，计划通过国家电子商务示范基地建设，推动海内外品牌电商、知识资本、互联网金融及互联网高端人才等战略资源向深圳前海集聚，努力促成深圳前海电子商务的政策环境、支撑体系、价值链整合以及跨境电子商务协同发展的格局。联系电话：0755-86305911

**重庆公运东盟国际物流有限公司**

主要运营“两平台两中心”，两平台即“重庆跨境公路班车平台”和“重庆东盟国际贸易服务平台”（集采城项目）。重庆跨境公路班车平台作为跨境公路运输引领者，是连接重庆与东盟各国的桥梁和纽带；重庆东盟国际贸易服务平台能够实现国际贸易相关的物流、商流、信息流、资金流在巴南的汇聚。两中心即“重庆南彭保税物流中心”和“重庆国际分拨（公路）海关监管中心”，作为“西部陆海新通道”在重庆的承接地，是重庆对外开放的重要窗口。联系电话：023-88963779

**四川东方物流集团有限公司**

是一家以机电工程物流为主导，集公路普通货物运输、集装箱运输、大件设备运输、海关监管货物运输、铁路运输、国际货运代理、报关、铁—公—水路联运、仓储于一体的专业化程度较高的综合型物流企业。公司业务遍布全国，国际货代业务涉及30多个国家的60多个港口。联系电话：0813-5388812

**贵州交通物流集团有限公司**

依托贵州省高速公路建设管养体量与路网路域资源，聚焦“3+2”业务布局（大宗物资贸易、特色园区开发运营及智慧物流服务3个核心业务，汽车综合服务及供应链金融服务2个关联业务），突出“物流＋园区＋贸易”属性，坚持市场导向，以线上智慧物流平台与线下实体网络为载体，深耕贵州物流市场。联系电话：0851-85284255

**云南腾晋物流股份有限公司**

是云南省国家物流枢纽（昆明商贸服务型）的运营主体、国家“AAAAA”级物流企业，腾晋物流秉承创新、务实、专业、效率的核心价值观，坚持创造价值、服务客户、造福社会、服务国家的发展理念，经过十多年的不懈努力，将腾俊国际陆港建设成为以物流基础设施为护城河、整合商贸基础设施与数字化系统的具有国家级商贸服务功能的新型供应链枢纽，形成“物流+贸易+服务”的一站式一体化现代物流及供应链服务能力，促进贸易流、信息流、资金流、人才流的聚集与流动，是云南省建设面向南亚东南亚辐射中心的重要抓手，也是云南省服务国家“一带一路”倡议的重要支撑。联系电话：0871-68626966

**云南能投物流有限责任公司**

作为云南省委省政府对云南能投集团定位的“绿色能源、现代物流、数字经济”三大核心产业之一的“现代物流”板块的实施主体，逐步成长为《云南省现代物流产业发展“十三五”规划》中重点培育的龙头物流企业。目前在云南、深圳、北京、贵阳、中国香港、老挝、越南等地设立20余家分子公司及办事处。能投物流主动服务和融入“一带一路”“辐射中心”建设，立足于云南省改革开放发展大局，沿泛亚铁路东、中、西三条主线布局关键物流节点，形成以昆明为核心的上下连通、统筹调配功能，覆盖云南省的现代物流框架体系。联系电话：0871-64981234

**陕西省物流集团有限责任公司**

以“打造千亿级智慧化国际物流服务商”为愿景目标，经过科学严谨的论证，以成为“创新型、数字型、平台型、国际化”的一流物流集成服务商为战略定位；通过“人才、金融”两轮驱动，“技术创新力、项目带动力、机制支撑力”三力并发，形成“党建引领、实干创新、资源整合、战略保障”四种核心能力；实现“1个上市公司、10亿元利润、100亿元净资产、1000亿元收入、拉动10000亿产业规模”五个目标；构建“现代物流、大宗贸易、城市矿产、交易平台、供应链金融、科技研发”六大产业集群的“123456”战略发展体系。联系电话：029-86320801

**陕西煤业化工物资集团有限公司**

是陕西煤业化工集团有限责任公司的全资子公司。“十三五”期间，公司按照“三商一体”企业定位（集供应链整合商、工业企业物流服务商、贸易与金融运营商融合共生的综合体），实施“146”发展战略，加快建设以智慧物流为统揽的“三网一平台”，推动企业高质量发展。未来，公司将继续秉承“勇于挑战、乐于合作、敢于承担、忠于事业”的企业精神，加快转型升级、奋力追赶超越，向着“国际化供应链物流企业”愿景昂首迈进，争做陕煤集团“一带一路”先行者和陕西“三个经济”排头兵。联系电话：029-81772178

**甘肃省物产集团有限责任公司**

是国家“AAAA级综合服务型物流企业”、“AAA”级信用企业。集团旗下涉及商贸、物流、城市供热、房地产开发、白酒生产、再生资源回收等多方面产业，拥有12家子公司。其中沿陇海、兰新铁路在天水、陇西、皋兰、兰州、张掖等重要物流枢纽节点布局建设6大物流园，为甘肃省优势产业资源实现国内、国际互连互通提供了有效物流支撑。联系电话：0931-8466772

**新疆天顺供应链股份有限公司**

秉承“以客户为中心，实现企业可持续发展”的经营理念，倡导用心服务，严抓服务质量，以优异的服务质量为公司在业内赢得了良好的声誉。天顺股份积极融入“一带一路”建设，以新疆为核心东联西出，以互联网、智慧物流为核心，以供应链金融为引领，努力将天顺股份打造成公、铁、航、海一体化的国际化、综合型的物流和供应链服务商，真正实现“物流+互联网+供应链+金融”的全球化格局。联系电话：0991-3792215

# 第八部分

# 部分优秀物流企业及经典案例

# “5G+AGV”智能仓——云南联通双引擎驱动腾俊国际陆港

中国联合网络通信有限公司云南省分公司（以下简称“云南联通”）为中国联合网络通信有限公司在云南的分支机构，属于驻滇中央企业，拥有完善的省、市、县三级组织架构，设有16个州市分公司和129个县级机构。云南联通通过与各行各业加强“互联网+”产业合作，积极推进移动互联网、云计算、大数据、人工智能、5G与智能产业、现代制造业的深度结合，服务两化深度融合，在助力各行业客户提升信息化水平的同时也积极推进各专业领域的数字化转型。

云南腾晋物流股份有限公司（以下简称“云南腾晋物流”）是国家5A级物流企业，国家级供应链创新与应用试点企业，云南省首家网络货运经营企业。2020年年底，云南腾晋物流成功入选“昆明商贸服务型国家物流枢纽”承载城市的建设运营主体，成为云南省首个获批的商贸服务型国家物流枢纽。腾俊国际陆港（国际口岸代码：CNKML）是国家级示范物流园区，占地3669亩，总投资110亿元，总建筑面积240万平方米，是联合国《政府间国际陆港协定》认定的全国17个国际性陆港之一，也是昆明唯一的国际性重要陆港。云南腾晋物流与云南联通在长期通信网络及信息化合作的基础上，达成推进数字化转型的合作协议，结合打造“数字云南”，云南联通助力云南腾晋物流实现5G、云计算、大数据、物联网、人工智能等先进信息技术在物流全场景的融合应用，在仓储、运输等业务领域实现数字化、智慧化转型升级，构建智慧供应链物流体系。

根据腾俊国际陆港的发展战略，未来物流业将向着智能化、数字化方向发展，云南联通与云南腾晋物流深入合作，双方共同建设5G智慧园区，一期工程完工后，将实现园区的5G网络覆盖，为园区的5G应用提供基础保障；同时对16#仓库（约12000平方米）进行智能化改造，通过5G+AGV技术，建设云南首个智能仓库，为仓库提供一个智能、高效、稳定、柔性化的入库、出库、补货、盘点、分播等全智能作业流程，提升仓库运行效率，释放劳动力。

## 一、解决方案

在当前的智能仓储中，搬运AGV、AMR、机械臂等智能设备通过Wi-Fi无线与控制系统、运维系统进行指令与数据的通信。随着业务增长，仓储智能设备种类越来越多、规模越来越大，设备与控制系统、运维平台间的通信量也随之增大。对无线网络通信带宽、可靠性及通信延时要求都非常高。

当前主要面临的挑战包括，一是单一的AP无法覆盖整个仓库范围，需要架设多个AP进行覆盖，这样导致AGV在移动中存在切换AP热点带来的漫游不稳定及业务中断的问题；二是采用二维码导航或基于激光SLAM导航的AGV，存在项目实施和维护难度大、激光导航信息易丢失等问题，需要人工搬回特定位置重新定位；三是智能设备的控制器硬件种类繁多，本地算力需求变化多样，导致研发投入大、周期长、灵活不足、硬件资源升级困难等问题；四是仓内各种智能设备通过Wi-Fi连接到公共网络，同时工作存在一定互相干扰，如果全部由现有无线网络接入，则又存在接入数量瓶颈。

为解决传统网络接入方式的弊端，本项目在仓储货物的分拣分拨业务场景中使用5G+AGV的实现方式，在腾俊物流园区仓库AGV中内置5G芯片模组，仓内的网络采用室分系统进行覆盖，所有信号源自一个AAU（有源天线单元，是5G基站的主要设备），可以避免AGV在移动中存在的漫游问题。对比现有无线的接入数量和无线通信机制（LBT），使用5G可以较好地解决这两个问题。将仓储智能设备主控上运行的导航定位、激光雷达等需要复杂计算能力的需求，WCS、WMS、地面控制系统以及运维平台的需求上移到5G的边缘计算服务器，以满足AGV不断丰富的应用场景和日益增长的计算力需求。将传感器数据采集、运动控制/紧急避障等对实时性要求更高的模块仍然保留在AGV、ARM、机械臂等智能设备本体以满足安全性要求。

项目在腾俊国际陆港选取刚建成投产的1.2万平方米的常温仓，针对智能仓库区局域封闭性的业务场景，采用5G混合专网的建设模式，在园区内建设5G专网基站及园区专用核心网元，实现库区内无缝覆盖、AGV响应超低时延、生产调度不中断、业务数据不出园，确保库区内货品输送、分拣、分拨的效率和安全。在园区建设室外基站及库区内室内分布系统5G核心网UPF网元。根据智能仓业务特性，云南联通与云南腾晋物流联合开发5G+AGV平台，建设5G模组AGV仓储机器人及工作站，全套输送线设备；自主研发WMS仓库管理系统、业务调度系统、输送线WCS系统。

## 二、项目亮点

打造云南省内第一个“5G智能仓”，项目的重要意义在于5G行业应用商业模式的创新，云南联通物流和云南腾晋物流在合作共建的基础上，项目建成投产后还将开展业务合作运营，双方都可从智能仓业务中获利，这种中长期深度业务合作模式打破了5G行业应用以往“叫好不叫座”的业务实用性和投资效益瓶颈，真正实现了5G创新在企业实际生产活动中的落地。

## 三、应用效果与推广前景

（一）项目应用效果

经济效益。项目投产运行后，云南腾晋物流和云南联通双方都可从智能仓仓配一体化业务获取收益。

社会效益。一是通过复制智能仓模式，促进云南省物流降本增效，推进物流基础设施建设转型升级。依托云南独特区位优势，推动数字经济发展，打造对内连接经济圈，对外辐射南亚东南亚最大的商贸服务型物流枢纽；二是减少仓储分拣分拨作业人员聚集，助力疫情防控。

（二）推广前景

云南联通5G智慧物流的建设总体思路是为了解决物流企业在物流园区和配送环节上面临的工作环境差、人力劳动强度大、突发事件响应能力滞后和人员不足等衍生的效率问题。通过数字化、自动化和智能化来提高效率已成为物流行业的首要目标。

本项目依托5G网络通信技术实现大上行带宽、低控制时延、多设备接入的通信能力，满足了仓储机器人等智能物流技术对连接的要求，下一步将实现人、车、园区管理的异常预警和实时状态监控，最终实现所有人、机、车、设备的一体互联、整体调度及管理。园区无人仓作为5G技术发挥作用的一个重点场景，可以实现自动入仓及出仓匹配、实时库容管理、仓储大脑和机器人无缝衔接、AR作业、包裹跟踪定位等。

5G、物联网、云计算、大数据、人工智能、AR/VR、区块链、机器人等技术将全面推动社会供应链物流的智能化进程。

1.应用5G技术实现物流园区高效智能管理

5G可极大提升物流园区物联网设备和人的连接能力、交互能力。通过5G+IoT+AI技术融合应用，实现物流园区从“被动型传统管理”到“主动型智能管理”的转型；形成具有“高智能，快决策，一体化”特点的智能物流园区。

2.应用5G技术加速智能仓库的持续演进

5G速率、大连接、低时延的三大特点，以及高精度定位能力，能够很好地满足仓内大规模协作机器人的云端智能协同控制，提升协作效率和容量，降低单体机器人和机器人部署成本，加速智能无人仓的推广和应用。

3.应用5G技术使基于AR的物流作业效率和质量提升

基于5G的大带宽和低时延，AR能够广泛应用于仓库规划、货物拣选、仓库导航、智能装车、运输导航、配送交付、安装维修等相关场景，提升物流仓储、运输、配送各环节的作业能力，降低培训成本。

总之，5G将推动创建物流数字孪生世界。5G实现万物连接，可将物流生产过程中的海量数据汇聚，通过智能平台对这些数据加以结构化的聚合处理，映射出孪生数字世界。智能决策在数字世界快速交互与验证，最终在物理世界落地决策，实现持续性改进设计与创新，达到降本增效、协同最优的目的。

## 四、结语

本项目是云南省内物流企业与通信运营商深入合作的第一个5G项目，企业在合作中各自发挥优势。云南联通采用目前最先进的5G专网技术对腾俊国际陆港进行5G信号覆盖，满足腾俊国际陆港的智能化园区需求，后续腾俊国际陆港的智慧园区将基于5G技术进行演进。同时，对腾俊国际陆港的智能仓储系统建设，有了5G技术低时延、高带宽、高密度的特性保障，可满足智能仓内AGV、VR、PDA等各类智能终端的接入，保障各项业务的高效运行。

（中国联合网络通信有限公司云南省分公司　智慧物流行业总监　吕华；中国联合网络通信有限公司云南省分公司　政企客户部副总经理　张浩）

# 准时达——夏普全球供应链管理服务

夏普作为全球知名的家用电器设备制造商，自创立以来，曾推出无数“日本首次”“世界首次”的划时代产品。而随着夏普上下游供应链的复杂程度不断加大，自身也面临着供应链效率降低和响应速度变慢，生产计划难以预测等诸多挑战。自2016年8月夏普被富士康收购后，同年10月富士康改组了夏普的物流部门，其中SHARP JUSDA LOGISTICS（日本准时达，简称SJL）由夏普（SHARP）和准时达于2016年共同出资成立。SJL作为准时达在日本的子公司，通过软件+硬件+行业解决方案的运营模式，为夏普提供制造业端到端的全链条优化，协助夏普完成供应链转型升级，实现扭亏为盈。

2020年，SJL在整合夏普各项职能的同时加强自营并扩大夏普企业物流以外的销售，业务一直在稳步增长。截至2020年12月31日，SJL的营收达到人民币53.95亿元。未来，SJL将持续把制造业精益供应链管理经验拓展及输出，在充分积累自身物流经验和能力的基础上，把管理实践拓展到更广的产业领域和国际市场，扩大夏普企业物流以外的销售业务，挑战2000亿日元销售目标。

准时达作为富士康科技集团授权的供应链管理平台服务公司，是全球C2M2C（Component to Manufacture to Consumer）全程供应链整合服务先行者，核心竞争优势是面向工业制造型企业及3C制造商的端到端精益供应链管理服务实力，为客户提供端到端的全程供应链管理服务，为客户打通制造、供给、商贸的关键环节，连接从供应商、制造商、品牌商、经销商到客户的闭环供应链生态圈。这些都得益于准时达得天独厚的制造业供应链管理基因，在其成立SJL后，把夏普的物流部门从只负责销售物流全面升级为提供从采购到生产到回收的全程供应链物流服务，这恰是物流业制造业深度融合创新发展的典型案例。自SJL成立以来，已经降低夏普集团物流总成本两成。

## 一、典型经验总结

（一）采购执行+供应商管理库存+JIT等创新供应链服务

夏普作为全球知名企业，销售网络遍布全球，由于需要采购的原材料种类多，同时对接的供应商也众多，造成订单处理周期缓慢，同时，供应商交货、国际国内运输、仓储、清关、付汇等环节不统一，致使到货时效低、结算烦琐、成本高，全程供应链难以掌控。SJL通过对夏普供应链体系进行深入的调研、分析和论证，向夏普提供采购执行+供应商管理库存+JIT等创新供应链服务。SJL为夏普整合供应链各段的资源，做到了前置运力规划、实时库存管理，同时，通过优化供应链的渠道和采购订单管理环节，改变仓运配的结构模式，为夏普大大提升了供应链运作效率，大幅缩短了夏普的采购订单处理周期和整体的供应链成本支出。

同时，由于SJL对供应链的整体优化，夏普的下游库存也得到了改善。以前夏普公司的物流流程是商品生产出来后运输到码头，然后再到日本的销售单位，弊端是销售单位在日本仓库会有很多库存。经过研究，SJL将夏普的物流流程转变为，该去日本的去日本，不去日本的留在码头，这样调整之后让销售单位不用再承担库存。

另外，在运输和配送业务方面，SJL提供白色家电、液晶电视、太阳能电池板等运输和配送服务，并为夏普集团采购零部件，年运输量达到600万立方米。此外SJL还帮助夏普整合了保管国内外工厂生产的、隶属于夏普事业本部库存的后方仓库和保管销售公司库存的前线仓库，通过在仓库内转换库存归属，降低了从后方仓库向前线仓库的库存转移成本。

（二）全球化供应链管理能力赋能

随着全球化产业链的变化和互联网化的到来，一个商品供应链条可能的链路包括本地工厂生产、海外多个工厂生产、全球范围内多个国家进行采购与销售，这需要的是全球化供应链管理服务能力。从原材料的全球性采购，到多个国家工厂生产成品，制成后再对外输出，在供应链端到端的每一个环节中，都离不开全球网络资源的支撑和协同。网络的覆盖不仅能决定货量与收入，还对服务方面的覆盖率和时效有较大影响。对于夏普而言，其供应链管理无疑也必须是全球化的，除具备全球化的网络和资源外，还需要具备全球化的协同管理能力。

SJL得益于与生俱来的全球化基因，在香港、菲律宾、马来西亚、印度尼西亚、新加坡以及美国、德国、荷兰和法国子公司都有海外法人。另外，夏普在波兰有面板工厂，SJL也计划在波兰成立新的子公司，SJL还计划成立中国子公司作为夏普业务的窗口。SJL在整个夏普全球化供应链管理中扮演着协调、统筹与运营的角色，向上参与夏普的供应链计划，协同供应链上下游参与者，向下组织各类资源，推进供应链体系中各环节的高效运转。体现在物流服务中，则是整合各类物流服务提供者，实现采购/入厂、场内、销售及售后物流的运营与管理。

在国际海空运费方面，SJL通过和富士康等国际知名企业的物货结合，进行全球的招标，资源性的结合与调度帮助夏普每年节省了接近30%的国际海空运费。

在进口方面，SJL每月处理超过2500FEU（集装箱）的海运集装箱和超过150吨的空运货物。在日本的各个港口，SJL都可以安排因突然改变交货地导致的长距离拖车服务。

在第三方货运代理业务方面，SJL年处理量为空运3万吨、海运20万标准箱。同时还支持中国—东南亚和东南亚境内的跨国卡车运输，以及中欧铁路运输、海外仓库运营业务。

（三）软件+硬件+行业解决方案的运营模式

夏普很多产品需要的上百种原材料来自几十个不同国家，经常需要把这些原材料采购到日本去加工生产，再由日本送到各终端消费环节，这极为考验供应链的数字化管理能力，需要有数字化的全程供应链整合解决方案。

准时达的科技供应链平台管理系统JUSLINK为SJL的系统化管理、为夏普买卖全球提供了有力的支持。SJL利用JUSLINK的仓储可视化管理系统，有效协同了WMS（仓库管理系统）和TMS（运输配送管理系统）的实时在线管理功能，可以弹性应对现场劳动力短缺，即在仓库现场，即便新来的人也可以立即上手工作。

JUSLINK的强大功能之一是它可以实现制造业供应链的可视化管理和实时协同管理。货主可以从专用的网页查看自家货物的实时库存情况，自动生成销售情况和库存状态报表，并针对各报表获得AI建议。很多日系货运代理公司还在使用数十年前的系统，而SJL已经可以灵活运用JUSLINK的尖端系统，保持高速运转，从"传统物流公司"向"高科技供应链管理平台公司"转型。

针对夏普供应商遍布全球各地、每日有大量进口业务需要通关作业、实时人工核对发货信息的长期境况，2019年6月，准时达运输协同项目在夏普正式上线，帮助夏普实现从采购到运输业务的流程优化、多角色在线协同、运费在线自动核算等强大功能，完成了夏普供应链的数字化管理，实现了全球运输降本增效的里程碑。

仅上线一个月，准时达运输协同项目就快速实现了信息自动导入及系统自动核算，减少了夏普业务操作流程的节点，效率至少提升40%。另外，不同角色在平台上的协同功能极大地加快了任务处理速度，同时也重塑了作业流程标准，全程高效透明。运费的在线自动核算功能降低了夏普每月的结算人力成本，至少降低人力成本40%。该项目的上线也有效满足了夏普对每个产品成本的严格管理，能快速追踪到每个SKU的成本，不仅提升了全球运输作业效率，也实现了产品各项成本的强管控。

（四）效益分析

在SJL为夏普提供的全球供应链管理服务中，给夏普带来的直接效益，一是供应链服务人力成本优化70%；二是物流采购成本优化超过20%；三是作业和沟通效率提升50%；四是订单交付时效提升约30%；五是作业准确率提升至接近100%。

另外，SJL已经有4个仓库开展对外销售业务，承接了饮料、液晶面板、家庭用纸和家电等保管业务。运输和配送方面，利用夏普业务的规模效应获取有竞争力的价格，接到了太阳能发电系统相关商品和食品运输等业务。

SJL成立后一直在进行对各项供应链环节的改善，不仅是各据点的改进，在进口方面，由于横滨大和BC的成立，2020年进口产生了数千万日元的CY滞留费，SJL对此进行了协调，2021年下降到了1%；回收物流方面，原本需要移送到日本处理的部分，变更为SJL委托中国团队在当地处理，大幅提高了处理效率。2021年由于新冠肺炎疫情产生了不少紧急的航空运输需求，SJL还通过和母公司准时达合作确保航空舱位，包机费用降低了20%。由于新冠肺炎疫情影响，2021年1—2月中国的工厂停工，日本进口量锐减，自3月中旬开始进口量剧增，同月18—31日，SJL处理了近2000FEU海运集装箱。即使是这样的特殊时期，SJL也做到了确保临时仓库，以及拖车和卡车的安全运输。

从以上经验总结分析可以看出，供应链管理的本质是把为企业、为客户、为自身创造价值的各种业务活动集成在一起，从而形成一条价值增值链。企业之间的关系已经突破企业本身的边界，在供应链协同的模式下，上下游的企业能够以更高效、更低成本、更高质量的方式共享信息、交换资源和优化上下游的生产调度，消除了传统供应链物流交割伴随的生产波动、时效低、资源不匹配等一系列问题。

## 二、借鉴意义

通常讲的卡车运输、仓库管理、末端配送、空运海运等环节的整合管理，这些环节远不足以代表整个供应链管理。这些环节就好像是冰山露出海面以上的部分，而整个供应链管理体系需要加上冰山海面以下的部分。许多物流企业都在做第三方物流的角色，更多的是在解决供应链海面上的冰山，对于海下冰山巨块却很少触及。

SJL为夏普所提供的全球供应链管理服务很清晰完整地呈现了从原材料端到消费者端C2M2C的全程供应链管理服务，在制造链及分销链都做了全段的整合实践，也证明了要做好供应链管理一定不能只站在自己的角度看待整条供应链，而是要将供应链上所有的参与者都串联在一起，做整个链条的解决方案。

我国所提倡的两业深度融合，实则就是要求物流业与制造业在供应链全链条上深度合作、相互渗透、共同发展。因此，像准时达包括SJL这种专注于制造业上游（从原材料到成品）及下游（从成品到终端消费者）全程端到端供应链整合的企业，通过与企业客户在供应链领域的深度融合，让供应链真正成为企业的核心竞争力，其模式与我国所提倡的制造业物流业深度融合的精神不谋而合。

准时达将致力于撼动社会物流成本中看不见的冰山，降低我国制造业社会物流总成本，协助实现工业互联网的互联互通，向全社会开放20年精益供应链管理经验，让供应链实时、可视、可共享、可调节。

（准时达国际供应链管理有限公司）

# 打造国家商贸物流枢纽 服务黄河流域高质量发展

山东盖世国际物流集团（以下简称“盖世国际物流集团”）是济南商贸服务型国家物流枢纽（以下简称“枢纽”）的运营主体，目前枢纽运营范围内聚集了济南40%以上的物流企业，是济南商贸流通的主要承载地，充分发挥着在黄河中下游的龙头引领作用。对于黄河流域生态保护和打造高质量发展的核心引领示范区、推动黄河流域协调发展具有重大意义。

## 一、枢纽概况

（一）区位交通

枢纽运营体系由核心园区和联动园区两大物流园区组成。核心园区是占地74.8万平方米、运营成熟的国家示范物流园区——盖世国际物流集团，位于济南市北大门济青高速零点立交桥周边，紧靠济青高速，周边八条高速公路、四条国道纵横贯穿，与市区主要交通动脉密切相连，区位优势明显。联动园区是新建占地14.9余万平方米的盖世智慧供应链园区，位于济南市历城区临港经济开发区，作为公铁联运和高端消费业态组织服务平台载体，其邻近邯济胶济铁路联络线（济南货运北环线），距董家铁路货运中心的直线距离为950米，距遥墙国际机场12千米，距济南市中心17.5千米，铁路、公路、航运条件极为优越。

（二）功能定位

盖世国际物流集团打造的枢纽体系精准对接黄河流域生态保护和高质量发展、济南新旧动能转换综合试验区、中国（山东）自由贸易试验区三大国家战略，按照“标准化引领、供应链整合、大数据支撑、一体化运作、网络化经营”发展思路，建设全国有重要影响力的智慧消费物流中心、内外贸一体化融合发展的供应链物流服务平台和高端高质商贸物流集聚区，推动沿黄流域经济社会协同发展。按照此定位，枢纽设置了服务于省会城市群经济圈的区域分拨配送功能，连接京津冀、长三角城市群和服务环渤海、中原经济区腹地的公铁干线运输组织和多式联运转运组织功能，深度参与全球产业链分工与贸易的国际物流服务与供应链集成以及创新研发、应急物流服务等核心功能。同时，结合枢纽客户业务特点及周边产业布局等情况，提供冷链物流服务、应急物流服务、交易批发服务、物流加工服务、物流创新研发服务、大数据及金融服务等延伸功能。

（三）设施布局

盖世国际物流集团核心园区内部布局有干

支线运输、仓储、冷链、配送、商贸、供应链及综合服务等多功能物流设施，分布有仓储区、商贸区、货运配送区、冷藏区以及综合区。目前，核心园区已完成投资21.8亿元，建成普仓43万平方米、冷库20万平方米、干线货运区9.3万平方米、中转分拨作业区41.3万平方米、农贸大市场36.75万平方米、五金机电批发市场4万平方米、配送作业场2万平方米、综合服务设施2.1万平方米。

枢纽联动园区聚焦生活消费、生产消费、健康消费、教育消费四大领域，以“总部经济+消费物流+物流金融+保税物流+供应链集成服务”模式打造华北地区重要消费物流枢纽集聚区，推进枢纽全面提档升级。以快消品物流、生产资料物流、电子产品物流、医药物流、书报物流等为主体，规划建设智慧仓储、多式联运与分拨作业、同城配送、国际物流与商品展示、综合服务等功能区。

（四）建设运营模式

盖世国际物流集团为枢纽建设运营主体，采用政府引导、政策扶持、企业投资、分期建设、独立运营的建设模式，加快数字转型、智能升级和融合创新发展。枢纽建设资金由盖世国际物流集团筹集，按照物流枢纽功能要求设计建设，并负责建成后的运营管理。

## 二、主要做法与特色经验

（一）先行先试闯新路，“产权改制”助飞翔

1.商贸物流发展

盖世国际物流集团投资建设了以家电、日化、医药、五金机电、农产品等为核心的综合市场群，形成了物流与商贸市场的“一站式运作”“一体化发展”的独特运营模式，吸纳各类企业、商户等入驻平台，推进集群发展，形成规模效应，成为济南市最大的商贸物流中心之一。以农产品物流为例，2004年建设了盖世农产品物流交易中心，总建筑面积24.5万平方米，包括冷库30万吨以及农产品检验检测中心、停车场和其他配套服务设施，可向客户提供管理先进、设施完善的农产品交易批发和冷藏服务，实现了从信息采集、货物冷藏、市场交易到物流配送的全新运营模式。目前客户总数达到1500多家，日货物吞吐量3000多吨。2010年被列入商务部“双百市场”工程，成为全国食品冷链物流定点联系企业。

“商贸与物流”叠加开发，物流可以为商贸业务的顺利开展提供保障服务，优质的物流服务又会提高客户的满意度，流通企业稳定的商贸业务又会带来稳定的物流服务需求，促进物流业务的进一步发展，从而形成商贸与物流的良性互动，促进整个物流平台优势互补、和谐发展，打造公共物流服务平台，具备了综合性的外向竞争实力，成为“商贸物流公路港”模式典范。

2.园区连锁经营

2009年，盖世国际物流集团积极响应政府号召，适时推进园区建设“模式复制升级”，率先实现产业北跨，先后在山东省德州市高起点规划建设了山东盖世冠威物流园区，在济南市济阳区开发建设了山东盖世济北物流园区。新建园区借鉴原有园区的经验，得以成功运营并取得迅速发展。

山东盖世冠威物流园区位于德州市齐河县经济开发区，占地面积333.3余万平方米，已建成高标准设施50万平方米，入驻京东商城、中远、德邦、中邮等500家国内外知名企业，交通运输网络覆盖全国。园区致力于打造国家级网仓专业平台及高端电商物流产业集聚区，

依托入驻企业形成覆盖全国的运输网络与区域配送网络，为山东及周边地区提供了一个物流综合服务平台。

山东盖世济北物流园区位于济阳区崔寨镇，占地面积33.4余万平方米，建成物流设施32.2万平方米，入驻海尔、旺旺等知名企业，开通济南至全国货运专线500多条。园区通过供应链整合上下游资源，直接服务济南东部和黄河北产业集群，覆盖全省、辐射全国，致力于打造大型现代化、信息化、国际化物流枢纽。

目前，新、老园区克服了交通、地域限制，在信息共享、管理一体化等“软”层面上，形成“多园协同”和“规模效应递增”的良好局面，新、老园区协同并进，实现“一核多园”、差异化发展。

（二）打造干支配服务平台，提高物流运作效率

枢纽通过有效整合国家物流枢纽与周边物流设施、外部中转物流与内部保送配送，打造干转配综合物流服务平台，强化干支配一体化运作，实现物资“大运输、快中转、零积压”。

干转配综合物流服务平台既是对接外来干线运输的节点，又是整合城乡配送服务的集散地。通过该节点，统一汇集外来的干线运输和本地外运的货物，为众多中小专线运输企业提供标准化、规范化的作业场所。同时汇集干线运输带来的城乡配送服务需求，开展组合集中式的城乡配送服务，推进干线运输与市内配送对接，形成城市干支结合部,为客户提供高效物流服务。枢纽主要通过以下方式打造高效的干转配综合物流服务平台。

一是利用周边丰富的货源优势和盖世国际物流集团的品牌优势，吸引快递企业、公路运输企业、配送企业等企业入驻，形成强大的运输物流供给能力。

二是提供货物分拨平台、落货平台、分拣平台和公共仓储中心等高标准的物流基础设施，为入驻企业开展物流作业提供支撑。

三是标准化建设。通过严格执行国际质量标准和国家、行业标准，并积极参与《鲜活海产品冷链物流体系建设要求》等地方标准制定，枢纽内设备设施、服务管理、人员素质和信息化等水平不断提升；全面推行仓储货架、装卸设备、运输车辆、信息系统等设施设备标准化，推动上下游企业开展带板运输、机械化装卸，使带板运输率提高至33.27%，装卸工时效率提高至17.14吨/小时，平均货损率下降至0.09%；企业物流效率显著提高，物流成本快速下降。

四是利用“盖世云仓”“盖世冷链”城配公共服务平台，推动专业批发市场电商企业与干线物流企业积极对接，提供同城配送服务和落地配送业务。

五是建设宾馆、写字楼、信息中心、加油站、超市、汽修厂、消防站等综合服务设施，引进公安、消防、交通、工商等政府职能部门，为入驻企业提供“一站式”物流基础配套服务等。

## 三、枢纽建设发展成效

经过多年集聚发展，目前枢纽已发展成为国内重要的区域性物流周转中心。枢纽现已入驻了海尔、中远、德邦、京东商城等2639家企业，其中A级以上物流企业22家、5A级物流企业12家。成立至今，在物流交易总额、货物吞吐量、入驻企业、货运专线、财税贡献等方面都取得了跨越式发展，形成了以家电、日化、医药、车辆、五金机电等产品为核心的商贸物流集聚区。

## 四、"十四五"时期发展重点

（一）积极推动国家物流枢纽项目建设

根据济南市地理位置特点和经济社会与物流业发展情况，枢纽将充分利用综合性物流园区优势，积极推动国家物流枢纽项目建设，推动枢纽建设经济总部基地和智慧供应链园区项目等持续开展，进一步推动物流服务质量、效率提升和动能转换，更好地发挥国家物流枢纽在全国物流网络中的重要平台和骨干枢纽作用。

（二）推动商贸转型升级

借助国家物流枢纽建设，推动传统商贸向平台化、网络化转型，提升枢纽物流集散和资源整合能力，带动关联产业集群发展壮大。打造中国智慧商贸物流名城、全国性货物集散中心、华北消费供应链枢纽城市和特色电商物流集聚中心，成为国家智慧物流创新先行区和黄河中下游商贸物流绿色发展示范区，形成商贸和物流相互支撑、相互促进的良性循环。

（三）带动第一、第二、第三产业融合发展

充分发挥枢纽在农产品供应链、冷链物流等中的支撑作用，推动现代农业、食品加工等相关产业协同发展，提升消费的经济拉动作用，引领产业高位跃升，促进产业结构升级，提高区域经济发展质量效益水平。依托全国重要商贸物流中转基地及市场集群优势，建设国际贸易城和全国商贸物流标准研发中心，形成国外"名优特"产品销售与分拨基地，实现"买消费卖消费"从区域向全国、全世界跨越，推动"泉城"号欧亚冷链班列开行。

（四）打造供应链创新体系

巩固国家供应链体系建设综合试点成果，构建供应链创新体系，形成"数字驱动、协同共享"产业生态。实施"创新驱动提速工程"，加快国家智慧物流创新先行区、物流大数据应用开发中心和物流人才培育中心建设，建立"产学研政金服管用"协同创新机制，加快"枢纽经济总部基地"建设步伐，助力区域性科技创新中心建设，服务区域经济高质量发展。

（五）助推省会城市群经济圈建设

依托"枢纽+通道+网络"现代物流运行体系，实现国家物流枢纽载体支撑能力的提级与扩容，形成"多区联动、功能完善、空间优化"城市高质量发展新框架，进一步优化济南及省会城市群的城市空间结构，加快国家中心城市建设步伐。

（山东盖世国际物流集团有限公司）

# 多式联运示范工程——安徽港口物流多式联运服务平台

近年来，国家在多层面鼓励企业开展多式联运业务，开展多式联运业务能够积极推动各种交通运输方式深度融合，提升综合运输效率、降低社会物流成本、促进节能减排。安徽港口物流有限公司作为国企担当，积极响应国家号召，不仅利用企业自身资源优势开展多式联运业务，而且申报的多式联运示范工程项目成功入选安徽省第一批多式联运示范工程。

同时，在安徽省港航集团“五＋五链”发展战略实施意见中，实施“港口＋互联网”，搭建适合不同运输方式、不同企业应用的多式联运运营服务平台，逐步实现多式联运订单一票制管理、生产业务可视化管理、财务业务一体化管理。

## 一、多式联运平台的实施内容

多式联运平台主要由多式联运子系统、调度中心子系统、网络货运子系统、港口装卸业务子系统、无船承运子系统、结算管理系统及基础数据管理子系统七个子系统共同构成，完成平台从业务到结算的全部业务流程。

（一）多式联运子系统

多式联运子系统主要提供多式联运业务运营管理服务，实现物流运输过程中多式联合运输委托的集中统一管理，满足多式联运模式下全程物流可视化监管要求，同时也为多式联运模式下赢利分析提供系统的数据支撑。

（二）调度中心子系统

调度中心子系统实现平台多式联运业务的调度、资源协调和运输工具分配的统一管理，并提供对整个平台各类运单的统一监控和追踪功能。

（三）网络货运子系统

网络货运子系统主要为公路运输提供网络货运服务，通过平台将上游货主和下游承运商进行业务匹配，为其提供优质的物流服务。网络货运子系统可以同时处理从多式联运子系统中传递的内部业务，并且通过网络货运子系统自身的业务功能积极拓展外部的网络货运业务，从而为企业增加营收。

（四）港口装卸业务子系统

港口装卸业务子系统主要为成员企业中港口单位提供信息化服务，满足多式联运平台对货物在港期间从业务受理、装卸作业到作业量统计的全过程数字化管理、流程化管控、可视化监管。

（五）无船承运子系统

无船承运子系统主要为水路运输提供网络

货运服务，通过平台将上游货主和下游承运商进行业务匹配，为其提供优质的物流服务。

（六）结算管理系统

结算管理系统主要为平台成员企业提供物流业务结算管理服务，通过将多式联运子系统、结算管理子系统和金蝶财务系统集成，满足物流服务业务复杂结算过程的标准化、流程化管理，实现物流服务业务财务一体化管理。

（七）基础数据管理子系统

基础数据管理子系统主要为集团下属相关成员企业提供基于本平台业务的客户、供应商管理，业务结算费率和服务内容管理，为各单位开展物流业务服务及结算提供快速、标准化的支撑工具。

## 二、多式联运平台运营

（一）业务受理分拆阶段

多式联运业务受理分拆阶段通过多式联运子系统完成，由委托管理和联运订单分解两个环节组成，并通过订单中心对订单进行跟踪监管。

1.委托管理

委托管理环节为业务管理人员集中管理多式联运业务受理单提供服务，并在该环节完成信息录入，主要包括发运方（承运方）基本信息、货物信息、发（收）货时间、发（收）货地点、联系人等运输需求信息和其他配套服务项目，如合同信息、运单结算费用信息等。

2.联运订单分解

联运订单分解环节对多式联运业务受理单进行作业分解，业务管理人员可依据运单的起运地和目的地，结合历史运单引入联运过程方案信息进行作业分解，包括过程服务类型、过程名称、起运地、目的地、服务供应商、委托单、备注等内容信息，业务管理人员可根据实际情况进行自主调整。

作业分解后系统依据业务受理单生成对应的业务委托单，并自动将委托单传递至对应系统，目标系统用户在自己业务模块中接收委托单并处理业务。根据服务类型，分别转入网络货运子系统、港口装卸业务子系统、无船承运子系统和铁路物流系统。

3.订单中心

订单中心模块主要为会员企业提供账户名下所有多式联运运单相关信息，订单按照业务状态进行分类展示，状态分类包括全部、待分解、待收货、待结算、已结算等。点击订单可进入运单详细了解订单全程物流信息。多式联运子系统的操作流程如下图所示。

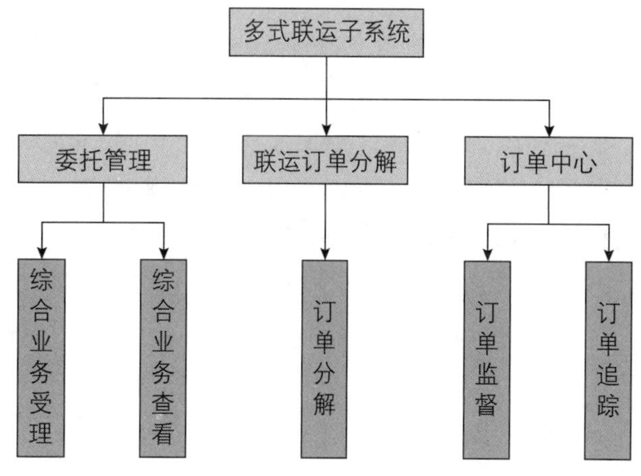


**多式联运子系统的操作流程**

（二）业务调度阶段

业务调度阶段由调度中心子系统完成，由运单中心、跟踪调度两个环节完成，并通过风险预警环节对调度过程进行预警监管。

1.运单中心

提供管理所有上下游业务订单的功能，订单按照业务状态进行归类展示，并根据权限控制对订单执行状态进行处理，满足既可按服务类型在业务系统中进行分类管理，又可集中统一管理的需求。

2. 跟踪调度

调度管理人员可以对所有处于执行状态的订单进行跟踪查询，对异常订单进行调整。

3. 风险预警

调度管理人员可以通过风险预警模块对运单进行风险管控，对如超期未派车、未发货、未送到、未收货确认和车辆位置异常等非正常运单进行风险预警。

（三）业务执行阶段

业务执行阶段分别由网络货运子系统、无船承运子系统、港口装卸子系统和铁路物流系统完成。

1. 网络货运子系统

网络货运子系统负责处理从多式联运子系统中分解出的公路运输业务。通过货源管理、运力管理、交易管理、运单中心及资金管理等多个业务环节，根据上游客户和业务的实际情况，选择出最符合要求的承运商进行运输作业，并能够对整个公路运输环节进行全程掌控，确保按时按质满足客户的业务需求。

2. 无船承运子系统

无船承运子系统负责处理从多式联运子系统中分解出的水路运输业务。无船承运业务主要为上游的客户和下游的供应商提供航运业务服务，包括发货登记、我的船管理、我的运力管理、交易管理、运单查询、运单中心等管理内容。

3. 港口装卸子系统

港口装卸子系统负责处理从多式联运子系统中分解出的港口装卸业务。通过业务受理、作业计划与调度管理、报港管理、作业过程管理、货（堆）场管理及港口作业可视化等多个业务环节完成业务。

4. 铁路物流系统

铁路物流系统负责处理从多式联运子系统中分解出的铁路运输业务。根据业务的实际需求，在铁路物流系统中完成业务操作。

（四）结算阶段

结算阶段由结算管理子系统完成，包括合同管理、结算管理和发票管理三个环节。

1. 合同管理

合同管理主要管理上游客户和下游供应商之间签署的业务协议、正式合同。实现统一管理各单位及各部门相关的各类物流服务合同，系统提供合同信息分类、关键字等多种条件进行查询。同时支持将合同与委托单（运单）关联，会员可通过合同追溯运单及运单执行情况。

2. 结算管理

结算管理主要实现平台多式联运模式下，上下游单位运单结算的管理。根据上下游单位结算的实际要求，如结算周期、结算金额、结算量等方面，合成正式的结算单，依据结算单做正式的应收、应付结算。

3. 发票管理

发票管理主要为单位用户提供应收发票和应付开票的管理功能。发票管理可以对上游客户和下家供应商之间的业务起到承上启下的作用，同时可将纸质发票电子化，进行数字化管理，更加准确管理票据的收付情况。

## 三、多式联运平台的主要效益分析和评估

（一）探索创新“一单制”

通过多式联运服务平台，将公路、铁路、水路及港口作业在信息化层面进行高度集成。在电子单据方面，探索创新并实施“一单制”，

向客户提供“一次委托、一次付费、一单到底”的全程管控服务，通过一张电子单据，完成物流业务从业务委托到结算的全流程，大幅度提高了信息化的作业效率。

（二）降本增效，节能减排

多式联运服务平台通过对客户提出的运输需求进行合理规划，设计出多种合理的运输方案供客户进行选择。并且通过多式联运平台，将原本由公路运输负责的长途货物运输业务，根据业务实际情况分摊至铁路和水路，大幅度降低了运输成本和能源消耗，减少了二氧化碳的排放，实现了低碳绿色物流。

（三）实现信息数据共享

通过多式联运服务平台，将公司多种不同模式的运输方式在信息化层面进行高度融合，打破了不同运输业务模式之间的信息孤岛，推动各种业务模式之间的信息共享。

（四）提高信息化水平

多式联运运输涉及多种运输方式的组织协同运营，通过平台将多种运输模式整合在一起，提高了企业信息化水平，为企业未来的信息化发展打下了基础。

## 四、多式联运服务平台的改进思路和方案

安徽港口物流有限公司根据自身多式联运业务的现况及未来的发展方向，结合现有的信息化资源，逐步完善多式联运服务平台的功能建设。

（一）大数据化

通过多式联运服务平台和大数据信息进行对接，将大数据分析模型引入各个环节，加强对不同运输业务模式的分析，促进多式联运业务的发展。

（二）创新化

通过信息化技术，将物流、信息流、资金流等多方面信息高度整合，实现线上透明化管理。同时，继续探索“一单制”在多式联运业务中的运用与创新，其中由于铁路业务的特殊性，铁路相关管理部门不提供对外的数据接口。“一单制”在铁路方面的推进缓慢，需要在铁路业务方面继续对“一单制”进行探索及创新。

（中国物流与采购联合会网络事业部）

# 一汽集团升级改造汽车产前供应链智能化物流技术

汽车物流是融合了运输、仓储、保管、包装、搬运、物流信息等的一体化、综合性产业，在国民经济中扮演着重要的角色，尤其自新冠肺炎疫情以来，汽车物流已成为国民经济的重要支柱产业。传统的汽车物流专业化程度不高，甚至效率低下。通过对比国内外汽车制造企业，欧美汽车制造企业的物流成本占销售额的8%左右，日本汽车制造企业的物流成本占销售额的5%左右，而我国则在13%左右。物流成本的巨大差异，反映出了国内汽车制造企业粗放式物流管理的弊端，制约了我国汽车制造企业的发展，降低物流成本对汽车制造企业具有重要意义。

以一汽集团旗下××汽车有限公司二厂为例，阐述长春一汽国际物流有限公司（以下简称“一汽国际物流”）对汽车产前供应链智能化物流技术的升级改造。

## 一、数字化

一汽国际物流作为一家典型的第三方物流企业，其供应链结构是通过各类信息管理系统间的紧密衔接，完成对核心企业的信息流、物流、资金流的控制。从采购原料开始，到完成所有汽车产前零部件物流配送，从而把供应商、物流企业、主机厂通过一个功能网络紧紧联系起来。但从20世纪90年代开始，供应链的结构发生了重大变化，汽车生产企业对原材料库存以及发货效率的要求不断提高，严重增加了存货成本，使得整条供应链成本增加。

一汽国际物流为应对汽车生产企业不断提高的物流要求，重新调整供应链服务，利用数字化技术进行转型升级。利用信息科技对物流信息进行离散化描述、处理、存储、传递、执行等，从而使物流系统更高效可靠地处理复杂问题，为人们提供方便快捷的物流服务。

（一）汽车行业数字化

汽车行业对于数字化技术进行了大量的资金投资，目前几乎所有的生产部门都可以获得计算机模拟技术的辅助和支持，很多车型项目都是使用了计算机虚拟规划方法，产品设计、车辆模型、工具制造都应用了数字化工厂的理念，而后逐渐扩大到生产和物流的过程。数字化物流可以作为一个集成模块，作为构成虚拟企业模型的先决条件，是数字化工厂的核心构成部分；通过解剖、观察和分析物流，可以看到汽车制造工厂的所有生产部门，包括数字式冲压车间、车身制造、涂装车间、数字式装配等，都有数字化虚拟工具的辅助支持。

（二）汽车物流数字化

汽车物流的数字化是围绕汽车制造企业的投入、转换、产出等主要物流环节，构建数字化物流系统，实现全产业链、全生命周期的存储、配送、回收等一体化运作，实现物流规划、降低成本、提高效率。其中，投入主要是零部件的采购供应物流，转换则是对厂内生产物料、零部件、半成品、产成品的物流配送，产出则是整车物流、售后服务物流以及逆向物流等。汽车数字化物流的合作参与对象，包括汽车制造企业、零部件供应商、物流装备企业、第三方物流、智能技术服务商等。

（三）数字化赋能汽车物流升级

1.早期规划

在汽车物流的流程中，成本影响和成本的形成在时间上存在巨大差异，早期通过计算机建模缩短规划时间，建立一个稳固的物流流程可以避免后期大量资源的浪费。例如在零部件物流环节中，为降低规划问题的复杂性，主要零部件由物流规划人员确定哪些需纳入虚拟物流考虑范围，通过帕累托分析，重点规划年消耗量高的A类和B类零部件，C类零部件次之。

2.数字化信息系统

对于汽车物流，尤其是零部件物流，多频次、小批量及定量不定时的特点，对精益的要求更高。通过物流信息系统与供应商共享生产计划、取货信息，便可以大幅度减少作业等待所造成的浪费。当生产线出现异常需要停止作业时，可以通过数字化信息系统通知到供应链中的各个合作伙伴，同步停止相关作业，防止出现因作业等待而造成资源占用问题。

3.数字物流中心建设

规划与建设现代化数字物流中心，是汽车物流成功运作的重要一环。数字化物流中心首先要完成物联网、智能化技术全场景布局。比如物流中心可以通过 AGV、RFID 系统及动态识别与传输等技术，覆盖物流中心全角落。AGV 自动化程度较高，可以沿着预定路径行驶，不需要人工参与，一般会有自动装卸设备，可以与其他物流设备自动串接，而且物流路径可以根据仓储库位变化进行灵活调整。以RFID为代表的智能实时技术会大幅度提高生产物流的效率和可靠性。通过数据采集、智能分析和控制，实现物料存储与传送过程中的智能计划调度和设备控制集成。

## 二、智能化

（一）自动化立体库

1.周转器具

在自动化立体库的建设中，一汽国际物流采用的托盘是1200mm × 1000mm的标准托盘，16种标准化周转器具如下表所示。

**16种标准化周转器具**

| 器具分类 | 器具代码 | 长（mm） | 宽（mm） | 高（mm） | 小时用量（个） |
|---|---|---|---|---|---|
| 通用器具 | T12528 | 1200 | 500 | 280 | 9.00 |
| | T3147 | 297 | 198 | 147 | 1.96 |
| | T3214 | 297 | 198 | 147 | 46.90 |
| | T4147 | 397 | 298 | 147 | 15.00 |
| | T4280 | 396 | 297 | 280 | 25.08 |
| | T4314 | 396 | 297 | 147 | 27.54 |
| | T4328 | 396 | 297 | 280 | 16.83 |
| | T6147 | 594 | 396 | 147 | 13.56 |
| | T6280 | 550 | 355 | 255 | 63.10 |
| | T6414 | 594 | 396 | 147 | 33.27 |
| | T6428 | 594 | 396 | 280 | 76.11 |

续 表

| 器具分类 | 器具代码 | 长（mm） | 宽（mm） | 高（mm） | 小时用量（个） |
|---|---|---|---|---|---|
| 通用器具 | T8147 | 792 | 594 | 147 | 0.23 |
| | T8280 | 792 | 594 | 280 | 14.90 |
| | T8414 | 800 | 400 | 148 | 0.07 |
| | T8423 | 800 | 400 | 230 | 29.60 |
| | T8628 | 800 | 600 | 280 | 75.98 |

以上16种通用周转器具间在尺寸设计方面互成模数，非常适合放置在标准托盘（1200mm×1000mm）上。其中600mm×400mm以及300mm×200mm两大类周转器具在实际生产中的使用比例最高，可超过70%。不同型号的周转器具在经过简单的方向调整后，可直接在标准托盘上进行多层、多型号堆垛，器具耐挤。

根据经济性测算，自动化立体仓库使用610mm×430mm×310mm的货格尺寸。考虑到老旧库房内部高度在8.5米，因此自动化立体仓库的最大建设高度为7米，多项方案中，占地约3000平方米的实施方案性价比最高。

生产车间与物流配送中心之间的直线距离为800米，因此还需建立输送、回收双向的自动化辊道各1000米。根据送货区域不同，输送线末端需向6个不同区域进行分别传输，因此建立6个内部输送线出口共1800米，自动化传输线共3.8千米。

通过建立集约型、近工厂中心的物流标准化、自动化立体库，对物流模式进行技术升级和信息化升级，从而使一汽—大众排产逐渐准确，提前规划各类零件，分步骤实现快进快出，降低库存。

入库环节，将需要入库和补货入库的物料信息与托盘信息发给RCS，RCS调度AGV到指定搬运地点，扫描确认后将对应的托盘叉取搬运到库区存储，并给出入库完成命令。

出库环节，由上层ERP系统将下货任务单推送给WMS，工作台工作人员在系统界面发起拣货任务，和RCS系统对接，将仓位信息发到RCS，RCS调度叉车AGV搬运指定储位上托盘至该出库工作台，工作台工作人员按照界面拣货需求拣选相应货物。最终工作台工作人员确认该货架拣货任务完成后，通过扫码设备给出任务完成命令，RCS调度AGV将托盘搬回仓库储位。

2.多层穿梭车

××汽车公司二厂的立体库规模约为6巷道、35000个货位，出入库流量2100箱/小时，4向穿梭车数量大于36台，同时设有模块化冗余设计，兼容性强。

穿梭叉车具有的功能特性包括：一是叉取式搬运货物，最高可支持2700mm提升高度；二是激光slam导航，回转半径小，定位精度高；三是柔性运动控制，驱动无极调速，安全静音，最大运行速度可达2m/s；四是智能/独立电源管理，低电量自主充电，200Ah免维护电池，安全无污染；五是多重安全防护，激光+红外防撞、前碰撞条检测、双急停按钮、叉齿传感器、声音告警等多安全防护；六是设备状态指示，多显示屏、指示灯等显示实时状态信息；七是无线网络通信，支持Wi-Fi网络通信和无缝漫游，网络覆盖区域无障碍运行。

3.自动输送线

输送线长1450米，上线/返空2条输送线，流量2100箱/小时。采用分布式接线法，辊筒线快修快换。

4.自动分拣线

总流量2100箱/小时，8条分拣线，高速分拣。移载设备采用顶升移载，结实耐用，满足所有箱型的移载。扫码设备采用拍照摄像，兼容多种形式看板。

5.WMS系统和WCS系统

WMS系统是一汽国际物流为集团公司汽车生产而建立的物流仓储管理系统，WMS系统选用的是WMS9.0.2版本；服务器选用的是IBM公司的小型机。系统自上线至今已有近10年时间，保证了多个集团主机厂公司的百万辆生产任务。目前核心机群已经用了近10年，超过了5年的报废年限，为保障汽车生产企业正常生产，一汽国际物流配套应用WCS系统，通过搭建WMS系统和WCS系统，形成自己的“know-how”，该自有系统具备高度可用性，支持集成化管理。

（二）六轴机器人

在物流环节中存在大量的汽车零部件转换包装工作，极其消耗人力，因此在汽车零部件转换包装环节使用六轴机器人。该六轴机器人系统的构成主要有三大部分，即工业机器人、抓取装置、视觉识别装置。

其中，视觉识别装置采用Halcon软件完成图像处理，该软件包具有成熟的图像处理算法；采用IDS双目视觉识别设备与计算机系统组成视觉识别装置的硬件平台。基于HDevelop的开发环境能够兼容Windows操作系统，在此环境下选用其标准程序算法开发后能够转化到操作系统的程序输出。

1.识别系统

本系统的核心技术就是基于视觉的零部件识别，首先是获得要抓取零部件的模板，通过训练使系统明确执行任务的抓取目标；当系统明确模板后进行在线的目标匹配，在众多的目标中获取要抓取的零件。

识别系统在实际使用中处于相对独立的区域，且远离干扰光源的成像效果会更好。

2.建立视觉识别设备与机器人的空间关系

通过识别系统的图像处理，系统会得出某一零件的优先抓取位置，但是这个位置是视觉识别设备中的位置，工业机器人并不知道这个参数的具体含义，因为视觉识别设备和机器人所处的参考系不同，所以需要建立视觉识别设备与机器人的空间关系模型。

目前，通常采用手眼标定的方式完成视觉识别设备与机器人末端的关系的建立，精确度较高，实现过程简单。完成标定后机器人即可获知抓取目标零件的摆放姿态与位置信息。

3.抓取装置、机器人与系统集成

（1）抓取装置设计。

抓取装置选用的是工业吸盘，通过计算机系统控制继电器的通断，间接控制吸盘进行吸取或者关断吸取。气源将气体通过电磁阀输送给真空发生器，真空发生器连接工业吸盘，在真空作用下，吸盘即可吸取零件。由于电磁阀不能与计算机系统直接连接，因此需要通过继电器进行驱动。抓取装置设计时需充分考虑应用场景的切换，在此采用工业吸盘作为抓取设备，其应用灵活，可根据零件大小切换吸盘尺寸，而且不用更改气路和电路连接系统，在实际应用中成功率极高（几乎可达100%）。

（2）机器人与系统连接。

工业机器人通过标准的Ethernet/IP通信协议能够与计算机系统实现“无缝衔接”，机器人仅需获得从计算机系统中传输过来的坐标参数和逻辑指令，运动轨迹则由机器人本体控制系统利用之前传输过来的坐标参数和逻辑指令计算出最优抓取路径，然后对抓取设备进行控制。

（三）AGV技术应用

1.实施区域

（1）高位货架区。

高位货架用于大规模的商品存储，可以由

多种自动化物流设备实现相关作业。常规高位货架布局中，大多采用无人叉车进行上架和下架操作，同时负责转运。但是无人叉车在转运中速度较慢，从而影响到整个环节的作业效率。只有无人叉车与潜伏式AGV协同作业，由无人叉车替代传统高位叉车，负责高位货架二层及以上的商品上架及下架，潜伏式AGV于高位货架一层，进行商品出库后的转运工作，这样的布局可有效地保证无人叉车运行区域在通道中，只负责上架和下架操作，潜伏式AGV负责商品外部转运，充分发挥各自优势，提升效率。

（2）拣选区。

拣选区负责履行大部分零散拣选订单，为解决传统人工仓库作业面积大、新员工寻找货位困难、拣选员工绩效考评难等问题，导入潜伏式AGV货到人拣选。一方面，潜伏式AGV可以替代人工的行走，减小劳动强度；另一方面，货到人拣选具有优化的PC界面，方便员工迅速寻找货位拣选商品；同时，操作工作站集中，人员管理难度降低。

（3）分拣区。

根据仓库业务流程，分拣区主要分为订单商品分拣和包裹分拣。导入分拣机器人，完成超大播种墙的订单分播和包装完成后的包裹分拣，提升分拣效率。

2. 补货策略

及时准确地将货物补充到拣选区是保证拣选效率的重要因素。如何保证拣选区存储量和补货频次平衡以及补货的简易性，是补货策略的重点。补货数据需要和商品销售信息进行关联，WMS需要根据过去某段时间和当前的SKU的销售量以及拣选区的存储量，确认每种SKU的存储量，以及需要从高位货架区补货的数量，按照如下流程进行补货操作。

（1）高位货架一层有需求补货的SKU。

当高位货架一层的商品库存数量小于拣选区需求补货量时，WCS调度潜伏式AGV将商品从高位货架一层存储区转运至潜伏式AGV上架区域，由人工上架至潜伏式AGV的拣选区；当高位货架一层的商品库存数量大于拣选区需求补货量时，WCS调度潜伏式AGV将商品从高位货架一层存储区转运至拆码垛区域，由自动拆码垛机器人将需求的数量进行拆垛重新码放到转运潜伏式AGV的载具上，潜伏式AGV将商品从高位货架一层存储区转运至潜伏式AGV上架区域，由人工上架至潜伏式AGV的拣选区，拆垛完成剩余的商品库存，由潜伏式AGV转运返回高位货架一层存储区。

（2）高位货架一层无需求补货的SKU。

由WCS调度无人叉车，将商品从高位货架叉取交接到高位货架两端一层的潜伏式AGV交接货架中。当高位货架一层的商品库存数量小于拣选区需求补货量时，WCS调度潜伏式AGV将商品转运至潜伏式AGV上架区域，由人工上架至潜伏式AGV的拣选区；当高位货架一层的商品库存数量大于拣选区需求补货量时，WCS调度潜伏式AGV将商品转运至拆码垛区域，由自动拆码垛机器人将需求的数量进行拆垛，重新码放到转运潜伏式AGV的载具上，潜伏式AGV将商品从高位货架一层存储区转运至潜伏式AGV上架区域，由人工上架至潜伏式AGV的拣选区，拆垛完成剩余的商品库存，由潜伏式AGV转运返回高位货架一层存储区。

3. 拣选策略

由于生产管理系统采用的是看板式要货模式，即一张看板对应一种零件的要货模式，同时由于输送线的运输能力有限，对货物包装尺寸有严格要求，因此，本项目的拣选策略选用的是以标准化物流单元为单位的量份式供应方式。

如果提总订单某SKU数量大于存储区整托盘数量/体积的80%以上，则采用高位货架区提总拣选再分拣的流程：① WMS任务下发至高位货架区；② WCS调度无人叉车，将WMS指定货位中的托盘叉出，放置在无人货架区每条通道两端一层的潜伏AGV交接点位的潜伏AGV空货架底框上；③ 潜伏AGV接到无人叉车放置完成信息后，搬运货架底框+商品送至拆码垛机器人交接点位；④ 拆码垛机器人将指定数量的外箱拆到输送线中，通过输送线送至包装工位，剩余库存由潜伏式AGV送至拣选区进行补货上架。

（四）5G技术应用

2019年，红旗风顺库房引进AGV技术，采用AGV货到人的模式优化物流运行、缩减人工成本、降低单车物流成本。自红旗风顺库房AGV投入运行以来，AGV车辆曾出现过由于Wi-Fi网络导致的车辆故障、定位超时等问题，对生产造成不同程度的影响。本次改造基于5G技术特点，结合红旗风顺库房智能AGV运行场景，搭建5G网络企业专网，将运营商公用网络与企业专网进行有效融合部署，提升网络使用效率，有效解决无线信号干扰、体验差问题。

一汽集团红旗车型汽车零部件仓储库房有12台智能AGV机器人的运行依靠连接Wi-Fi设备，在处理爆发式任务流时会出现覆盖能力弱、延时不可控、信号干扰强等问题。基于Wi-Fi无线网络的车辆调度信息在传输与确认过程中往往需要几秒的时间，极端情况下（信号不好或者网络负担大的情况）甚至会出现更长的通信时延。此外，为了确保无人车辆在不稳定的网络环境下稳定运行，设备与设备之间的安全间距必须随网络最大时延的增加而增加，这使得工业车辆需要不断地减速停车重新启动，极大地限制了整个系统的效率提升。由于Wi-Fi使用的是非授权频段，非常容易受干扰，再加上仓库和工厂中有大量的金属货架，导致信号衰减严重，会加剧现场无线网络的不稳定性，造成时延大，丢包率高甚至AGV和控制端掉线。

鉴于以上情况，一汽国际物流设计了3套方案，经过测试研究最终选用了5G+MEC（多接入边缘计算设备，将高密度计算、大流量和低时延需求的业务就近部署，满足客户对设备安全、速率及可靠性等的多重要求）+AGV模式。即通过5G+边缘计算实现高带宽、低时延、高可靠的网络覆盖，解决Wi-Fi网络覆盖范围小、信号不稳定、维护困难等问题；通过5G分流网关实现业务数据本地分流，降低时延，并实现业务数据不出物流园区，保证数据安全性；通过建设私有云平台，实现物流园区各类管理系统上云，提高硬件资源利用率，提升工作效率。

园区用户访问公网，分流网关对数据进行透传，数据流量通过核心网访问互联网。

## 三、总结

一汽国际物流针对一汽集团汽车产前供应链智能化物流技术升级改造项目，将所有的信息流程进行了接口统一和无缝衔接，彻底消除了各系统间信息传输不畅的情况，消除了信息孤岛。同时也成功将企业由劳动密集型企业转型成为技术密集型企业。通过将信息化技术与自动化设备进行深度融合，不仅实现了企业自身竞争力的提升，也实现了智能制造业与现代物流业的深度融合，提高了客户黏性。为企业未来向无人化、少人化物流模式的发展奠定了坚实基础。

（中国物流与采购联合会网络事业部）

# 兵器智慧供应链协同平台的智能采购创新与实践

基于物联网、大数据、人工智能等新一轮信息技术的高度发展，工业系统在与其融合的过程中引发了生产力、生产关系、生产技术以及商业模式等方面的深刻变革，传统的服务型企业转型升级迫在眉睫。兵器工业行业积极响应变革趋势，并利用战略窗口期，将智慧供应链协同平台建设与运用提升到战略高度，行业全面提升供应链管理水平。中国兵工物资集团有限公司（以下简称“中国兵工集团”）作为兵器工业供应链服务的核心企业，担负着大宗物资集中采购和军工保障的重要职责，以构建智慧供应链服务体系为目标、以为企业赋能为核心使命，着力推动互联网、大数据、人工智能和实体经济深度融合。

## 一、有效整合资源优势，提高产业协同能力

我国兵器工业行业拥有600余家单位，资源分布在全国多个区域，单位间信息互通效率和资源协同利用率不高，部分单位发展理念倾向于追求物资供应需求的内部闭合和生产制造条件的自我完善，然而重点产业涉及前端采购管理、中端生产调度管理和后端售后服务保障管理等完整供应链条，存在供应配套关系复杂、链条参与单位多、产品质量和交付时间要求严格等现实问题。为实现全产业链各企业间采购、生产调度和服务保障等协同发展，解决途径必然要具备全价值链体系化协同与能力共享的特质。高效的供应链管理体系能够提升产品服务质量和企业运营效率、降低运营成本。随着行业分工协作逐渐细化，整合供应链网络中各个具有专业优势的节点资源，并形成基于核心能力集成的供应链体系，已经成为促进我国兵器工业行业协同发展的核心诉求。

## 二、兵器智慧供应链协同平台实施路径

中国兵工集团依托工业互联网，融合云计算、大数据、人工智能等先进技术，以行业内各单位生产制造及资源为基础，支持跨行业、跨领域、跨地域“三跨”，以全生命周期、全价值链、全产业链“三全”的形式搭建兵器智慧供应链协同平台（以下简称“平台”）。以市场机制打造“阳光化、规范化”平台化管控和平台化服务，以电子商务平台为节点、以集中采购交易为切入点，将供应链管理逐渐向需

求端和供应端延伸，与全价值链关键节点系统对接，促进内外部资源的软整合，降低信息不对称形成的产业链无形成本，深度融合信息化和工业化，推动企业业务“云化”，提升上下游企业间协同效率。在服务于兵器工业的同时，也为国防工业领域多家集团提供整体解决方案，通过SaaS服务、接口集成和独立部署等多种形式，将“互联网+供应链管理”的服务与行业企业分享，共同推进“信息互通、资源共享、能力协同、开放合作、互利共赢”的智慧供应链服务生态圈建设。平台具体实施情况如下。

（一）供应链服务新模式

平台具备招投标（固定资产类）、非招标询价和竞价（统谈统签、分散采购）、网上超市（统谈分签）三种基本的电子化交易模式，并通过基本电子化交易模式的组合，可应用于企业的所有交易场景。交易主体涵盖兵器行业所有成员单位，交易类型包括货物（工业设备、原材料、配套件、办公用品等）、服务（仓储运输服务、法律事务、审计事务、评估事务、资本运营事务、代理服务等中介服务）、工程建设采购、废旧物资处置等。在商业模式和服务支撑方面包括：一是利用信息化手段实现法规和制度的落地、交易行为的规范，以及过程的可追溯、可监控、可管理，从而形成以“从线下到线上、从分散到集中”为兵器特色的集中采购管理提升模式；二是为企业量身搭建个性化子超市，支持自主管理子集团级供应商，并为企业采购人员、监察审计管理人员、供应商销售人员等不同类型的岗位用户提供专属智能客户服务和需求对接渠道；三是向供应链管理延伸，平台具备需求测算、计划管理、合同管理、客商管理、物流委托等丰富的功能模块，支持各级企业实现从采购计划到生产制造，再到废旧物资处置循环利用的产品全生命周期全过程的在线管控。

（二）供应链物联新方向

平台通过线上看板管理和云仓智能货柜，创新需求感知模式，推动供应商与企业共同管理库存。根据企业的历史交易数据、企业内部库存数据，以及供应商生产库存数据，为企业决策提供依据，将企业内部物资调配、供应商配送与采购方案进行整合，减少因信息不对称造成的库存浪费，提高采购效率，实现精益采购。同时推动供应商共享库存、联合管理库存等理论落地，促进上下游产业精益协同。一方面，看板管理是以兵器工业企业为试点，研究设计了适合企业外协、外购件线上采购的交易模式，通过对外协（外购）件供应商合同备案，将长协商品上架到网上超市，各单位按实际需求即时下单执行，实现企业外协长单的在线看板采购，从而深入企业内部管理，通过采购数据与库存数据，以及使用数据的收集分析，确保供应及时准确，有效降低企业库存；另一方面，云仓智能货柜是企业感知采购需求变化的新工具，云仓储管理将企业库存管理场景前置到生产现场，通过在车间放置的智能货柜，一旦工人刷卡领取生产所需工具及消耗配件，工厂就可以实时统计员工使用的物料信息。通过货柜设置的安全库存量和精准的使用数据记录，在线自动计算生成采购订单，帮助企业提升生产消耗类（MRO）工业产品的管理效率，实现工业品的按需、随时取用，推动企业零库存生产成为现实。

（三）供应链管理新生态

针对物资采购、废旧物资处置、招标等腐败行为易发多发的领域，平台根据兵器工业行业需求进行体系化设计，充分发挥互联网公众性、广泛参与性的优势，建立互联网平台+监督管理新模式，以交易过程规范阳光、全流程可追溯为重点，实现采购管理和实施行为全程在案、实时监督、管理可控、永久追溯，打造集团线上采购监察管理中心。一是根据管控重点和任务范围，在线设定关注重点场次和交易，提供备忘录提醒服务，实时查看权限范围内正在进行和已完成的所有交易情况，确保监察管理人员不错过重要场次信息；二是构建线上合规文件库，全面落实国家和兵器工业相关的法律法规和管理规定，为各级管理人员提供在线监督检查依据，并在发现问题场次时可直接采取中止或终止交易操作，将监督工作有效融入业务工作全流程；三是结合企业管理实际，建立企业监察管理人员在线工作交接机制，实现监察管理人员变动后相关工作内容的有效承继，保证在线监督检查工作的持续性和有效性。

（四）供应链智慧新技术

平台具备成熟的软件技术架构，并伴随业务发展不断创新架构应用，以适应行业快速的功能迭代，满足不同类型用户的个性化部署需求。一是云平台以微服务技术架构的方式满足业务需求的快速迭代，并应对随时发生的高并发，实现服务器水平扩容，形成敏捷开发、快速部署和高效可复用的数字化底座，并增强自主研发能力；二是PaaS平台部署方案保障基础主数据的统一，具备完整的对外数据交互的接口方案，实现对供应链全要素、全过程的信息交互和跟踪，以便与供应商、服务商、物流商等合作方进行快速对接与数据交换，与第三方平台和企业内部ERP实现互联互通，并通过数据加工实现大数据的管理，为企业管理决策提供实时有效的参考依据；三是建设物流监控与管理平台，与智慧供应链协同平台对接，对合同执行过程中物流环节的产品质量进行实时跟踪，监控产品交付过程中的质量控制，实现供应商产品交付过程全流程的可监控、可追溯。

## 三、兵器智慧供应链协同平台实施成果

兵器智慧供应链协同平台创造性地开展基于工业互联网的智慧供应链服务生态建设实践，有力推动兵器工业供应链管理机制的转变，不仅具有可观的经济效益，同时对工业互联网的发展也起到促进作用，形成了广泛的社会效益与生态效益。

（一）提升了社会化大协同水平

兵器智慧供应链协同平台的建设与运用有效提升了社会化大协同的深度和广度。智慧供应链服务生态为兵器工业开展系统工程探索了新的方法和路径，在服务于兵器工业的同时，也为国防工业领域多家集团提供整体解决方案，将“互联网+供应链管理”的服务模式与行业企业分享，共享技术创新、商业模式创新的成果，助力制造行业的现代化、智能化水平提升。平台按照企业用户的个性化需求提供多种形式的服务，包括直接使用的资源共享模式，基于PaaS-SaaS架构的云服务模式，标准接口连接的平台服务模式，以及功能模块化组合的独立部署模式。

平台的系统架构柔性化，业务模式设计同时兼顾行业业务的特点，能够满足不同企业管理和交易的个性化要求，并且已经得到各方企业用户的认可，与中国兵器装备集团、中国融通资产管理集团有限公司、江铜集团、中国航空工业集团有限公司、中国船舶集团等展开合作。目前平台已聚集16余万户社会企业，依托系统间的业务联动，极大拓展协作配套单位的范围，以国防工业大系统工程带动全社会力

量服务国家战略性项目，产业深度融合与协同创新发展将带来更加广泛、更加持久的社会效益。

（二）得到国家和社会的广泛认可

经过几年的创新发展，平台得到了党和国家以及社会各界的普遍认可。项目被工信部授予“优秀工业电子商务平台案例”，并被中国国防工业企业协会评为“2018年度国防科技工业企业管理创新成果”一等奖；“中国兵器工业集团有限公司工业互联云平台的建设实践与展望”被中国企业改革与发展研究会评为“2018年中国企业改革发展优秀成果一等奖”，助力兵器工业集团连续三年（2018年、2019年和2020年）取得国资委采购管理提升对标评比军工组的第一名，同时在安全方面经大数据协同安全技术国家工程实验室评估授予“大数据安全优秀案例奖”。目前，平台已拥有由国家版权局认证授予的软件著作权共11项。

（中国物流与采购联合会网络事业部）

# 智能物流仓储技术助力仓储业自动化升级

我国物流业经过30多年的持续高速增长，2021年社会物流总费用达16.7万亿元，同比增长12.5%。2021年我国物流成本占GDP的比重为14.6%，高于全球平均水平近3个百分点，与欧美发达国家8%左右的水平相比，仍有较大差距。

随着物流行业的不断发展，智能物流成为现代物流业新的发展趋势。自动化、网络化、可视化、实时化、跟踪化、智能化控制的发展，离不开智能物流装备的发展和普及应用。智能物流装备是指利用条码、射频识别技术、传感器、全球定位系统等先进的物联网技术，通过信息处理和网络通信技术平台，广泛应用于物流业运输、仓储、配送、包装、装卸等全活动环节，实现物流过程的自动化运作和高效率优化管理，提高物流行业的服务水平，降低成本，减少自然资源和社会资源消耗。

## 一、智能物流仓储技术发展现状

（一）国际智能物流技术发展现状

物流仓储自动化、智能化的产生源于20世纪50年代的美国，1963年美国率先在高架仓库中采用计算机控制技术，建立了第一座计算机控制的高架仓库。此后自动化高架仓库在美国和欧洲得到迅速发展，并形成了专门的学科。

智能仓储的发展分为五个阶段，人工仓储阶段、机械化仓储阶段、自动化仓储阶段、集成化仓储阶段、智能化仓储阶段。

（二）国内智能物流技术发展现状

近年来，我国政府和行业主管部门对智能物流与仓储装备业的发展十分重视，国家发展改革委、工信部等主管部门陆续出台一系列政策文件，大力支持行业的发展。据GGII数据显示，2021年我国智能仓储市场规模达1165亿元，同比增长18.8%。预计到2025年，我国智能仓储市场规模将达2320亿元。

据中国物流技术协会信息中心统计数据，截至2020年年底，我国自动化立体仓库保有量约为6800座。根据发达国家物流自动化发展经验来看，自动化立体仓库在我国仍有巨大发展潜力。“十四五”期间，我国自动化立体仓库市场规模有望继续以20%～25%的同比增速保持增长。其中，医药、烟草等传统行业需求依旧旺盛，电商、快递、零售、冷链行业等服务领域需求增速较工业制造领域明显强劲，新能源等新兴行业亦开始发力。

## 二、北京中物华兴简介

北京中物华兴科技有限公司（以下简称“中物华兴”），主要从事物流自动化装备生产制造与系统集成。

中物华兴定位为智能物流装备系统集成商，聚焦物流自动化装备业务和物流智能化系统集成业务，致力于为客户提供从顶层设计到物流中心自动化再到在途管控的“一站式”物流系统解决方案，可以为不同的行业客户提供物流仓储自动化系统整体解决方案。中物华兴作为中国物流集团旗下专门从事自动化、智能化物流系统集成的企业，依托体系内广泛的仓储用地资源和主要物流节点城市高标准、自动化、智能化的储运配置，同时以仓库辐射周边300公里配送范围，配备厢式货车协同集团下属公司，为客户提供仓配一体化等综合物流服务。

## 三、仓储自动化升级项目

以中国物流股份有限公司某分公司物流设备自动化升级改造项目（以下简称“项目”）为例，具体实施情况如下。

（一）项目调研

中国物流股份有限公司某分公司是一家集铁路运输全程代理、仓储、配送、加工、分拣、公路运输及供应链金融物流于一体的国家4A级综合型物流企业。该公司拥有钢构式现代化仓库3座，仓库总面积达3万平方米，仓库实现24小时全覆盖监控，年吞吐能力达300万吨。

该公司原配备可存储5940个托盘货物的横梁式货架，通过19台自有叉车进行货物的装卸搬运。但随着近年来业务承接范围变广，对作业效率的要求及对存储的需求量也变得越来越高，目前的横梁式货架在存储能力上已经无法满足该公司的业务需求，同时大量叉车通道的存在也导致其仓储的实际使用面积缩小。

（二）项目具体实施

为了帮助该公司适应未来业务发展的需求，中物华兴助力该公司物流仓储自动化升级，为集团公司的智能化改造赋能。中物华兴为该公司规划密集型穿梭式存储货架，配备双向托盘穿梭车、电动叉车，实现货物的先进先出及自动化搬运。项目具体实施如下。

1. 仓库改造为先进先出的密集型存储穿梭式货架系统，2个分区总出入库能力提升到不低于25000件/8小时/天，单个分区处理托盘数量提升到不低于40个托盘/小时。

2. 改造后的货架，实现单个货位承重不低于1000kg。

3. 产品以托盘为单位，实现托盘整进整出，每个托盘按照55件进行测算。托盘采用木质托盘，尺寸采用国际标准托盘尺寸1200mm×1000mm×160mm。标准托盘的应用可以大大提升出入库效率，与国际标准对接。

4. 货物（含自带托盘）参数，重量1000kg，外形尺寸长1200mm×宽1000mm×高1835mm。

5. 货架按5层设计，货位数超过12500个，并考虑可存放零散货物的单排横梁货架。在货位数量最大化情况下，仓储靠月台主通道和穿梭库内叉车作业通道超过4米，仓库背部（远离月台端）预留叉车通道超过2米，确保叉车能够四面通行。

6. 货架设计方案支持后期改造四向穿梭车立体库、子母车穿梭立体库或堆垛机立体库。为后期的再次升级留下空间。

## 四、项目升级后的应用效果

相对于原本的横梁式货架常规存储方式，采用密集型存储穿梭式货架系统，整个仓库的可用率及效率均得到了极大提升。主要体现在以下几个方面。

1．存储量提升。采用横梁式货架方案，该仓库原本存量为5940个托盘位，升级为密集型存储穿梭式货架系统后存储量上升为12860个，实际可存货量提升为原本的2.165倍。穿梭式货架与横梁式货架对比情况如下表所示。

2．仓储用地面积提升。采用横梁式货架，实际仓储占地率只有30%，采用穿梭式货架方案，实际仓储占地率超过68%，自动化物流系统方案极大地提高了仓储效率。

**穿梭式货架与横梁式货架对比情况**

| 存储方式 | 区域 | 面积（平方米） | 所占比例（%） |
|---|---|---|---|
| 穿梭式货架 | 库房（总） | 2832.00 | — |
| | 穿梭式货架区 | 1933.4 | 68.27 |
| | 通道 | 898.6 | 31.73 |
| 横梁式货架 | 库房（总） | 2832.00 | — |
| | 横梁式货架区 | 840 | 29.66 |
| | 通道 | 1992.0 | 70.34 |

3．采用WMS系统对仓库进行管理，提高了作业准确率。信息化的管理方式替代了原本较为落后的管理模式，使得系统的智能化程度更高、货物的可追溯性更强，通过系统对库存及货位进行管理在一定程度上提高了作业的准确率。

## 五、结语

根据国家统计局数据，我国交通运输、仓储和邮政业企业的平均月薪增长到了9765元，2021年上半年相较2020年同期平均增幅超过20%。

一方面，来自劳动力人口不断下降，仓储、运输人员成本不断上升的发展压力，行业竞争越发激烈。通过智能化的物流设备来降低人员成本、提高作业效率的降本增效之路势在必行。

另一方面，随着全球移动互联网的快速发展，仓储物流技术呈现快速增长态势，传感器、射频识别、定位系统等技术手段不断更新升级。5G、物联网、大数据、人工智能等技术的应用极大地促进了智能仓储技术的发展。

现代物流仓储技术与各行业企业的深度融合，是实现我国物流仓储系统智慧化、产品可追溯化、物流全程可视化的必经之路。

（北京中物华兴科技有限公司总经理　高峰）

# 闪电播——递四方订单自动化高速分拣场景

深圳市递四方速递有限公司（以下简称“递四方速递”）成立于2004年，定位为全球跨境电商供应链综合服务提供商。递四方速递通过科技赋能，助力物流和电商的发展。于2011年成立深圳市递四方信息科技有限公司（以下简称“递四方科技”），递四方科技历经十余年发展，目前技术研发团队有300余人，推动公司走向智能化、数字化，结合大数据、AI算法、自动化、云计算等物流科技，匹配4PX业务生态。递四方科技持续升级数字化基础底盘，推进全球云、边、端一体化，促进公司业务持续提升，助力企业客户提升供应链运营效率和中国品牌出海。

## 一、闪电播应用场景

递四方速递每天收到来自各个电商平台上的订单后，在电商物流中心进行集中分拣、打包，其中多品（多行）订单的分拣是仓库的工作重点，占到70%左右的业务工作量。多品订单分拣一般有边拣边分和二次分拣两种业务模式，规模化的电商仓库一般采用二次分拣模式。电商仓库管理系统（WMS、ERP）会对每天订单内包含的商品进行合并，组成波次，并以波次方式把货品一次性从电商仓库拣选出来，再通过电子播种墙的扫描器识别货品条码，并播种到对应的订单货格，最后进行打包出库。

在WMS软件系统的控制下，用扫描枪逐个扫描商品上的条码，按播种墙上亮起的标签灯带指示，把商品放到相应的订单货格，同一个订单的商品放在同一个货格里。若本货格对应的订单货品已播齐，则此货格对应的播种墙背面标签红灯亮，可以包装。这样的结构和流程设计就是为了省去其中的包装复核环节，以提高整体分拣效率。自动播种墙工作逻辑如下图所示。

## 二、人工智能应用

闪电播——订单自动化电子播种墙，通常是指仓储二次分拣中播种环节的智能化电子设备，综合电子标签、灯光灯带、红外检测和网络通信技术的电子化、智能化集成设备。该场景聚焦电商仓储、快递物流、国际货运、海关保税等领域，通过大数据智能算法、AIoT等先进物联网技术对传统仓库的订单播种实现智能化柔性化升级，从而满足不同业务量的订单分

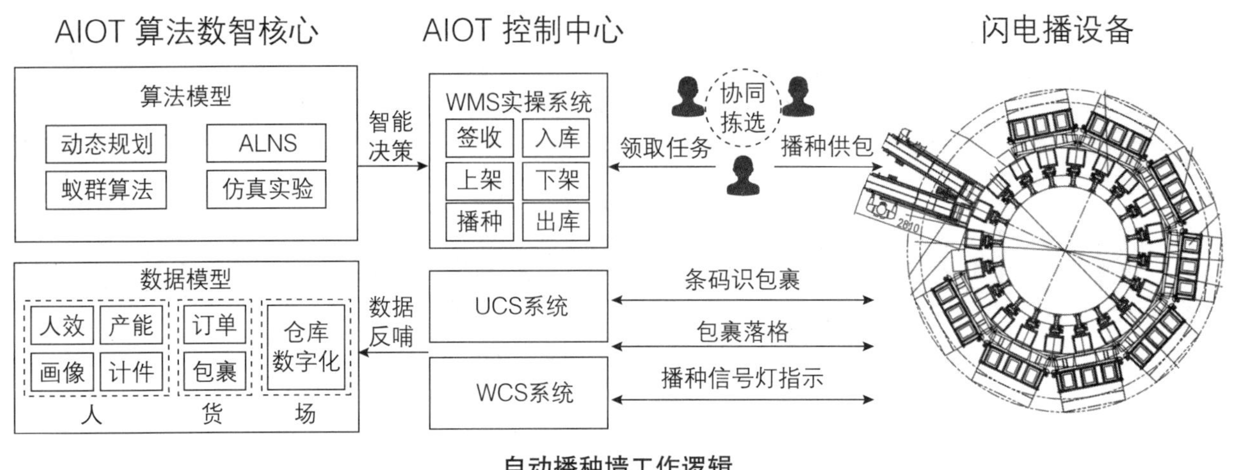


自动播种墙工作逻辑

拣需求，保障客户出库订单的质量和及时性。

根据拣选人员效率画像及波次订单拣货路径，结合动态波次算法实现拣选任务智能动态分配，结合高速柔性立体化订单自动分拣设备——闪电播，通过视觉、传感、机械、电控等综合设计的自动读码分拣系统，支持根据业务需求，模块化、灵活性增加播种格口，实现订单高速自动规划投放路径及格口，播种准确率达99.99%以上。

## 三、应用效果

传统人工作业模式效率低、差异率高，且目前面临人力成本高、人员招聘难度大、人员稳定性差、人员培训时间长的困境，已无法有效提升仓库处理能力，无法有效保证客户订单出库的及时性及质量，只有积极突破人力瓶颈，引入智能化设备，结合智能技术，打造多样化仓储解决方案，从而提升企业的市场竞争力。

“闪电播”应用有如下优点。一是大量节省人力，1台设备可代替6～8人，无须特殊培训即可上岗；二是效率高，闪电播播种速度是传统播种模式的4倍以上，设备播种效率最高可达4300件/时，单台闪电播设备日播种包裹可达9.6万件，是行业同类仓库播种处理能力的2倍以上；三是准确率高，分拣准确率达99.9%以上；四是格口多，格口占用率降低60%，48～120格口任意选择，可定制；五是投资回收快，超高性价比，回收投资期小于1.5年；六是占地小，充分利用高度空间，120个格口占地约25平方米。

## 四、场景推广应用前景

“闪电播”可服务于跨境电商、物流快递、新零售。随着各行业在智能化、数字化方面需求的增长，从工业端的工业智能制造到现代物流，再到未来社区等新型基础设施，“闪电播”的使用场景范围将逐渐扩大。

从工业端角度。可以与MES（制造执行系统）进行融合。目前在印染、新能源、汽车等行业都已经有应用落地的案例。未来在工业制造、智慧制造、智能制造的产业升级上，都有很大的发展空间。

从现代物流角度。即仓、储、运，其中“运”主要是仓内作业，“闪电播”的应用便在此环节，在大促当中用最短的时间来处理大规模订单，高效分拣、准确发货，特别是在品牌电商企业日常订单量达数万单时，或在“双11”“6·18”等淘宝、京东、唯品会的平台大促活动中广泛使用。

从生活端角度。闪电播设备还可以面向零售端实现无人零售，相当于仓储式的售卖场，其原理和自动售卖机相同。但是，设备立体存储空间要大很多倍，而且有机器人在后台工作，这种设备可能会应用于替代夜间的便利店。

应对无人化、人口老龄化的发展需求。在养老社区或酒店，很多人不愿意下楼取快递。如果智能仓与机器人或无人车“联合”，当快递到达时，机器人可以自动送货上门。

## 五、结语

随着我国物流智能化的不断发展，“闪电播”未来将会有更广泛的应用场景，一是基于导轨货架及机器人组群的RGV机器人系统解决方案，机器人完全自主运行，可在高密度库中沿着货架运行，进而优化存储、拣选和分拣等工作，显著提高效率；二是DWS系统，通过自动扫描每一个物品，可以实现计数、称重、计方、识别条码、拍照留存和验证物品的位置、大小以及形状，对于数据审计、包裹计费和自动化分拣都有很好的应用体验。

（深圳市递四方速递有限公司　公关专家王与剑　高级操作总监　任志）

# 浙江创联助力浙江中烟智慧物流建设

## 一、浙江创联简介

浙江创联信息技术股份有限公司（以下简称“浙江创联”）成立于2002年，是一家专业从事行业性大型应用软件研发、物流系统集成、大数据应用研究及新零售创新模式开发的高新技术科技型企业。现服务覆盖31个省区市，用户超过100万家。浙江创联产品涵盖烟草、现代物流、培训咨询、智能建筑、低碳减排等领域。

## 二、“一体化数字化仓储系统”建设背景

浙江中烟工业有限责任公司（以下简称“浙江中烟”）摒弃以生产为导向的传统思维，把以市场为导向的思维融入企业发展战略，紧紧抓住卷烟产供销的供应链条。在此背景下，浙江创联与浙江中烟经过现场调研并反复讨论，强调“一体化运行”思维，最终确定驱动“一体化数字化仓储系统”项目的建设，并将“一体化数字化仓储系统”项目作为智慧企业子课题进行研究应用，以物联网设备为基础、资源优化配置为主线，优化关键环节，协同整合各类物流与信息资源，实现仓储物资在整个仓储物流环节的“运行高效化、流程精细化、轨迹数字化、调度智能化、过程状态可视化”，支撑整个物流系统的持续改进。

## 三、“一体化数字化仓储系统”方案具体实施

浙江中烟“一体化数字化仓储系统”从卷烟物资物品进入工业仓储端开始，对箱储片烟、备品备件、辅料物品等管理采用生命周期管理模式，即全程化管理。“一体化数字化仓储系统”示意如图1所示。

（一）仓储管理

“一体化数字化仓储系统”对原料仓储的片烟从整体物流跟踪着手，系统范围是从片烟复烤下线、在途(后续工作)、仓储（入库、出库、移库）直到投料消耗的过程。对于辅料和备品备件的管理则是涵盖了入库、出库和在库三个阶段。成品卷烟仓储功能更加丰富，主要体现在卷烟冲销管理、破损烟管理、制品存货贴码、卷烟状态变更等方面。在成品卷烟仓储系统功能调整时，还通

图1 “一体化数字化仓储系统”示意

过系统提升了托盘识别感知功能，解决了叉车运行时射频系统一直开机造成数据被干扰的现象。

（二）智能调度

综合管理是实现智能调度的重要条件之一，包括人员管理、设备管理和安全管理。除此之外，为实现智能调度，需要用到多种调度策略，涉及入库分配、装车计划、叉车及搬运工调度、生产需求物资调运、跟踪运输以及园区综合调度等各方面的综合管理。其中，园区综合调度通过门禁调度、白名单制度和路线引导等举措提升配送敏捷性，在准确掌握相关方车辆调度安排执行情况的基础上，进一步强化物流配送和仓储现状之间的调度管理。智能调度具体示意如图2所示。

（三）数字化仓储

实时的管理离不开实时的监控。仓库控制系统介于物流作业设备和作业执行之间，完成物流作业设备与作业执行任务之间的数据交互，最终实现物流设备的作业过程监控，采集物流设备信息，并能以三维的画面显示设备的状态信息。终端应用场景主要体现为移动App、PC、看板及大屏等。

在移动仓储物流模块中，系统通过构建移动应用，为管理人员和一线作业人员提供移动物流服务，实现仓储物流作业、物资运输跟踪、物流信息查询。根据系统应用范围包括手机App、智能设备App、微信公众服务号等。

基于流行的三维可视化看板展现技术，实现仓库物资和成品状态的直观展示。同时系统支持大屏信息可定制动态展示和项目看板可视化。

（四）设备智能化

1.数字化月台

在月台上引入视觉识别设备，建立车牌识别模型，识别月台车辆，实现数字化月台调度，避免装车错误。同时建立货物识别模型，

图2　智能调度具体示意

将任务与识别相结合，降低出库错误率。

2.基于全面感知的绩效管理

部署Wi-Fi定位技术，实时跟踪叉车行动轨迹，结合叉车读写器对托盘货物的感知，度量叉车运行效率和完成的工作量。实现移动小车贴码数据实时回传至“一体化数字化仓储系统”，并结合Wi-Fi定位技术所实现的中间作业场所的库存感知，将其作为贴码任务完成进度监控和贴码绩效评定数据。

3.无人仓储

在叉车作业环节引进叉车AGV技术，实现无人化作业。在作业过程中，AGV通过系统指导完成指定卷烟托盘的取放。整套作业流程除了扫码、装箱，其他环节均无须员工介入。AGV机器人在智能仓储的应用能够实现整个出入库过程无人化。

## 四、“一体化数字化仓储系统”应用成果

（一）运行高效化

一体化架构设计使成品和物资实现一体化管理，货位化设计与货区化管理遵守统一数据、统一应用、统一部署和统一管理。原辅料、备品备件和成品等物流作业，引入一维码和RFID、移动App等技术，提高运行效率。

（二）物联感知深化应用促进轨迹数字化、流程精细化和调度智能化

优化工作流程、精细作业节点，作业到岗、责任到人、全面监管。实现人、设备、作业的三级智能调度，最大限度地利用资源，提升资源有效利用。

（三）调度智能化

通过智能调度策略安排，实现了几方面的智能化管理。一是生产需求物资发运计划调度，主要指合作生产调运计划安排、合作生产退料计划安排、合作生产退货、生产需求物资调运计划安排；二是运输任务调度，主要指运输跟踪管理；三是园区调度，主要指出入园区调度、月台调度；四是作业调度，主要指入库调度、出库调度、移库调度；五是综合调度，人员调度、叉车调度、班组调度。

（四）过程状态可视化

全面采集采购、运输、生产、仓储、领用、销售等物流重要环节的信息数据，达到仓储状态可视、生产过程状态可视、作业过程状态可视、人员与设备状态可视。

“一体化数字化仓储系统”应用成果具体内容如图3所示。

**图3 “一体化数字化仓储系统”应用成果具体内容**

通过该项目的实施，应用新技术和新方法，对物流技术、管理、流程、模式进行理论研究和创新，全面、系统、完整地提出了浙江中烟基于射频（RFID）技术的多层平库卷烟成品仓储信息系统建设方案，并进行了落地应用，在现场及人员未变的情况下可产生直接经济效益925万元/年。除直接经济效益之外，间接经济效益和社会效益也是显而易见的。在深入推进智慧物流工程、打造高效畅通物流供应链方面取得了巨大的成果。

## 五、结语

“一体化数字化仓储系统”的建设，切实提高了浙江中烟的仓储作业效率，提升了仓储精细化管理能力。浙江创联将继续深化“一体化数字化仓储系统”的开发与应用，不断调整以适用于仓储行业内的其他企业，使“运行高效化、流程精细化、轨迹数字化、调度智能化、过程状态可视化”深入到每一个有需求的企业中，使数字赋能、实现高效运行、建好智慧物流平台成为现实。

（浙江创联信息技术股份有限公司技术部总监　贾翔宇）

# 第九部分

# 物流综合

# 2021年中国物流企业50强名单

| 排名 | 企业名称 | 物流业务收入（万元） |
|---|---|---|
| 1 | 中国远洋海运集团有限公司 | 26286247 |
| 2 | 厦门象屿股份有限公司 | 21612887 |
| 3 | 顺丰控股股份有限公司 | 15174316 |
| 4 | 中国外运股份有限公司 | 8453684 |
| 5 | 京东物流股份有限公司 | 7337472 |
| 6 | 中国物资储运集团有限公司 | 4954200 |
| 7 | 中铁物资集团有限公司 | 3670160 |
| 8 | 圆通速递股份有限公司 | 3490704 |
| 9 | 上海韵达货运有限公司 | 3350043 |
| 10 | 百世物流科技（中国）有限公司 | 3000000 |
| 11 | 德邦物流股份有限公司 | 2750345 |
| 12 | 中通快递股份有限公司 | 2521429 |
| 13 | 建发物流集团有限公司 | 2484059 |
| 14 | 上汽安吉物流股份有限公司 | 2296199 |
| 15 | 申通快递有限公司 | 2156605 |
| 16 | 全球国际货运代理（中国）有限公司 | 1539786 |
| 17 | 嘉里物流（中国）投资有限公司 | 1516138 |
| 18 | 日日顺供应链科技股份有限公司 | 1403623 |
| 19 | 中铁铁龙集装箱物流股份有限公司 | 1396654 |
| 20 | 准时达国际供应链管理有限公司 | 1347909 |
| 21 | 一汽物流有限公司 | 1209000 |

续 表

| 排名 | 企业名称 | 物流业务收入（万元） |
|---|---|---|
| 22 | 上海天地汇供应链科技有限公司 | 1049088 |
| 23 | 上海中谷物流股份有限公司 | 1041918 |
| 24 | 物产中大物流投资集团有限公司 | 867306 |
| 25 | 湖南和立东升实业集团有限公司 | 801196 |
| 26 | 四川安吉物流集团有限公司 | 752319 |
| 27 | 湖北交投物流集团有限公司 | 741475 |
| 28 | 云南能投物流有限责任公司 | 739639 |
| 29 | 日通国际物流（中国）有限公司 | 739125 |
| 30 | 江苏苏宁物流有限公司 | 720000 |
| 31 | 全球捷运物流有限公司 | 693221 |
| 32 | 包头钢铁（集团）铁捷物流有限公司 | 659068 |
| 33 | 深圳越海全球供应链股份有限公司 | 595495 |
| 34 | 中都物流有限公司 | 587921 |
| 35 | 林森物流集团有限公司 | 583762 |
| 36 | 云南省物流投资集团有限公司 | 556046 |
| 37 | 九州通医药集团物流有限公司 | 543620 |
| 38 | 建华物流有限公司 | 536421 |
| 39 | 湖南一力股份有限公司 | 516685 |
| 40 | 中创物流股份有限公司 | 515389 |
| 41 | 广州发展能源物流集团有限公司 | 514317 |
| 42 | 四川省港航投资集团有限责任公司 | 495495 |
| 43 | 湖南星沙物流投资有限公司 | 492278 |
| 44 | 利丰供应链管理（中国）有限公司 | 489079 |
| 45 | 上海则一供应链管理有限公司 | 483737 |
| 46 | 安通控股股份有限公司 | 483471 |
| 47 | 重庆长安民生物流股份有限公司 | 473858 |
| 48 | 中通服供应链管理有限公司 | 441526 |
| 49 | 河南能源化工集团国龙物流有限公司 | 415812 |
| 50 | 北京长久物流股份有限公司 | 406441 |

（中国物流与采购联合会）

# 2021年中国民营物流企业50强名单

| 排名 | 企业名称 | 物流业务收入（万元） |
|---|---|---|
| 1 | 顺丰控股股份有限公司 | 15174316 |
| 2 | 京东物流股份有限公司 | 7337472 |
| 3 | 圆通速递股份有限公司 | 3490704 |
| 4 | 上海韵达货运有限公司 | 3350043 |
| 5 | 百世物流科技（中国）有限公司 | 3000000 |
| 6 | 德邦物流股份有限公司 | 2750345 |
| 7 | 中通快递股份有限公司 | 2521429 |
| 8 | 申通快递有限公司 | 2156605 |
| 9 | 日日顺供应链科技股份有限公司 | 1403623 |
| 10 | 准时达国际供应链管理有限公司 | 1347909 |
| 11 | 上海天地汇供应链科技有限公司 | 1049088 |
| 12 | 上海中谷物流股份有限公司 | 1041918 |
| 13 | 湖南和立东升实业集团有限公司 | 801196 |
| 14 | 江苏苏宁物流有限公司 | 720000 |
| 15 | 全球捷运物流有限公司 | 693221 |
| 16 | 深圳越海全球供应链股份有限公司 | 595495 |
| 17 | 林森物流集团有限公司 | 583762 |
| 18 | 九州通医药集团物流有限公司 | 543620 |
| 19 | 建华物流有限公司 | 536421 |
| 20 | 湖南一力股份有限公司 | 516685 |
| 21 | 中创物流股份有限公司 | 515389 |

续 表

| 排名 | 企业名称 | 物流业务收入（万元） |
| --- | --- | --- |
| 22 | 湖南星沙物流投资有限公司 | 492278 |
| 23 | 上海则一供应链管理有限公司 | 483737 |
| 24 | 安通控股股份有限公司 | 483471 |
| 25 | 北京长久物流股份有限公司 | 406441 |
| 26 | 江苏飞力达国际物流股份有限公司 | 370851 |
| 27 | 山东永昌物流集团有限公司 | 354629 |
| 28 | 密尔克卫化工供应链服务股份有限公司 | 342695 |
| 29 | 中通供应链管理有限公司 | 335170 |
| 30 | 天津大田集团有限公司 | 329283 |
| 31 | 盛丰物流集团有限公司 | 312993 |
| 32 | 山东京博物流股份有限公司 | 278115 |
| 33 | 镇海石化物流有限责任公司 | 258717 |
| 34 | 盛辉物流集团有限公司 | 252000 |
| 35 | 陕西卡一车物流科技有限公司 | 250363 |
| 36 | 保定市长城蚂蚁物流有限公司 | 248447 |
| 37 | 湖南湾田供应链管理有限公司 | 240642 |
| 38 | 新疆九洲恒昌供应链管理股份有限公司 | 224037 |
| 39 | 湖南金煌物流股份有限公司 | 223561 |
| 40 | 广东高捷航运物流有限公司 | 202016 |
| 41 | 万和通物流集团有限公司 | 201612 |
| 42 | 万科物流发展有限公司 | 187000 |
| 43 | 浙江汤氏供应链管理有限公司 | 181078 |
| 44 | 山东佳怡智慧供应链管理服务有限公司 | 180058 |
| 45 | 道臣物流集团有限公司 | 140973 |
| 46 | 四川通宇物流有限公司 | 138916 |
| 47 | 江苏澳洋医药物流有限公司 | 121028 |
| 48 | 新疆振坤物流股份有限公司 | 114902 |
| 49 | 振石集团浙江宇石国际物流有限公司 | 110237 |
| 50 | 江苏海晨物流股份有限公司 | 107400 |

（中国物流与采购联合会）

# 2021年全国通用仓储企业排名

| 名次 | 企业名称 | 仓库面积（万平方米） |
|---|---|---|
| 1 | 江苏苏宁物流有限公司 | 960.0 |
| 2 | 日日顺供应链科技股份有限公司 | 820.0 |
| 3 | 厦门象屿股份有限公司 | 819.4 |
| 4 | 中外运物流有限公司 | 419.7 |
| 5 | 中国邮政速递物流股份有限公司 | 418.0 |
| 6 | 速必达希杰物流有限公司 | 373.2 |
| 7 | 上海发网供应链管理有限公司 | 360.0 |
| 8 | 百世物流科技（中国）有限公司 | 350.0 |
| 9 | 浙江双捷供应链科技有限公司 | 342.0 |
| 10 | 中储发展股份有限公司 | 300.0 |
| | 安迅物流有限公司 | 300.0 |
| 12 | 准时达国际供应链管理有限公司 | 250.0 |
| 13 | 中通云仓科技有限公司 | 240.0 |
| 14 | 中远海运物流有限公司 | 210.0 |
| 15 | 深圳市怡亚通物流有限公司 | 200.0 |
| | 宝供物流企业集团有限公司 | 200.0 |
| | 九州通医药集团物流有限公司 | 200.0 |
| | 山东盖世国际物流集团有限公司 | 200.0 |
| | 上海益嘉物流有限公司 | 200.0 |
| | 浙江心怡供应链管理有限公司 | 200.0 |
| 21 | 浙商中拓集团物流科技有限公司 | 197.0 |

续 表

| 名次 | 企业名称 | 仓库面积（万平方米） |
| --- | --- | --- |
| 22 | 嘉里物流（中国）投资有限公司 | 196.0 |
| 23 | 网赢如意仓供应链有限公司 | 160.0 |
| 24 | 北京昌达供应链管理集团有限公司 | 150.0 |
| 25 | 上海郑明现代物流有限公司 | 140.0 |
| 26 | 深圳市兆航物流有限公司 | 137.0 |
| 27 | 河北宝信物流有限公司 | 130.6 |
| 28 | 中通服供应链管理有限公司 | 124.2 |
| 29 | 北京宏贤达物流集团有限公司 | 120.0 |
| 30 | 建发物流集团有限公司 | 114.6 |
| 31 | 深圳顺丰供应链有限公司 | 110.0 |
| 32 | 广东锐捷数智供应链有限公司 | 108.0 |
| 33 | 深圳越海全球供应链股份有限公司 | 104.0 |
| 34 | 北京科捷物流有限公司 | 100.0 |
|  | 佳怡供应链企业集团 | 100.0 |
|  | 上海顶通物流有限公司 | 100.0 |
| 37 | 海元物流有限公司 | 90.4 |
| 38 | 浙江新颜物流有限公司 | 80.0 |
|  | 云通物流服务有限公司 | 80.0 |
| 40 | 成都积微物联集团股份有限公司 | 78.0 |
| 41 | 盛丰物流集团有限公司 | 70.0 |
| 42 | 江苏飞力达国际物流股份有限公司 | 67.4 |
| 43 | 湖南湾田供应链管理有限公司 | 61.3 |
| 44 | 陕西商储物流有限公司 | 55.2 |
| 45 | 北京大田智慧物流有限公司 | 48.4 |
| 46 | 远孚物流集团有限公司 | 47.0 |
| 47 | 福兴祥物流集团有限公司 | 46.4 |
| 48 | 上海商业储运有限公司 | 42.6 |
| 49 | 重庆公路运输（集团）有限公司 | 42.4 |
| 50 | 上海新易泰物流有限公司 | 40.0 |
|  | 伊藤忠物流（中国）有限公司 | 40.0 |
|  | 杭州松松供应链管理有限公司 | 40.0 |

续 表

| 名次 | 企业名称 | 仓库面积（万平方米） |
| --- | --- | --- |
| 50 | 物联云仓（成都）科技有限公司 | 40.0 |
|  | 杭州龙田供应链管理有限公司 | 40.0 |
| 55 | 湖北国储物流股份有限公司 | 39.0 |
| 56 | 芜湖达成储运有限公司 | 33.0 |
| 57 | 华运通物流有限公司 | 30.0 |
|  | 唯捷城市配送（大连）有限公司 | 30.0 |
|  | 深圳市凯东源现代物流股份有限公司 | 30.0 |
| 60 | 南储仓储管理集团有限公司 | 29.7 |
| 61 | 广州市广百物流有限公司 | 27.5 |
| 62 | 龙腾云创产业互联网（北京）有限责任公司 | 27.0 |
|  | 江苏超达物流有限公司 | 27.0 |
| 64 | 中外运化工国际物流有限公司 | 25.0 |
| 65 | 广西融桂物流集团有限公司 | 24.6 |
| 66 | 齐齐哈尔商业储运有限公司 | 23.0 |
| 67 | 新杰物流集团股份有限公司 | 21.0 |
| 68 | 广东天图物流股份有限公司 | 20.7 |
| 69 | 侨益物流股份有限公司 | 20.0 |
|  | 广州佳仕达物流有限公司 | 20.0 |

（中国仓储与配送协会）

# 2021年全国冷链仓储企业排名

| 名次 | 企业名称 | 冷库容积（万立方米） |
| --- | --- | --- |
| 1 | 上海郑明现代物流有限公司 | 797.4 |
| 2 | 南京天环食品（集团）有限公司 | 693.0 |
| 3 | 北京亚冷控股有限公司 | 300.0 |
| 4 | 重庆明品福集团有限公司 | 150.0 |
| 5 | 成都运荔枝科技有限公司 | 120.0 |
| 6 | 浙江鲜丰冷链物流有限公司 | 100.0 |
| 7 | 成都银犁冷藏物流股份有限公司 | 90.0 |
|  | 海南罗牛山食品集团有限公司 | 90.0 |
|  | 青岛鲁海丰冷链物流有限公司 | 90.0 |
| 10 | 东莞市江南冷链物流有限公司 | 87.5 |
| 11 | 福兴祥物流集团有限公司 | 83.0 |
| 12 | 济南维尔康实业集团有限公司 | 81.0 |
| 13 | 山东盖世国际物流集团有限公司 | 75.0 |
|  | 沈阳副食集团有限公司 | 75.0 |
| 15 | 上海快行天下供应链管理有限公司 | 67.6 |
| 16 | 红星冷链（湖南）股份有限公司 | 60.0 |
|  | 河北新发地农副产品有限公司 | 60.0 |
| 18 | 上海锦江国际低温物流发展有限公司 | 58.0 |
| 19 | 海元物流有限公司 | 56.4 |
| 20 | 德州飞马冷链物流有限公司 | 54.3 |
| 21 | 大连港毅都冷链有限公司 | 50.8 |

续 表

| 名次 | 企业名称 | 冷库容积（万立方米） |
| --- | --- | --- |
| 22 | 山绿农产品集团股份有限公司 | 47.0 |
| 23 | 唯捷城市配送（大连）有限公司 | 45.2 |
| 24 | 上海光明领鲜物流有限公司 | 43.0 |
| 25 | 辽渔集团有限公司冷藏分公司 | 42.4 |
| 26 | 福慧达股份有限公司 | 42.0 |
| 27 | 中通云仓科技有限公司 | 40.0 |
| 28 | 广州市穿梭供应链管理有限公司 | 32.0 |
| 29 | 日日顺供应链科技股份有限公司 | 20.0 |
|  | 山东中凯兴业贸易广场有限公司 | 20.0 |

（中国仓储与配送协会）

# 2021年全国仓储地产企业排名

| 名次 | 企业名称 | 仓库面积（万平方米） |
|---|---|---|
| 1 | 普洛斯投资（上海）有限公司 | 3643.2 |
| 2 | 万科物流发展有限公司 | 1136.0 |
| 3 | 易商红木集团 | 890.0 |
| 4 | 东久新宜（中国）企业管理有限公司 | 643.0 |
| 5 | 宝湾物流控股有限公司 | 600.0 |
| 6 | 上海宇培（集团）有限公司 | 590.0 |
| 7 | 安博（中国）管理有限公司 | 520.0 |
| 8 | 上海龙地物流有限公司 | 511.0 |
| 9 | 湖南和立东升实业集团有限公司 | 374.3 |
| 10 | 第一产业集团 | 346.0 |
| 11 | 杭州网营物联控股集团有限公司 | 215.0 |
| 12 | 上海远瀚物流有限公司（远洋物流） | 201.0 |
| 13 | 深圳市深国际物流发展有限公司 | 200.0 |
| 14 | 乐歌供应链管理（上海）有限公司（乐歌LOGOS） | 193.3 |
| 15 | 维彧（上海）企业管理咨询有限公司（维龙） | 132.9 |
| 16 | 复星国药（香港）物流仓储发展有限公司 | 130.0 |
| 17 | 西藏京通易购商贸有限公司 | 120.9 |
| 18 | 北京百利威仓储物流有限公司 | 118.8 |
| 19 | 新地物流发展有限公司 | 110.0 |
| 20 | 福建东百集团股份有限公司（东百物流） | 102.0 |

（中国仓储与配送协会）

# 2021年全国金融仓储企业排名

| 名次 | 企业名称 | 年管理担保存货对应的贷款额度（万元） |
| --- | --- | --- |
| 1 | 南储仓储管理集团有限公司 | 1805790.00 |
| 2 | 武汉金信云仓供应链服务有限公司 | 1134676.00 |
| 3 | 华夏易通国际物流有限公司 | 996600.00 |
| 4 | 安徽隆泽丰投资产管理有限公司 | 728546.00 |
| 5 | 湖北襄管物流有限公司 | 488189.10 |
| 6 | 四川三鼎金融仓储有限公司 | 467941.00 |
| 7 | 宁夏嘉宝信金融仓储有限公司 | 368890.75 |
| 8 | 宁夏亿博丰担保品管理有限公司 | 350628.00 |
| 9 | 浙江长运安信仓储服务有限公司 | 300990.00 |
| 10 | 恒元丰资产管理有限公司 | 298000.00 |
| 11 | 亳州市中联物流园管理有限公司 | 282482.00 |
| 12 | 浙商中拓集团物流科技有限公司 | 264100.00 |
| 13 | 湖北谊嘉金融仓储有限公司 | 257412.00 |
| 14 | 四川上辰金融仓储股份有限公司 | 239204.00 |
| 15 | 广西融桂物流集团有限公司 | 141300.00 |

（中国仓储与配送协会）

# 物流企业综合评估全国第三十一批、第三十二批A级物流企业名单

## 全国第三十一批A级物流企业名单（共452家）

### 5A级物流企业（15家）:

上海郑明现代物流有限公司（4A升5A）
廊坊昌达供应链管理有限公司
长春一汽富晟大众物流有限公司（4A升5A）
厦门港务控股集团有限公司
厦门集装箱码头集团有限公司（4A升5A）
江西顺丰速运有限公司（4A升5A）
山东海运股份有限公司
湖北寿康永乐商贸集团有限公司（4A升5A）
安吉汽车物流（湖北）有限公司（4A升5A）
株洲中车物流有限公司（4A升5A）
湖南顺丰速运有限公司（4A升5A）
深圳市九立供应链股份有限公司
广州广汽商贸物流有限公司（4A升5A）
广州港股份有限公司
宝鸡华誉物流股份有限公司（4A升5A）

### 4A级物流企业（147家）:

道可特国际物流（北京）有限公司
天津吉众物流有限公司
上海惠晟物流有限公司
云丰国际物流（上海）有限公司（3A升4A）
上海霄邦物流有限公司
上海斑马来拉物流科技有限公司
上海福启供应链管理有限公司
上海佳轩物流有限公司
重庆江盛汽车物流有限公司
重庆苏宁物流有限公司（3A升4A）
唐山三友物流有限公司
河北京东信成供应链科技有限公司
河北祥瑞物流有限公司（3A升4A）
张家口通泰物流中心有限公司（2A升4A）
山西京邦达供应链科技有限公司
山西龙世达国际空港物流有限公司
山西君雁药业有限责任公司（3A升4A）
山西顾得医药股份有限公司
北京同仁堂山西药业有限责任公司
长治市红峰物流有限公司
山西峰凡科技物流有限公司（3A升4A）
太原市鸿新农产品有限公司（3A升4A）
营口恒泰物流有限公司

一汽物流（长春陆顺）储运有限公司
吉林省宝奇智慧物流产业中心有限公司
南京骆驼储运集团有限公司
无锡恒实运输有限公司
江苏海华嘉豪物流有限公司（3A升4A）
太仓万方国际码头有限公司（3A升4A）
江苏中投国际物流有限公司
江苏顺和丰快运有限公司
招商局物流集团苏州有限公司
苏州龙达国际货运代理有限公司
弗玛仓储（太仓）有限公司
平阳县长通物流有限公司（3A升4A）
温州瑞家物流配送连锁有限公司
温州飞格达物流有限公司
浙江沈氏省心物流科技有限公司
义乌市金驰物流有限公司
永泰运化工物流股份有限公司
宁波顺圆物流有限公司
宁波物产物流有限公司（3A升4A）
安徽顺得物流有限公司
安徽省通信产业服务有限公司
合肥得宝物流有限公司
安徽省利高物流有限公司
安徽中桩物流有限公司
芜湖惠众物流服务有限公司（3A升4A）
芜湖宝特物流有限公司
马鞍山嘉恒储运实业有限公司（3A升4A）
阜阳市翔达物流有限公司（3A升4A）
安徽华燕物流有限公司
福建省捷邦供应链管理集团有限公司（3A升4A）
南昌市嘉志通实业有限公司
江西中路物流有限公司（2A升4A）
高安市瑞新物流有限公司
高安市幸运物流有限公司
江西江龙集团帆顺汽车运输有限公司
高安市春晖汽车运输服务有限公司
高安一帆物流有限公司
江西省正义物流配送有限公司
济南三合物流有限公司
山东安迅物流有限公司（3A升4A）
山东金岱物流有限公司
山东运丰物流供应链管理有限公司（3A升4A）
淄博通顺物流有限公司（3A升4A）
山东德邦物流有限公司（3A升4A）
山东飞畅物流有限公司
济南德邦物流有限公司（3A升4A）
青岛德邦物流有限公司（3A升4A）
青岛菲尔斯特物流有限公司（3A升4A）
青岛上升天地物流有限公司（3A升4A）
河南天河汇海物流有限公司
郑州东方大运供应链管理有限公司
河南藏金源仓储有限公司
河南联友汇供应链管理有限公司
郑州骏达物流有限公司
郑州博世通物流有限公司
河南恒通物流有限公司
河南玉泽物流有限公司
南阳市东森医药物流有限公司（3A升4A）
武汉市方通物流有限公司
湖北华苑粮油有限公司（3A升4A）
国药控股黄石有限公司（3A升4A）
湖北安欣物流有限责任公司（3A升4A）
湖北达江物流有限公司
宜昌百誉智慧物流有限公司（3A升4A）
宜昌立信物流有限公司（3A升4A）
宜昌万富工贸有限责任公司（3A升4A）
湖北三峡银岭冷链物流股份有限公司（3A升4A）

十堰双运物流有限公司

荆门传化公路港物流有限公司（3A升4A）

湖北金博物流有限公司（3A升4A）

湖北京和米业有限公司（3A升4A）

湖北安和物流有限公司

宜都宁通物流有限公司

湖南顺利达物流有限公司

湖南八运物流有限公司

长沙德坤物流有限公司

长沙晨辉物流有限公司（3A升4A）

湖南中邦恒盛医药有限公司

湖南东海物流有限公司

广州佳联迅物流有限公司

广东锐捷数智供应链有限公司

深圳市金源浩进出口有限公司

广东志邦速运供应链科技有限公司（3A升4A）

深圳市华运国际物流有限公司

中集多式联运发展有限公司

广州飞特物流有限公司

广州二运集团有限公司

深圳市物联众卡科技有限公司

深圳市美易国际物流有限公司

深圳市诚和通供应链管理有限公司

深圳市清泉物流有限公司

深圳市利仓行运输服务有限公司

深圳市中侨货运有限公司（3A升4A）

深圳市佳裕达物流科技有限公司

深圳市联递国际物流有限公司

深圳市派格通运货运代理有限公司

深圳市巨邦国际货运代理有限公司（3A升4A）

深圳市嘉威讯物流有限公司（3A升4A）

深圳市德诚达物流有限公司

深圳市联宇天翼国际物流有限公司

广州市运输有限公司

深圳前海飞特控股有限公司

深圳市皇家物流有限公司

深圳劲港跨境物流有限公司

深圳市鸿捷国际货运代理有限公司

广州兴运邦物流有限公司（3A升4A）

广州交通集团物流有限公司

广州广交供应链管理有限公司

广西超大运输集团有限责任公司（3A升4A）

广西宁铁物资工业有限公司

成都银犁冷藏物流股份有限公司（3A升4A）

四川省宜宾五粮液集团安吉物流航运有限责任公司

四川省宜宾五粮液集团安吉物流有限公司

四川川宁苏宁物流有限公司（3A升4A）

四川环宇物流有限公司（3A升4A）

大理现代物流商贸有限公司

西安国际陆港多式联运有限公司（3A升4A）

西安市建总合众建筑材料有限公司

西安国际港务区海得邦物流有限公司（3A升4A）

陕西坤源供应链集团有限公司

西安怡腾贸易有限公司

中铁一局集团物资工贸有限公司

白银有色铁路运输物流有限责任公司（3A升4A）

新疆聚鑫运通物流有限公司

**3A级物流企业（230家）：**

北京华油国际物流工程服务有限公司

北京海翔国际运输代理有限公司

上海双汇物流有限公司

露昱供应链管理（上海）有限公司
重庆千诚实业发展有限公司
河北昌盟供应链管理有限公司
申通快递有限公司太原分公司
宇航国际物流（大连）有限公司
大连柏瑞德国际物流有限公司
沈阳兴兴承辉物流有限公司
沈阳递家物流股份有限公司
长春市凤成物流有限公司
哈尔滨市鹏瑞货物运输有限公司
苏州宝汽物流有限公司
江苏裕合泰国际物流有限公司
江苏正盛仓储物流有限公司
扬州九洲汽车运输有限公司
徐州天行健运输有限公司
江苏运斯达供应链管理有限公司
常运供应链管理（常州）有限公司
南通磊鑫物流有限公司
中国太仓船务代理有限公司
苏州富泰隆供应链管理有限公司
温州亿租汽车有限公司
长兴传化公路港物流有限公司
绍兴中轻物流有限公司（2A升3A）
绍兴市上虞伟宇物流有限公司
台州传化洲锽公路港物流有限公司
临海市鑫驰物流有限公司（2A升3A）
浙江万民生态农业发展股份有限公司
温州非凡物流有限公司
温州中通吉瑞快递有限公司
浙江洪兴供应链管理有限公司
浙江海派供应链管理有限公司
浙江咏飞供应链管理有限公司
瑞安市光头物流有限公司
杭州顺丰智达物流有限公司
温州市龙宇物流有限公司
温州泓泽运输有限公司
宁波中翔物流有限公司
宁波旭日嘉辉供应链管理有限公司
余姚市联海实业有限公司
宁波市广亚物流有限公司
云丰供应链管理（宁波）有限公司
宁波恒胜澜海控股集团股份有限公司
宁波新征程物流有限公司
宁波港中旅华贸国际物流有限公司
芜湖兴汇物流有限公司
瑞集物流（芜湖）有限公司
芜湖市汇鸿通快递有限公司
芜湖达成储运有限公司
安徽蓝云物流科技有限公司
马鞍山市明顺物流有限公司
马鞍山市金鞍物流有限责任公司
马鞍山市泰达物流有限公司
阜阳市交安汽车运输有限公司
阜阳市恒信运输有限责任公司
安徽福佑现代物流有限公司
马鞍山市华东物流有限公司
安徽康泰物流有限公司
黄山市立信商贸有限公司（2A升3A）
安徽返空汇物流科技有限公司
福建四赢物流有限公司
福建省永春县美岭车队
福建捷鸿物流有限公司
福建恒顺健物流有限责任公司
三明市祥睿物流有限公司
三明市万方物流有限公司
建瓯市华迅物流有限公司
福建省顺昌县顺鑫物流有限公司
福建省建瓯市新顺发物流有限公司
三明市贤达物流有限公司
福建栢合冷链仓储管理有限公司（2A升

3A）

厦门国达海运有限公司

厦门邦云物流有限公司

江西万福实业集团股份有限公司

南昌华泓冷链物流有限公司（2A升3A）

林安（九江）商贸物流发展有限公司

江西桐韵速递有限公司

瑞金市红土地物流有限公司

赣州市顺发物流有限公司

济南振涵物流有限公司

山东利群物流有限公司

山东壹米滴答供应链管理有限公司

山东西川物流有限公司

山东群利物流有限公司

济南宏祥货运有限公司

济南富旺汽车运输有限公司

淄博宏亮物流有限公司

淄博永祥物流供应链管理有限公司

青岛华盛诺达供应链管理有限公司

青岛禹帆物流有限公司

青岛高阳国际物流有限公司

青岛敬明承运物流有限公司（2A升3A）

青岛明华物流有限公司

河南华鼎供应链管理有限公司

巩义市象道物流有限公司

郑州市亨泽储运有限公司

河南太行畅兴供应链管理有限公司

河南豫储物流发展有限公司

河南宛美物流有限公司（2A升3A）

平顶山市中发物流有限公司

焦作市交通运输（集团）有限公司

武汉卓越海运有限公司

武汉鸿昌久昌物流有限公司

湖北鑫源顺物流有限公司武汉分公司

武汉北北伟业物流有限公司

武汉花花牛供应链管理有限公司

湖北振欣邦供应链管理有限公司

襄阳楚安科技实业有限公司

武汉山绿供应链管理有限公司

武汉盛联华物流有限公司

罗田县兴达物流运输有限公司

湖北名羊农业科技发展有限公司

大冶市宏通物流有限公司

湖北龙鹏科技发展有限公司

大冶市华达汇鑫物流有限公司

湖北火烧坪高山蔬菜集团物流有限公司（2A升3A）

宜昌鑫运得物流有限公司

宜昌凯顺物流有限责任公司

宜昌市金全顺物流有限责任公司

宜昌市新东方物流有限责任公司

宜昌市千里马物流有限公司

宜昌三泰物流有限公司

宜昌市力星物流有限公司

宜昌市康润物流有限公司（2A升3A）

宜昌快运通物流有限公司

宜昌市祥荣物流有限责任公司

湖北庄品健实业（集团）有限公司（2A升3A）

湖北潜润物流有限公司（2A升3A）

人福医药天门有限公司

湖北国通航运有限公司

湖北佳佳惠商贸有限公司

黄石西马物流有限公司

武汉华人智慧供应链有限公司

武汉市荣欣物流有限公司

武汉荣横物流有限公司

锦浩共源（武汉）供应链管理有限公司

武汉川云工贸有限公司

武汉君意通物流有限公司

武汉宏福达冷鲜配送有限公司
武汉华运达船务有限公司
湖北景荣程物流有限公司
株洲通盛运输贸易有限公司
长沙润民供应链管理有限公司
湖南迈达物流有限公司
郴州红海速递服务有限公司
湘西恒通物流有限公司
深圳市鑫宇货物运输有限公司
珠海港百安物流有限公司
广东东红物流有限公司
深圳市安道隆物流有限公司
深圳海带宝网络科技股份有限公司
国沣供应链服务（深圳）有限公司
深圳市庆达物流有限公司
深圳市庆平运输有限公司
深圳市弘恺润物流有限公司
深圳市宇辉物流有限公司
深圳市英达速国际物流科技有限公司
深圳大疆物流科技有限公司
深圳市鑫正达物流有限公司
深圳市港丰顺兴物流有限公司
深圳鑫和冠供应链管理有限公司
深圳市鑫安达物流有限公司
深圳市友众物流有限公司
深圳市壹号专线供应链有限公司
深圳鸿欣隆物流有限公司
广东柯楚阳物流有限公司
深圳市众鑫邦国际货运代理有限公司
深圳市信佳物流有限公司
深圳市腾飞货物运输代理有限公司
深圳市鼎达成物流有限公司
深圳市鸿润发快运有限公司
深圳市顺杰物流有限公司
深圳市欣欣物流有限公司
深圳市湘鹏物流有限公司
深圳市金鹏行物流有限公司
深圳市沛达捷运国际货运代理有限公司
深圳市嘉鸿国际货运代理有限公司
深圳市名路行物流有限公司
深圳市鑫大昌物流有限公司
广州广裕仓码有限公司（2A升3A）
南宁金丰业物流有限公司
广西苏宁物流有限公司
广西中邮物流有限责任公司
广西丰润航空物流有限公司（2A升3A）
四川钰璞物流有限公司
四川家福来实业集团有限公司
绵阳市吉瑞物流有限公司
四川弘成越石油天然气装备有限公司
宜宾传化公路港物流有限公司
珙县豪发运输有限公司
四川卡行通供应链管理有限公司
四川岷江物流有限公司
四川汇翔供应链管理有限公司
贵州黔钢联物流有限公司
贵州黔港运物流有限公司
瑞丽市捷安交通货物运输有限公司
云南众而沃实业有限责任公司
西安思创物流有限公司
陕西鑫龙医药有限责任公司
西安福瑞威物流有限公司
西安海邦物流有限公司
洛南县花石浪物流中心有限责任公司
陕西君威农贸综合有限责任公司
宝鸡市伟鑫安装运输有限责任公司
陕西天得虹物流有限公司
陕西速派得物流供应链管理有限公司
西安青春宜鼎实业有限公司
西安未来物流科技有限责任公司

中铁联合国际集装箱有限公司西安分公司
西安众森实业有限公司
西安铁兴工贸有限责任公司
陕西天得虹科工贸有限责任公司
西安鑫利达物流有限公司
陕西铁诚实业有限公司
西安西骏新材料有限公司
西咸新区芸芸商贸有限公司
西安东大洋混凝土有限公司
陕西汇捷物流有限公司
西安景润物流有限公司
陕西商储华通供应链管理有限公司
西安欧尼斯贸易有限公司
陕西广通现代物流有限公司
西安西游物流信息有限公司
西安万德工贸有限责任公司
宁夏军涛物流有限公司
宁夏安捷达物流股份有限公司
中卫市宝通物流有限公司
新疆五联欧亚国际物流有限责任公司

**2A级物流企业（58家）:**

北京东方凯富国际货运代理有限公司
重庆飞鸿运输有限公司
重庆得盛物流有限公司
河北和立东升国际物流产业有限公司
山西维客家族农业科技有限公司
哈尔滨鑫庆哈运输有限公司
衢州市正前物流有限公司
衢州市路丰物流有限公司
衢州天泰物流有限公司
衢州湘桂物流有限公司
衢州市鼎湖物流有限公司
嘉兴市运通物流有限公司
天台腾云物流有限公司
台州市沃日达物流有限公司
玉环易达物流有限公司
仙居奕宏物流有限公司
仙居县捷达建筑工程有限公司
天台县速通快递有限公司
马鞍山韩泰物流有限公司
福州汇林物流有限公司
福建豫通物流有限公司
邵武市邵华运输有限公司
邵武市新鸿运运输服务有限公司
南平市华顺物流有限公司
江西航速物流有限公司
贵溪市韵达快递有限公司
瑞昌市翔云物流贸易有限公司
吉安三志物流有限公司
瑞金市隆利达物流有限公司
信丰县四通物流有限公司
信丰广通物流有限公司
江西欣永程物流有限公司
江西宏海速全物流有限公司
青岛兴海物流有限公司
青岛万嘉集运物流有限公司
青岛英琪运输有限公司
青岛瑞达丰翔物流有限公司
青岛祁家物流有限公司
青岛群星盛世工程运输有限公司
郑州贝斯兰德服饰股份有限公司
南阳市昊阳物流有限公司
武汉星鑫江海物流有限公司
鄂州市华禹船业有限公司
武汉市长洋货物运输有限公司
利川市兴鑫物流有限公司
湖北畅通迅景物流有限公司
湖北鼎元供应链管理有限公司
十堰市八匹马运输有限公司

广州金域达物流有限公司
四川宇柏物流有限公司
天全县天顺安物流有限公司
四川西部冷都商业管理有限公司
贵州黔运通达物流有限公司
贵州黔丰物流有限公司
贵州大鸿祥物流有限公司
贵州林城鹏辉物流有限责任公司
陕西雪樱花物流有限公司
陕西龙锦物流有限公司

**1A级物流企业（2家）：**
赣州长赢物流有限公司
上犹县广兴渣土运输有限公司

## 2020年下半年通过复核的A级物流企业名单（共606家）

**5A级物流企业（50家）：**
中远海运物流有限公司
中铁现代物流科技股份有限公司
天津大田集团有限公司
中都物流有限公司
华润医药商业集团有限公司
中国邮政速递物流股份有限公司北京市分公司
中国铁路北京局集团有限公司
振华物流集团有限公司
中集现代物流发展有限公司
安吉智行物流有限公司
全球国际货运代理（中国）有限公司
上港集团物流有限公司
上海中远海运物流有限公司
上海中谷物流股份有限公司
上海环世物流（集团）有限公司
上海安能聚创供应链管理有限公司
重庆轮船（集团）有限公司
重庆长安民生物流股份有限公司
唐山港集团股份有限公司
中国外运东北有限公司
中国铁路沈阳局集团有限公司
苏州物流中心有限公司
中国外运长江有限公司
金南物流集团股份有限公司
如皋港务集团有限公司
浙江省八达物流有限公司
浙商中拓集团股份有限公司
百世物流科技（中国）有限公司
浙江义乌港有限公司
盛丰物流集团有限公司
厦门港务发展股份有限公司
国药控股鲁南有限公司
华润山东医药有限公司
山东京博物流股份有限公司
日日顺供应链科技股份有限公司
烟台港集团有限公司
中国铁路郑州局集团有限公司
襄阳东风合运物流股份有限公司
中国铁路武汉局集团有限公司
武汉捷利物流有限公司
湖南一力股份有限公司
中国外运华南有限公司
广东广物物流有限公司
广州金博物流贸易集团有限公司
中国铁路南宁局集团有限公司
中国铁路昆明局集团有限公司
云南宝象物流集团有限公司
兰州金轮实业有限责任公司
中国铁路兰州局集团有限公司
中国铁路乌鲁木齐局集团有限公司

**4A级物流企业（201家）：**

北京中远海运物流有限公司
中远海运航空货运代理有限公司
北京汇天力物流有限公司
北京盛丰供应链管理有限公司
北京中铁工业有限公司
北京中铁铁龙多式联运有限公司
北京国商物流有限公司
北京百利威仓储物流有限公司
北京苏宁物流有限公司
天津天保国际物流集团有限公司
天津京铁实业有限公司
上海通贸国际供应链管理有限公司
上海华谊天原化工物流有限公司
上海景鸿国际物流股份有限公司
上海会成物流有限公司
上海顶通物流有限公司
中国上海外轮代理有限公司
上海德邦物流有限公司
上海东泽国际物流有限公司
上海春风物流股份有限公司
上海中集集装箱有限公司
上海明乾物流有限公司
上海南北公铁物流有限公司
上海普朗物流有限公司
上海集正供应链管理有限公司
中外运物流华东有限公司
上海海一航运有限公司
秦皇岛冀盛物流有限公司
河北正诚物流有限公司
唐山公路港物流有限公司
唐山百货大楼集团银河物流有限责任公司
通辽市金播化肥储备有限责任公司
中央储备粮通辽甘旗卡直属库有限公司
大连中远海运物流有限公司
大连集龙物流有限公司
大连顺丰速运有限公司
大连五佳国际贸易有限公司
辽宁铁信实业集团有限公司
唐山海港长航物流有限公司
吉林省香江物流有限公司
一重新能源发展集团有限公司
黑龙江省顺丰速运有限公司
江苏正大富通股份有限公司
华润张家港百禾医药有限公司
华友管业有限公司
张家港保税区长江国际港务有限公司
江苏恒联国际物流有限公司
南京新干线物流有限公司
江苏建伟物流股份有限公司
昆山飞力仓储服务有限公司
江苏苏汽国际物流集团有限公司
张家港华达码头有限公司
南通联荣集团有限公司
海安农副产品批发市场有限责任公司
常熟华坤仓储有限公司
江苏宏信超市连锁股份有限公司
江苏方正钢铁集团有限公司
无锡市顺丰速运有限公司
昆山世远物流有限公司
常熟市天境物流有限公司
江苏正天物流有限公司
南京汇通船务有限公司
淮北矿业集团南京航运有限公司
建湖第一航运有限公司
江苏凯莱物流有限公司
江苏润特航运有限公司
徐州徐工智联物流服务有限公司
常州市尚德物流有限公司
浙江新安物流有限公司

温州市东风物流集团有限公司
浙江荣通物流有限公司
浙江中盛物流有限公司
浙江振华物流有限公司
绍兴顺丰速运有限公司
台州顺丰速运有限公司
桐乡市濮院物流园区发展有限公司
镇海石化物流有限责任公司
中国宁波外轮代理有限公司
宁波中远海运物流有限公司
宁波雅戈尔国际贸易运输有限公司
宁波市金星物流有限公司
宁波中通物流集团有限公司
宁波港铃与物流有限公司
中国邮政速递物流股份有限公司安徽省分公司
安徽长城物流有限责任公司
铜陵和友运输有限公司
芜湖安得智联科技有限公司
万全现代物流股份有限公司
福建省晋江市交通物流有限公司
泉州隆汉物流有限公司
福建兄弟物流有限公司
福建省东山县东海岸保税仓储物流中心有限公司
福州青州集装箱码头有限公司
泉州盛辉物流有限公司
泉州高时物流有限公司
莆田盛辉物流有限公司
龙岩市闽盛物流有限公司
福建中邮物流有限责任公司
厦门联合物流有限公司
厦门海翼物流有限公司
顺通达集团有限公司
厦门大顺集团股份有限公司
厦门港务物流有限公司
厦门市顺丰速运有限公司
上饶市新华龙物流有限公司
萍乡市达金物流有限公司
中通服供应链管理有限公司江西分公司
江西康尔达物流有限公司
景德镇市远航物流有限公司
抚州佳斌现代物流园有限公司
高安市村长物流有限公司
江西江龙集团兴海汽运有限公司
江西松畅宝实业有限公司
江西联源物流有限公司
定南国盛铁路实业有限公司
山东和济集团有限公司
山东长富物流集团有限公司
山东喜地实业有限公司
山东华永汽车物流有限公司
山东齐鲁物流有限公司
山东家家悦物流有限公司
威海威东航运有限公司
福兴祥物流集团有限公司
中国青岛外轮代理有限公司
青岛中远海运物流有限公司
中远海运物流仓储配送有限公司
青岛天璇物流股份有限公司
青岛顺丰速运有限公司
渤海轮渡集团股份有限公司
龙口市第二汽车运输公司
贰仟家汽车新服务有限公司
郑州澳柯玛物流开发有限公司
洛阳市大一物流有限公司
河南亿星实业集团有限公司
河南万里集团焦作天星汽车运输有限公司
河南黑豹物流有限公司
河南德众保税物流中心有限公司

河南中原创新物流有限公司
兴山县兴发汽运有限公司
宜昌三峡茶城集团有限公司
枝江市白银纺贸有限责任公司
武汉威伟机械设备实业有限公司
广水市麒麟物资有限责任公司
湖北沃达华供应链管理有限公司
十堰天与地物流有限公司
襄阳市金鑫正物流有限责任公司
十堰林安商贸物流发展有限公司
十堰市利通物流有限公司
襄阳大正物流有限公司
襄阳汇友通物流有限公司
襄阳银基棉业有限公司
湖北联云电子科技有限公司
湖北众诚物流集团有限公司
金瑞物流产业园有限公司
武汉市车城物流有限公司
华润湖北医药有限公司
中百集团武汉生鲜食品加工配送有限公司
湖北交投物流集团有限公司
湖北人福医药集团有限公司
良品铺子股份有限公司
湖南达嘉维康医药有限公司
华润湖南双舟医药有限公司
湖南宏岳科技股份有限公司
邵东星沙物流股份有限公司
湖南长远物流有限责任公司
衡阳欣衡物流有限公司
衡阳力丰物流有限公司
衡阳金瑞物流有限公司
长沙好运来运输服务有限公司
资兴市达达农产品冷链物流有限公司
娄底市金惠物流有限公司
湖南梨江国际智能物流管理有限公司
重药控股湖南博瑞药业有限公司
广东秦粤物流有限公司
深圳永利八达通物流有限公司
深圳市富润德供应链管理有限公司
广州市穗佳物流有限公司
中国广州外轮代理有限公司
广州中远海运物流有限公司
广汽丰通物流有限公司
广州中联环宇现代物流有限公司
中山港航集团股份有限公司
广州市宇轩物流有限公司
广州市长鹏实业有限公司
广州飞梭云供应链有限公司
中国邮政速递物流股份有限公司广西壮族自治区分公司
海南海旗航运有限公司
四川通宇物流有限公司
中铁二局集团物资有限公司
中铁八局集团现代物流有限公司
四川省物流产业股份有限公司
中通服供应链管理有限公司四川分公司
四川成诺物流有限责任公司
成都顺韵达物流科技集团股份有限公司
红河奔腾物流集团有限公司
陕西黄马甲物流配送有限公司
陕西易通国际货运有限公司
甘肃省商业储运股份有限公司
甘肃省物产集团有限责任公司
青海省富康医药集团有限责任公司
西宁长丰集团物贸有限公司

**3A 级物流企业（298 家）:**

北京中远劳捷斯物资有限公司
北京和众奥顺达物流有限公司
北京二商集团有限责任公司西郊食品冷

冻厂

中通物流有限公司

中国远洋天津物流有限公司

中远海运工程物流有限公司

上海化学工业区物流有限公司

上海百联配送实业有限公司

上海康芸物流发展有限公司

上海外高桥国际物流有限公司

上海中远海运工程物流有限公司

中联运通控股集团有限公司

上海港口化工物流有限公司

上海全胜物流股份有限公司

上海外轮代理浦东有限公司

上海麒麟物流有限公司

上海菱华仓储服务有限公司

上海泓明国际货运有限公司

上海易浦物流有限公司

上海天隽国际货物运输代理有限公司

上海泓明供应链有限公司

上海星亚国际货运有限公司

上海怡亚通物流有限公司

上海宝英物流有限公司

上海恒孚物流有限公司

上海宝腾物流有限公司

重庆保时达保税物流有限公司

中铝物流集团重庆有限公司

重庆市江津利华贸易有限公司

重庆新犇牛物流有限公司

中国唐山外轮代理有限公司

兴隆县汇丰物流配送有限公司

中国邮政速递物流股份有限公司廊坊市物流分公司

河北翔业物流有限公司

山西苏宁物流有限公司

通辽市国强物流有限公司

内蒙古信远物流有限公司

中国大连外轮代理有限公司

大连长兴岛港口有限公司

大连集益物流有限公司

大连中铁联合国际集装箱有限公司

华扬国际物流（大连）有限公司

大连国际集装箱服务有限公司

舜德（大连）供应链管理股份有限公司

大连瑞宝食品有限公司

大连集发南岸国际物流有限公司

辽宁苏宁物流有限公司

营口成功船舶工程有限公司

白山市天天物流有限公司

吉林省恒远物流有限公司

吉林省华帝盛物流有限公司

哈尔滨德邦货物运输有限公司

江苏省沿江物流有限公司

中国连云港外轮代理有限公司

连云港中远海运物流有限公司

南京中远海运物流有限公司

中国太仓外轮代理有限公司

扬州外轮代理有限公司

镇江中远海运物流有限公司

常熟中远海运物流有限公司

昆山市港航物流有限公司

苏州工业园区航港物流有限公司

日新（常熟）国际物流有限公司

南通双和食品有限公司

扬州远安物流有限公司

扬州第一运输有限公司

江阴中远海运物流有限公司

无锡统急物流有限公司

南通宸宇物流有限公司

苏州隆力奇东源物流股份有限公司

南京合纵连横供应链管理股份有限公司

苏州中远海运化工物流有限公司
昆山宏宇货运有限公司
张家港普悦供应链有限公司
江苏正德物流有限公司
江苏顺达货运配载有限公司
常熟市龙昊货运有限公司
无锡汇海永丰物流有限公司
南通双红快递有限公司
江苏宝通物流发展有限公司
南京淳飞物流有限公司
百成供应链管理江苏股份有限公司
常熟市曹家桥冷链物流有限公司
常熟市天宏货运有限公司
苏州市锦达国际货运代理有限公司
苏州苏宁物流有限公司
江苏达美物流有限公司
徐州鑫旺顺达运输股份有限公司
宿迁市宿豫区机关危险品运输服务有限公司
江苏金豫港物流有限公司
宿迁市远征物流有限公司
宿迁市广运物流有限公司
江苏健安物流有限公司
宿迁市长发物流有限公司
江苏荣浩物流有限公司
长兴天顺物流有限公司
浙江海悦国际货运代理有限公司
杭州日通物流有限公司
义乌市万通速递有限公司
浙江华峰物流有限责任公司
永康市婷婷物流有限公司
浙江自贸区大恩物流有限公司
杭州中集物流有限公司
浙江童氏物流有限公司
绍兴上虞兴达物流有限公司
温州市瓯海公路货物托运有限公司
义乌市快捷货物运输有限公司
永康市广达物流有限公司
宁波海联物流有限公司
宁波恒胜物流有限公司
宁波宏达货柜储运有限公司
宁波芦城国际物流有限公司
宁波市环北物流集团有限公司
浙江万信物流有限公司
浙江兴港国际货运代理有限公司
余姚市姚江物流有限公司
宁波市宇达物流有限公司
宁波市镇海新世纪运输有限公司
宁波新益物流有限公司
宁波海晖国际物流有限公司
宁波中陆联合物流有限公司
宁波宁电海运有限公司
宁波凯裕物流有限公司
宁波远通物流有限公司
宁波万联国际集装箱投资管理有限公司
宁海鼎盛物流有限公司
宁波万信全速物流有限公司
宁波中外运物流有限公司
宁波北仑东华集装箱服务有限公司
浙江易鑫国际货运代理有限公司
浙江镇石物流有限公司
宁波中威国际物流有限公司
合肥长运运输有限公司
安徽省弘泰航运有限公司
马鞍山市江海轮船有限公司
马鞍山市长江物流有限公司
马鞍山市宇环轮船有限公司
马鞍山市凯达船务有限公司
马鞍山市朝阳物流有限公司
马鞍山宏顺物流有限公司
马鞍山大洲船务有限公司

当涂县江顺水运有限责任公司
福建八方迅通物流有限公司
福建嘉丽物流有限公司
万全仓储（福州）有限公司
南安市成发汽车运输有限公司
石狮市澳隆物流快运有限公司
漳州市鸿发物流有限公司
福建金运国际物流有限公司
泉州陆达物流有限公司
福州中外运大裕保税仓储有限公司
福建兴顺物流有限公司
福建江阴国际集装箱码头有限公司
福建龙岩天和盛物流有限公司
福建泉州市联鑫货运有限公司
福建福祥物流有限公司
福建宏春物流有限公司
石狮市腾祥物流发展有限公司
福州博通太平物流有限公司
福建川捷物流服务有限公司
招商局物流集团福建有限公司
泉州外轮代理有限公司
福建省羊程冷链物流有限公司
泉州福飞物流有限公司
泉州市鑫辉物流有限公司
石狮市恒星汽车运输有限公司
石狮联兴物流有限公司
石狮市宏达物流快运有限公司
福建省三明市烟草物流有限责任公司
三明盛辉物流有限公司
泉州传化公路港物流有限公司
福建旭丰物流有限公司
泉州市红星物流园管理有限公司
泉州进源运输有限公司
福建鸿溶物流有限公司
龙岩昊源物流有限公司
龙岩市昌龙物流有限公司
宁化宏运物流有限公司
福建永腾物流有限公司
厦门象屿太平综合物流有限公司
厦门港务物流保税有限公司
世邦集运（厦门）有限公司
厦门正旸物流有限公司
福建万翔现代物流有限公司
厦门建源荣物流有限公司
江西大龙物流有限公司
景德镇市安捷物流有限公司
江西中瑞物流有限公司
国营南昌肉类联合加工厂
江西金泽物流有限公司
江西智联汇和物流有限公司
赣州市南康区新京九物流有限公司
赣州市南康区华中物流有限公司
赣州市南康区邦大华宇物流有限公司
赣州市南康区永丰利达物流有限公司
赣州力佳物流有限公司
信丰县双佳汽车运输服务有限公司
日照中远海运物流有限公司
山东先锋物流有限公司
青岛联合国际船舶代理有限公司
青岛西元庄国际物流有限公司
烟台万方物流有限公司
烟台连峰商贸有限公司
烟台集大物流有限公司
中海石油（龙口）基地物流有限公司
蓬莱安邦油港有限公司
烟台川大物流有限公司
烟台顺泰植保科技有限公司
新乡市宇泽货运有限公司
湖北泓通达物流发展有限公司
五峰国通物流有限公司

荆州市天程货物运输有限公司
武汉大康物流有限责任公司
武汉新宁物流有限公司
武汉石化交通运输有限公司
十堰锦锐物流有限公司
襄阳光华龙实业有限公司
兴山鑫晟运输有限公司
荆州市宏达盛物流股份有限公司
赤壁市磊鑫洪泰商贸有限公司
宜昌晟达物流有限公司
武汉中远物流有限公司
武汉市芳华物流有限公司
武汉乐道物流有限公司
武汉船发国际货运有限公司
武汉竹叶山中环商贸城有限公司
武汉金通捷物流有限公司
武汉友谊副食品商业有限责任公司
武汉恒基达鑫国际化工仓储有限公司
武汉龙林运贸有限责任公司
湖北迈睿达供应链股份有限公司
岳阳运发物流有限公司
岳阳市安迅货运有限公司
岳阳花果畈物流园有限公司
湖南洞庭物流有限公司
湖南临港物流有限公司
岳阳市名楼物流有限公司
岳阳申阳航运有限公司
岳阳三友物流有限公司
湖南苏宁物流有限公司
郴州市洲庆物流仓储有限公司
郴州俊腾仓储物流有限公司
郴州市君鑫农产品市场开发有限公司
郴州祥通速递有限公司
乐航国际物流（湖南）有限公司
佛山市运输有限公司
佛山市华信长城物流运输有限公司
东莞市启盈国际保税物流有限公司
深圳中远海运物流有限公司
深圳市友和运输有限公司
深圳联合国际船舶代理有限公司
深圳市驰鹏物流有限公司
深圳市金安物流有限公司
中国湛江外轮代理有限公司
广州智德物流有限公司
广州市达特贸易有限公司
广东利通物流有限公司
益海嘉里（广州）物流供应链有限公司
中国防城外轮代理有限公司
广西桂网物流有限责任公司
广西物产集团桂林储运有限公司
柳州市桂通货运有限公司
广西吉祥中通快递有限公司
钦州市锦程物流有限公司
四川君安物流集团有限公司
四川峨眉山峨胜物流发展有限公司
四川耀德物流有限公司
成都恒久物流有限公司
四川天伦药业有限公司
四川淳邦化工物流有限公司
四川华逸物流有限责任公司
成都尚成物流有限公司
成都中浩物流有限公司
成都保得物流有限公司
成都中坤物流有限公司
四川甘霖冷链物流有限公司
四川鼎国物流有限公司
成都平捷物流有限公司
成都市路遥物流有限公司
成都新旷物流有限公司
成都同运昌物流有限公司

成都坤远物流有限公司
贵州鑫镪物流有限公司
昆明中远海运物流有限公司
云南曲靖交通集团物流有限公司
大理风庄铁路货场有限公司
云南陆航物流服务有限公司
咸阳兴源汽车运输有限公司
西安虹桥货运有限责任公司
陕西亚投物联股份有限公司
西安瑞力实业有限公司
陕西车联天下物流有限公司
兰州顺丰速运有限公司
宁夏天鹰电力物资有限公司
宁夏瑞鑫茂物流有限公司
新疆金属材料有限责任公司
新疆顺丰速运有限公司
新疆天顺供应链哈密有限责任公司

**2A级物流企业（51家）：**

北京嘉里物流有限公司
大连时利和物流有限公司
无锡中远海运物流有限公司
中国南京外轮代理有限公司
中国江阴外轮代理有限公司
常熟外轮代理有限公司
泰州外轮代理有限公司
常州外轮代理有限公司
义乌市倍力货物运输有限公司
中国台州外轮代理有限公司
绍兴市滨海新城金帝运输有限公司
临海市华通公铁物流有限公司
嘉兴市朝阳油品运输有限公司
龙游宏发物流有限公司
杭州大恩供应链管理有限公司
宁波鲁甬佳物流有限公司
宁波新盟国际船务有限公司
宁波青峙化工码头有限公司
宁波国杰物流有限公司
宁波东佳物流有限公司
安徽省水利物资股份有限公司
马鞍山钢铁建设集团有限公司
福建紫金顺安物流有限公司
莆田烟草物流有限公司
福港（平潭）国际港务有限公司
贵溪市银禾物流有限公司
石城县易达物流有限公司
赣州市永耀物流有限公司
赣州市森达通物流有限公司
兴国县同一首歌物流有限公司
赣州鑫旺物流有限公司
中国日照外轮代理有限公司
青岛远洋鸿池物流有限公司
十堰顺科物流有限公司
京山泰昌米业有限公司
湖北省龙感湖帝龙高科技农贸有限公司
天门市鑫天农业发展有限公司
湖北永盛物流有限公司
通城鑫达物流有限公司
钟祥市阳光船务有限公司
长沙市荣通运输有限公司
成都诚信达物流有限公司
四川回春堂药业连锁有限公司
四川全泰堂药业有限公司
四川瓯锦物流有限公司
四川鑫锐投资有限公司
西昌美联欣程物流有限公司
汉中群峰工贸有限责任公司
甘肃省物产集团河口物流园有限公司
甘肃省物产集团皋兰物流园有限公司
哈密顺顺通物流有限公司

**1A级物流企业（6家）：**

中国丹东外轮代理有限公司

靖江外轮代理有限公司

嘉兴市铭信物流有限公司

松阳县乐途运输有限公司

宁波保税区金铭国际贸易有限公司

宁波亿丰食品有限公司

## 放弃复核的企业149家（因物流业务调整、并购重组、经营模式改变、企业被注销等原因，不再保留A级企业资质）

中国兵工物资集团有限公司、包头华通物流（集团）有限公司、上海万创危险品物流有限公司、秦皇岛中首物流有限公司、山西太铁联合物流有限公司、山西晋港物流集团有限公司、沈阳煤业（集团）国源物流有限责任公司、吉林省东泰建筑材料钢材批发大市场有限公司、南京今维宁投资发展有限公司、江苏白杨湾物流中心有限公司、苏州恒莱国际货运有限公司、中国石油天然气运输公司华东燃气运输分公司、江苏融达再生资源加工配送有限公司、安徽光太实业集团有限公司、安徽春天物流有限公司、合肥永春物流有限责任公司、福建省中舡物流有限公司、吉安市综合物流中心有限公司、庆云北方通达物流有限公司、得利斯集团（诸城）贸易物流有限公司、山东盛运物流有限公司、山东沂蒙优质农产品交易中心有限公司、淄博保税物流有限公司、河南天天金程物流有限公司、荆州市鑫泰达物流有限公司、武汉铁路襄阳金利物流有限公司、湖北襄阳国家粮食储备库、中海海南物流有限公司、洋浦隆鑫船务有限公司、海南海峡航运股份有限公司、四川眉山顺达汽车运输有限责任公司、云南鑫盛物流有限公司、云南天一仓储配送有限公司、甘肃国储物流有限责任公司、宁夏交通国际物流有限公司、必胜（上海）食品有限公司、上海百联石化物流有限公司、中新通现代物流有限公司、重庆大江工业集团兴辰物流有限责任公司、山西金海升物流有限公司、沈阳京东世纪贸易有限公司、沈阳中外运久凌物流发展有限公司、吉林省顺风物流有限公司、长春市凯旋物流有限责任公司、长春市鑫驿物流有限公司、昆山华东国际物流服务有限公司、大正信（张家港）物流有限公司、南通庆堂春医药有限公司、江苏省新世纪盐化集团化工物流有限公司、南通中友食品有限公司、中央储备粮如东直属库、如东县新光棉花实业有限责任公司、南通顺港仓储有限公司、嘉里物流（昆山）有限公司、江苏省邮政速递物流有限公司昆山市分公司、张家港保税区沿江仓储有限公司、淮安市华强运输有限公司、徐州丰义物流有限公司、浙江万国国际货运代理有限公司、浙江鲲鹏国际货运代理有限公司、浙江欧裕龙物流有限公司、浙江中外运有限公司金华分公司、浙江康宏物流股份有限公司、衢州市广富物流有限公司、浙江义乌升中国际货运代理有限公司、浙江定远国际货运代理有限公司、义乌市荣庆国际货运代理有限公司、义乌宝通国际货运代理有限公司、义乌天旭国际货运代理有限公司、义乌市泰佳国际货运代理有限公司、义乌荣航国际货运代理有限公司、义乌佳途国际货运代理有限公司、义乌市旭航国际货运代理有限公司、义乌创发国际货运代理有限公司、浙江德迅供应链管理有限公司、杭州富阳传化物流基地有限公司、盟道供应链服务（杭州）有限公司、浙江麦斯康莱医药有限公司、宁波安迅达国际物流有限公司、浙江百富国际物流有限公司、安徽百路物流有限公司、安徽幸运国际物流股份有限公司、望江澳宝江花工贸有限公司、安徽中财物流有限公司、冠辉物流（中国）有限公司、漳州开发区鸿泰运输有限公司、福建快通物流有限公司、福建省诚丰胜通物流有限公司、福建省晶华盐业物流有限公司、厦门宏仁医药有限公司、赣州市友好物流有限公司、山东思锐佳顺物流有限公司、潍坊联运有限责任公司、山东泰运物流有限公司、淄博盛世百川物流有限公司、郑州好易家商贸有限公司、河南省旭安隆物流有限公司、河南省裕华惠宝商贸有限公司、河南睿祥仓储物流有限公司、襄阳市广友食品有限公司、福娃集团有限公司、湖北欣荣泰物流有限公司、巴东县兴达物流有限责任公司、武汉市江天金属材料有限公司、广东瑞发智慧物流股份有限公司、汕头市鑫洋国际货运代理有限公司、广州凯骋物流有限公司、广西翁氏八达物流有限责任公司、广西外运南宁集装箱汽车运输公司、广西外运南宁储运公司、海南石华运输服务有限公司、攀枝花宏德现代物流有限责任公司、泸州市天润实业有限责任公司、四川南方凯路物流有限责任公司、成都中道物流有限公司、青海省邮政速递物流有限公司、青海世豪物流有限公司、上海九州通物流有限公司、黄骅市广元运输有限公司、文安县隆兴物流有限公司、昆山安凯物流有限公司、连云港丰苑物流有限公司、昆山市华泰物流有限公司、扬州市四联运输有限公司、扬州第五汽车运输有限公司、嵊州市货车运输公司、宁波爱达物流有限公司、安徽海通物流股份有限公司、六安市三方物流有限责任公司、六安市满天星贸易有限责任公司、赣州市南康区信桥物流有限公司、山东盛安物流有限公司、山东宏德物流集团有限公司、日照德信物流有限公司、山东鲜生活冷链物流有限公司、卓尔宝沃勤武汉物流有限公司、湖北商友商贸有限公司、宜城万景实业有限公司、监利农佳农贸有限公司、四川驹马运输有限公司、云南达广商贸有限责任公司、云南华天物流有限公司、云南即时送物流有限公司、云南东航物流有限公司、祥云县林发物流有限责任公司、大理新储物流园有限公司、石嘴山市顺安隆运输有限公司、石嘴山市齐协力运输有限公司、宁波长运集装箱储运有限公司。

## 全国第三十二批A级物流企业名单（共576家）

**5A级物流企业（23家）：**

壹米滴答供应链集团有限公司（4A升5A）

石家庄德邦物流有限公司（4A升5A）

河北物流集团金属材料有限公司

安平县聚成国际物流有限公司（4A升5A）

保定市长城蚂蚁物流有限公司

山西地方铁路集团有限责任公司

江苏普飞科特信息科技有限公司

徐州徐工智联物流服务有限公司（4A升5A）

山东海洋集团有限公司

东风物流集团股份有限公司

湖北省港口集团有限公司

湖南安迅物流运输有限公司（4A升5A）

湖南和立东升实业集团有限公司

衡阳市雁城物流园有限公司

广东高捷航运物流有限公司（4A升5A）

广西玉驰智联科技有限公司（4A升5A）

广西北港物流有限公司（4A升5A）

南宁云鸥物流股份有限公司（4A升5A）

北部湾港股份有限公司

西安国际陆港保税物流投资建设有限公司（4A升5A）

陕西延长石油物流集团有限公司（4A升5A）

中外运物流西北有限公司
西安自贸港建设运营有限公司（4A升5A）

**4A级物流企业（184家）:**

北京鹏远新和国际物流有限公司
北京燕文物流股份有限公司
锦海捷亚国际货运有限公司
上海韵达速递有限公司
宏宝供应链管理（上海）有限公司
上海泓明供应链有限公司（3A升4A）
上海昌彤物流有限公司
轿铁物流（上海）有限公司
陆海新通道运营有限公司（3A升4A）
河北橙配物流有限公司
石家庄广福物流有限公司（3A升4A）
唐山金路通商贸有限公司
国药集团山西有限公司
太原福莱瑞达物流设备科技有限公司
山西渊远物流有限公司（3A升4A）
大连港毅都冷链有限公司（3A升4A）
吉林省百川物流有限公司
长春市越程物流有限公司
南京跨越速运有限公司
海安铁联物流有限公司（3A升4A）
海安市悦豪华奕家具有限公司
海安赛林格家具有限公司
里下河米业南通有限公司
江苏天成科技集团南通饲料有限公司
扬州海昌港务实业有限责任公司
江苏悦达长久物流有限公司
江苏方洋物流有限公司（3A升4A）
沭阳田氏危险品运输有限公司（3A升4A）
盐城丰港物流有限公司
昆山中外运供应链有限公司
浙江中通吉祥速递服务有限公司
温州德邦物流有限公司（3A升4A）
富日供应链科技有限公司
浙江卡力物流有限公司
浙商中拓集团物流科技有限公司
温州人本物流服务有限公司
浙江盛泰天顺物流有限公司（3A升4A）
义乌市快捷货物运输有限公司（3A升4A）
宁波市安普国际物流有限公司
宁波京宏供应链管理有限公司
宁波保税区高新货柜有限公司（3A升4A）
宁波联洋船务有限公司
浙江外代国际物流有限公司
宁波陆联运通国际物流有限公司（3A升4A）
无界电子商务有限公司
安徽合石物流有限公司
合肥中庸物流有限公司
安徽佳创物流有限公司
天成基业物流有限公司
安徽港口集团芜湖有限公司
阜阳市韵达快递有限公司（3A升4A）
阜阳市圆顺通物流有限公司（3A升4A）
阜阳瑞鑫速递服务有限公司（3A升4A）
中一储运股份有限公司
马鞍山市轩港物流有限公司（3A升4A）
中国物流亳州有限公司（3A升4A）
霍邱县顺捷运输有限公司
合肥拓达货运有限公司
六安正时达城市配送有限公司
蚌埠万城运输有限公司
安徽玖伍运输有限公司
安徽快马物流有限公司
福清盛丰物流有限公司
兴通海运股份有限公司（3A升4A）
龙岩市交通运输有限公司（3A升4A）
福建恒冰物流有限公司（3A升4A）

厦门海隆码头有限公司（3A升4A）

江西互联物流有限公司

江西瑞州汽运集团威马汽运有限公司

江西省高安汽运集团大城汽运有限公司

泰和县鑫龙汽车运输有限公司（3A升4A）

泰和县鹏辉货物运输有限公司（3A升4A）

江西省汇鑫物流运输有限公司

江西欣盛集装箱综合物流有限公司（2A升4A）

赣州市南康区红土地供应链管理有限公司（3A升4A）

江西晟悦联众物流有限公司（3A升4A）

山东三志物流有限公司（3A升4A）

山东未来国际物流有限公司

亿光年（山东）物联科技有限责任公司

济南道宇物流有限公司

济南融一运输有限公司

山东递速供应链管理有限公司

山东星光大道供应链管理有限公司

济南绿灯行物流有限公司

淄博一帆物流有限公司

淄博国运物流有限公司

山东高创物流有限公司

青岛申通达国际物流有限公司

青岛世悠联国际物流有限公司

开瑞国际物流（山东）股份有限公司（3A升4A）

青岛鼎世国际货运代理有限公司（3A升4A）

河南利滴物流有限公司

河南港新冷链物流有限公司

华润安阳医药有限公司（3A升4A）

西峡龙成物流有限公司

河南牧原物流有限公司

河南安顺仓储有限公司

河南凯瑞物流有限公司（3A升4A）

郑州弘依运输有限公司

河南港达供应链管理有限公司（3A升4A）

河南省医药有限公司

南阳奥博物流中心（3A升4A）

河南众兴物流园经营有限责任公司

洛阳市安驰汽车运输有限公司

漯河双汇物流运输有限公司（3A升4A）

武汉国际集装箱有限公司

武汉景盛国际物流有限公司

湖北永昌顺物流供应链管理有限公司

武汉鸿泽通物流有限公司（3A升4A）

湖北成飞物流有限公司

襄阳丰盛杰粮油有限公司（3A升4A）

武汉市荣欣物流有限公司（3A升4A）

武汉品邦物流科技有限公司

武汉顺安通达物流有限公司

武汉云腾物流有限公司

武汉愚公货运有限公司（3A升4A）

武汉九州智运信息科技有限公司

武汉市联运物流有限公司

武汉东方明信物流有限公司

武汉润邦天下供应链有限公司

武汉神龙物流有限公司

湖北费尔德物流有限公司

武汉鼎诺物流发展有限公司

武汉市中诺联合速递有限公司

武汉易安捷物流有限公司

武汉吉辰速运配送有限公司

岳阳港龙国际物流有限公司

岳阳巴陵石化运输有限责任公司

湖南省长株潭烟草物流有限责任公司

湖南日安物流有限公司（3A升4A）

湖南博顺物流有限公司

湖南广程宇物流有限公司

湖南晟象物流有限公司
衡阳天程物流有限公司
衡阳市东江物流有限责任公司
湖南圆汇物流有限公司
湖南新征程物流有限公司（3A升4A）
广州快兔物流科技有限公司
深圳市海捷运供应链管理有限公司
深圳市辰旭物流有限公司
深圳机场国际货站有限公司
深圳易达全球电子商务有限公司
深圳市信海物流有限公司（3A升4A）
深圳市加时特货运代理有限公司
深圳菲尼克斯货运代理有限公司（3A升4A）
深圳市前海锐闻供应链有限公司
深圳市壹马行进出口有限公司
深圳市中快货运有限公司（3A升4A）
深圳市国益国际物流有限公司
杰伦科技物流供应链（深圳）有限公司
深圳市捷安国际运输有限公司（3A升4A）
深圳市友通达供应链管理有限公司（3A升4A）
深圳市超峰国际货运代理有限公司
富邦航运（深圳）有限公司
深圳市顺友跨境物流有限公司
广汽本田物流有限公司
广州长运集团有限公司
广东省机场集团物流有限公司
广州市好来运速递服务有限公司
广州华恒物流有限公司
广西星速道物流股份有限公司（3A升4A）
柳州市瑞中运钢材储运有限公司（3A升4A）
宜宾天畅物流有限责任公司（3A升4A）
成都禹帆物流集团有限公司
贵州九州通达医药有限公司
贵州京邦达供应链科技有限公司
贵州安捷丰茂物流商贸股份有限公司
玉溪缘多民族物流有限公司
德元物流有限公司
中国物流西凤有限公司
上药科园信海陕西医药有限公司
重庆医药集团陕西有限公司
陕西建工材料设备物流集团有限公司
西安托普旺物流有限公司
兰州金凤凰航空货运服务有限公司
西藏白银国际物流有限公司
宁夏新华百货现代物流有限公司（3A升4A）
宁夏交通物流集团有限公司
宁夏大地通达物流有限公司
宁夏瑞鑫茂物流有限公司（3A升4A）
新疆宝新恒源物流有限公司（3A升4A）
新疆新铁外运物流有限责任公司
新疆银棉储运有限公司
新疆飞鹏物流有限公司

**3A级物流企业（285家）：**

北京众奥物流有限公司
上海春东国际物流有限公司
上海鼎耀供应链管理有限公司
重庆飞鸿运输有限公司（2A升3A）
重庆昶阅供应链管理集团有限公司
重庆市涪陵港务有限公司
重庆大攀物流有限公司
重庆三益物流股份有限公司
重庆市巨航实业有限公司
重庆康平物流有限公司
河北钢信物流有限公司
石家庄冀蒙达物流有限公司

石家庄老北顺物流有限公司
石家庄国龙物流有限公司
石家庄世听物流有限公司
河北海武物流有限公司
石家庄诚通联众储运有限公司
河北美康太平医药贸易有限公司
石家庄冰峰冷藏物流有限公司
吉林省捷利物流有限公司
吉林省贯一横物流有限责任公司
长春市长韵速递有限公司
吉林省卓格物流有限公司
中铝物流集团黑龙江东轻有限公司
黑龙江双汇物流有限公司
无锡领速物流有限公司
江苏领速物流有限公司
常州跨越物流有限公司
江苏永宁物流有限公司
南京昌瑞物流集团有限公司
江苏锐超供应链管理有限公司
江苏昊鹏物流有限公司
江苏亨通国际物流有限公司
江苏天赋吉运供应链管理有限公司
昆山市昆化储运装卸有限公司
昆山三华货物运输有限公司
南通新绿货物配送有限公司
江苏顺成达物流有限公司
连云港市聚鑫源物流有限公司
江苏车联天下供应链管理有限公司
宿迁明达物流有限公司
苏州威扬号物流有限公司
昆山神隆双业国际物流有限公司
常熟市凯凯运输有限公司
苏州苏友运输有限公司
苏州市佳晟达物流有限公司
苏州沪昆太货运有限公司
太仓新港物流管理中心有限公司
江苏久鼎供应链管理有限公司
张家港保税物流园区龙亿国际物流有限公司
张家港保税区外商投资服务有限公司
张家港保税港区港务有限公司
苏州祥迎国际物流有限公司
苏州韵必达快运有限公司
苏州新丝路国际多式联运有限公司
苏州启通国际物流有限公司
浙江海盟供应链管理有限公司
浙江天畅智运科技有限公司
台州市黄岩中通快递服务有限公司
温州通达物流有限公司
温州鑫捷物流有限公司
温州市盛威物流有限公司
温州市三安物流有限公司
温州市货管家物流有限公司
浙江佳程供应链管理有限公司
东阳顺峄物流有限公司（2A升3A）
舟山中远海运物流有限公司
家哇云（湖州）供应链管理有限公司
瑞安市华云物流有限公司
宁波达迅国际货运代理有限公司
宁波亚集物流有限公司
浙江东达物流有限公司
余姚市阿强快运有限公司（2A升3A）
宁波市韵必达电子商务有限公司
宁波运派供应链管理有限公司（2A升3A）
宁波安和达莱篮子配送有限公司（2A升3A）
宁波紫达物流有限公司
宁波龙洲物流有限公司
宁波新嘉国际供应链有限公司（2A升3A）
宁波港东南海铁物流有限公司

宁波市东滷供应链管理有限公司
宁波凯谊国际物流有限公司
宁波领贤国际货运代理有限公司
宁波申洋物流有限公司
宁波市海曙宇晟物流有限公司
亚细亚海运集团有限公司
安徽宏亚航运有限公司
安徽东汇储运股份有限公司
安徽省皖江轮船运输有限公司
安徽凌众供应链管理有限公司
安徽千山物流有限公司
马鞍山市中汇物流有限公司
马鞍山市润鹏船舶运输有限责任公司
安徽省慈湖港务有限公司
阜阳汇通快递有限公司
安徽加恩农业科技有限公司
安徽壹度品牌运营股份有限公司（2A升3A）
淮北矿业集团供应链科技有限公司
铜陵首运物流有限责任公司
铜陵华翔物流有限公司
亳州市前时供应链管理有限公司
安徽福车物流有限责任公司
福建省八方展成物流有限公司
福建省实华石油运输有限公司
泉州路通物流有限公司
泉州天地汇物流发展有限公司
漳州市通达物流有限公司
龙岩市惠龙货运有限公司
龙岩迅捷物流有限公司
三明市盛鑫物流有限公司
三明建城物流有限公司
三明市燃气运输有限公司
三明市鑫宏捷物流有限公司（2A升3A）
福建建瓯暨大运输有限公司
三明市安通物流有限公司
永安市众轩物流有限公司
厦门金通行国际物流有限公司
弘联通（厦门）物流有限公司
厦门国际物流港有限责任公司
厦门元舜供应链有限公司
厦门畅隆物流有限公司
丰城市宏岗物流有限公司
江西京丰水铁联运有限公司
吉安新赣物流有限公司
江西省纵宇物流有限公司
吉安市精越物流有限公司（2A升3A）
江西广联物流有限公司
丰城市鹏驰物流有限公司
江西昌鹤医药供应链管理有限公司
江西昊邦物流有限公司（2A升3A）
德兴市东东商贸有限公司（2A升3A）
江西龙泰安食品链有限公司
余干县岭南物流有限公司（2A升3A）
江西省江天农博城发展有限公司
江西送货郎物流有限公司
瑞金市凌宇冷藏物流有限公司（2A升3A）
江西广寻现代物流有限公司
济南同宏物流服务有限公司
山东泰恩供应链管理有限公司
山东金领物流有限公司
山东科伦医药贸易有限公司
淄博宏桥物流有限公司
淄博中汇运输有限公司
德州宏运通国际物流股份有限公司
青岛跨越物流有限公司
颐中（青岛）物流有限公司
青岛诚通新能源供应链有限公司
青岛普发世纪航运有限公司
青岛天恒国际物流有限公司

郑州双龙货运服务有限公司
河南链享供应链管理有限公司
河南熙民物流有限公司
漯河市金勇运输有限公司
郑州恒利源实业有限公司
西峡县金马物流有限责任公司
焦作市骏马物流有限公司
漯河立业快运有限公司
漯河恒利源实业有限公司
河南旺运达物流有限公司
济源双汇物流有限公司
湖北联鑫安达运输有限公司
武汉凯瑞供应链管理有限公司
武汉市中远顺物流有限公司
武汉九瀛物流有限公司
武汉策马物流有限公司
武汉正广通供应链管理有限公司
湖北立鑫行物流供应链管理有限公司
武汉市骅威运国际物流有限公司
武汉市吉顺物流有限公司
武汉忠民通达物流服务有限公司
湖北佳运通物流有限公司
武汉迅邦供应链管理有限公司
武汉星鑫江海物流有限公司（2A升3A）
武汉市楚行天下物流有限公司
武汉市兴叶联合物流有限公司
武汉晟顺通物流有限公司
黄冈启程物流有限公司
武汉极速安达物流有限公司
襄阳大燕物流有限公司
黄石振华运输有限公司
大冶市东锦物流有限公司
宜都国鑫物流有限公司
湖北中卓盛物流有限公司
湖北极兔速递有限公司
鄂州国悦运业有限公司
湖北众联物流发展（鄂州）有限公司
鄂州广福物流股份有限公司
鄂州樊口国家粮食储备库
黄石市诺信物流有限公司
枝江百事物流有限公司
宜昌泰邦物流有限公司（2A升3A）
宜昌驰安利物流有限公司
湖北伍丰快运股份有限公司（2A升3A）
湖北红日子农业科技有限公司（2A升3A）
天门市其利物流有限公司
潜江市五众石油化工有限公司
国药控股湖北江汉有限公司
湖北中邦物流有限公司
湖北咸康药业有限公司
湖北祥顺物流有限公司
湖北扬程物流有限公司
黄石海一翔货运代理有限公司
武汉市跨越速运有限公司
武汉星启晨物流有限公司
武汉博达物流有限公司
武汉港润通供应链管理有限公司
武汉顺安驰物流有限公司
武汉隆智佳物流有限公司
武汉金锣通食品销售有限公司
武汉新盟道供应链管理有限公司
武汉昆仑物流有限公司
湖南宏阳物流有限公司
湖南正方体医药有限责任公司
永兴县金泉农产品冷链物流有限公司
娄底飞黄物流有限公司
湘中诚通物流有限公司
江华杰宏置业发展有限公司
常德开和物流有限公司
广州公交集团黄埔现代物流有限公司

深圳市星航物流有限公司
深圳市荣力物流有限公司
深圳市港深达国际物流有限公司
深圳市捷安达运输有限公司
深圳市友博供应链管理有限公司
深圳市跨跃物流有限公司
深圳市天运国际货运代理有限公司
深圳市联合创新物流有限公司
深圳市华泰物流有限公司
深圳市诚联物流集团有限公司
深圳乐荣国际物流有限公司
深圳市中易达物流有限公司
深圳奥源供应链管理有限公司
广东泓泰物流有限公司
广州唐玛特物流有限公司
广州泛非快递有限公司
广州智配物流有限公司
广西亨运韵达速递有限公司
广西圆通速递有限公司
广西中物耘供应链管理集团有限公司
南宁壮宁食品冷藏有限责任公司
广西优而敏电子商务有限公司
广西五洲金桥农产品有限公司
广西景莱供应链有限公司
广西陆晨物流有限公司
攀枝花鑫邦物流有限公司
四川宜宾港（集团）有限公司
成都圆易通物流有限公司
四川极兔极致供应链管理有限公司
成都领达物流有限公司
达州市韵达快递服务有限公司
达州市海运运输有限公司
达州瑞翔物流有限公司
达州市通成物流有限公司
贵州航空港物流产业发展有限公司
贵阳晶鑫速递有限公司
贵州华诚经贸有限责任公司
贵阳东方鑫盛钢材物流有限公司
贵州欣恒福物流有限公司
云南欣捷供应链有限公司
云南聚合物流有限公司
红河州银利汽车运输有限公司（2A升3A）
云南玉溪荣达物流有限公司
临沧市临翔区供销资产经营有限公司
昆明金韵速递有限公司
姚安县中昊物流有限责任公司
西安宇华物流有限公司
西安鹤龄物流有限公司
陕西众联豪运国际物流有限公司
西安市跨越物流有限公司
西安德谦物流有限公司
陕西瀚达康医药有限公司
陕西海川医药物流有限公司
西安市高新区苏宁易达物流仓储有限公司
西安胜道物流有限公司
陕西凯雅医药有限公司
陕西海通医药有限公司
陕西大生物流有限公司
陕西冀东物流服务有限公司
陕西福义德工贸有限公司
西安芮雨供应链管理有限公司
甘肃省物产集团兰州物流园有限公司
天水元通运输有限责任公司
宁夏增泰物流有限公司
宁夏财海迈星物流有限公司
新疆生产建设兵团棉麻有限公司驻阿克苏储运经销站

**2A级物流企业（73家）：**

沧州广元六通物流有限公司

无锡蜂鸟出行汽车租赁有限公司
衢州千慧物流有限公司
衢州市和顺物流有限公司
衢州市中泰物流有限公司
台州市康彩危险品运输服务有限公司
三门信顺物流有限公司
松阳正达运输有限公司
松阳县鸿峰运输有限公司
松阳县华宇运输有限公司
松阳县乐途运输有限公司（1A升2A）
象山申通快递有限公司（1A升2A）
宁波龙和仓储有限公司
宁波韵开贸易有限公司（1A升2A）
宁波亿敦物流有限公司
浙江久航供应链管理有限公司
宁波旭风大件物流有限公司
阜阳市隆吉物流有限公司
铜陵市文辉物流有限责任公司
安徽中园信息科技有限公司
安徽宿马物流供应链管理有限公司
尤溪县华运物流有限公司
福建闽中兄弟现代物流城有限公司
南平市恒丰物流有限公司
江西洪骐供应链管理有限公司
九江华飞轮航运有限公司
万年县鸿达货物托运部
铅山县韵达快递有限公司
铅山县申通快递有限公司
铅山县四通商务服务有限公司
婺源县万通物流运输有限公司
上饶市百应汽车服务有限公司
上饶市俊程物流有限公司
江西捷兴物流有限公司
永丰县永汇汽车物流有限公司
万安县兰辉物流有限公司
江西赛迈发科技有限公司
南昌深农冷链物流有限公司
武宁建章农副产品冷藏有限公司
九江尚民快递有限公司
德安凌远运输有限公司
江西华海物流有限公司
德安县国弘物流有限公司
九江三志全直达供应链有限公司
彭泽县顺顺运输有限公司
赣州昌顺物流有限责任公司
烟台相源物流有限公司
烟台冠野货物运输有限公司
邓州市建国农副产品有限公司
鄂州市平远汽车运输有限公司
湖北弘通物流有限公司
鄂州市丰盈城乡物流配送有限公司
湖北鑫润物流有限公司
湖北省鄂州市年杰运输有限公司
鄂州市捷运物流股份有限公司
宜昌城市兄弟物流有限公司
广东鸿和物流有限公司
南宁农产品交易中心有限责任公司
宜宾市南溪区四通物流有限责任公司
四川安畅物流有限公司
宜宾凯越供应链管理有限公司
四川天旭城际物流有限公司
四川梓潼兴鸿达物流配送有限公司
凉山华顺运输有限公司
贵州海远供应链管理有限公司
贵州云仓配供应链管理有限公司
贵阳速送达物流有限公司
贵阳快捷物流有限公司
贵州顺和丰物流有限公司
陕西澄城弘方物流有限公司（1A升2A）
兰州金宇物流有限公司

甘肃联合快递有限责任公司
张掖市捷安物流有限责任公司

1A级物流企业（11家）:
朗东国际物流（北京）有限公司
宁波镖诚物流有限公司
象山安能供应链管理有限公司
宁波金猫供应链管理有限公司
福建达三江物流有限公司
漳州毅刚石油运输有限公司
厦门市九通物流有限公司
宜宾市云瑞物流有限公司
贵州播州红食品有限公司
贵州遵恒食品有限公司
云南配齐物流服务有限公司

## 2021年上半年通过复核的A级物流企业名单（共785家）

5A级物流企业（56家）:
中国物资储运集团有限公司
嘉里大通物流有限公司
五矿物流集团有限公司
北京长久物流股份有限公司
中国兵工物资集团有限公司
中国邮政速递物流股份有限公司
国药集团药业股份有限公司
北京普田物流有限公司
北京京邦达贸易有限公司
国药控股股份有限公司（国药集团医药物流有限公司）
上海则一供应链管理有限公司
上海锦江航运（集团）有限公司
民生轮船股份有限公司
万合集团股份有限公司
河北省物流产业集团有限公司
中国铁路太原局集团有限公司
中国铁路呼和浩特局集团有限公司
江苏徐州港务（集团）有限公司
江苏苏宁物流有限公司
玖隆钢铁物流有限公司
江苏百盟投资有限公司
义乌市国际陆港集团有限公司
杭州崇贤港投资有限公司
浙江心怡供应链管理有限公司
浙江德清升华临杭物流有限公司
浙江中外运有限公司
宁波顺丰速运有限公司
宁波港东南物流集团有限公司
马钢集团物流有限公司
福州港务集团有限公司
厦门象屿股份有限公司
建发物流集团有限公司
厦门国贸泰达物流有限公司
中国铁路南昌局集团有限公司
青岛远洋大亚物流有限公司
青岛中远海运集装箱运输有限公司
郑州铁路经济开发集团有限公司
河南省顺丰速运有限公司
华中港航物流集团有限公司
武汉商贸国有控股集团有限公司
九州通医药集团股份有限公司
国药控股湖南有限公司
广州发展能源物流集团有限公司
深圳市赤湾东方物流有限公司
深圳市怡亚通供应链股份有限公司
跨越速运集团有限公司
宝供物流企业集团有限公司
广东林安物流发展有限公司
广州市嘉诚国际物流股份有限公司

广西物资集团有限责任公司
广西北部湾国际港务集团有限公司
四川长虹民生物流股份有限公司
云南农垦物流有限公司
甘肃西部物流有限责任公司
中国铁路青藏集团有限公司
中国石油运输有限公司

**4A级物流企业（245家）：**
鸿讯供应链科技有限公司
中国移动通信集团终端有限公司
北京京粮物流有限公司
北京弘帆物流股份有限公司
北京德邦货运代理有限公司
北京宏昌盛物流有限公司
天津港物流发展有限公司
中海油能源物流有限公司
天津全程德邦物流有限公司
上海申丝企业发展有限公司
新杰物流集团股份有限公司
上海医药物流中心有限公司
上海新新运科技有限公司
上海益嘉物流有限公司
上海华运通仓储配送有限公司
上海万顺供应链管理有限公司
上海优通国际物流有限公司
上海交运沪北物流发展有限公司
上海嘉定国际货运有限公司
上海宝臣物流有限公司
上海惠骏物流有限公司
德邦（上海）运输有限公司
上海优通供应链管理有限公司
上海吉锐物流有限公司
上海倍智物流有限公司
上海锦江国际低温物流发展有限公司
上海宏宝国际物流有限公司
上海盈思佳德供应链管理有限公司
上海扬腾供应链管理有限公司
上海无忧物流有限公司
上海昌伟供应链管理有限公司
上海无忧汽车物流有限公司
重庆市汽车运输（集团）有限责任公司
河北中外运冀发物流有限公司
山西宝特国际物流有限公司
太原钢运物流股份有限公司
清徐县美特好农产品配送物流有限公司
包钢集团鹿畅达物流有限责任公司
亿兆华盛物流有限公司
中床国际物流集团有限公司
大连顺通圣世物流有限公司
新億供应链管理（大连）有限公司
沈阳中外运物流有限公司
中储粮（辽宁）储运有限公司
营口长航物流有限公司
一汽解放汽车有限公司智慧物流分公司
长春震邦国际物流有限公司
长春市金泽物流有限公司
吉林省佳业物流有限公司
哈尔滨市滨拓物流有限责任公司
哈尔滨铁路物流有限公司
黑龙江昊锐物流有限公司
南京远方物流集团有限公司
常熟市安达洲物流有限公司
徐州铁路经营集团有限公司
南京长安民生住久物流有限公司
张家港宏泰码头有限公司
张家港市青草巷农副产品批发市场
江苏戚伍水产发展股份有限公司
海安燕信化学品物流有限公司
海安腾龙物流有限公司

南通天顺运输有限公司
张家港市虎翼车业服务有限公司
江苏快而捷物流股份有限公司
江苏台达物流有限公司
江苏同益国际物流股份有限公司
广日物流（昆山）有限公司
海安县第六航运有限公司
海安安惠物流有限公司
江苏奔牛港务集团有限公司
绍兴中国轻纺城国际物流中心有限公司
浙江长运物流股份有限公司
金承物流集团有限公司
浙江八方物流有限公司
义乌市万达运输有限公司
鹿富物流集团有限公司
杭州德邦货运代理有限公司
浙江广杭物流有限公司
杭州长禧物流有限公司
安吉上港国际港务有限公司
浙江兴一物流有限公司
杭州龙田供应链管理有限公司
宁波市汽车运输集团有限公司
宁波天地物流有限公司
宁波市江北永发物流有限公司
宁波北仑船务有限公司
宁波志成德邦物流有限公司
宁波港船务货运代理有限公司
浙江速搜物流股份有限公司
马鞍山港口（集团）有限责任公司
快捷物流有限公司
安徽徽运物流有限公司
中徽物流有限公司
统运物流科技有限公司
安徽马钢汽车运输服务有限公司
安徽中联海运有限公司
建湖第一航运有限公司铜陵分公司
福建八方物流股份有限公司
福建达发物流有限公司
福建华丰运输有限公司
恒泰祥（福建）物流有限责任公司
嘉顺物流（福建）有限公司
漳州市盛辉物流有限公司
莆田市顺丰速运有限公司
泉州顺丰运输有限公司
福建蓝海物流有限公司
泉州太平洋集装箱码头有限公司
福建省鸿林物流有限公司
厦门晋联物流有限公司
国药控股福建有限公司
中国外运福建有限公司
厦门海沧新海达集装箱码头有限公司
江西昌顺物流有限公司
江西铜业集团（贵溪）物流有限公司
江西蓝海物流科技有限公司
江西省新泰物流有限公司
南昌江铃集团实顺物流股份有限公司
上港集团九江港务有限公司
江西江龙集团全胜汽运有限公司
江西省高安汽运集团诚迅汽运有限公司
江西泗丰物流有限公司
圣通物流有限公司
海胜物流有限公司
山东中汇物流实业有限公司
潍坊安骏达物流有限公司
赤山集团有限公司
山东安硕泰物流有限公司
淄博炎邦物流有限公司
淄博华迅物流有限公司
青岛泽翰物流有限公司
青岛啤酒招商物流有限公司

青岛捷成物流有限公司
青岛冠宇生态农业有限公司
青岛启德物流有限公司
青岛海东润医药物流配送有限公司
青岛全球捷运物流有限公司
莱阳市汽车运输有限公司
龙口滨港液体化工码头有限公司
烟台万华合成革集团华悦汽车运输有限公司
龙口市胜通物流有限公司
郑州豪翔运输有限公司
河南省东健物流有限公司
漯河市豫南口岸物流有限公司
国药控股商丘有限公司
河南诚通物流服务有限公司
中物流河南有限公司
河南中通快递服务有限公司
河南万庄安阳物流园有限公司
宜昌港务集团有限责任公司
武汉宏青运贸有限公司
襄阳风神物流有限公司
大冶有色物流有限公司
襄阳市明顺达物流有限公司
十堰兆泰物流有限公司
襄阳乾通实业有限公司
湖北勇闽物流有限公司
武汉汇通四方物流有限公司
武汉西马钢铁物流有限公司
恩施鹏程物流有限公司
湖北慧通达供应链管理有限责任公司
襄阳市兴乐机电产品有限公司
襄阳丽晶斌机械有限公司
襄阳兴荣创新机械有限公司
大冶市古华实业有限公司
襄阳吉顺永通物流有限公司
襄阳厚载科技有限公司
湖北富迪实业股份有限公司
国药控股十堰有限公司
宜昌华维物流有限责任公司
华夏创谷电子商务有限公司
湖北众联物流发展有限公司
湖北嘉安控股集团有限公司
湖北多辉农产品物流园开发有限公司
中国葛洲坝集团水泥有限公司荆门物流配送中心
九州通医药集团物流有限公司
湖北黄商集团股份有限公司
武汉中百物流配送有限公司
湖南同安医药有限公司
湖南涟钢物流有限公司
湘乡万里行物流有限公司
湖南中飞物流有限公司
中通服供应链管理有限公司湖南分公司
湖南华绿生物科技有限公司
郴州市义捷现代物流有限公司
湖南省兆星物流有限公司
湖南浩丰达物流有限公司
湖南济明医药有限公司
湖南津湘药业有限公司
湖南惠农物流有限责任公司
深圳市金鹏物流园物流有限公司
广东铧为现代物流股份有限公司
佛山市顺德区澳沪物流有限公司
广东喜百年供应链科技有限公司
广东东源新地股份有限公司
中联物流（中国）有限公司
深圳市海格物流股份有限公司
深圳市兆航物流有限公司
深圳市凯东源现代物流股份有限公司
深圳市深国际华南物流有限公司

深圳市百腾物流有限公司
深圳均辉华惠国际货运有限公司
深圳市怡亚通物流有限公司
佛山市汽车运输集团有限公司
华通行物流有限公司
广州广日物流有限公司
广东省华大物流有限公司
富田－日捆储运（广州）有限公司
广东天润物流市场发展有限公司
中山市曙光运输有限公司
广汽丰田物流有限公司
广州白云国际物流有限公司
广州志鸿物流有限公司
广东瑞通物流有限公司
广东合捷国际供应链有限公司
中国铁路物资广西有限公司
广西九州通医药有限公司
中外运广西有限公司
泛湾物流股份有限公司
柳州市菱鑫汽车运输有限责任公司
桂林通达物流有限公司
广西钦州市祥龙物流有限公司
四川粮油批发中心直属储备库
中国邮政速递物流股份有限公司四川省分公司
四川川橡天发物流有限责任公司
中国水利水电第五工程局有限公司物流分公司
东方电气集团大件物流有限公司
四川格罗唯视物流有限公司
四川铁投广润物流有限公司
成都中竞物流有限公司
四川远鹏投资管理有限公司
云南新亚太物流有限责任公司
云南通力物流集团有限公司
云南快达航空物流有限公司
云南锡业集团物流有限公司
云南德胜物流有限公司
陕西中兵物资有限公司
西安胜途汽车服务有限公司
西安新航国际物流有限公司
甘肃鑫港物流有限公司
青海省汽车运输集团有限公司
宁夏富海物流有限公司
新疆兆中快运物流有限公司
新疆生产建设兵团棉麻有限公司
新兴铸管（新疆）物流有限公司
中疆物流有限责任公司

**3A 级物流企业（402 家）:**

星驳（上海）供应链管理有限公司
北京首发物流枢纽有限公司
北京嘉和嘉事医药物流有限公司
北京泛太物流有限公司
北京春溢通物流有限公司
北京环亚兴达物流有限公司
北京锦伦国际物流有限公司
上海精裕捷星物流有限公司
上海大中物流有限公司
上海吴泾冷藏有限公司
上海精准德邦物流有限公司
上海盛辉物流有限公司
上海鑫益物流有限公司
赛宇国际物流（上海）有限公司
宏通太禾国际物流（上海）有限公司
上海优誉物流有限公司
上海昕润物流有限公司
上海亚储物流有限公司
上海心嘉物流有限公司
重庆恒聚物流股份有限公司

重庆伟仕通供应链管理有限公司
重庆联川物流有限公司
河北保成物流有限公司
石家庄宝程物流有限公司
石家庄中运物流有限公司
石家庄苏皖物流有限公司
石家庄佳通物流有限公司
石家庄安邦物流有限公司
石家庄腾飞物流有限公司
中铁物流集团邢台飞豹物流港有限公司
太原新宏远国际货运代理有限公司
莫力达瓦达斡尔族自治旗鑫鹏博运输有限公司
大连京大国际货运代理有限公司
辽宁富德国际货运有限公司
大连鑫畅顺运输有限公司
世丰国际货运代理（大连）有限公司
大连山九国际物流有限公司
大连星光德邦物流有限公司
辽宁集铁国际物流有限公司
大连佳辉物流有限公司
鞍钢矿山汽车运输有限公司
门到门信息技术有限公司
辽宁三志物流有限公司
辽宁圆通速递有限公司
润邦达美物流股份有限公司
中国外运东北有限公司营口分公司
营口永祥物流有限公司
吉林省芭迪雅物流有限责任公司
吉林省广联物流有限公司
吉林润成物流有限公司
黑龙江省成运储运有限公司
齐齐哈尔车辆集团顺达运业有限责任公司
南京大件起重运输集团有限公司
昆山开发区危险货物运输有限公司
昆山宝湾国际物流有限公司
昆山市钧隆物流有限公司
南通市百发实业有限责任公司
江苏迅杰物流有限公司
常熟市常安特种守押保安服务有限公司
南通通强物流有限公司
南通九洲大件起重运输有限公司
无锡中外运物流有限公司
无锡储运有限公司
无锡华邦世捷供应链管理有限公司
常熟市福嘉丽仓储投资有限公司
昆山市豪顺物流有限公司
昆山新宁物流有限公司
昆山市北方货物运输有限公司
南通银鑫食品有限公司
扬州市龙腾物流服务有限公司
南通科检综合物流有限公司
扬州前进船务运贸有限公司
淮安市好运达运输有限公司
无锡恒荣物流有限公司
无锡市嘉晟物流有限公司
常熟市顺德物流有限公司
昆山山汉物流有限公司
江苏西点物流有限公司
扬州新伟仓储有限公司
盐城市东风物流有限公司
徐州苏宁云商物流有限公司
中集苏航（常州）物流有限公司
江苏凯富物流有限公司
苏州润丰物流有限公司
昆山金峰货运有限公司
江苏屹尚物流有限公司
徐州九洲物流有限公司
南京宁腾国际物流股份有限公司
江苏思远国际物流有限公司

江苏丰杰物流有限公司
江苏丰洋大件运输有限公司
中外运物流镇江有限公司
苏州中福通物流有限公司
苏州祥吉供应链管理有限公司
南通华英物流有限公司
扬州冶春食品生产配送股份有限公司
徐州象屿供应链管理有限公司
常州合骏汇大件物流有限公司
江苏广安物流有限公司
常州市天朗物流有限公司
泰州统一超商有限公司
宿迁市盛驰物流有限公司
宿迁市坤厚物流有限公司
沭阳县四通危险品运输有限公司
泗洪超达物流有限公司
泗阳县鼎鑫货物运输有限公司
浙江富阳口岸国际物流港有限公司
浙江海盟国际货运代理有限公司
浙江国利国际货运代理有限公司
桐庐大运物流有限公司
浙江鲁氏物流有限公司
浙江恒逸物流有限公司
杭州萧邦物流有限公司
华东医药供应链管理（杭州）有限公司
杭州新方向物流有限公司
浙江吉纳物流有限公司
浙江浙中物流有限公司
绍兴市交通运输有限责任公司
温州市闽赢物流有限公司
嘉兴镇石物流有限公司
温州华安物流有限公司
浙江苏宁物流有限公司
浙江汇丰物流有限公司
温州市飞翔航空货运代理有限公司
绍兴益盛航运有限公司
绍兴市联诚物流有限公司
绍兴市佳顺特种货物运输有限公司
温州市春城货运有限公司
温州新正强物流有限公司
浙江铁集供应链管理有限公司
义乌市顺航国际货运代理有限公司
嘉兴环洋电商物流服务有限公司
嘉兴华清物流有限公司
温州通合快运有限公司
宁波大港新世纪货柜有限公司
浙江定邦全球供应链有限公司
浙江旭日国际货运代理有限公司
宁波金洋化工物流有限公司
宁波兴合货柜有限公司
宁波汉陆物流有限责任公司
浙江永升医药物流有限公司
宁波苏宁物流有限公司
宁波新世洋国际物流有限公司
宁波匠神商桥供应链管理有限公司
宁波雷扬物流有限公司
宁波腾辉国际物流有限公司
宁波和丰物流有限公司
宁波大港货柜有限公司
宁波世邦国际货运代理有限公司
宁波皇兴供应链管理有限公司
宁波卓远启瑞化工物流有限公司
宁波天航国际物流有限公司
宁波久顺国际物流有限公司
安徽通华物流有限公司
铜陵港务有限责任公司
安庆港有限公司
阜阳市鑫吉物流有限公司
阜阳鑫森物流有限公司
铜陵市北冰洋物流有限责任公司

安徽东南航运有限公司
安徽润得物流有限公司
马鞍山扬子江物流有限公司
阜阳市和运物流有限公司
阜阳大运物流有限公司
马鞍山市大顺水路运输有限责任公司
马鞍山市振华物流有限公司
阜阳市北方联物流有限公司
阜阳市申通快递有限公司
安徽广润物流有限公司
福州商业储运有限公司
福州大榕树物流有限公司
福建省福州市烟草物流有限公司
福建省泉州市烟草物流有限责任公司
福建星胜丰物流有限公司
宁德市烟草物流有限公司
福建省福鼎市大顺物流有限公司
聚善堂（福建）医药集团有限公司
龙岩烟草物流有限公司
福建东迅储运有限公司
福鼎市盛达物流有限公司
福建龙跃物流有限公司
福建省南安市顺丰运输有限公司
漳州新南丰商业连锁有限公司
漳州市陆通物流有限公司
福州盛辉物流有限公司
福建庆丰物流有限公司
宁德白水洋物流有限公司
福鼎市通联物流有限公司
莆田秀屿港口有限公司
福建八方港口发展有限公司
福建康达物流有限公司
福建泰达物流有限公司
泉州中宏物流有限公司
三明市永达物流有限公司
南平市通达汽车运输有限公司
漳州锦集物流有限公司
福建丰利物流有限公司
福州万全货运有限公司
福州海盈港务有限公司
福建省祥通运输有限公司
福建海都物流有限公司
海西物流股份有限公司
石狮市兴隆物流有限责任公司
福建省雄鹰冷链物流有限公司
福建省鸿宝冷链物流有限公司
漳浦县合发汽车运输有限公司
福建华驰物流有限公司
龙岩闽鸿运输有限公司
长汀县顺风物流有限公司
福建大田县汉德物流有限公司
三明市顺畅运输有限责任公司
福建三明群榕物流有限公司
福建省建瓯市红运物流运输有限公司
厦门福慧达果蔬股份有限公司
厦门捷递物流有限公司
厦门象屿物流配送中心有限公司
厦门中集海投集装箱服务有限公司
正新（厦门）物流有限公司
厦门金龙汽车物流有限公司
厦门盛丰物流有限公司
厦门市烟草物流有限公司
厦门万翔物流管理有限公司
厦门市鸿驰物流有限公司
厦门海东辰集装箱服务有限公司
江西长兴物流有限公司
赣州市广渠物流有限公司
江西建昌众鑫实业集团有限公司
南城县迅杰物流有限公司
江西省文顺物流有限公司

江西九星铁运物流有限公司
赣州安盛达货物装卸运输有限公司
临沂兴华物流服务有限公司
华润青岛医药有限公司
即墨市新悦物流有限公司
青岛即东物流有限公司
青岛众和通达物流有限公司
青岛龙达海鑫国际物流股份有限公司
青岛真诚达物流股份有限公司
青岛凯和航运有限公司
青岛平宇物流股份有限公司
山东海洋爱通物流有限公司
烟台联民集团有限公司
烟台交运集团莱阳运输有限公司
烟台顺丰速运有限公司
龙口港外轮代理有限公司
烟台宏润物流有限公司
烟台裕顺货运服务有限公司
烟台国际机场集团货运销售有限公司
招远市金百物流有限公司
河南天纵供应链管理有限公司
河南苏宁物流有限公司
三门峡大一物流有限公司
河南大河速递广告有限公司
河南精益物流有限公司
河南裕通运输有限公司
华润洛阳医药有限公司
周口市通港汽车运输有限公司
华润周口医药有限公司
漯河昌丰物流有限公司
华润三门峡医药有限公司
安阳市广通物流有限公司
兴山县峡口港有限责任公司
武汉市金潮物流有限公司
湖北元大粮油科技有限公司
襄阳同顺物流有限公司
十堰市畅翔物流有限公司
十堰市远华物流有限公司
十堰黄海宏志工贸有限公司
黄石中豪国际货运代理有限公司
湖北腾驾安达物流有限公司
黄石市金石混凝土制品有限公司
黄石市粮食储备公司
襄阳红泰隆物流有限公司
襄阳国际陆港投资控股有限公司
襄阳新发地农副产品有限公司
湖北老巴王生态农业发展有限公司
华润十堰医药有限公司
宜昌市晓曦红果业股份有限公司
赤壁路路特物流有限公司
宜都市装卸运输总公司
宜昌金路物流有限公司
湖北赤湾东方物流有限公司
宜昌九州通医药有限公司
宜昌众联云物流有限公司
宜昌海源物流有限公司
宜昌市达兴物流有限责任公司
武汉玺安物流有限公司
襄阳襄顺达物流有限公司
咸宁宏兴物流股份有限公司
湖北供销宜瑞丰农资大市场有限公司
湖北金瑞物流有限公司
宜昌市泰源运输有限公司
湖北金银丰食品有限公司
天门供销华西农商城有限公司
潜江传化公路港物流有限公司
襄阳市美标机电设备有限公司
襄阳竹叶山洪沟投资有限公司
湖北柳树沟汽车运输有限公司
阳新县棋盘洲国胜物流有限公司

宜昌白洋港埠物流有限公司
武汉天地龙翔货物运输有限公司
武汉雅元食品集团股份有限公司
武汉景海龙翔物流有限公司
武汉八达通农产品物流有限公司
武汉供销农资物流股份有限公司
宁乡县辰龙物流有限公司
衡阳盛泰物流有限公司
湖南省璐辉物流有限公司
湘潭绿丰保鲜蔬菜配送有限公司
衡阳市西园农副产品批发大市场有限公司
湖南天旭实业有限公司
娄底市恒达物流有限公司
株洲中南顺畅物流实业有限公司
株洲天桥起重机运输有限公司
湖南神洲大地行物流有限公司
武冈市医药有限责任公司
湖南东立农特物联网科技股份有限公司
株洲市正达物流有限公司
株洲兴和物流有限公司
醴陵市隆盛物流有限公司
郴州广通物流科技有限公司
常宁市金马有色物流有限责任公司
国药控股广东物流有限公司
珠海公交信禾物流有限公司
湛江锦程物流有限公司
广州市松井物流有限公司
佛山市鼎昊冷链物流有限公司
深圳市立航货运股份有限公司
深圳市阿雷货运有限公司
深圳市都市物流有限公司
深圳市飞龙世纪物流有限公司
深圳市鑫国邦物流有限公司
广州特兰富力运输有限公司
广州吉盛储运物流有限公司
广州朴道物流服务有限公司
广州市达福物流服务有限公司
韶关市东南盈通物流有限公司
广东互邦物流有限公司
柳州五菱物流有限公司
中通服供应链管理有限公司广西分公司
广西德邦物流有限公司
广西凯轮物流有限公司
广西南宁安博物流有限公司
广西西江远驰物流有限公司
广西物产集团贵港储运有限公司
钦州市煜家物流有限公司
泸州三友物流运输集团有限公司
四川诚至诚物流有限公司
泸州迎瑞物流有限公司
四川铁通公铁物流股份有限公司
南充恒生仓储物流有限公司
泸州华储物流有限公司
西昌市鑫叶物流有限公司
四川沿森投资管理有限公司
四川汇维物流有限公司
四川乐送物流股份有限公司
四川省德盛物流有限公司
叙永县建强储运有限责任公司
宜宾新成储物流有限公司
内江苏宁物流有限公司
四川誉祥智慧物流有限公司
雅安市欣睿物流有限责任公司
成都蚂蚁物流有限公司
成都愉越物流有限公司
四川吉祥富饶物流有限责任公司
成都锦龙物流有限公司
四川柒鑫物流有限公司
成都广日物流有限公司
四川洋业物流有限公司

贵州金叶物流运输有限公司
贵阳博众物流运输有限公司
贵州七冶物流有限责任公司
贵州大龙宝鼎物流市场有限公司
贵州黔和物流有限公司
贵州道坦坦科技股份有限公司
西南运通公路物流有限公司
曲靖福牌实业有限公司
玉溪市鹏程运输有限公司
大理市泉源商贸有限责任公司
迪庆州金诚零担货运有限责任公司
昭通市永安货运有限公司
勐腊天鸿贸易有限公司
陕西永丰仓储有限公司
西安市鑫盛能源物资有限公司
陕西恒仁物流有限公司
中通服供应链管理有限公司陕西分公司
陕西安吉华秦物流有限责任公司
西安糖酒冰峰物流有限公司
陕西航空工业物流有限公司
陕西狮佰硕供应链管理有限公司
甘肃陇运现代物流有限责任公司
甘肃黄羊河集团物流有限责任公司
甘肃加吉速运有限公司
兰州诚邦物流有限公司
甘肃东部运输实业集团平凉物流有限公司
成县顺通物流园有限公司
格尔木昆仑物流运业有限公司
中通服供应链管理有限公司宁夏分公司
新疆顺通物流有限公司
新疆福隆物流有限公司
中通服供应链管理有限公司新疆分公司
乌鲁木齐市众志天宇物流有限公司

**2A 级物流企业（76 家）：**

重庆海珑运输有限公司
重庆卡沃物流有限公司
中铁物资重庆有限公司
营口港蓬船务工程有限公司
营口市鲅鱼圈区国丰实业有限公司
营口港润物流有限公司
营口市天程物流有限公司
安图县富丽达物流有限公司
吉林新景程物流有限公司
黑龙江省建恒物流有限公司
哈尔滨新安达物流有限公司
昆山市环球货运发展有限公司
江苏金贸世纪国际物流有限公司
浙江德邦物流有限公司
浙江万中物流有限公司
缙云县鸿鑫物流有限公司
浙江飞速国际货运代理有限公司
浙江万国邮供应链管理有限公司
东阳市乾坤物流有限公司
东阳市交通物流有限公司
宁波港东南物流货柜有限公司
宁波保税区广盛物流有限公司
宁波大徐塑料工贸有限公司
宁波鼎升物流有限公司
宿州市厚德物流有限责任公司
灵璧县飞马运输有限公司
宿州市开云商贸有限公司
莆田市达宇物流有限公司
顺恒（福建）冷链物流有限公司
龙岩市鑫龙兴物流有限公司
龙岩市佳吉联运物流有限公司
中盛统一粮油工业（厦门）有限公司
九江长东仓储物流有限公司
贵溪市天顺物流有限公司

上港物流（江西）有限公司
江西鑫超商贸有限公司
江西省凤凰物流运输有限公司
瑞金市瑞泰物流有限公司
寻乌县创业兴物流有限公司
瑞金市赣通物流有限公司
赣州市信立农产品有限公司
赣州红土物流有限公司
江西省同益物流有限公司
赣州俊余物流有限公司
青岛承佳供应链管理有限公司
中国烟台外轮代理有限公司
孝昌县管氏茶业有限责任公司
黄梅康宏生态农业发展有限公司
湖北星梦茶业股份有限公司
天门市天丰惠农农业发展有限责任公司
赤壁华顺城乡物流配送有限公司
京港物流湖北有限公司
湖北源丰物流有限公司
十堰圣喜物流有限公司
红安县三顺物流有限责任公司
江门市骏安物流有限公司
珠海市宝运通供应链管理有限公司
广州好汉运输有限公司
广西钦州中海物流有限责任公司
四川吉星物流有限公司
四川路威特物流有限公司
四川省同盛物流有限责任公司
四川申力物流有限公司
甘孜州秦歌物流有限公司
宜宾喆安物流有限公司
自贡市蜀运物流有限责任公司
四川黑蚁供应链管理有限公司
自贡市通达物流有限责任公司
广安腾扩物流有限公司
曲靖市富翔物流有限公司
云南福运物流有限公司
延安市捷安货物运输有限公司
陕西齐峰果业有限责任公司
青海省汽车运输集团凯达货物运输有限公司
青海朝阳物流园区开发建设有限公司
新疆维吾尔自治区棉麻公司乌鲁木齐棉麻站

**1A级物流企业（6家）：**

营口海博国际船舶代理有限公司
宁波亿百华国际物流有限公司
宁波丰盛食品有限公司
厦门裕龙储运有限公司
江西裕民药业有限公司
广安全顺供应链管理有限公司

## 放弃复核的企业99家（因物流业务调整、并购重组、经营模式改变、企业注销等原因，不再保留A级物流企业资质）

中信信通国际物流有限公司、中海集团物流有限公司、黑龙江省五洲华宇恒业物流有限公司、中国铁路物资哈尔滨物流有限公司、淮矿现代物流有限责任公司、广州市卓志物流服务有限公司、陕西红光钢铁物流有限责任公司、天津大无缝物流发展有限公司、上海云峰集团国际贸易有限公司、上海云峰集团化工有限公司、上海乾通投资发展有限公司、上海恒荣国际货运有限公司、上海万顺物流有限公司、上海车新物流有限公司、敦豪全球货运（中国）有限公司、重庆城北物流有限公司、吉林省冬晨国际物流有限公司、吉林省国际仓储运输有限公司、吉林市九天储运有限公司、南通九环实业有限公司、川山甲供应链管理股份有限公司、浙江衢州汽车运输集团有限公司、浙江商翔物流有限公司、合肥安得智联科技有限公司、江西省高安汽运集团鸿盛汽运有限公司、江西瑞州汽运集团新荷物流有限公司、南城县亚欣物流有限公司、新余市鸿祥汽车运输有限公司、山东万邦国际物流有限公司、青岛麒麟物流集团有限公司、荆州市荣盛物流有限公司、宜昌恒信物流有限责任公司、深圳市递四方速递有限公司、深圳市飞腾顺达物流有限公司、深圳市华通达物流有限公司、广西圣天物流有限公司、甘肃酒钢物流有限公司、上海福仑德大件储运有限公司、上海巴士化工物流有限公司、重庆市涪陵区明龙货物运输有限责任公司、重庆鸿华运输有限公司、新乐市富达运输有限公司、沈阳全程德邦物流有限公司、沈阳中通吉物流有限公司、沈阳铁道通化铁鹰实业集团有限公司靖宇铁元物流分公司、浙江金瑞国际货运代理有限公司、义乌市新华国际货运代理有限公司、杭州正刚物流有限公司、浙江金剑国际货运有限公司、温州市瓯海物流信息中心、绍兴市兴业快运有限公司、绍兴申圆物流有限公司、永嘉县振兴货运有限公司、浙江欧科国际货运代理有限公司、义乌越达国际货运代理有限公司、杭州冠津物流有限公司、温州市新恒联物流有限公司、温州市浙通物流有限公司、浙江晨添大有供应链管理有限公司、宁波兴港冷链物流有限公司、安徽省亳州市芍花堂药业有限公司、邵武市和顺汽车运输有限公司、福建隆顺物流有限公司、南城县吉尔物流有限公司、南城瑞顺物流有限公司、赣州三福物流有限公司、南城县吉成物流有限公司、江西菜鸟物流有限公司、潍坊龙威物流有限公司、潍坊正捷物流有限公司、信阳市运输集团有限责任公司、漯河市凯达物流有限公司、武汉立洲物流有限公司、宜昌富程祥云物流有限公司、武汉良中行供应链管理有限公司、武汉市金点子国际货运代理有限公司、湖北福运现代物流有限公司、江门市万里达物流有限公司、深圳市长顺通货物运输有限公司、深圳市世恒达物流有限公司、深圳市中柱物流有限公司、深圳市民意运输有限公司、广西晟宇通物流有限公司、广西盛鑫物流有限公司、新疆快立达物流有限公司、重庆市铁建物流有限公司、遵化市兴运物流有限公司、遵化市起祥物流有限公司、沈阳鹏瑞合兴冷藏物流有限公司、江苏省南通市通州区兴仁运输有限公司、杭州中能物流有限公司、安徽辉隆集团新安农资有限公司、莆田市云晓实业有限公司、信丰橙盟物流有限公司、全南县易通综合物流有限公司、赣州金诚物流有限公司、山东钢联物流有限公司、宁夏西部吉运国际物流有限公司、瑞金市明盛物流服务有限公司。

（中国物流与采购联合会物流企业评估工作办公室）

# 物流企业信用评价A级信用企业第二十八批、第二十九批名单

## 第二十八批物流企业信用评价A级信用企业名单（共77家）

3A级信用企业（排名不分先后，49家）：

国药控股驻马店有限公司
河南中博物流有限公司
河南旗帜物流有限公司
陕西祥云物流有限公司
葛洲坝集团物流有限公司
甘肃西部物流有限责任公司
郑州国际陆港开发建设有限公司
四川峨眉山峨胜物流发展有限公司
宁波顺圆物流有限公司
亿光年（山东）物联科技有限责任公司
山东宇佳物流有限公司
济南道宇物流有限公司
济南融一运输有限公司
山东中外运齐鲁物流有限公司
山东统超物流有限公司
山东信方供应链管理有公司
济南绿灯行物流有限公司
山东泰恩供应链管理有限公司
济南同宏物流服务有限公司
济南维尔康实业集团有限公司
山东齐鲁物流有限公司
山东佳怡智慧供应链管理有限公司
山东恒海电子商务有限公司
山东云鸟物流供应链管理有限公司
山东云之坤物流有限公司
淄博天润物流有限公司
济南优选物流有限公司
淄博华迅物流有限公司
济南传化泉胜公路港物流有限公司
山东利群物流有限公司
淄博炎邦物流有限公司
济南任氏物流有限公司
济南优外卖电子商务有限公司
山东将山铁路物流集团有限公司
山东佳怡智慧供应链管理服务有限公司
山东递速供应链管理有限公司
国药控股山东有限公司
山东先飞物流有限公司
物产中大（宁波）物流有限公司
河南诚通物流服务有限公司
甘肃省物产集团有限责任公司
济南迅华物流有限公司

安徽省友谊物流有限公司
宁波保税区高新货柜有限公司
厦门海投物流有限公司
厦门市海骏达物流有限公司
新兴铸管（新疆）物流有限公司
云南建投物流有限公司
福建四赢物流有限公司

2A级信用企业（排名不分先后，23家）：
贵州鑫镪物流有限公司
龙岩市港通汽车运输有限公司
四川思彦医药有限公司
贵阳东方鑫盛钢材物流有限公司
甘肃省物产集团兰州物流园有限公司
山东科伦医药贸易有限公司
四川南充科伦医药贸易有限公司
山东安硕泰物流有限公司
贵阳晶鑫速递有限公司
济南家家悦供应链管理有限公司
济南小微网络科技有限公司
济南通港物流有限公司
济南昭运重汽物流有限公司
济南华涛物流股份有限公司
济南金荣物流有限公司
济南时习之物流有限公司
山东云翼物流运输有限公司
山东元智捷诚快递有限公司
山东中汇物流实业有限公司
宁波速腾物流有限公司
宜宾安仕吉国际物流有限公司
厦门市鸿驰物流有限公司
青岛冠宇生态农业有限公司

A级信用企业（排名不分先后，5家）：
山东天海国际货运代理有限公司
章丘思锐佳顺物流有限公司
济南万邦物流有限公司
济南博纳物流有限公司
山东中再危废物流有限公司

## 第二十九批物流企业信用评价A级信用企业名单（共48家）

3A级信用企业（排名不分先后，37家）：
北京华将科技有限公司
青海省汽车运输集团有限公司
宁波市安普国际物流有限公司
北京长久物流股份有限公司
安吉汽车物流（湖北）有限公司
山西汽运集团晋城汽车运输有限公司
贵州黔丰物流有限公司
镇海石化物流有限责任公司
如皋港务集团有限公司
河南宇鑫物流集团有限公司
中国石油运输有限公司
淄博九州行物流有限公司
山东长久智慧物流有限公司
济南宇路物流有限公司
淄博环达交通运输有限公司
淄博特通物流有限公司
淄博诚起物流有限公司
正本物流集团有限公司
河北省国和投资集团有限公司
中铁现代物流科技股份有限公司
广东高捷航运物流有限公司
山东申瑞运输服务有限公司
山东天泽供应链管理股份有限公司
蜂网云仓供应链（山东）有限公司
济南富力龙物流有限公司
济南天鸽货运服务有限公司

山东济南建邦黄河公路大桥有限公司
山东东远供应链管理有限公司
济南中桓物流有限公司
山东欣悦医药物流有限公司
平阴县龙鑫物流有限公司
济南方正物流有限公司
济南瀛浩仓储物流有限公司
曲靖麟泰商贸有限公司
贵州安捷丰茂物流商贸股份有限公司
云南快达航空物流有限公司
兰州金轮实业有限责任公司

**2A级信用企业（排名不分先后，10家）：**

南通博信货运有限公司
贵阳快捷物流有限公司
山西汽运集团长治汽车运输有限公司
山东万泽冷链股份有限公司
济南普新仓储有限公司
济南吉飞服务外包有限公司
济南万路通物流有限公司
山东骅骏物流有限公司
山东苏宁物流有限公司
山东明秀云智能物流有限公司

**A级信用企业（1家）：**

章丘市畅行运输有限公司

（中国物流与采购联合会行业事务部）

# 2021年度第三批国际货代物流行业企业信用评价名单

| 序号 | 企业名称 | 级别 |
| --- | --- | --- |
| 1 | 中艺储运江苏有限责任公司 | AAA |
| 2 | 通用技术集团国际物流有限公司 | AAA |
| 3 | 中设国际商务运输代理有限责任公司 | AAA |
| 4 | 华协国际珍品货运服务有限公司 | AAA |
| 5 | 嘉里大通物流有限公司 | AAA |
| 6 | 北京盛伦国际物流有限公司 | AAA |
| 7 | 上海宝霖国际危险品物流有限公司 | AAA |
| 8 | 京铁陆桥（北京）国际供应链管理股份有限公司 | AAA |
| 9 | 上海环世物流（集团）有限公司 | AAA |
| 10 | 北京海翔国际运输代理有限公司 | AAA |
| 11 | 上海格林福德国际货物运输代理有限公司 | AAA |

（中国国际货运代理协会）

# 第三批网络货运平台A级企业名单

**5A级网络货运平台企业（5家）：**
吉旗物联科技（天津）有限公司
传化陆鲸科技有限公司
安徽神通物联网科技集团有限公司
湖北我家物流服务有限公司
陕西卡一车物流科技有限公司

**4A级网络货运平台企业（4家）：**
天津德达运输有限公司
榆林市渊茂物流科技有限公司
陕西陆运帮网络科技有限公司
陕西众诚科技物流有限公司

**3A级网络货运平台企业（2家）：**
湖北小象物流服务有限公司
梅州粤顺科技有限公司

（中国物流与采购联合会物流企业评估工作办公室）

# 第十二批星级冷链物流企业名单

**五星级冷链物流企业（1家）：**

中铁铁龙冷链发展有限公司　仓储型

**四星级冷链物流企业（8家）：**

大连瑞驰冷链物流有限公司　仓储型

福州易鲜冷链物流有限公司　综合型

江西龙泰安食品链有限公司　仓储型

河南藏金源仓储有限公司　仓储型

河南中原四季水产物流港股份有限公司　仓储型

漯河双汇物流运输有限公司　运输型

漯河市顺安运输有限责任公司　运输型

广西五洲金桥农产品有限公司　仓储型

**三星级冷链物流企业（7家）：**

重庆得盛物流有限公司　综合型

石家庄冰峰冷藏物流有限公司　综合型

国药集团山西有限公司　综合型

九江凯瑞生态农业开发有限公司　综合型

南阳市东森医药物流有限公司　仓储型

湖南北极冷链有限公司　综合型

南宁壮宁食品冷藏有限责任公司　仓储型

2021年上半年通过复核的星级冷链物流企业名单（共6家）

**五星级冷链物流企业（5家）：**

上海郑明现代物流有限公司　综合型

上海光明领鲜物流有限公司　综合型

希杰荣庆物流供应链有限公司　综合型

浙江统冠物流发展有限公司　综合型

漯河双汇物流投资有限公司　运输型

**三星级冷链物流企业（1家）：**

北京澳德物流有限责任公司　综合型

**取消资质的企业2家（因冷链物流业务调整，不再保留星级冷链物流企业资质）：**

新余市东华龙货运有限公司、成都市锦江区顺发拓展运业有限公司。

（中国物流与采购联合会冷链物流专业委员会）

# 第一批全国供应链创新与应用示范城市名单

（按省市排序）

| 序号 | 城市名称 |
|---|---|
| 1 | 北京 |
| 2 | 上海 |
| 3 | 张家港 |
| 4 | 杭州 |
| 5 | 宁波 |
| 6 | 厦门 |
| 7 | 青岛 |
| 8 | 武汉 |
| 9 | 广州 |
| 10 | 深圳 |

（商务部　工业和信息化部　生态环境部　农业农村部　人民银行　市场监管总局　银保监会　中国物流与采购联合会）

# 第一批全国供应链创新与应用示范企业名单

（按拼音字母排序）

| 序号 | 企业名称 |
|---|---|
| 1 | 安徽合力股份有限公司 |
| 2 | 宝供物流企业集团有限公司 |
| 3 | 北京国联视讯信息技术股份有限公司 |
| 4 | 北京京东世纪贸易有限公司 |
| 5 | 北京四联创业化工集团有限公司 |
| 6 | 长飞光纤光缆股份有限公司 |
| 7 | 超威电源集团有限公司 |
| 8 | 传化智联股份有限公司 |
| 9 | 东方集团股份有限公司 |
| 10 | 佛山众陶联供应链服务有限公司 |
| 11 | 福建斯兰供应链服务有限公司 |
| 12 | 福耀玻璃工业集团股份有限公司 |
| 13 | 甘肃中药材交易中心股份有限公司 |
| 14 | 广东省纺织品进出口股份有限公司 |
| 15 | 广州医药股份有限公司 |
| 16 | 国家电网有限公司 |
| 17 | 海尔卡奥斯物联生态科技有限公司 |
| 18 | 河北物流集团金属材料有限公司 |
| 19 | 河北新发地农副产品有限公司 |

续 表

| 序号 | 企业名称 |
|---|---|
| 20 | 禾丰食品股份有限公司 |
| 21 | 河南万邦国际农产品物流股份有限公司 |
| 22 | 湖北黄商集团股份有限公司 |
| 23 | 湖北融誉亨运城乡供应链管理有限公司 |
| 24 | 湖北神丹健康食品有限公司 |
| 25 | 湖北神地农业科贸有限公司 |
| 26 | 湖北裕国菇业股份有限公司 |
| 27 | 湖南中芯供应链有限公司 |
| 28 | 华润医药商业集团有限公司 |
| 29 | 汇孚集团有限公司 |
| 30 | 汇通达网络股份有限公司 |
| 31 | 江苏汇鸿国际集团股份有限公司 |
| 32 | 江苏连云港港物流控股有限公司 |
| 33 | 江苏物润船联网络股份有限公司 |
| 34 | 晶科能源股份有限公司 |
| 35 | 九州通医药集团股份有限公司 |
| 36 | 昆明国际花卉拍卖交易中心有限公司 |
| 37 | 联想（北京）有限公司 |

续　表

| 序号 | 企业名称 |
| --- | --- |
| 38 | 林德（中国）叉车有限公司 |
| 39 | 南京医药股份有限公司 |
| 40 | 农夫山泉股份有限公司 |
| 41 | 欧冶云商股份有限公司 |
| 42 | 青岛国赫通供应链有限公司 |
| 43 | 青岛酷特智能股份有限公司 |
| 44 | 青岛双星轮胎工业有限公司 |
| 45 | 瑞茂通供应链管理股份有限公司 |
| 46 | 赛轮集团股份有限公司 |
| 47 | 上海华能电子商务有限公司 |
| 48 | 上汽通用汽车有限公司 |
| 49 | 上药控股有限公司 |
| 50 | 深圳市东方嘉盛供应链股份有限公司 |
| 51 | 深圳市富森供应链管理有限公司 |
| 52 | 深圳市怡亚通供应链股份有限公司 |
| 53 | 深圳市中农网有限公司 |
| 54 | 深圳越海全球供应链有限公司 |
| 55 | 实达实集团有限公司 |
| 56 | 四川安吉物流集团有限公司 |
| 57 | 苏美达国际技术贸易有限公司 |
| 58 | 苏宁易购集团股份有限公司 |
| 59 | TCL 实业控股股份有限公司 |
| 60 | 通富微电子股份有限公司 |
| 61 | 物产中大集团股份有限公司 |
| 62 | 武汉港航发展集团有限公司 |
| 63 | 无锡天鹏集团有限公司 |
| 64 | 西安爱菊粮油工业集团有限公司 |
| 65 | 西安京迅递供应链科技有限公司 |
| 66 | 厦门国贸集团股份有限公司 |

续　表

| 序号 | 企业名称 |
| --- | --- |
| 67 | 厦门建发股份有限公司 |
| 68 | 厦门象屿股份有限公司 |
| 69 | 徐工集团工程机械有限公司 |
| 70 | 亿海蓝（北京）数据技术股份公司 |
| 71 | 一汽物流有限公司 |
| 72 | 云集共享科技有限公司 |
| 73 | 云南宝象物流集团有限公司 |
| 74 | 云南云天化联合商务有限公司 |
| 75 | 浙江宏伟供应链集团股份有限公司 |
| 76 | 浙江吉利控股集团有限公司 |
| 77 | 浙江明日控股集团股份有限公司 |
| 78 | 浙江天畅供应链管理有限公司 |
| 79 | 浙江天轮供应链管理有限公司 |
| 80 | 浙商中拓集团股份有限公司 |
| 81 | 中百控股集团股份有限公司 |
| 82 | 中储南京智慧物流科技有限公司 |
| 83 | 中国电力建设集团有限公司 |
| 84 | 中国联合网络通信有限公司 |
| 85 | 中国南方电网有限责任公司 |
| 86 | 中国石化国际事业有限公司 |
| 87 | 中国物资储运集团有限公司 |
| 88 | 中国移动通信集团有限公司 |
| 89 | 中国中材进出口有限公司 |
| 90 | 中国中化集团有限公司 |
| 91 | 中铁物贸集团有限公司 |
| 92 | 中外运物流宁波有限公司 |
| 93 | 中信金属集团有限公司 |
| 94 | 舟山国家远洋渔业基地建设发展集团有限公司 |

（商务部　工业和信息化部　生态环境部　农业农村部　人民银行　市场监管总局　银保监会　中国物流与采购联合会）

# 2021年度中国物流与采购联合会科学技术奖获奖项目主要完成单位及完成人名单

| 序号 | 奖种 | 获奖等级 | 项目编码 | 项目中文名称 | 主要完成单位 | 主要完成人 |
| --- | --- | --- | --- | --- | --- | --- |
| 1 | 科技进步奖 | 一等 | A0322 | 国家电网现代智慧供应链“五E一中心”平台体系 | 国家电网有限公司、国网物资有限公司、国网信息通信产业集团有限公司、国网江苏省电力有限公司、国网上海市电力公司、国网山东省电力公司、中国电力科学研究院有限公司 | 丁扬、陈灵欣、陈广、杨砚砚、熊汉武、蔡敬东、赵孟祥、孙岗、王培龙、陈曦、赵斌 |
| 2 | 科技进步奖 | 一等 | A0234 | 带式输送系统创新工程技术及应用 | 华电重工股份有限公司、太原理工大学、中国华电科工集团有限公司、太原市博世通机电液工程有限公司 | 白建明、寇子明、赵迎九、郭树旺、李军霞、沈建永、石鑫、王汝青、崔志远、薛佳保、丁圣潇 |
| 3 | 科技进步奖 | 一等 | A0203 | 组合式落下孔车技术创新与国家重点工程设备铁路物流运输 | 中车长江车辆有限公司、中车青岛四方车辆研究所有限公司、中特物流股份有限公司、中铁特货大件运输有限公司、中南大学 | 刘凤伟、田葆栓、雷青平、王首雄、姜瑞金、汤楚强、高尊军、王宏杰、周伟、伏铁军、郭爱英 |

续 表

| 序号 | 奖种 | 获奖等级 | 项目编码 | 项目中文名称 | 主要完成单位 | 主要完成人 |
|---|---|---|---|---|---|---|
| 4 | 科技进步奖 | 一等 | A0085 | “京慧”一体化智能供应链平台 | 北京京东振世信息技术有限公司、北京京东乾石科技有限公司、北京京邦达贸易有限公司、北京京东世纪贸易有限公司 | 傅兵、何田、吴盛楠、郑研、庄晓天、曹振华、陈以衡、高振羽、张轩琪、王忠帅、南婕 |
| 5 | 科技进步奖 | 一等 | A0270 | 烟叶醇化超大容量、智能仓储自动化物流系统 | 昆船智能技术股份有限公司、云南省烟草烟叶公司 | 杨兵、沈劭怡、刘军、付兵、周文红、钟艳妮、李琰、来春潇、袁树红、储汝聪、郭廷辉 |
| 6 | 科技进步奖 | 一等 | A0208 | 传统地堆库数字化改造成套技术 | 江苏安方电力科技有限公司、国网江苏电力有限公司常州供电分公司 | 郑建华、高正平、郁正纲、李珉、袁黎、金岳军、郭伟、罗拥军、黄佳呈、吴伟、沈祝园 |
| 7 | 科技进步奖 | 一等 | A0336 | 基于模块化技术的智能物流云服务PaaS平台 | 北京中交兴路信息科技有限公司、北京中交兴路车联网科技有限公司 | 杨健、邓彬峰、杨晓明、杨海朋、唐超杰 |
| 8 | 科技进步奖 | 一等 | A0237 | 城市建筑垃圾航运物流系统建设运行关键技术研发与应用 | 中交上海航道局有限公司、上海交通建设总承包有限公司、河海大学、北方工业大学 | 孙柯华、黄莉、吴晓南、郑虢、王伟、周强、夏宪忠、王强、尹航、陈翔、张海波 |
| 9 | 科技进步奖 | 一等 | A0166 | 生鲜农产品高值化标准化保鲜物流关键技术集成及应用 | 山东理工大学、武汉理工大学、山东思远农业开发有限公司、山东金兰现代物流发展有限公司 | 韩鑫、王娟、陈伟、伊丽丽、王会征、王国宾、孔凡霞、张敬智、高文文 |
| 10 | 科技进步奖 | 一等 | A0274 | 大数据驱动的城市物流交通需求实时预测关键技术及应用 | 北京建筑大学、清华大学 | 焦朋朋、杨建伟、李瑞敏、孙煦、陆化普、赵霞、罗薇、刘侃、王健宇、赵传林、赵鹏飞 |
| 11 | 科技进步奖 | 一等 | A0533 | 基于标准化模式的通信行业供应链体系建设 | 中国移动通信集团江西有限公司、深圳市兆航物流有限公司 | 程江、杨勇、程碧伟、咸宏伟、武智、万勇、林佩珩、万圭、曾腊梅、吴世通、张晓林 |

续　表

| 序号 | 奖种 | 获奖等级 | 项目编码 | 项目中文名称 | 主要完成单位 | 主要完成人 |
|---|---|---|---|---|---|---|
| 12 | 科技进步奖 | 一等 | A0155 | 港口供应链关键技术及应用研究 | 宁波工程学院、中国科学院南京地理与湖泊研究所、武汉理工大学、浙江易港通电子商务有限公司、宁波港船务货运代理有限公司、宁波大学、宁波物流产学研技术创新战略联盟 | 傅海威、梁双波、朱占峰、吴威、何雷、邵万清、朱水林、梅川磊、刘桂云、冷兆华、呼格吉勒 |
| 13 | 科技进步奖 | 一等 | A0174 | 通信运营商集采物资智能监造关键技术研究与应用 | 中国移动通信集团江苏有限公司、中通维易科技服务有限公司 | 沈建林、朱若冲、金兆日、邹志强、方鹏、孔新年、赵如兵、黎妍、亓清华、李鹏友、倪圣健 |
| 14 | 科技进步奖 | 一等 | A0418 | 智能无人仓“货到人”订单拣选整体解决方案 | 北京交通大学、北京京东乾石科技有限公司 | 华国伟、黄安强、傅兵、黄锋权、施先亮、兰洪杰、张菊亮、赵斌、陈伟、魏文超 |
| 15 | 科技进步奖 | 一等 | A0059 | 基于所有权成本计算模型的通信设备采购管理平台优化的研究与开发 | 中国移动通信集团江西有限公司、华为技术有限公司 | 程江、杨勇、程碧伟、胡昶、张晓林、徐文、吴思斌、汤楠、林佩珩、张景尧、王力 |
| 16 | 科技进步奖 | 一等 | A0233 | 轻量化智能物流运输车及核心部件智能产线研制 | 湖北汽车工业学院、东风商用车有限公司、湖北国瑞智能装备股份有限公司 | 龚青山、胡明茂、孙国兵、吴岳敏、宫爱红、张红亮、王红霞、王科学、孙章栋、付众铖、吴东雨 |
| 17 | 科技进步奖 | 一等 | A0268 | 多式联运创新服务平台 | 上海文景信息科技有限公司、中国科学院大学 | 吴俊峰、田歆、周烨、沈敏、沈毅、焦亚敏、何斐、何存福、张强、陈喆、汤毅 |
| 18 | 科技进步奖 | 一等 | A0195 | 基于数字化的通信行业供应链数智化转型关键技术 | 中国移动通信集团浙江有限公司 | 陈洪涛、祝瑾华、张征久、宋赛、黄玮、叶勇、项洪波、李磊、沈卓、王珊、刘阳奎 |

续 表

| 序号 | 奖种 | 获奖等级 | 项目编码 | 项目中文名称 | 主要完成单位 | 主要完成人 |
|---|---|---|---|---|---|---|
| 19 | 科技进步奖 | 一等 | A0329 | 基于5G+AICDE的智慧仓储物流体系理论研究与应用 | 中国移动通信集团安徽有限公司采购物流部、中国移动通信集团采购共享中心、中捷通信有限公司 | 张瑀、屈绍峰、武林、韩青、咸宏伟、郑祝良、刘秀章、黄斌、田渊、许泽坚 |
| 20 | 科技进步奖 | 一等 | A0341 | 微服务架构的多类型多模式的化工产业链智慧协同仓储管理系统 | 中国海洋石油集团有限公司、中海石油化学股份有限公司 | 竹蔚文、谢晓辉、郭彤、刘朝晖、夏晔、刘赫然、李松涛、鹿雨、李雨航、周林 |
| 21 | 科技进步奖 | 一等 | A0209 | 基于全生命周期的供应商服务协同体系 | 中国移动通信集团安徽有限公司、深圳市兆能讯通科技有限公司 | 荣勇、王蕾、张瑀、韦巍、金小川、曹鲁、童宁、卢斌、马昌荣、程和城、郑明敏 |
| 22 | 科技进步奖 | 一等 | A0364 | 电力物资配送管理数字化转型的研究与应用 | 广东电网物资有限公司、中捷通信有限公司、国电南瑞南京控制系统有限公司 | 赵恒、钟炯聪、彭毅、张柏雄、邱圣、李峥成、张金金、刘鹏飞、潘韦、郭盛涛、周素华 |
| 23 | 科技进步奖 | 一等 | A0084 | 呆滞物资长效控制机制研究与实践 | 中国移动通信集团河北有限公司、中国移动通信集团有限公司、深圳市兆航物流有限公司 | 赵静宇、靳硕、程叶、梁清梅、苑常来、周聪亮 |
| 24 | 科技进步奖 | 一等 | A0117 | 地市供电企业基于"数字孪生+AIOT"技术的低碳智能仓库运营管理创新与实践 | 国网江苏省电力有限公司常州供电分公司 | 李瑶虹、袁黎、伍雪峰、黄佳呈、吴伟、查姿伊、刘晔、范善斌、郑明春、孔宗泽、朱凯琳 |
| 25 | 科技进步奖 | 一等 | A0131 | 数字化驱动下的共享可控的数智化物资管理体系 | 中国移动通信集团江苏有限公司 | 沈杰、沈建林、戚兆军、罗勇、陈宇阳、王卫胜、赵恒、俞新华、魏安霞、刘艳文、吴东平 |
| 26 | 科技进步奖 | 一等 | A0577 | 基于信息化的5G多场景供应链管理与应用 | 中国移动通信集团河北有限公司 | 刘洪涛、曹雷雷、康炜、郝景毅、孙湘君、康译文、焦鹏、程博、张明珠 |

续 表

| 序号 | 奖种 | 获奖等级 | 项目编码 | 项目中文名称 | 主要完成单位 | 主要完成人 |
|---|---|---|---|---|---|---|
| 27 | 科技进步奖 | 一等 | A0358 | 基于驮背运输的多式联运成套技术及战略体系研究 | 国能铁路装备有限责任公司 | 康凤伟、李权福、石兴、王洪昆、王文刚、董咚、边志宏、王蒙、姜恒 |
| 28 | 科技进步奖 | 一等 | A0260 | 数智化供应链保障全链物资精确管理 | 中国移动通信集团浙江有限公司、浙江中通通信有限公司 | 祝瑾华、陈祖寿、孟瑜、李璇、章棋、林海、王珊、陈晓玲 |
| 29 | 科技进步奖 | 一等 | A0304 | 动力锂电池逆向供应链增值关键技术研发与产业化 | 纽安捷能源技术（北京）有限公司、国联汽车动力电池研究院有限责任公司、西南科技大学、纽安捷能源技术（南京）有限公司 | 杜文龙、柏祥涛、王顺利、杜镇源、马小利、徐文华、杨容、陈蕾、任志敏、曹文、张向军 |
| 30 | 科技进步奖 | 一等 | A0372 | 基于构建物资全息画像模型技术的物资数字化管控系统 | 中国移动通信集团湖北有限公司、上海博科资讯股份有限公司 | 雷中杰、梅勇、舒有武、吉志刚、王卉、樊炼、李林、何立刚、方莉、邓明旺 |
| 31 | 科技进步奖 | 一等 | A0293 | 面向食品包装的物流科技及绿色印刷的创新成果 | 深圳市冠为科技股份有限公司、三峡大学 | 焦杰明、陈勇军、张睿智、黄焕桂、黄益阳、黄镇城、雷志勇、代继伟、徐江华、郑刚强、魏鹏郦 |
| 32 | 科技进步奖 | 一等 | A0170 | 基于区块链视角下的湖南移动“一码到底”物流配送系统研究 | 中国移动通信集团湖南有限公司、湖南恒邦物流有限公司 | 张辉、夏李灿、吴芳、彭爱华、甘泉、刘辉、陈育中 |
| 33 | 科技进步奖 | 一等 | A0331 | “一点接入、全链掌控”物资运营平台 | 中国电信股份有限公司广东分公司、中捷通信有限公司、广东亿迅科技有限公司 | 汤艾军、彭毅、韩明、徐俊、苏肖飞、程慧坤、李多、郭盛涛、周素华、李骏、唐滔 |
| 34 | 科技进步奖 | 一等 | A0213 | 通信运营商智慧供应链管理平台和质量管理体系的建立与应用 | 中国电信股份有限公司江苏分公司、中通维易科技服务有限公司 | 亓清华、李海军、唐娜、李鹏友、陈宁虎、吕永波、朱静、王林 |

续 表

| 序号 | 奖种 | 获奖等级 | 项目编码 | 项目中文名称 | 主要完成单位 | 主要完成人 |
|---|---|---|---|---|---|---|
| 35 | 科技进步奖 | 一等 | A0286 | 面向医药物流的智能装备关键技术研究及应用 | 南京医药股份有限公司、北京邮电大学、江苏中健之康信息技术有限公司、北京极智嘉科技股份有限公司、兰剑智能科技股份有限公司 | 周建军、范继东、翁迅、后晓峰、郑勇、林茂、李洪波、孙建、刘玲玲、张经天、张静 |
| 36 | 科技进步奖 | 一等 | A0197 | 运营商采购物资全面智能化质量管控研究与应用 | 中国移动通信集团安徽有限公司、中通维易科技服务有限公司 | 荣勇、张瑀、屈绍峰、马昌荣、金小川、王玉林、李理、亓清华、倪圣健、彭文、杨国伟 |
| 37 | 科技进步奖 | 一等 | A0284 | 基于智能化的供应链服务中采购结构化关键研究 | 中国移动通信集团海南有限公司、中捷通信有限公司 | 谢枚彤、陈永敏、吴敏、赵金明、沈洪发、黄斌、蔡东江、周素华、王一夫、张玲玲、黄立 |
| 38 | 科技进步奖 | 一等 | A0061 | 封闭式危险品化工园区数字化智慧安全管控平台项目 | 中远海运物流有限公司 | 韩骏、蒋恺、张燕松、符鹏、刘强、李鼎一、刘克武、顾铮、章本俭 |
| 39 | 科技进步奖 | 一等 | A0103 | 集采产品质量即时评价及处理平台开发与应用（质量随手评） | 中国移动通信集团陕西有限公司、中国移动通信集团有限公司采购共享服务中心 | 申民、余力、程建宁、李理、朱水仙、方锡发、杨雄涛、贾瑞君、王颖花、段出颖、杨芮平 |
| 40 | 科技进步奖 | 一等 | A0239 | 电网物资智能履约结算技术、装备及应用 | 国网浙江省电力有限公司物资分公司、东方通信股份有限公司、国网浙江省电力有限公司嘉兴供电公司 | 钱仲文、王静、洪文明、吴臻、朱海军、顾晔、蒋跃军、屠晓栋、徐天天、李佳蒨、岑雷扬 |
| 41 | 科技进步奖 | 一等 | A0355 | 5G+数智化供应链一体化解决方案研究及应用 | 中国移动通信集团福建有限公司、中国移动通信集团终端有限公司 | 叶翔、吴卫军、张文展、解锡国、欧松、江家兴、陈懿、陈钧、李鹏飞、林琳玲、林侃 |
| 42 | 科技进步奖 | 一等 | A0101 | 数字货运平台关键技术研究与应用 | 上海达牛信息技术有限公司、上海海洋大学、大连工业大学 | 杨少梁、梁贺君、沈岚、贺晓阳、刘峰、詹杰星、翁娟、周春海、黄志佳、凌建、黄玉龙 |

续　表

| 序号 | 奖种 | 获奖等级 | 项目编码 | 项目中文名称 | 主要完成单位 | 主要完成人 |
|---|---|---|---|---|---|---|
| 43 | 科技进步奖 | 一等 | A0354 | 5G时代下物流仓储自动化、信息化研究与实践 | 中国移动通信集团云南有限公司、中国移动通信集团终端有限公司 | 陈磊、杜文劲、刘红雨、苏晓冶、何君、刘倚如、黄婷婷、鲁国鹏、李海霞、王雨宁、杨志超 |
| 44 | 科技进步奖 | 一等 | A0156 | 智能生产物流数字孪生关键技术及应用 | 北京信息科技大学、机科发展科技股份有限公司 | 王红军、谭君广、康运江、左云波、韩凤霞、王少红、刘淑聪、王成、谷玉海、蒋章雷、王楠 |
| 45 | 科技进步奖 | 一等 | A0317 | 面向工业物联网行业高速测距和高精度目标探测领域的锗硅BICOMS高频毫米波射频集成电路芯片及应用器件研发和应用 | 北京冠群信息技术股份有限公司 | 秦俊峰、郭子华、王川、张前悦、刘贵平、沈光、杨宗富 |
| 46 | 科技进步奖 | 一等 | A0482 | 我国区域港口群的整合决策与资源环境优化 | 大连理工大学、广州工商学院 | 鲁渤、张令荣、朱方伟、宋金波、薄洪光、王国红、易露霞、林波、刘晓冰、白朝阳、杨惠云 |
| 47 | 科技进步奖 | 一等 | A0352 | 基于物联网可视化的卷钢集装化运输研究及工业应用 | 北京睿泽恒镒科技股份公司、中包物联网科技（北京）有限公司 | 高绪坤、车德慧、塔阳、孙勇生、董志刚、李祝、朱学洋、鲁荣鑫、邢胜男、范为民、樊晓亮 |
| 1 | 科技进步奖 | 二等 | A0573 | 大数据背景下智慧物流业务体系构建与应用 | 北京国商物流有限公司、北京电子科技职业学院、北京智人天下科技有限公司 | 张彤、马洁、林英钊、刘兴燕、关德峰、秦俊峰、孙国君、逯森林、闫彦玉 |
| 2 | 科技进步奖 | 二等 | A0324 | 大采购：基于面向服务架构技术的招标采购系统 | 北京筑龙信息技术有限责任公司 | 吴英礼、谢芳、单兵、赵士强、李景民、刘刚、张泽文、杨龙生 |

续 表

| 序号 | 奖种 | 获奖等级 | 项目编码 | 项目中文名称 | 主要完成单位 | 主要完成人 |
|---|---|---|---|---|---|---|
| 3 | 科技进步奖 | 二等 | A0363 | 基于工厂物流的制造业生产过程智能管控技术的研究及应用 | 北京科技大学、北京中科凯思科技有限公司、北京炎凌嘉业机电设备有限公司、恒进感应科技（十堰）股份有限公司、湖北佳恒科技股份有限公司 | 苏建涛、董绍华、杨海峰、周祥成、陈世锋、杨继、吴秀丽、程飞、赵宁 |
| 4 | 科技进步奖 | 二等 | A0215 | 基于北斗的中国铁路集装箱追踪系统关键技术研究与应用 | 中国铁道科学研究院集团有限公司、中铁集装箱运输有限责任公司 | 马玉坤、刘冰、杨文韬、刘建军、王怀相、张义川、张国彬、赵彦伟、刘平 |
| 5 | 科技进步奖 | 二等 | A0120 | 构建供应风险管理分层防御体系 | 中兴通讯股份有限公司、中国移动通信集团湖南有限公司 | 刘婷婷、周志刚、徐志斌、张辉、夏李灿、胡晓 |
| 6 | 科技进步奖 | 二等 | A0360 | 长续航电动汽车用低滚阻免充气真空轮胎关键技术与应用 | 江苏江昕轮胎有限公司、江苏绿源橡胶资源循环利用创新中心有限公司、江苏浩睿特种材料研究院有限公司 | 王明江、段玉岗、王峰、卢猛、隋艳伟、朱平、万波、杜欢政 |
| 7 | 科技进步奖 | 二等 | A0335 | 推动冶金物流高质量发展的标准化集成技术开发与应用 | 鞍山钢铁集团有限公司、鞍钢金属结构有限公司、中车齐齐哈尔车辆有限公司大连中车铁龙集装化技术装备研发有限公司、大连伟华创新物流有限公司 | 侯海云、徐大勇、甘秀石、王金辉、张宏超、刘海鹏、刘旭东、何海龙、杜延辉 |
| 8 | 科技进步奖 | 二等 | A0278 | 一带一路节能减排复合材料轻量重载化开顶上翻门集装箱 | 中集运载科技有限公司、大连中集特种物流装备有限公司 | 李长英、于广辉、孙明君、汪亮、高兴、宁臻、李志刚、李波、刘春良 |
| 9 | 科技进步奖 | 二等 | A0014 | 物流供应链智能生态运作关键技术与应用 | 深圳中集智能科技有限公司、清华大学深圳国际研究生院、重庆大学 | 吕洁印、周受钦、何彦东、戚铭尧、王旭 |
| 10 | 科技进步奖 | 二等 | A0070 | 物流载货装备复杂结构体机器人自动焊接系统研发与应用 | 江西理工大学、黄埔海关技术中心、高勋绿色智能装备（广州）有限公司、广州中检科技有限公司 | 高向东、潘春荣、张南峰、甘玉凤、王贵容、阮洁珊、戴文彬、陈俊杰、陈晓辉 |

续 表

| 序号 | 奖种 | 获奖等级 | 项目编码 | 项目中文名称 | 主要完成单位 | 主要完成人 |
|---|---|---|---|---|---|---|
| 11 | 科技进步奖 | 二等 | A0184 | 快递场景下基于时空网络复现的智能优化引擎及应用 | 浙江菜鸟供应链管理有限公司 | 丁见亚、常志琦、张超、付智杰、蔡博、边帅、何少康、郑君涵、董凡 |
| 12 | 科技进步奖 | 二等 | B0061 | 疫情期间道路货运行业运行监测分析研究 | 交通运输部公路科学研究所 | 蔡翠、肖荣娜、赵南希、裴爱晖、王馨梓、李涛、王凯、武威、冯雪松 |
| 13 | 科技进步奖 | 二等 | A0204 | 面向精益生产的智慧质量管控关键技术研究及应用 | 贵州大学、重庆工业自动化仪表研究所、中国科学院重庆绿色智能技术研究院、西南大学、重庆斯欧信息技术股份有限公司 | 黄东、黄海松、刘春雷、刘琴、林小光、王琳、肖继攀、王平、邓志吉 |
| 14 | 科技进步奖 | 二等 | A0009 | 危化品船舶智能安全管理运营平台 | 南京盛航海运股份有限公司 | 李伟光、王梦驰、许正飞、王家楠、薛小伟、谢磊、王平定、姚兵 |
| 15 | 科技进步奖 | 二等 | A0020 | 基于“一码到底”的物资全生命周期数智化管理方案 | 中国移动通信集团海南有限公司、中国移动通信集团采购共享服务中心 | 陈永敏、沈洪发、仲颖、符琼尹、李碧文、曹探、陈锦山、何国安、莫子孚 |
| 16 | 科技进步奖 | 二等 | A0036 | 北斗高精度定位与车路协同技术在物流运输服务系统中的应用研究 | 武汉理工大学、上海博泰悦臻电子设备制造有限公司、临沂大学、北京中交通信科技有限公司、江苏豪纬交通集团有限公司 | 陈伟、郑洪江、刘建、张明、郝炳和、卢红洋、李昌振、王会鲜、杜路遥 |
| 17 | 科技进步奖 | 二等 | A0132 | 物联网与供应链耦合制造关键技术研究 | 徐州工程学院、徐州重型机械有限公司（徐工集团） | 卢松泉、卢宣成、孙建忠、李梓萱、马雪莹、焦炳贺 |
| 18 | 科技进步奖 | 二等 | A0018 | 基于TCO最优的IT产品采购策略研究 | 中国移动通信集团重庆有限公司 | 薛君、刘庆华、赵亮、唐丽、张弋戈、吕勇、冯乐、卢叶舟 |
| 19 | 科技进步奖 | 二等 | A0027 | 中医药产品智能工厂成套物流技术装备关键技术研究及产业化 | 机科发展科技股份有限公司 | 张胜、公建宁、孔祥震、敖勇、徐斌、焦健、曾政、谢昊天、邵海龙 |

续 表

| 序号 | 奖种 | 获奖等级 | 项目编码 | 项目中文名称 | 主要完成单位 | 主要完成人 |
|---|---|---|---|---|---|---|
| 20 | 科技进步奖 | 二等 | A0088 | 大数据环境下的内河港多式联运云平台研发 | 徐州工程学院 | 张中强、权泉、刘宁宁、司凯、阮少伟、胡晶、魏本忠、周仕通 |
| 21 | 科技进步奖 | 二等 | A0087 | 无线冷链电子标签与水产品物联网管理系统应用推广 | 广东恒兴集团有限公司、广东海洋大学 | 陈康健、沈金伟、陈升、于鸽、王金才、高升、陈月峰、刘慧清、冯治国 |
| 22 | 科技进步奖 | 二等 | A0015 | 供应链协同的农产品冷链物流安全关键技术研发与应用 | 荣庆物流供应链有限公司、东南大学、临沂大学、山东工商学院 | 郑全军、郑露露、赵林度、徐娜、孙成通、崔沂峰、苏晓、李文娇、沙晓俊 |
| 23 | 科技进步奖 | 二等 | A0050 | 基于主动阻尼控制及远程校验即插即充技术的电动物流车研发与应用 | 安徽江淮汽车集团股份有限公司 | 高军、钱涛、董超、许成林、施志杰、李大朋、笪鑫、邵泽楷、杨洪震 |
| 24 | 科技进步奖 | 二等 | A0086 | 危险货物运输安全评价关键技术研究与应用 | 广州海关技术中心、常州进出口工业及消费品安全检测中心 | 李政军、岳大磊、王红松、刘能盛、刘君峰、郑建国 |
| 25 | 科技进步奖 | 二等 | A0003 | 制造企业集成化物流系统研发与产业化 | 佛山科学技术学院、长沙学院、湖南科技大学 | 邹安全、陈宏武、潘心顺、邹宛彤、罗杏玲、邓芬燕、全春光、赵玲 |
| 26 | 科技进步奖 | 二等 | A0194 | 基于NLP技术的数智化采购供应链系统 | 中国移动通信集团广东有限公司、网思科技股份有限公司 | 张紫薇、苏炜、李志坚、蒋志轩、王欢、吴沙林、郭征军 |
| 27 | 科技进步奖 | 二等 | A0303 | 地下集装箱物流系统运输组织优化设计关键技术研究 | 上海海事大学、上海市政工程设计研究总院（集团）有限公司 | 梁承姬、范益群、陆后军、黄瑞达、王钰、潘洋、游克思、苌道方、胡筱渊 |
| 28 | 科技进步奖 | 二等 | A0124 | 基于中国移动统一编码的供应链运营体系 | 中国移动通信集团湖南有限公司、上海博科资讯股份有限公司 | 肖玺、张辉、夏李灿、吴芳、肖燕、尹剑锋、李威、彭爱华、胡剑炜 |

续　表

| 序号 | 奖种 | 获奖等级 | 项目编码 | 项目中文名称 | 主要完成单位 | 主要完成人 |
| --- | --- | --- | --- | --- | --- | --- |
| 29 | 科技进步奖 | 二等 | B0059 | 道路运输安全事故应急救援推演关键技术与平台及推广应用 | 交通运输部公路科学研究所、交通运输部科学研究院、中安华邦（北京）安全生产技术研究院股份有限公司、营口道道宽物流有限公司、安徽省合肥汽车客运有限公司 | 张国胜、周炜、杜林森、秦箫、彭建华、姜慧夫、李进、杜波、赵守超 |
| 30 | 科技进步奖 | 二等 | A0300 | 智慧物流供应链一体化平台 | 山东京博物流股份有限公司 | 吴加宝、白玉强、龚晓阳、王美玲、刘金星、王维浩、李庆 |
| 31 | 科技进步奖 | 二等 | A0371 | 基于数智化的采购物资全生命周期管理体系的应用 | 中国移动通信集团湖北有限公司、中国移动通信集团设计院有限公司、上海博科资讯股份有限公司 | 何立刚、冯文仲、方莉、万俊涛、陈晓洁、周宏、彭申夏、杜丽洁、张璐 |
| 32 | 科技进步奖 | 二等 | A0104 | 5G全连接智能物流应用 | 北京京东乾石科技有限公司、北京京邦达贸易有限公司、北京京东振世信息技术有限公司 | 者文明、刘旭、刘伟、陈亚迷、郭明杰、童克冬、乔晓强、于思齐、刘洋 |
| 33 | 科技进步奖 | 二等 | A0368 | 基于汽车入厂物流标准化的智能规划算法研究与应用 | 重庆长安民生物流股份有限公司 | 廖家华、黄斌、姚远、吕涛、张前祎、谢佳洋、王鹏飞、高翔、王高峰 |
| 34 | 科技进步奖 | 二等 | A0238 | 基于大数据和TCO模型应用的采购策略提升研究 | 中国移动通信集团山东有限公司、华信咨询设计研究院有限公司 | 刘松森、李爱敏、郝思敏、刘祥涛、胡勤伟、李春玲、杨敬武、楼晓波、于志强 |
| 35 | 科技进步奖 | 二等 | A0058 | 基于供应链环境下物资全生命周期管理研究与应用 | 中国移动通信集团重庆有限公司 | 薛君、刘庆华、郑祝良、刘博、武智、李佳佳、付霖、何易、冯绍红 |
| 36 | 科技进步奖 | 二等 | A0302 | 防汛应急物资储备管理关键技术与应用 | 河海大学、四川大学、同济大学、中国电建集团昆明勘测设计研究院有限公司 | 黄莉、王伟、黄健、郭钊侠、李相勇、徐冽、王宇、刘江、余志成 |

续 表

| 序号 | 奖种 | 获奖等级 | 项目编码 | 项目中文名称 | 主要完成单位 | 主要完成人 |
| --- | --- | --- | --- | --- | --- | --- |
| 37 | 科技进步奖 | 二等 | A0068 | 自由贸易港物流枢纽功能提升关键技术研究及应用 | 宁波工程学院、西南交通大学、武汉理工大学、象山现代物流园区发展有限公司、宁波物流产学研技术创新战略联盟 | 唐连生、郭鹏、朱耿、刘铁莉、何雷、杜运潮、娄立国、贾春梅、郑飞 |
| 38 | 科技进步奖 | 二等 | A0345 | 贸易战背景下供应链安全体系构建与优化 | 中国移动通信集团陕西有限公司、中捷通信有限公司 | 申民、付宇辉、杨雄涛、沈忱、高利杰、段出颖、张潇、周素华、谢星星 |
| 39 | 科技进步奖 | 二等 | A0347 | 基于“IOT+SaaS”架构的数字物流服务平台 | 国网物资有限公司、国家电网有限公司 | 蔡敬东、杨砚砚、孙浩、杨志栋、佟明、孙扬、张柯、赵海纲、李阿勇 |
| 40 | 科技进步奖 | 二等 | A0267 | 基于中国移动一物一码的全生命周期管理体系 | 中国移动通信集团北京有限公司、上海博科资讯股份有限公司 | 黄湘宁、徐非、孙嘉聪、王丹、李亭亭、杨永亮、石宏、雷克忠 |
| 41 | 科技进步奖 | 二等 | A0301 | 电工装备智慧物联平台研发与应用 | 国家电网有限公司、国网物资有限公司、国网上海市电力公司、中国电力科学研究院有限公司 | 丁扬、赵孟祥、熊汉武、陈广、杨砚砚、陈灵欣、樊炜、孙萌、沈维捷 |
| 42 | 科技进步奖 | 二等 | A0217 | WP10.5H系列商用车柴油机开发 | 潍柴动力股份有限公司 | 张少杰、董晓婷、高进、云峰、王飞、王霞、姜东、梁恒山、焦旭伟 |
| 43 | 科技进步奖 | 二等 | A0111 | “福佑大脑”智能中台 | 北京福佑多多信息技术有限公司 | 陈冠岭、赵仁省、陈凯、王子豪、郭晓鹤、郭鹏辉、郭文 |
| 44 | 科技进步奖 | 二等 | A0196 | 菜鸟智能仓储解决方案关键技术与应用 | 浙江菜鸟供应链管理有限公司 | 胡浩源、张鑫航、陈昱洁、王勇、韩坤鹏、张莹、张振宇、段露、吴非 |
| 45 | 科技进步奖 | 二等 | A0168 | 助力5G大规模建设快速稳健推进的供应链精益管理体系 | 中国铁塔股份有限公司上海市分公司、浙江中通通信有限公司 | 陶海俊、袁回、黄羽玲、王觉、钱峒颢、余西毛、胡晓霏、马泽华、凌学龙 |

续　表

| 序号 | 奖种 | 获奖等级 | 项目编码 | 项目中文名称 | 主要完成单位 | 主要完成人 |
|---|---|---|---|---|---|---|
| 46 | 科技进步奖 | 二等 | A0330 | 基于供应链视角的标准化通用产品物资全链条数字化管理 | 中国移动通信集团广东有限公司 | 苏炜、刘晓兵、张勇、陈海华、吴双、吴春生、白莉、何国岗 |
| 47 | 科技进步奖 | 二等 | A0126 | 基于组装式数据分析架构下的敏捷柔性供应链管理体系的研究与应用 | 中国移动通信集团四川有限公司、深圳市兆航物流有限公司 | 程波、曾键、肖建明、白庆、赵磊、郑祝良、刘博、田元元、王静 |
| 48 | 科技进步奖 | 二等 | A0177 | 应急军事物资装载研究 | 中国人民解放军空军勤务学院航材四站系 | 崔崇立、徐常凯、朱臣、杜加刚、何定养、赵磊、谢福哲、朱浩涛、廖思危 |
| 49 | 科技进步奖 | 二等 | B0047 | 基于工业互联网的物流设备管控一体化数字孪生系统 | 云南财经大学物流学院、云南策蓝科技有限公司 | 冉文学、李羿、宋志兰、张兴、杨智、白海霞、胡意敏、周莲、郑文文 |
| 50 | 科技进步奖 | 二等 | A0346 | 海南电信集约化应用支撑体系建设项目 | 中国电信股份有限公司海南分公司、中捷通信有限公司 | 梁定忠、陈谟民、齐海亮、谢为彪、张宗福、朱定君 |
| 51 | 科技进步奖 | 二等 | B0020 | 智慧物流平台构建与应用关键问题研究 | 徐州工程学院 | 何旭东、张媛媛、宋继碧、赵然、张程程、王海侠、宋效红 |
| 52 | 科技进步奖 | 二等 | A0041 | 基于卫星导航的物联网技术在远洋冷链物流中的研究与应用 | 临沂大学、武汉理工大学、上海应用技术大学 | 张明、陈伟、王玉春、姚晓杭、李久德、葛娜娜、高文文 |
| 53 | 科技进步奖 | 二等 | A0053 | 无线主设备绿色环保智能节电采购解决方案 | 中国移动通信集团重庆有限公司 | 薛君、刘庆华、赵亮、阳光、江南 |
| 54 | 科技进步奖 | 二等 | A0017 | 基于物联网和人工智能技术的仓储服务安全保障系统 | 国网上海市电力公司物资公司 | 牛凯、王延海、洪芳华、胡永焕、李俊颖、胡承鑫、徐弘道、顾逸峰、黄捷 |

续 表

| 序号 | 奖种 | 获奖等级 | 项目编码 | 项目中文名称 | 主要完成单位 | 主要完成人 |
|---|---|---|---|---|---|---|
| 55 | 科技进步奖 | 二等 | A0259 | 大数据肖像刻画在通信物资精细化管理中的应用 | 中国移动通信集团广东有限公司、深圳市兆航物流有限公司 | 苏炜、刘晓兵、张勇、陈海华、朱小燕、吴双、邓辉明 |
| 56 | 科技进步奖 | 二等 | A0022 | 基于物联网的仓库智能自助存储领料装置研究 | 国网上海市电力公司物资公司 | 洪芳华、王延海、牛凯、林燕云、江辰、郭秋实、董力、蒋越、肖锋 |
| 57 | 科技进步奖 | 二等 | A0211 | 物资数智化全生命周期质量管理研究及应用 | 中国移动通信集团河南有限公司 | 曾磊、辛朝、马少杰、贺延敏、梁清梅、苑常来、彭职权、周亮、魏铭 |
| 58 | 科技进步奖 | 二等 | B0068 | 《绿色产品评价 快递封装用品》国家标准 | 中国标准化研究院、邮政科学研究规划院 | 杨朔、张琛、林翎、把宁、金晨红、管金鑫 |
| 59 | 科技进步奖 | 二等 | A0099 | 基于供应链协同优化的报废物资处置解决方案 | 中国移动通信集团山东有限公司、中捷通信有限公司 | 刘松森、王文亮、韩佑臻、史安峰、叶鲁俊、彭毅、林云智、石羽、刘鹏程 |
| 60 | 科技进步奖 | 二等 | B0025 | 服务供应链管理 | 天津大学管理与经济学部、国家发改委经济运行调节局 | 刘伟华、刘希龙 |
| 61 | 科技进步奖 | 二等 | A0191 | 山区物流运输基础设施安全保障关键技术研发及应用 | 长安大学 | 王建军、梁国华、张玉婷、陈亦新、王宝杰、龙雪琴、邓亚娟、马超群、王永岗 |
| 62 | 科技进步奖 | 二等 | A0231 | 口岸危险货物物联网管理平台 | 大连集发南岸国际物流有限公司 | 章冬岩、庞德群、唐传斌、赵武、王琨、崔凯、强雷、迟玉章、连世聪 |
| 63 | 科技进步奖 | 二等 | A0325 | 基于大数据分析提升采购效能为企业价值创造提供新方式 | 中国交通进出口有限公司深圳分公司、北京筑龙信息技术有限责任公司 | 何玉龙、杨寅超、王慧子、钟苏梅、朱光兴、卫美松、苏灵灵 |

续 表

| 序号 | 奖种 | 获奖等级 | 项目编码 | 项目中文名称 | 主要完成单位 | 主要完成人 |
|---|---|---|---|---|---|---|
| 64 | 科技进步奖 | 二等 | A0025 | 苏宁星图运输管理系统 | 江苏苏宁物流有限公司 | 周健、马丹、钟翼翔、刘松涛、纪重天、李盛、吴道杰、凌云飞 |
| 65 | 科技进步奖 | 二等 | A0141 | 顺丰丰景台项目 | 顺丰科技有限公司 | 蔡适择、许国彪、孙冬冬、肖宇、梁伟亮、叶志明、陶萍、陈辉、付建勇 |
| 66 | 科技进步奖 | 二等 | A0210 | 基于5G的供应链大数据挖掘的智慧采购策略研究与平台开发 | 中国移动通信集团陕西有限公司、网思科技股份有限公司 | 申民、王建伟、李丽洁、童芳芳、田琛、霍庆霄、李佳、陈兵、李莉萍 |
| 67 | 科技进步奖 | 二等 | A0042 | 军民融合式航材物流保障研究 | 空军勤务学院航材四站系 | 张英锋、徐常凯、杜加刚、胡杰、何定养、谢福哲 |
| 68 | 科技进步奖 | 二等 | A0265 | 面向两业融合的智慧机场行李系统总集成新模式构建与示范 | 昆明船舶设备集团有限公司、昆明昆船逻根机场系统有限公司、云南昆船机械制造有限公司 | 谢军华、刘林海、甘丽琴、张炜、尹锐、周宇光、胡崇新、赵进旺、汪伟穑 |
| 69 | 科技进步奖 | 二等 | A0266 | 三链融合、五维联动的实践教学模式构建与实施 | 北京物资学院、北京京东乾石科技有限公司 | 王成林、余茜、常娥、张燕燕、常静、范广辉、田宇、王小亮、仵坤 |
| 70 | 科技进步奖 | 二等 | A0172 | 冷链仓储智能化建设方案的研究和应用 | 青岛盈智科技有限公司 | 李承涛、陈小二、王营、薄帅、王向阳、王正、马海龙、于尚民、杨晓菡 |
| 71 | 科技进步奖 | 二等 | A0143 | 农牧运输生物安全智能管控服务平台建设与应用 | 宿迁学院、江苏健安物流有限公司 | 梁子婧、杨团结、杨翔宇、梁智、李丰刚、宋继碧、吴凯、沈小娟、丁铁 |
| 72 | 科技进步奖 | 二等 | A0013 | 快件物流资源共享服务平台 | 圆通速递有限公司 | 英春、谭书华、孙莎莎、韩小强、赵军章、尹维月 |

续 表

| 序号 | 奖种 | 获奖等级 | 项目编码 | 项目中文名称 | 主要完成单位 | 主要完成人 |
|---|---|---|---|---|---|---|
| 73 | 科技进步奖 | 二等 | A0296 | 中国邮政高效智能化邮件处理中心工艺设计 | 邮政科学研究规划院有限公司 | 魏俊荣、朱晓忠、仲岑泓、岳恒昌、王磊、徐道程、王小飞、韩晴晴、贺睿琦 |
| 74 | 科技进步奖 | 二等 | A0254 | 基于市场细分需求的铁路物流总包项目运营关键技术研究及应用 | 中国铁道科学研究院集团有限公司、北京交通大学、中铁快运股份有限公司 | 刘启钢、周凌云、冀振燕、陈诚、王洪光、丁小东、叶飞、李鹤、黄宝静 |
| 75 | 科技进步奖 | 二等 | A0376 | 高效应急多穿库系统 | 普天物流技术有限公司 | 陈琳、李子毅、杨亚娟、刘斌、张瑞彬、王立斌 |
| 76 | 科技进步奖 | 二等 | A0319 | 基于5G+北斗厘米级高精度定位技术的智慧仓储应用实践 | 中都物流有限公司、北汽蓝谷信息技术有限公司 | 彭祥、唐倾城、马红洲、王兴民、纪骥良、吴晶、张冬、袁帆、杨柳松 |
| 77 | 科技进步奖 | 二等 | A0100 | 基于RFID大件仓储智能化作业系统 | 北京京东乾石科技有限公司、北京京东振世信息技术有限公司、北京京邦达贸易有限公司 | 者文明、胡晓勇、白鑫、张全福、柴运春、荣宾、李晓霞、王宏伟、韦付芝 |
| 78 | 科技进步奖 | 二等 | A0344 | 石化产业智慧物流大数据服务平台建设 | 北京交通大学、山东新兴集团有限公司 | 沈孟如、王喜富、孙国华、孙振华、刘新荣、蒋利军、高艺文、姚阳 |
| 79 | 科技进步奖 | 二等 | A0119 | 智慧物流监控平台为制造业客户提供数字化智慧物流服务 | 宝供物流企业集团有限公司 | 彭鑫、顾小昱、卢景星、张洲杨、刘兰桂、罗亿方、杨超、林郁婷、吴川 |
| 80 | 科技进步奖 | 二等 | A0128 | 基于智慧仓配一体化结构下的物资全生命周期管控 | 中国移动通信集团陕西有限公司、江苏飞力达国际物流股份有限公司 | 申民、付宇辉、杨雄涛、范璐、严晓春、李梅、隋翼、陈静、卢文君 |
| 81 | 科技进步奖 | 二等 | A0299 | 基于空中走行式机器人的高密集柔性智能仓储系统研发及产业化 | 深圳市鲸仓科技有限公司 | 张俊、李林子、张孟文、高欢、李正伟、徐顺、廖文彬、齐天熠、蒙芬明 |

续 表

| 序号 | 奖种 | 获奖等级 | 项目编码 | 项目中文名称 | 主要完成单位 | 主要完成人 |
|---|---|---|---|---|---|---|
| 82 | 科技进步奖 | 二等 | A0236 | “运去哪”一站式国际物流在线服务平台 | 上海汇航捷讯网络科技有限公司 | 周诗豪、徐杨、汪雨 |
| 83 | 科技进步奖 | 二等 | A0279 | 电商供应链创新对客户感知价值评价及提升策略研究 | 河南利多宝知识产权运营管理有限公司、郑州大学体育学院、武汉理工大学、中建材资源有限公司、洛阳师范学院 | 晋东海、李玉洁、武月琴、张恩东、郭天顺、马国亮、肖昭、齐只森 |
| 84 | 科技进步奖 | 二等 | A0160 | 配电设备大规模自组织高效检测关键技术、装备及应用 | 国网江苏省电力有限公司电力科学研究院、国网电力科学研究院武汉南瑞有限责任公司、南京航空航天大学、上海思创电器设备有限公司、南京和瑞供应链管理有限公司 | 郑建华、贾勇勇、丁一、韩飞、汪伦、周岳、尤伟、李成钢、张建国 |
| 85 | 科技进步奖 | 二等 | A0313 | 德邻陆港物联网监管仓平台 | 德邻陆港供应链服务有限公司 | 张伟、李博、陈洪旭、王自翔、吴迪、张敬琦、胡竞文、孙庆达、徐兆慧 |
| 86 | 科技进步奖 | 二等 | A0040 | 原烟卸车装框系统及收储管理平台的设计与应用 | 红云红河烟草（集团）有限责任公司曲靖卷烟厂、河南国之云电子科技有限公司 | 盛小贺、台继昆、王德吉、范猛士、孙成顺、杨天侯、段琦 |
| 87 | 科技进步奖 | 二等 | B0081 | 基于可信标识的智慧物流解决方案 | 紫光国芯微电子股份有限公司、西安交通大学、紫光同芯微电子有限公司 | 苏琳琳、霍航宇、杨秀云、章元军、何明、盛敬刚 |
| 88 | 科技进步奖 | 二等 | B0022 | 邮政业产业融入与政策释放研究 | 华北水利水电大学 | 郭福利、李赛赛、王萍 |
| 89 | 科技进步奖 | 二等 | A0242 | 电子化智能评标系统 | 中国移动通信集团湖南有限公司、北京筑龙信息技术有限责任公司 | 肖玺、夏李灿、肖燕、李笑寒、柏明、曾庆炜、汪雄、孟达 |
| 90 | 科技进步奖 | 二等 | A0110 | 鲜活小龙虾冷链物流关键技术的研发与示范 | 淮阴工学院、福州大学 | 聂小宝、蔡茜茜、程丽林、毕艳红、朱文博、石志明、李松林、白青云、罗思 |

续 表

| 序号 | 奖种 | 获奖等级 | 项目编码 | 项目中文名称 | 主要完成单位 | 主要完成人 |
|---|---|---|---|---|---|---|
| 91 | 科技进步奖 | 二等 | B0040 | 基于社会化渠道的电子商务共同配送服务网络组织及演化规律研究 | 安庆师范大学、安徽际通物流有限公司 | 徐俊杰、张支南、殷功利、洪亮、郑羽、余锋民、何常青、吴臻、钱宁 |
| 92 | 科技进步奖 | 二等 | A0326 | 以标准促合规、共建采购供应链标准化工作体系 | 中国移动通信集团湖南有限公司 | 张辉、夏李灿、胡晓、肖燕、胡剑炜、李威、刘彦、柏明、王忠 |
| 1 | 科技进步奖 | 三等 | A0043 | 基于信息解析技术的机器人状态监控系统研究与应用 | 河南中烟工业有限责任公司 | 兑幸福、闫俊清、周政伟、刘季、刘靖、闫黎明、张柳枝 |
| 2 | 科技进步奖 | 三等 | A0272 | 港口设备创新管理体系的构建与应用 | 唐山曹妃甸钢铁物流有限公司 | 唐光明、王永奎、孙重安、王晓波、张岳文、周广利、张志军 |
| 3 | 科技进步奖 | 三等 | B0077 | 交通物流民营企业政策诉求与反馈机制研究 | 交通运输部公路科学研究所 | 焦雯雯、蔡垚、丁大川、黄月梅、韦冬莉、陈泓宇、梁锋 |
| 4 | 科技进步奖 | 三等 | A0310 | 北京新机场货运区智能统一安检系统项目 | 中国中元国际工程有限公司 | 樊红征、李志辉、卢风禄、赵习习、徐莹、沈利华、田彪 |
| 5 | 科技进步奖 | 三等 | A0082 | 配送智能头盔 | 上海三快智送科技有限公司、北京三快在线科技有限公司 | 孙洋、李林军、吉栋、孙致钊、吕超 |
| 6 | 科技进步奖 | 三等 | A0374 | 基于适应全球的发动机包装技术研究及应用 | 潍柴动力股份有限公司 | 郭圣刚、王国强、谭磊、张辉鲁、赵小龙、程森杰、崔佩羽 |
| 7 | 科技进步奖 | 三等 | A0045 | 物流运输车辆爆胎防护装置开发与产业化 | 湖北源久汽车零部件有限公司、湖北汽车工业学院 | 郝琪、侯贸军、石振东、陈宏煌、刘坤、尹长城、吴胜军 |
| 8 | 科技进步奖 | 三等 | A0362 | 兰州铁路局货运智慧营销平台建设 | 中国铁路兰州局集团有限公司 | 周宇宁、唐伟忠、李建国、门金勇、谢为民、王铁峰、周宝宪 |

续 表

| 序号 | 奖种 | 获奖等级 | 项目编码 | 项目中文名称 | 主要完成单位 | 主要完成人 |
|---|---|---|---|---|---|---|
| 9 | 科技进步奖 | 三等 | A0083 | 全品规卷烟智能化分拣技术及应用 | 中国烟草总公司天津市公司物流中心、河南国之云电子科技有限公司 | 金从众、王德吉、邱雨、孙浩、金波、王玺然、周扬 |
| 10 | 科技进步奖 | 三等 | A0039 | 安全环保百变空间多功能商用车系列车型的开发与应用 | 安徽江淮汽车集团股份有限公司 | 罗世成、曹斌、杨栋、金伟明、夏再德、秦政委、杜士云 |
| 11 | 科技进步奖 | 三等 | A0316 | 全厂物流自动化CVT项目 | 因格（北京）智能技术有限公司 | 陈炜峰、陈能、马占鹏 |
| 12 | 科技进步奖 | 三等 | A0202 | 构建“产业链全生命周期”质量体系 推动供应链数智化转型 | 中国移动通信集团河南有限公司、深圳市兆航物流有限公司、长飞光纤光缆股份有限公司 | 曾磊、辛朝、马少杰、贺延敏、彭职权、周亮、张雅囡 |
| 13 | 科技进步奖 | 三等 | A0201 | 基于多源异构数据的物流车辆预警技术及应用 | 淮阴工学院 | 高尚兵、李翔、王媛媛、周君、于永涛 |
| 14 | 科技进步奖 | 三等 | A0248 | 水平交叉带分拣系统研发及应用 | 昆船智能技术股份有限公司 | 闵定勇、张剑、张志英、马立新、刘强、王浩旭、徐文东 |
| 15 | 科技进步奖 | 三等 | A0065 | 突发应急环境下的冷链视觉追踪关键技术与应用 | 徐州工程学院、南京一诺定达国际货运代理有限公司 | 曹杰、戴磊、姜代红、李亚伟、李子龙、孙天凯、王小磊 |
| 16 | 科技进步奖 | 三等 | B0072 | 日本供应链发展研究 | 北京物资学院 | 姜旭 |
| 17 | 科技进步奖 | 三等 | A0189 | 基于“互联网+”模式的供应链金融实践与应用 | 中国移动通信集团山东有限公司、公诚管理咨询有限公司 | 刘松森、王文亮、韩佑臻、张婕、高鑫新、唐晶、吴庆海 |
| 18 | 科技进步奖 | 三等 | B0011 | 通信运营商供应链安全风险识别与应对策略研究 | 中国移动通信集团重庆有限公司、华信咨询设计研究院有限公司 | 薛君、刘庆华、赵亮、陈鹏远、章怡、何吉涛、马瑞芳 |

续 表

| 序号 | 奖种 | 获奖等级 | 项目编码 | 项目中文名称 | 主要完成单位 | 主要完成人 |
|---|---|---|---|---|---|---|
| 19 | 科技进步奖 | 三等 | A0205 | 基于人、货、车、场数据驱动的智慧物流服务平台 | 上海中通吉网络技术有限公司 | 蒋国友、朱友志、王帅、宋昉、周壮、朱超、薛世敏 |
| 20 | 科技进步奖 | 三等 | A0180 | 车辆路径优化方法及其在物流运输中的推广应用 | 徐州工程学院、徐州公路运输集团有限责任公司徐州汽车站 | 姜英姿、张媛媛、戴振祥、王豹、武振峰、周丽娜、刘万利 |
| 21 | 科技进步奖 | 三等 | A0281 | 通信行业供应链价值体系的研究与实践 | 中国移动通信集团湖南有限公司 | 张辉、李威、肖燕、胡剑炜、胡晓、肖玺、李璐 |
| 22 | 科技进步奖 | 三等 | A0334 | 围绕物流、资金流、信息流、做好上下游企业协同 | 中国移动通信集团湖南有限公司 | 张辉、夏李灿、吴芳、胡剑炜、胡晓、李威、蒋炼 |
| 23 | 科技进步奖 | 三等 | A0164 | 高效仓储工业车辆关键技术研发及产业化 | 宁波如意股份有限公司 | 叶国云、储江、叶青云、张巍、傅敏 |
| 24 | 科技进步奖 | 三等 | A0252 | 基于IT赋能的“五化”立体式采购订单管理体系创新研究 | 中移动信息技术有限公司、华信咨询设计研究院有限公司 | 刘江辉、张军民、宫佩辰、张阳、罗芳、张静、赵巍 |
| 25 | 科技进步奖 | 三等 | A0034 | 新一代高机动军民两用运输车项目 | 安徽江淮汽车集团股份有限公司 | 张中刚、余纪邦、陈玉鸿、陆海平、倪冬、章炜、陈阳 |
| 26 | 科技进步奖 | 三等 | A0021 | 基于AI的智慧合规中台系统应用 | 中国移动通信集团重庆有限公司 | 薛君、刘庆华、赵亮、宋渝、王毅、张琳悦 |
| 27 | 科技进步奖 | 三等 | B0069 | 中国邮政碳排放核算方法研究 | 邮政科学研究规划院有限公司 | 张燕、王林、郄少媛、刘晓珊、尚以尧 |
| 28 | 科技进步奖 | 三等 | A0176 | 城乡一体化区域物流网络智慧服务平台关键技术及应用 | 武汉理工大学、万里运业股份有限公司、郑州轻工业大学 | 李文锋、马军、张栋、张煜、曹阳、陈宇飞、梅杰 |

续 表

| 序号 | 奖种 | 获奖等级 | 项目编码 | 项目中文名称 | 主要完成单位 | 主要完成人 |
|---|---|---|---|---|---|---|
| 29 | 科技进步奖 | 三等 | A0311 | 基于边缘智能的仓储自适应系统及其应用 | 北京物资学院、中煤科工集团重庆研究院有限公司 | 赵东杰、刘军、陈富强、杨玺、赵宁宁、李献强 |
| 30 | 科技进步奖 | 三等 | A0140 | 精益供应链仓配解决方案 | 上海无忧供应链管理有限公司、上海爱尼微尔科技有限公司 | 陈伟坤、张若龙、卢敬飞、刘梦昀 |
| 31 | 科技进步奖 | 三等 | A0002 | 通信产品采购价格指数研究 | 中国移动通信集团重庆有限公司 | 薛君、刘庆华、余力、赵亮、旦佳 |
| 32 | 科技进步奖 | 三等 | A0230 | 集装箱多式联运管控平台关键技术及应用 | 上海海事大学、上海悠技信息技术有限公司 | 王学锋、孙虹、陈峥、韩德志、戈佳威、胡剑、毕坤 |
| 33 | 科技进步奖 | 三等 | A0366 | 基于汽车发动机工位物流智能仓配一体化项目 | 重庆长安民生物流股份有限公司 | 廖家华、黄斌、李想、刘孜达、王振国、杨苏、陈超 |
| 34 | 科技进步奖 | 三等 | A0218 | 基于组合预测法卷烟区域物流园区规划研究 | 西南科技大学、中国烟草总公司四川省公司、四川省烟草公司成都市公司 | 宋红文、徐伟、陈紫薇、胡晓峰、龚强、赵洪、刘平 |
| 35 | 科技进步奖 | 三等 | A0038 | 智能电话助手智小递项目 | 圆通速递有限公司 | 相峰、谭书华、曹亮、袁建兵、王渊 |
| 36 | 科技进步奖 | 三等 | B0057 | GB/T 37029—2018《食品追溯 信息记录要求》国家标准研制 | 深圳市标准技术研究院、中国物品编码中心 | 徐立峰、周哲、苏巍、李素彩、孙勇、郭静文、练晓 |
| 37 | 科技进步奖 | 三等 | A0229 | WP4.1N/WP4.6N国五国六柴油机开发 | 潍柴动力股份有限公司、潍柴动力扬州柴油机有限责任公司 | 姜波、吕祥、张培植、代子阳、朱江苏、张晓丽、刘国强 |
| 38 | 科技进步奖 | 三等 | A0219 | 制丝工艺物流关键技术开发与应用 | 河南中烟工业有限责任公司 | 杨林超、杨光露、王文辉、张新锋、李春松、鲁中甫、陈建中 |
| 39 | 科技进步奖 | 三等 | A0108 | 多功能清障车研发及产业化应用 | 广东粤海汽车有限公司、汉阳专用汽车研究所 | 李忠生、张沛添、高国有、姜春生、陈韬、陈湛成、黎家盛 |

续 表

| 序号 | 奖种 | 获奖等级 | 项目编码 | 项目中文名称 | 主要完成单位 | 主要完成人 |
|---|---|---|---|---|---|---|
| 40 | 科技进步奖 | 三等 | A0193 | 山东移动绿色物流与资源综合利用信息化耦合创新平台 | 中国移动通信集团山东有限公司、中国移动通信集团设计院有限公司山东分公司 | 刘松森、王文亮、韩佑臻、徐笑尘、叶鲁俊、周胜、李方村 |
| 41 | 科技进步奖 | 三等 | A0044 | 条烟输送独立驱动系统的研究与优化 | 河南中烟工业有限责任公司 | 张伟峰、张明琰、乔建军、冯文哲、周雪军、李明伟、张柳枝 |
| 42 | 科技进步奖 | 三等 | A0294 | 中国邮政北京无人化、少人化邮件处理中心工艺设计 | 邮政科学研究规划院有限公司 | 岳恒昌、朱晓忠、李晶晶、李强、孟祥力、钟谆谆、仲岑泓 |
| 43 | 科技进步奖 | 三等 | A0056 | 基于物料位置信息的制丝生产线设备精准启停控制模式研究与应用 | 河南中烟工业有限责任公司黄金叶生产制造中心 | 赵春元、李秀芳、王建伟、廖伟、张晓峰、于红丽、杨意 |
| 44 | 科技进步奖 | 三等 | B0056 | 基于备选运输路段筛选的危险货物运输网络鲁棒优化研究 | 兰州交通大学 | 马昌喜、代存杰、李海军、柴获、贾富强、吴亮、齐博 |
| 45 | 科技进步奖 | 三等 | B0054 | 快递物流区块链应用白皮书 | 南京邮电大学、物流信息互通共享技术及应用国家工程实验室 | 孙哲、相峰、谭书华、洪汉舒、李潇、孙知信 |
| 46 | 科技进步奖 | 三等 | B0009 | 基于技术驱动的电网企业智慧供应链管理模式创新研究与应用 | 国网山东省电力公司经济技术研究院 | 鉴庆之、杨慧颖、朱毅、赵红卫、吴健、贾善杰、王刚 |
| 47 | 科技进步奖 | 三等 | A0116 | 企业低碳物流组织模式的优化 | 河钢股份有限公司唐山分公司物流公司 | 赵勇、张怀春、赵杨、侯志宇、殷芹芹、辛苗、李梦 |
| 48 | 科技进步奖 | 三等 | A0037 | 基于AI的最优运输应用研究 | 中国移动通信集团广西有限公司、深圳市兆航物流有限公司 | 覃军、欧红月、陈珣、刘景胜、陈峻 |

续 表

| 序号 | 奖种 | 获奖等级 | 项目编码 | 项目中文名称 | 主要完成单位 | 主要完成人 |
|---|---|---|---|---|---|---|
| 49 | 科技进步奖 | 三等 | A0136 | 华为贵安IHUB仓整体建设及运营项目 | 中科富创（北京）智能系统技术有限公司 | 张祥国、王剑、孟曦、武斌、程高亮、杨传康、程晓 |
| 50 | 科技进步奖 | 三等 | A0271 | 智通三千智慧物流云平台 | 江苏零浩网络科技有限公司 | 蒋明辉、仇殷先、张玉喜、王松、陆建新、邵晓刚、欧阳 |
| 51 | 科技进步奖 | 三等 | A0006 | 物流专用笔套 | 淮阴工学院、京泰供应链（淮安）有限公司 | 梁坤、孙莉、朱洪云、朱伟、戴权、刘长平、范钦满 |
| 52 | 科技进步奖 | 三等 | B0001 | 基于高质量发展的电网企业设备供应链管理优化研究 | 国网能源研究院有限公司 | 张勇、鲁强、朱伟、汤广瑞、左新强、何琬、郑海峰 |
| 53 | 科技进步奖 | 三等 | A0277 | 20英尺煤炭运输集装箱 | 中集运载科技有限公司、大连中集特种物流装备有限公司 | 宋兆春、刘文浩、代海岩、刘先一、张晓军、纪宇博、刘东海 |
| 54 | 科技进步奖 | 三等 | B0067 | 实时交通信息影响下多用户多模式多准则交通网络行程时间可靠性研究 | 上海电机学院、上海惇信教育科技有限公司 | 马洪伟、刘立佳、韩栋、陈纪伟 |
| 55 | 科技进步奖 | 三等 | A0048 | 易罐化工物流安全运输综合管理云平台 | 山东易罐云物流有限公司 | 李振、李洪林、孙学良、闫升华、梁蕾 |
| 56 | 科技进步奖 | 三等 | A0280 | 邮政普遍服务与特殊服务基础设施建设标准 | 邮政科学研究规划院有限公司 | 钟谆谆、马雪鹏、辛琪、王雁、宋媛媛、张伟、张勇 |
| 57 | 科技进步奖 | 三等 | A0357 | 城市绿色货运配送信息服务平台 | 厦门卫星定位应用股份有限公司 | 张志辉、高峰、杨郑明、许尚能、林建勋、黄伟斌、赖其鑫 |
| 58 | 科技进步奖 | 三等 | A0115 | 基于AI和大数据的订单核查和质量检测的智能化应用 | 中国移动通信集团山东有限公司、深圳市兆航物流有限公司 | 刘松森、王文亮、韩佑臻、李玉振、刘慈、李慧、苑常来 |

续 表

| 序号 | 奖种 | 获奖等级 | 项目编码 | 项目中文名称 | 主要完成单位 | 主要完成人 |
|---|---|---|---|---|---|---|
| 59 | 科技进步奖 | 三等 | A0096 | 电信物资智慧云仓建设研究与实施 | 中通服供应链管理有限公司、中兴通讯股份有限公司 | 曾怀中、肖楷、刘逸、佘强、卢旭东 |
| 60 | 科技进步奖 | 三等 | A0349 | 危险化学品道路运输风险评价及其应用研究 | 江苏警官学院 | 卜全民、徐月红、黄超、卢义桦、龚鹏飞、陈然、赵小乔 |
| 61 | 科技进步奖 | 三等 | A0098 | 基于“5G+AI”技术的仓储物资全生命周期管理系统 | 中国移动通信集团甘肃有限公司、中国科学院近代物理研究所CUDA研究中心、深圳市兆航物流有限公司 | 赵建民、李悦、郭亮、肖建明、王冠、朵建峰、周霞 |
| 62 | 科技进步奖 | 三等 | A0297 | EDI预报关模式下的大型国际邮件处理中心建设方案——广州国际邮件处理场地工艺设备安装工程 | 邮政科学研究规划院有限公司 | 王小飞、孟硕、钟谆谆、王艺璇、李璐、徐道程、陈刚 |
| 63 | 科技进步奖 | 三等 | A0146 | 基于时间竞争的商砼配送智慧物流平台关键技术研究 | 徐州工程学院 | 乔淑云、洪乔、李德杰、韩成春、邹庆晓、姜德晶、席涤非 |
| 64 | 科技进步奖 | 三等 | A0188 | 基于车联网的港口物流车辆检测系统设计与实现 | 广东农工商职业技术学院、黄埔海关技术中心、广州中检科技有限公司 | 陈龙凤、张南峰、李法春、黄军辉、廖中文、陈述官、肖熠琳 |
| 65 | 科技进步奖 | 三等 | A0373 | 工业互联网智慧供应链协同云平台建设项目 | 安徽省优质采科技发展有限责任公司 | 卢晓凯、封军 |
| 66 | 科技进步奖 | 三等 | A0199 | 推进数字化管理、践行“链长”责任 | 中国移动通信集团河南有限公司 深圳市兆航物流有限公司 | 曾磊、辛朝、马少杰、贺延敏、彭职权、魏铭、王艳蕊 |
| 67 | 科技进步奖 | 三等 | A0361 | 毛囊冻存仪 | 上海理工大学 | 刘宝林、宋晓燕、李维杰、何兰兰、易祖欣、吴俊杰 |

续 表

| 序号 | 奖种 | 获奖等级 | 项目编码 | 项目中文名称 | 主要完成单位 | 主要完成人 |
|---|---|---|---|---|---|---|
| 68 | 科技进步奖 | 三等 | A0171 | 数智化物流园区建设方案的研究和应用 | 青岛盈智科技有限公司 | 李承涛、陈小二、薄帅、王营、王向阳、盛杨、陈登虎 |
| 69 | 科技进步奖 | 三等 | A0305 | 18m长出口钢轨普通平车运输装载加固方案研究与应用 | 北京中铁科客货运输技术有限公司、攀钢集团攀枝花钢钒有限公司 | 马玉坤、刘飞、丁文赢、李善坡、边云龙、李可佳、孙艳鹏 |
| 70 | 科技进步奖 | 三等 | B0071 | 红塔集团物流费用统计台账与对标体系研究 | 红塔烟草（集团）有限责任公司 | 吕永贵、刘溪、段莉、陈敏、付聪、刘挺、胡红春 |
| 71 | 科技进步奖 | 三等 | A0340 | 行深智能末端物流无人车 | 长沙行深智能科技有限公司 | 安向京、郝旭东、胡庭波、渠军 |
| 72 | 科技进步奖 | 三等 | B0065 | 高速铁路发展对区域物流经济的溢出效应研究 | 兰州交通大学 | 李海军、代存杰、马昌喜、张玉召、王建强、钱名军、王蕾 |
| 73 | 科技进步奖 | 三等 | A0008 | 基于价值链分析和TCO模型的采购品类管理研究 | 中国移动通信集团江西有限公司、深圳市兆航物流有限公司 | 程江、杨勇、程碧伟、胡昶、徐文、张晓林、汤楠 |
| 74 | 科技进步奖 | 三等 | B0038 | 现代物流方案设计：方法与案例 | 武汉纺织大学、湖北经济学院、湖北物资流通技术研究所 | 周兴建、周建亚、艾振、牛秀明、蔡丽华、郑力 |
| 75 | 科技进步奖 | 三等 | A0175 | 智能物流管控体系的构建与应用 | 广西中烟工业有限责任公司 | 赵冰、任海艳、韩京珉、李江宁、曾羽东、刘玉娴、耿富卿 |
| 76 | 科技进步奖 | 三等 | B0058 | 重大突发事件应急物资智能储备与调度 | 中南财经政法大学 | 刘嘉、杨星、王颖、郭红涛、梅晶、朱姝帆、刘益鸣 |
| 77 | 科技进步奖 | 三等 | B0004 | 智能集装箱产业公共研究与服务 | 深圳市标准技术研究院 | 黎志文、李媛红、易晓珊、张旭杰、胡龙珍、陈季翔、王欢雪 |
| 78 | 科技进步奖 | 三等 | A0154 | “六步法”协同创新构建通信运营企业现代化供应链管理体系 | 中国移动通信集团公司宁夏分公司、深圳市兆航物流有限公司 | 邢国妍、董蕊、商彬、杜婷婷、付颖 |

续 表

| 序号 | 奖种 | 获奖等级 | 项目编码 | 项目中文名称 | 主要完成单位 | 主要完成人 |
|---|---|---|---|---|---|---|
| 79 | 科技进步奖 | 三等 | A0076 | 跨境电商物流硬件技术组合创新与智能化管理系统设计 | 广东交通职业技术学院运输与经济管理学院 | 李旭东、李淑艳、王芳、廖毅芳、王龙、刘如意、钱晓如 |
| 80 | 科技进步奖 | 三等 | A0075 | 基于多模式识别技术的苹果内外品质无损检测 | 济南大学、国家农产品现代物流工程技术研究中心、山东麦港数据系统有限公司 | 申涛、毕淑慧、任万明、张长峰、赵钦君、张玉华、张保国 |
| 81 | 科技进步奖 | 三等 | A0332 | 智慧供应链跨专业综合实验平台 | 云南经济管理学院、北京络捷斯特科技发展有限公司 | 李严锋、邵清东、王一涵、苏兆河、汝知骏、王元十、毛瑞 |
| 82 | 科技进步奖 | 三等 | A0016 | 通信物流集中化管理研究与实践 | 中国移动通信集团青海有限公司、深圳市兆航物流有限公司 | 张保洲、杜全寿、陈晓东、祁树香 |
| 83 | 科技进步奖 | 三等 | A0012 | 面向物流商储建筑突发事件人员定位、虚拟演练和疏散预案平台 | 广东交通职业技术学院 | 李锋、许爱军、陈丹丹、莫乐群、蔡臻 |
| 84 | 科技进步奖 | 三等 | A0001 | 基于QoS的云3D打印服务资源供需配置的关键技术研究 | 临沂大学、武汉城市职业学院、中南民族大学 | 张成雷、袁博、赵飞宇、庄申乐、许琼、侯宗香、明平象 |
| 85 | 科技进步奖 | 三等 | A0291 | 基于RDC集中运营探索仓储管理数智化转型 | 中国移动通信集团湖北有限公司、中国移动通信集团设计院有限公司、中捷通信有限公司 | 何立刚、冯文仲、万俊涛、尹燕、曾芳、白光辉、陈晓洁 |
| 86 | 科技进步奖 | 三等 | B0030 | 内河港口物流园区布局设计规范 | 安徽省交通勘察设计院有限公司 | 汪海生、王亚武、尹传忠、徐启文、杨昌道、李华治、李夫仲 |
| 87 | 科技进步奖 | 三等 | A0138 | 基于人工智能技术的物流解决方案的研发和产业化 | 苏州牧星智能科技有限公司 | 郝文育、肖晓清、张红星、赵广志、胡军、沈科 |

续 表

| 序号 | 奖种 | 获奖等级 | 项目编码 | 项目中文名称 | 主要完成单位 | 主要完成人 |
|---|---|---|---|---|---|---|
| 88 | 科技进步奖 | 三等 | B0078 | 《宁夏回族自治区水路交通运输安全条例》立法研究 | 交通运输部管理干部学院、华北科技学院 | 李凤、陈玲玲、张柱庭、丁宇、李丽丽、王站权、霍艳丽 |
| 89 | 科技进步奖 | 三等 | A0240 | 27000L飞机罐式加油车 | 上海承飞航空特种设备有限公司 | 王雷、黄开建、张序洋、管大胜、黄婷婷 |
| 90 | 科技进步奖 | 三等 | B0060 | 对交通运输企业安全生产主体责任落实管控的工作机制研究 | 交通运输部公路科学研究所 | 肖荣娜、赵南希、范文姬、王馨梓、田诗慧、赵亿滨 |
| 91 | 科技进步奖 | 三等 | B0021 | 港口经济圈构建：理论框架和实践探索 | 阳光学院 | 孙建红 |
| 92 | 科技进步奖 | 三等 | A0348 | 基于数据驱动的智慧物流园区多系统协同管控模式 | 四川省烟草公司成都市公司、西华大学 | 许海洋、陈昌华、朱晓舟、胡晓峰、张林、李茂波、周曦波 |
| 93 | 科技进步奖 | 三等 | B0032 | 徐州农产品冷链物流研究 | 江苏省徐州经贸高等职业学校 | 张广敬、张梦瑶、张先腾、顾璟 |
| 94 | 科技进步奖 | 三等 | B0052 | 机械式停车设备产品检验、检查维护、使用操作等系列标准研究 | 上海市特种设备监督检验技术研究院 | 龚文、汤晓英、吴峰崎、金彦、蒋瑜、黄正球、杭杰 |
| 95 | 科技进步奖 | 三等 | B0051 | 高职现代学徒制人才培养质量保障机制研究 | 湖南现代物流职业技术学院、北京国商物流有限公司、安吉智行物流有限公司 | 梁飞、史鸽飞、花开太、葛亮、王迪、鲁永强、王皓 |
| 96 | 科技进步奖 | 三等 | A0249 | 集成场：“一带一路”产能合作网链研究 | 长安大学 | 董千里、闫柏睿、李明垚、王东方 |
| 97 | 科技进步奖 | 三等 | A0356 | 整车零部件融合车型创新项目 | 一汽物流有限公司 | 王丽娜、祁英、高跃峰、王婉聪、马茵、徐昊、张金鑫 |

续 表

| 序号 | 奖种 | 获奖等级 | 项目编码 | 项目中文名称 | 主要完成单位 | 主要完成人 |
|---|---|---|---|---|---|---|
| 98 | 科技进步奖 | 三等 | B0076 | 《物流公共信息平台服务质量要求与测评》国家标准 | 中国标准化研究院 | 曾毅、曹莉俐、王娜娜、张雨辰、万福军、侯非、程永红 |
| 99 | 科技进步奖 | 三等 | A0243 | 叠式堆垛柱器具物流场景下无人叉车的设计与应用 | 一汽物流（成都）有限公司 | 宋毅宁、向先文、梁士飞、刘庆、姜立恒、隋艳辉 |
| 100 | 科技进步奖 | 三等 | A0062 | 内贸散货港口数字化服务管理平台 | 中远海运物流有限公司国能黄骅港务有限责任公司 | 蒋恺、李洪军、高伟、赵红、张燕松、刘金光、刘强 |
| 101 | 科技进步奖 | 三等 | A0190 | 智慧物流平台 | 广州广日物流有限公司 | 张世良、成铨 |
| 102 | 科技进步奖 | 三等 | A0314 | AI赋能的智能医药物流中心 | 国药控股广州有限公司、北京旷视机器人技术有限公司 | 马建聪、梁颖康、林纯、徐庆才、黄少杰、付春霞、童晓兵 |
| 103 | 科技进步奖 | 三等 | B0013 | 基于MOODLE系统构建《医药物流营销实务》慕课教学平台及应用实践 | 盐城工业职业技术学院 | 施建华、葛霞、韦亚洲、周伟、邓先宝、周荣虎 |
| 104 | 科技进步奖 | 三等 | B0014 | 物流中心分类与规划基本要求 | 上海市质量和标准化研究院、宝供物流企业集团有限公司、深圳凯东源现代物流股份有限公司 | 晏绍庆、马娜、路欢欢、顾小昱、王晓燕、陈震 |
| 105 | 科技进步奖 | 三等 | A0220 | 低碳经济下商零周转箱绿色配送模式研究 | 四川省烟草公司阿坝州公司、西南科技大学 | 陈隽逸、吴文凯、欧达宇、李诚、李铸、张德虎、罗良 |
| 106 | 科技进步奖 | 三等 | A0232 | 危险化学品运输安全生产全链条监管平台 | 江苏驭道数据科技有限公司 | 阚相元、蒋学辉、朱振、周宜婷、王梦劼 |
| 107 | 科技进步奖 | 三等 | B0034 | 西南民族地区以跨境农产品供应链推进农业外向化研究 | 北部湾大学 | 隋博文、傅远佳、王景敏、许玉萍、车小英、戚兆坤、黄炳祥 |

续 表

| 序号 | 奖种 | 获奖等级 | 项目编码 | 项目中文名称 | 主要完成单位 | 主要完成人 |
|---|---|---|---|---|---|---|
| 108 | 科技进步奖 | 三等 | A0113 | 集装箱图像智能采集系统 | 苏州凝眸物联科技有限公司、苏州市国际班列货运有限公司、长荣运输仓储（上海）有限公司 | 曹生华、钱学明、周晓锋、郑竞恒 |
| 109 | 科技进步奖 | 三等 | A0035 | 通信企业物资融通平台 | 中国移动通信集团湖南有限公司、深圳市兆航物流有限公司 | 张辉、夏李灿、吴芳、尹剑锋、纪德桂、彭爱华、甘泉 |
| 110 | 科技进步奖 | 三等 | A0269 | 线路装载计划系统（丰循） | 顺丰科技有限公司 | 金晶、王本玉、李珂、陈晖、张水华、刘艺、刘志锦 |
| 111 | 科技进步奖 | 三等 | A0080 | 基于物联网的酒类商品信息追溯技术开发与应用 | 古贝春集团有限公司 | 王树文、杜新勇、左国营、王朝青、陈兴芬 |
| 112 | 科技进步奖 | 三等 | B0018 | 常州市交通运输产业竞争力动态演化与政策仿真研究 | 常州工学院 | 曹国、杨蕾、沈利香 |
| 113 | 科技进步奖 | 三等 | A0071 | AMR智能移动自主配送平台关键技术 | 广西科技大学 | 王智文、张红星、蒋联源、刘美珍、庞小燕、胡军、王宇航 |
| 114 | 科技进步奖 | 三等 | A0223 | 供应链管理的中台化转型研究 | 中国移动通信集团甘肃有限公司 | 李丹波、郭亮、赵建民、周凯新、王明浩 |
| 115 | 科技进步奖 | 三等 | B0037 | 服务港航物流业的“校协合作、四段递进、四方共赢”产教融合人才培养模式 | 浙江万里学院 | 李肖钢、楼百均、李秋正、程言清、郁玉兵、王琦峰、吴桥 |
| 116 | 科技进步奖 | 三等 | B0007 | O2O模式下网购供应链的低碳激励机制研究 | 南京工程学院 | 吴义生、刘颖、欧邦才、冯佩雨、杜恒、宋雅嵚、吕庆华 |

续 表

| 序号 | 奖种 | 获奖等级 | 项目编码 | 项目中文名称 | 主要完成单位 | 主要完成人 |
|---|---|---|---|---|---|---|
| 117 | 科技进步奖 | 三等 | B0024 | 供应链质量整合驱动浙江制造业质量提升的路径与对策研究 | 浙江万里学院 | 郁玉兵、曹言红、吴桥、赵娜、王琦峰、李肖钢、潘栋辉 |
| 118 | 科技进步奖 | 三等 | A0275 | 20英尺粮食运输集装箱 | 中集运载科技有限公司、大连中集特种物流装备有限公司 | 李长英、于广辉、孙明君、汪亮、宁臻、高兴、李志刚 |
| 119 | 科技进步奖 | 三等 | A0337 | 哆啦好运大宗建材智慧物流综合服务平台 | 贵州梵途科技有限公司 | 尚剑波、翟恒、陈江、杨艳、徐仕霖、李淑芳、杨丹 |
| 120 | 科技进步奖 | 三等 | A0077 | 山东工夫红茶智能化生产线的研究与开发 | 临沂大学、临沂继宏机械制造有限公司、山东省茶业工程技术研究中心 | 田相克、王继宏、张成茂、孙成通、马保聪、庄少林、丁仕波 |
| 121 | 科技进步奖 | 三等 | A0169 | 天地汇O2O第四方公路物流平台 | 上海天地汇供应链科技有限公司 | 何一博、王敏慧、赵婷、博志远、胡虹霞 |
| 122 | 科技进步奖 | 三等 | A0081 | 湖北省物流技术转移服务信息平台 | 湖北物资流通技术研究所 | 张泽建、吴迅、晏芳、余建群、张斐、薛明、杨柳 |
| 123 | 科技进步奖 | 三等 | A0067 | 信息技术创新及应用对电子商务生态系统的影响研究 | 北京瀚阳信息技术有限公司 | 胡涵清、金苑苑、戴建华、李柏文 |
| 124 | 科技进步奖 | 三等 | A0206 | 自贸供应链电商交易平台 | 青岛自贸供应链管理有限公司、青岛市供应链协会 | 祁玉楠、朱芳琳、韩栋、丁钰、刘莉、朱文洲、薛艳艳 |
| 125 | 科技进步奖 | 三等 | A0152 | 函证通 | 顺丰科技有限公司 | 刘小峰、陈艳、刘昱佐、陈俊、郭珊、吴波、王英杰 |
| 126 | 科技进步奖 | 三等 | A0264 | 电信运营商呆滞库存智能化长效管控体系 | 中国移动通信集团福建有限公司、北京思诺博信息技术有限公司 | 张文展、欧松、陈钧、陈玫、林琳玲、李大杰、郭建聪 |
| 127 | 科技进步奖 | 三等 | A0225 | 门到门仓配一体物流标准化项目 | 门到门信息技术有限公司 | 侯文奇 |

续　表

| 序号 | 奖种 | 获奖等级 | 项目编码 | 项目中文名称 | 主要完成单位 | 主要完成人 |
|---|---|---|---|---|---|---|
| 128 | 科技进步奖 | 三等 | A0309 | 运载干散货及卷装货物的多用途集装箱 | 中集运载科技有限公司、大连中集特种物流装备有限公司 | 雷炎祥、代海岩、张晓军、纪宇博、宋兆春、刘东海、姜帅 |
| 129 | 科技进步奖 | 三等 | A0290 | 200L 中型散装容器 | 中集运载科技有限公司、大连中集特种物流装备有限公司 | 王忠连、倪建生、李永哲、丛秀凤、董江秋、李波、李维佳 |
| 130 | 科技进步奖 | 三等 | A0181 | 发动机智能保护润滑系统的研发与应用 | 龙口港集团有限公司 | 吴涛、王永鹏、马胜、钟磊、曲思礼、谭晓军、吕传龙 |
| 131 | 科技进步奖 | 三等 | A0007 | 基于控制层的新型信息管理系统技术与应用 | 上海酷想智能科技有限公司、浙江新摩智能科技有限公司 | 叶玮、纪艳飞、赵丽宝、汤文雄、赵冲、蔡伦、袁银 |
| 132 | 科技进步奖 | 三等 | A0292 | 智造多场景应用的差异化配送管理模式 | 中国移动通信集团湖北有限公司、中国移动通信集团设计院有限公司、中捷通信有限公司 | 何立刚、冯文仲、尹燕、曾芳、万俊涛、陈晓洁、方莉 |
| 133 | 科技进步奖 | 三等 | A0226 | 打造供应链“大流程、大协同、大数据”合规管控体系 | 中国移动通信集团湖北有限公司、中国移动通信集团设计院有限公司、上海博科资讯股份有限公司 | 何立刚、冯文仲、肖瞳瞳、方莉、陈晓洁、刘丽丽、张扬眉 |
| 134 | 科技进步奖 | 三等 | A0183 | 基于“数智化”面向采购管理的智慧供应链管理体系研究 | 中国移动通信集团青海有限公司、网思科技股份有限公司 | 张保洲、祁顺英、申务民 |
| 135 | 科技进步奖 | 三等 | A0318 | 仓储物资智能管理系统 | 珠海市钰海电力有限公司、北京恒研科技有限公司 | 腾飞、史常磊、蓝桂淋、赵玲 |
| 136 | 科技进步奖 | 三等 | B0010 | 陕西省地方电力物资有限公司 三级网络两级实体仓储建设项目可行性研究报告 | 陕西省建筑设计研究院（集团）有限公司 | 骆锐、樊华、魏海峰、丁婷婷、单唯一、王姣 |

续 表

| 序号 | 奖种 | 获奖等级 | 项目编码 | 项目中文名称 | 主要完成单位 | 主要完成人 |
| --- | --- | --- | --- | --- | --- | --- |
| 137 | 科技进步奖 | 三等 | A0207 | 一种电商快递单粘贴装置 | 盐城工业职业技术学院 | 韦亚洲、施建华 |
| 138 | 科技进步奖 | 三等 | A0163 | 一站智能供应链服务平台 | 广东一站网络科技有限公司 | 李盈、胡建军、罗文锋、李飞、黄志辉、杨振福、杨朔钧 |
| 139 | 科技进步奖 | 三等 | A0333 | 基于智能认知与自动化的采购现场智能监督与稽核平台 | 中国移动通信集团广东有限公司、公诚管理咨询有限公司 | 苏炜、黄政力、关智华、杜娟、陈伟峰、罗仲夏、卓泽彬 |
| 140 | 科技进步奖 | 三等 | A0167 | 铁路JSQ整车运输车与棚车混编挂运项目 | 保定市长城蚂蚁物流有限公司、重庆哈弗物流有限公司 | 赵锋、苏建浩、焦伟周、宋迎涛 |
| 141 | 科技进步奖 | 三等 | B0029 | 内河港口物流园区建设与运营 | 安徽省交通勘察设计院有限公司 | 王亚武、吴立人、徐启文、汪海生、席荣、李夫仲、夏伟 |
| 142 | 科技进步奖 | 三等 | A0320 | 陆海新通道公共信息平台 | 陆海新通道运营有限公司 | 王渝培、邹志卫、刘义真、段本生、霍家松、伍鑫、范洪亮 |
| 143 | 科技进步奖 | 三等 | A0109 | 捷云快签——科捷金库电子签单管理系统的开发与应用 | 北京科捷智云技术服务有限公司、北京科捷物流有限公司 | 闫丰、王巨石、康帅波 |

（中国物流与采购联合会科技奖励办公室）

# 2021年度中国物流与采购联合会科学技术奖科技创新人物获奖名单

| 序号 | 姓名 | 性别 | 工作单位 |
|---|---|---|---|
| 1 | 丁扬 | 男 | 国家电网公司物资部 |
| 2 | 孔旗 | 男 | 北京京东乾石科技有限公司 |
| 3 | 彭伟 | 男 | 云南省物流投资集团有限公司 |
| 4 | 胡浩源 | 男 | 浙江菜鸟供应链管理有限公司 |
| 5 | 王锋 | 男 | 德邻陆港供应链服务有限公司 |
| 6 | 吴耀华 | 男 | 兰剑智能科技股份有限公司 |
| 7 | 王兴民 | 男 | 中都物流有限公司 |
| 8 | 施先亮 | 男 | 北京交通大学 |
| 9 | 刘伟华 | 男 | 天津大学 |
| 10 | 焦朋朋 | 男 | 北京建筑大学 |

（中国物流与采购联合会科技奖励办公室）

# 商贸流通标准化专项试点城市

（排名不分先后）

| 序号 | 地区 | 试点单位名称 | 试点方向 |
| --- | --- | --- | --- |
| 1 | 山西 | 太原市 | 商贸流通提质增效 |
| 2 | 黑龙江 | 大庆市 | 商贸流通提质增效 |
| 3 | 上海 | 黄浦区 | 商贸流通提质增效、内外贸一体化 |
| 4 | 江苏 | 徐州市 | 商贸流通提质增效 |
| 5 | 山东 | 临沂市 | 商贸流通提质增效 |
| 6 | | 日照市 | 内外贸一体化 |
| 7 | 河南 | 郑州市 | 商贸流通提质增效、内外贸一体化 |
| 8 | 湖北 | 黄石市 | 商贸流通提质增效 |
| 9 | | 咸宁市 | 商贸流通提质增效 |
| 10 | 湖南 | 长沙市 | 商贸流通提质增效 |
| 11 | 四川 | 德阳市 | 商贸流通提质增效 |
| 12 | 陕西 | 渭南市 | 商贸流通提质增效 |
| 13 | 甘肃 | 兰州市 | 商贸流通提质增效 |
| 14 | 大连 | 大连市 | 商贸流通提质增效 |
| 15 | 青岛 | 青岛市 | 商贸流通提质增效、内外贸一体化 |

（中华人民共和国商务部市场建设司）

# 商贸流通标准化专项试点企业

（排名不分先后）

| 序号 | 地区 | 试点单位名称 | 试点方向 | 试点领域 |
|---|---|---|---|---|
| 1 | 北京 | 北京九合优鲜生态农业科技发展有限公司 | 商贸流通提质增效 | 商贸物流 |
| 2 | | 多点生活（中国）网络科技有限公司 | 商贸流通提质增效 | 零售业 |
| 3 | 河北 | 叁陆伍生活通网络科技河北有限公司 | 商贸流通提质增效 | 电子商务 |
| 4 | | 定州供销商贸有限公司 | 商贸流通提质增效 | 农产品流通 |
| 5 | 山西 | 山西穗华物流园有限公司 | 商贸流通提质增效 | 商贸物流 |
| 6 | | 山西贡天下电子商务有限公司 | 商贸流通提质增效 | 电子商务 |
| 7 | 内蒙古 | 内蒙古食全食美股份有限公司 | 商贸流通提质增效 | 农产品流通 |
| 8 | | 内蒙古太西煤集团股份有限公司太西国际饭店 | 商贸流通提质增效 | 住宿餐饮 |
| 9 | 辽宁 | 灯塔佟二堡海宁皮革城有限责任公司 | 商贸流通提质增效 | 零售业 |
| 10 | | 抚顺市富春农业科技开发有限公司 | 商贸流通提质增效 | 电子商务 |
| 11 | 吉林 | 松原市盛和物流有限公司 | 商贸流通提质增效 | 商贸物流 |
| 12 | 黑龙江 | 大庆市百湖家庭服务有限公司 | 商贸流通提质增效 | 居民服务业 |
| 13 | 上海 | 中饮巴比食品服务有限公司 | 商贸流通提质增效 | 住宿餐饮 |
| 14 | | 上海东亚食品储运经营有限公司 | 商贸流通提质增效 | 零售业 |
| 15 | | 上海壹佰米网络科技有限公司 | 商贸流通提质增效 | 电子商务 |
| 16 | | 上海盒马网络科技有限公司 | 商贸流通提质增效 | 零售业 |
| 17 | | 红星美凯龙家居集团股份有限公司 | 商贸流通提质增效 | 零售业 |
| 18 | | 上海路威供应链管理有限公司 | 内外贸一体化 | 跨境电商 |
| 19 | | 上海绿地全球商品贸易港（集团）有限公司 | 内外贸一体化 | 商品贸易 |

续 表

| 序号 | 地区 | 试点单位名称 | 试点方向 | 试点领域 |
|---|---|---|---|---|
| 20 | 江苏 | 江苏省精创电气股份有限公司 | 商贸流通提质增效 | 商贸物流 |
| 21 | | 江苏斑马软件技术有限公司 | 商贸流通提质增效 | 居民服务业 |
| 22 | | 孩子王儿童用品股份有限公司 | 商贸流通提质增效 | 零售业 |
| 23 | | 扬州冶春食品生产配送股份有限公司 | 商贸流通提质增效 | 商贸物流 |
| 24 | | 江苏苏宁物流有限公司 | 商贸流通提质增效 | 商贸物流 |
| 25 | | 徐州汇尔康食品有限公司 | 商贸流通提质增效 | 电子商务 |
| 26 | | 南京卫岗乳业有限公司 | 商贸流通提质增效 | 农产品流通 |
| 27 | | 江苏辉源供应链管理有限公司 | 商贸流通提质增效 | 商贸物流 |
| 28 | | 江苏跨境电子商务服务有限公司 | 商贸流通提质增效 | 电子商务 |
| 29 | | 中储南京智慧物流科技有限公司 | 商贸流通提质增效 | 商贸物流 |
| 30 | 浙江 | 新秀集团有限公司 | 内外贸一体化 | 商品贸易 |
| 31 | | 恒太商业管理集团有限公司 | 商贸流通提质增效 | 零售业 |
| 32 | | 浙江嘉昕农产品股份有限公司 | 商贸流通提质增效 | 农产品流通 |
| 33 | | 浙北大厦集团有限公司 | 商贸流通提质增效 | 零售业 |
| 34 | | 金华市捷特包装有限公司 | 商贸流通提质增效 | 商贸物流 |
| 35 | | 浙江中非国际经贸港服务有限公司 | 内外贸一体化 | 服务贸易 |
| 36 | | 浙江隆聚餐饮集团 | 商贸流通提质增效 | 住宿餐饮 |
| 37 | 安徽 | 安徽城坤物流有限公司 | 商贸流通提质增效 | 商贸物流 |
| 38 | 福建 | 沙县小吃集团有限公司 | 商贸流通提质增效 | 住宿餐饮 |
| 39 | | 龙岩爱伊商务服务有限公司 | 商贸流通提质增效 | 居民服务业 |
| 40 | 江西 | 江西省江天农博城发展有限公司 | 商贸流通提质增效 | 商贸物流 |
| 41 | 山东 | 山东美佳集团有限公司 | 内外贸一体化 | 商品贸易 |
| 42 | | 金乡蒜通天下仓储有限公司 | 商贸流通提质增效 | 农产品流通 |
| 43 | | 山东华通二手车信息技术有限公司 | 内外贸一体化 | 重要商品流通 |
| 44 | | 青州市亚泰农业科技有限公司 | 商贸流通提质增效 | 电子商务 |
| 45 | | 泰安泰山亚细亚食品有限公司 | 内外贸一体化 | 商品贸易 |
| 46 | | 山东京博物流股份有限公司 | 内外贸一体化 | 商品贸易 |
| 47 | | 潍坊隆泰食品有限公司 | 内外贸一体化 | 商品贸易 |
| 48 | 河南 | 河南万邦国际农产品物流股份有限公司 | 商贸流通提质增效 | 农产品流通 |
| 49 | | 河南云速通跨境电子商务有限公司 | 内外贸一体化 | 跨境电商 |
| 50 | | 河南大张实业有限公司 | 商贸流通提质增效 | 零售业 |

续 表

| 序号 | 地区 | 试点单位名称 | 试点方向 | 试点领域 |
|---|---|---|---|---|
| 51 | 湖北 | 湖北淘大集供应链有限责任公司 | 商贸流通提质增效 | 农产品流通 |
| 52 | | 汉口北进出口服务有限公司 | 内外贸一体化 | 服务贸易 |
| 53 | | 湖北千万家农贸管理有限公司 | 商贸流通提质增效 | 农产品流通 |
| 54 | | 襄阳风神物流有限公司 | 商贸流通提质增效 | 商贸物流 |
| 55 | | 湖北一键通外贸服务股份有限公司 | 内外贸一体化 | 服务贸易 |
| 56 | | 湖北黄商集团股份有限公司 | 商贸流通提质增效 | 零售业 |
| 57 | | 襄阳新发地物流有限公司 | 商贸流通提质增效 | 商贸物流 |
| 58 | | 安琪酵母股份有限公司 | 内外贸一体化 | 商品贸易 |
| 59 | 湖南 | 湖南高桥大市场股份有限公司 | 商贸流通提质增效<br>内外贸一体化 | 商品贸易 |
| 60 | | 浩通国际货运代理有限公司 | 内外贸一体化 | 货运代理 |
| 61 | | 娄底市天虹百货有限公司 | 商贸流通提质增效 | 零售业 |
| 62 | | 湖南湘佳牧业股份有限公司 | 商贸流通提质增效 | 商贸物流 |
| 63 | | 湖南省长康实业有限责任公司 | 商贸流通提质增效 | 农产品流通 |
| 64 | | 岳阳市海纳物流有限公司 | 商贸流通提质增效 | 商贸物流 |
| 65 | | 常德市康业家政服务有限公司 | 商贸流通提质增效 | 居民服务业 |
| 66 | 广东 | 东莞莞非事业投资有限公司 | 内外贸一体化 | 服务贸易 |
| 67 | | 韶关市丹霞女农业科技有限公司 | 商贸流通提质增效 | 农产品流通 |
| 68 | | 深圳天翼通国际货运代理有限公司 | 内外贸一体化 | 货运代理 |
| 69 | | 广州友谊集团有限公司 | 商贸流通提质增效 | 零售业 |
| 70 | 广西 | 南宁威耀集采集配供应链管理有限公司 | 商贸流通提质增效 | 商贸物流 |
| 71 | 重庆 | 重庆九州通医药有限公司 | 商贸流通提质增效 | 重要商品流通 |
| 72 | | 重庆智慧物流产业发展有限公司 | 商贸流通提质增效 | 商贸物流 |
| 73 | 四川 | 四川东方物流集团有限公司 | 商贸流通提质增效 | 商贸物流 |
| 74 | | 成都爱逍品国际贸易有限公司 | 内外贸一体化 | 跨境电商 |
| 75 | | 四川省广供天下电子商务有限公司 | 商贸流通提质增效 | 电子商务 |
| 76 | | 成都红旗连锁股份有限公司 | 商贸流通提质增效 | 零售业 |
| 77 | 云南 | 云南傣家餐饮管理有限公司 | 商贸流通提质增效 | 住宿餐饮 |
| 78 | 陕西 | 陕西安康秦巴众创科技发展有限公司 | 商贸流通提质增效 | 农产品流通 |
| 79 | 甘肃 | 陇南东盛物流有限公司 | 商贸流通提质增效 | 商贸物流 |
| 80 | | 甘肃金味德拉面文化产业集团有限公司 | 商贸流通提质增效 | 住宿餐饮 |

续 表

| 序号 | 地区 | 试点单位名称 | 试点方向 | 试点领域 |
|---|---|---|---|---|
| 81 | 青海 | 国家粮食青海青稞和牛羊肉交易中心 | 商贸流通提质增效<br>内外贸一体化 | 农产品流通 |
| 82 | 宁夏 | 宁夏杞里香枸杞有限公司 | 商贸流通提质增效 | 电子商务 |
| 83 | | 银川新华百货连锁超市有限公司 | 商贸流通提质增效 | 零售业 |
| 84 | 新疆 | 新疆红旗坡农业发展集团有限公司 | 商贸流通提质增效 | 商贸物流 |
| 85 | 大连 | 大连衣居客洗衣有限公司 | 商贸流通提质增效 | 居民服务业 |
| 86 | | 大连五佳国际贸易有限公司 | 内外贸一体化 | 商品贸易 |
| 87 | | 大商集团有限公司 | 商贸流通提质增效 | 零售业 |
| 88 | | 亚洲光球港股份有限公司 | 商贸流通提质增效 | 农产品流通 |
| 89 | 青岛 | 日日顺供应链科技股份有限公司 | 商贸流通提质增效 | 商贸物流 |
| 90 | | 青岛酷特智能股份有限公司 | 内外贸一体化 | 商品贸易 |
| 91 | | 青岛德邦货运代理有限公司 | 内外贸一体化 | 货运代理 |
| 92 | | 山东新华锦国际商务集团有限公司 | 内外贸一体化 | 跨境电商 |
| 93 | | 中国—上海合作组织地方经贸合作示范区 | 内外贸一体化 | 服务贸易 |
| 94 | 厦门 | 厦门见福连锁管理有限公司 | 商贸流通提质增效 | 零售业 |

（中华人民共和国商务部市场建设司）

# 2021年中国物流行业十件大事

1.《中华人民共和国国民经济和社会发展第十四个五年规划和2035年远景目标纲要》21处部署建设现代物流体系，13处强调提升产业链供应链现代化水平。

2.习近平总书记提出要大力发展智慧交通和智慧物流，实现人享其行、物畅其流，行业数字化转型提速。

3.国务院印发《2030年前碳达峰行动方案》，交通运输绿色低碳行动纳入“碳达峰十大行动”之一。

4.国务院办公厅印发《“十四五”冷链物流发展规划》，要求加强顶层设计和工作指导，推动冷链物流高质量发展。

5.国家发展改革委发布“十四五”首批国家物流枢纽建设名单，国家物流枢纽增至70家。

6.商务部、中物联等8单位公布首批全国供应链创新与应用示范城市和示范企业，10个城市和94家企业榜上有名。

7.交通运输部等16部门印发《关于加强货车司机权益保障工作的意见》，货车司机生产经营环境和合法权益保障引起政府重视。

8.经国务院批准，中国物流集团正式成立，央企物流“国家队”重组整合拉开序幕。

9.我国快递年业务量首次突破千亿级别，已连续8年稳居世界第一。

10.受世纪疫情影响，国际集装箱“一箱难求”，国际海运价格再创历史新高。

（中国物流与采购联合会）

# 2021年度“宝供物流奖”及“宝供物流奖学金”名单

经中国物流发展专项基金宝供物流奖评审委员会评审，评审出“宝供物流奖”获奖项目及“宝供物流奖学金”名单。

## 一、获“宝供物流奖”名单

| 获奖等级 | 获奖项目 | 获奖者 | 工作单位 |
|---|---|---|---|
| 一等奖 | 《中铁物贸供应链服务生态平台》 | — | 中铁物贸集团有限公司 |
| | 《中国中车基于先进蓄冷技术的公铁联运冷链装备系统》 | 胡宏利 | 中车石家庄车辆有限公司 |
| 二等奖 | 《“天地卡航”甩挂运输平台》 | 何一博 | 上海天地汇供应链科技有限公司 |
| | 《鞍山钢铁物流业制造业两业融合发展服务创新案例》 | 侯海云 | 鞍山股份有限公司 |
| | 《面向城市副中心的社区物流服务系统构建研究》 | 王成林 | 北京物资学院 |
| | 《新能源物流车辆充电智慧管理关键技术及示范应用》 | 刘辉等 | 中南大学 |
| 三等奖 | 《基于5G及北斗技术的猪肉冷链运输智能监控系统研究示范》 | 卢山 | 北京邮电大学 |
| | 《绿色港口低碳运营技术应用》 | 鲁渤 | 大连理工大学 |
| | 《德邻陆港物联网监管仓平台》 | 吴浩 | 德邻陆港供应链服务有限公司 |
| | 《铁路货物运输与国民经济发展——中国铁路运输70年》 | 姜旭 | 北京物资学院 |

续 表

| 获奖等级 | 获奖项目 | 获奖者 | 工作单位 |
| --- | --- | --- | --- |
| 三等奖 | 《动力锂电池逆向供应链增值关键技术开发及产业化》 | 杜文龙 | 纽安捷能源技术（北京）有限公司 |
| | 《多式联运创新服务平台》 | 吴俊峰等7人 | 上海文景信息科技有限公司 |
| | 《高效应急多穿库系统》 | 马秋莉等 | 普天物流技术有限公司 |
| | 《服务供应链管理（第2版）》 | 刘伟华 | 天津大学管理与经济学部 |
| | 《RGV自动集包系统》 | — | 顺丰科技有限公司 |

## 二、获“宝供物流奖学金”名单

| 序号 | 学校名称 | 申请人 |
| --- | --- | --- |
| 1 | 北京交通大学 | 张鑫帅、王欢欢 |
| 2 | 上海对外经贸大学 | 全禹亭、陈睿 |
| 3 | 浙江工商大学 | 余建成、汤丽霞 |
| 4 | 华中科技大学 | 张宇微、袁茂 |
| 5 | 南京财经大学 | 周嘉豪、陈娟 |
| 6 | 东南大学 | 魏倩、马世贵 |
| 7 | 北京邮电大学 | 李润田、张聍兮 |
| 8 | 国防大学联合勤务学院 | 曹瑞江、李政君 |
| 9 | 华东交通大学 | 蔡俊雯、刘郑 |
| 10 | 武汉理工大学 | 钮为轩、金泽益 |
| 11 | 南开大学 | 徐俪轩、贾楠 |
| 12 | 北京物资学院 | 张利霞、区钰贤、梁凯博 |
| 13 | 西南财经大学 | 司艳红、蒋悦洋 |
| 14 | 大连海事大学 | 孔灵睿、刘天一 |
| 15 | 天津大学 | 徐亦达、刘馨允 |
| 16 | 浙江大学 | 赵欣宇 |
| 17 | 山东交通学院 | 穆镜丞 |
| 18 | 北京工商大学 | 温蕙如、冯惠霞 |
| 19 | 上海海事大学 | 胡筱渊、任晓辉、王子、李玉 |

续　表

| 序号 | 学校名称 | 申请人 |
| --- | --- | --- |
| 20 | 安徽大学 | 杨荣璐、刘国辉 |
| 21 | 中南财经政法大学 | 何逸凡、刘佳 |
| 22 | 广东财经大学 | 徐小清、赵爽 |
| 23 | 山东大学 | 潘泳伶、满荣军 |
| 24 | 中南林业科技大学 | 唐岚、杨瑾 |
| 25 | 江西财经大学 | 冯一昕、欧阳冰清 |
| 26 | 东北财经大学 | 徐大为、李继恒 |
| 27 | 同济大学 | 黄金晶、杨超 |
| 28 | 湖南工商大学 | 王滢、许家欣 |
| 29 | 武汉大学 | 徐晗、杜玉文 |

（中国物流发展专项基金“宝供物流奖”办公室）

# 美国物流业①

2021年是美国物流业繁荣的一年，也是充满不安和探索的一年。2021年，美国商业物流成本（USBLC）比上年增长了22.4%，达1.85万亿美元，占2021年美国GDP的8%。2020—2021年美国商业物流成本的构成和增长情况如下表所示。

2020—2021年美国商业物流成本的构成和增长情况　　单位：10亿美元

| | 2021年 | 2020年 | 2021/2020同比（%） | 5年复合增长率（%） |
|---|---|---|---|---|
| 运输成本 | | | | |
| 公路运输 | 830.4 | 672.9 | 23.4 | 7.2 |
| 整车 | 332.2 | 301.6 | 10.1 | 4.5 |
| 零担 | 83.0 | 73.3 | 13.2 | 7.8 |
| 自营或专属外包车队运输 | 415.2 | 298.0 | 39.3 | 9.6 |
| 包裹运输 | 134.5 | 116.8 | 15.2 | 11.4 |
| 铁路运输 | 88.3 | 74.3 | 18.8 | 3.3 |
| 整车载货 | 71.9 | 60.2 | 19.4 | 4.5 |
| 多式联运 | 16.4 | 14.1 | 16.3 | 1.0 |
| 航空运输（含国内、进口、出口、货运及快递） | 52.7 | 44.2 | 19.2 | 6.4 |
| 水路运输（含国内、进口及出口） | 32.4 | 25.7 | 26.1 | 4.1 |
| 管道运输 | 67.3 | 56.9 | 18.3 | 8.7 |

① 本文选自《第33次美国物流年报》，该报告由供应链管理专业协会（CSCMP）发布，由A.T.科尔尼公司及专业团队专家、众多业内专家参与编写。报告的中文版由美中供应链管理（北京）有限公司组织翻译，本书有删节。版板归CSCMP及相关著作人所有，如引用请注明出处。

续 表

| | 2021年 | 2020年 | 2021/2020同比（%） | 5年复合增长率（%） |
|---|---|---|---|---|
| 小计 | 1205.6 | 990.8 | 21.7 | 6.1 |
| 库存持有成本 | | | | |
| 储存 | 186.4 | 155.4 | 19.9 | 7.6 |
| 财务成本（WACC x 企业存货总额） | 164.5 | 123.3 | 33.4 | 2.4 |
| 其他（过期、盗损、保险、装卸搬运及其他） | 150.4 | 119.4 | 26.0 | 5.0 |
| 小计 | 501.3 | 398.1 | 25.9 | 5.0 |
| 其他成本 | | | | |
| 承运人的支持活动 | 77.1 | 62.4 | 23.6 | 7.9 |
| 托运人的管理成本 | 62.9 | 57.7 | 9.0 | 5.6 |
| 小计 | 140.0 | 120.1 | 16.6 | 6.8 |
| 美国商务物流成本合计 | 1846.9 | 1509.0 | 22.4 | 5.8 |

注：WACC为加权平均资本成本。包括2021年5.4%的通胀率。

资料来源：CSCMP《第33次美国物流年报》。

## 一、美国物流业现状

2021年，新冠肺炎疫情导致物流通胀、供应链中断，企业库存下降并接近历史最低点，存储、装卸搬运和融资成本飙升。在运输方式改变和节点增加的影响下，库存持有成本同比增长25.9%、运输成本同比增长21.7%。

（一）空运

2021年，由于海运和陆运市场的波动（劳动力短缺、交付周期延长、港口拥堵）推高了航空货运的需求，航空货运量同比增长了18.7%；航空货运总收入创历史最高纪录，达1750亿美元，比2020年增长了36%。在高收入的同时，空运成本上涨了19.2%。主要原因表现为，一是由于劳动力短缺引发的成本上涨；二是产能下降，2021年12月的总产能比2019年12月低17%；三是由于货运量激增，航空公司一方面加大飞机的购买量，另一方面进行客改货，造成了成本大幅增长。

这种持续的高成本和低可得性的组合刺激了航空业进行战略整合，同时航空公司开始提高其专用航空货运能力。马士基以6.44亿美元收购了翼源国际，并成立了自己的货运部门——马士基航空货运公司。亚马逊租赁或拥有的货运机队目前已超过80架，并且还在增长，菜鸟、顺丰速运和美客多的机队也在增长。

在海运运费急剧上升的背景下，越来越多的第三方物流公司和货运代理商选择包机。DSV是一家欧洲运输和物流服务公司，与阿特拉斯航空公司和卡哥特卢克斯航空公司建立了合作伙伴关系，以确保空运能力。同样，货运代理飞协博（Flexport）与阿特拉斯航空公司达成了一项长期包机协议，将航空货运能力提高50%。

该行业的另一个结构性转变是向着环境可持续性方向发展。2021年9月，世界经济论坛的“明天清洁天空”联盟宣布，包括航空货运行业的领导者波音、英国石油公司、敦豪和达美航空在内的60家公司已签署承诺，到2030年，使可持续航空燃料占全球航空燃料总供应量的10%。

2021年11月，国际航空货运协会（TIACA）发布了一份航空货运可持续性路线图以帮助成员和行业确定应该优先考虑的具体行动，为全球可持续性目标做出贡献。同月，卡塔尔航空公司宣布，它已与国际航空运输协会（IATA）合作，使用IATA碳抵消平台（CO2NNECT）推出一款供客户使用的二氧化碳排放计算器。达美航空宣布投资10亿美元，用于更高效的飞机和碳抵消措施，而联邦快递正在努力改装和更换飞机，以提高燃油效率。

可持续航空燃料（SAF）正被各个航空公司逐步引入，由于可持续航空燃料对运营商具有很高的成本溢价，因此，通过直接排放计算进行碳抵消在短期内将是首选措施。

（二）包裹和最后一英里

2021年，受居家办公和保持社交距离的影响，电子商务量持续增长，电子商务销售额同比增长了10%，达到8710亿美元，占美国零售总额的13%。包裹行业随之增长了15.2%，在所有商业物流成本结构中五年的年复合增长率（CAGR）最高，达到11.4%。

电子商务量的持续增长、劳动力市场紧张、供应链中断，使包裹派送行业面临严峻考验，最后一英里成本高涨。2012—2021年美国电子商务销售额和电子商务销售额占零售总额比重如图1所示。

由于劳动力供应不足和基础设施负担过重，电子商务销售额的规模增长对最后一英里运输系统造成了巨大压力，迎来了价格飙升、产能短缺和一些严重的物流挑战。

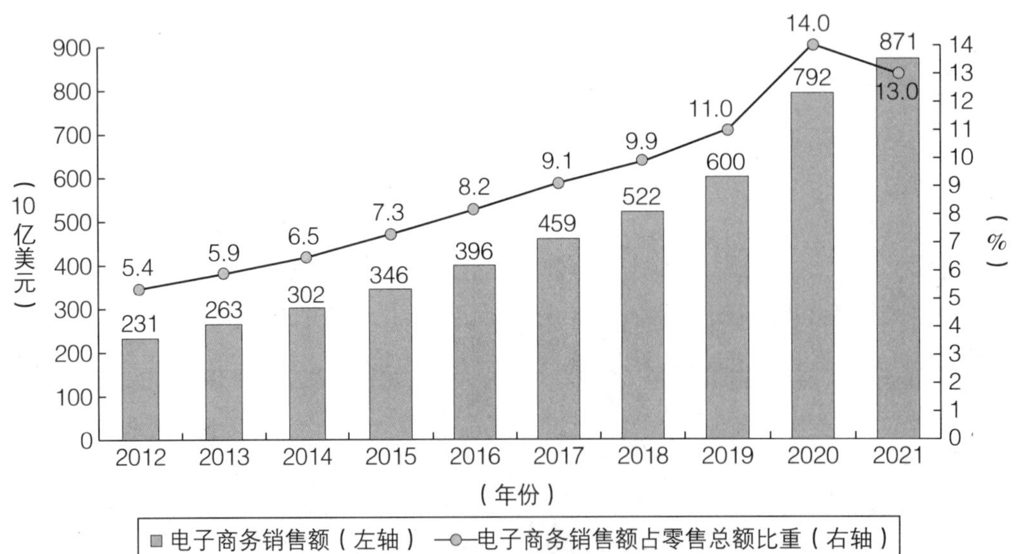


**图1　2012—2021年美国电子商务销售额和电子商务销售额占零售总额比重**

资料来源：科尔尼分析（Kearney analysis）。

各公司试图通过多种方式作出回应。亚马逊大幅度提高了司机和其他紧缺岗位的工资；联合包裹公司与联邦快递共同将运价提高了5.9%；还有一些公司采取了整合战略，如激光船以13亿美元收购OnTrac、马士基以17亿美元收购领航货运服务。

除了加薪、提高运价和合并运输等传统措施外，包裹派送行业还创新性地开展了全国性的白色标签递送服务，许多最后一英里公司从本地化的履行中心提供次日达和两日达服务。零售商越来越多地转向如孤星航运、通用物流体系和激光船等区域快递公司以处理传统航空公司无法（或不会）派送的包裹。

在电子商务爆炸性增长的大背景下，托运人和承运人如何实现高效、可靠和具备弹性的包裹服务，可以从以下5个方面入手。

1.在需求加速和产能有限的时期，要考虑区分哪些客户和细分产品对企业当前的健康状况和未来的增长最有价值。这就是联合包裹公司“更好而不是更大”的战略逻辑。首先应了解能让企业最赚钱的客户的价值，然后通过合理的派送安排满足优先事项。这种分段方法可以加快包裹服务和最后一英里能力的发展，同时提高短期利润。

2.塑造需求。通过灵活的派送奖励和加急的派送费用，有效地将部分派送量转移到非高峰期。将高峰需求期变平，减少最后一英里派送压力，可以使用相同的基础设施满足更多客户的需求，这一战略对托运人和承运人都至关重要。

3.优化订单履行和逆向物流管理。随着包裹和最后一英里服务成本持续攀升，开发一个稳健的分布式订单和履约执行系统变得越来越重要，确保包裹通过最佳渠道、位置和承运人交付给客户。

4.运营商投资组合多元化。运输能力不足和成本上升迫使托运人寻求更多的配送方案，包括区域性包裹承运人。虽然将新的承运人整合到企业投资组合中可能会带来质量控制方面的挑战，但托运人也发现区域承运人由于扎根于当地落地配送业务，他们在最后一英里服务上效率更高。可以降低成本并提高派送速度。

5.库存本地化与雇用最后一英里供应商。拥有大量实体店和配送中心基础设施的货主应探索将库存转移到当地配送中心，同时使用“门冲”（Doordash）、“路拼”（Roadie）、“西普特”（Shipt）或“沃尔玛全球”（Walmart GoLocal）等零工经济供应商进行最后一英里配送。

（三）第三方物流

2021年美国第三方物流供应商获得了丰厚的收入和利润。

托运人越来越多地寻求第三方物流的帮助，以应对能力匮乏、供应链复杂性、服务中断和客户需求激增的问题。

随着电子商务、制造业回流和近岸外包的持续增长，以及推动供应多元化、提高供应链弹性，第三方物流的作用变得越来越重要，而同时第三方物流供应商为了解决不断增长的最后一英里配送需求，许多公司开始重视战略性分布仓库的空间。2019—2021年北美仓储空间排名前十的第三方物流公司如图2所示。

第三方物流公司通过专注于高接触度和增值服务，将利润率提到了前所未有的高度。近几年，一方面受新冠肺炎疫情和自然灾害等影响，供应链面临很多的挑战和问题，为此，托运人选择将物流管理权外包以减少非核心业务的拖累；另一方面电子商务的持续繁荣刺激了托运人对逆向物流等其他增值服务的需求，倒逼第三方物流企业要提供多元化服务，包括

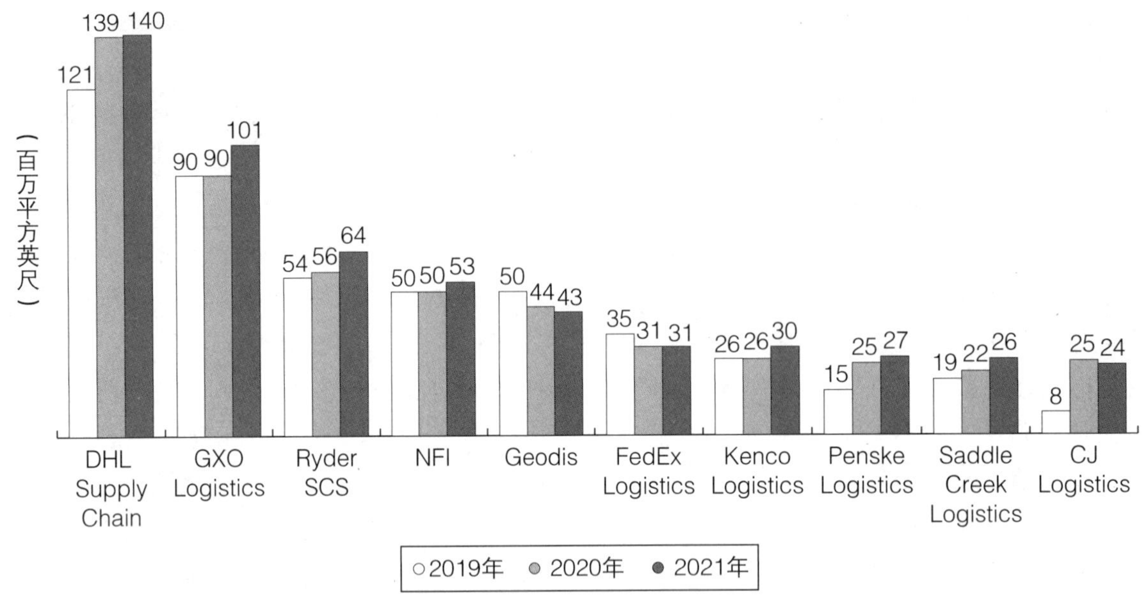


**图2　2019—2021年北美仓储空间排名前十的第三方物流公司**

资料来源：Transport Topics https：//www.ttnews.com/logistics/warehousing；科尼尔分析。

围绕托运人需求进行量身定制的仓储解决方案，构建畅通无阻的国内外运输结构，同时使用丰富的数据让托运人充分了解货物在途服务情况。

选择最优秀、最具前瞻性的第三方物流企业作为合作伙伴的托运人使其供应链更具抗冲击能力，更能适应不断变化的消费者和客户需求。

（四）货运代理

2021年美国货运代理市场大幅扩张，持续高增长的需求使货代业毛利率超过了历史最高水平。

货运代理企业可以帮助货主建立战略冗余性和稳健性的供应链。一是提供定制化解决方案。货运代理企业可以通过运输、关务管理和增值服务组合的定制化方案来抵消市场发展中所面临的复杂性负面影响，这些解决方案增加供应链可视性和数字化连接。二是数字化引领。资金雄厚的货运公司，如飞协博和山德，目标是将烦琐的货代操作自动化、简单化，在数字化应用方面取得突破的货代公司将显著提升其价值主张，并与托运人建立新型合作关系。三是成为货主的战略顾问。运营供应链的成本不断提高，货运代理企业与托运人合作，定义新的、更平衡的运营效率。四是货运代理企业还可以帮助托运人建立和运行弹性供应链，面对供应链中断风险时可以平稳转向。

目前，托运人对货运代理服务的需求较高，但货运代理企业也不可忽视脱媒风险。主要取决于两个因素，一是许多托运人对新冠肺炎疫情期间价格的大幅上涨感到震惊，他们将探索与承运人建立直接合作关系的方法；二是承运人的财力和发展野心，目前承运人已经拥有大量的现金储备，有能力提供综合解决方案，绕过货运代理企业。

（五）水路/港口

2021年美国水运成本飙升23.6%，海运公司的利润超过了此前20年的总和。

2021年加剧了海运费率飙升的趋势，跨大西洋成本上升了100%，跨太平洋成本上升了200%。这对海运业来说是一个转折点。2018年，前十大海运公司中有七家面临破产的危险，主要是因为商品市场竞争激烈，而远洋运输公司一直在收取巨额运费，这导致托运人寻求其他的运力进行合作。

2021年，在美国全国运力短缺的情况下，海运需求增多，但又因需求持续增长超过了集装箱运力，导致海运公司无法履行对托运人的合同义务，主要港口一度陷入数月的混乱。如果未来经济表现良好，更多的货物流入已经拥堵的海洋运输系统，这对托运人更加不利。

2021年承运人未能履行对托运人的承诺，使托运人陷入现货市场高额运费的困境。远洋运输成本越高，持续时间越长，对于目前严重依赖跨洋进口的公司来说，回流和近岸外包生产就越有吸引力。将制造业带到离家更近的地方，有助于减少全球中断的脆弱性。

在此背景下，航运公司应该把眼光放得更高，利用现有资源增加运力的灵活性、预测和共享航行状态与集装箱位置，投资于为托运人提供可靠、可见、灵活和有竞争力的服务，建立更深入、更长期的客户关系，赢得更大业务，避免在需求放缓时成为首批被放弃的承运人之一。

（六）公路运输

2021年美国公路货运增长强劲，达到8310亿美元。美国顶级承运人的利润增长了50%、100%，甚至更多。但托运人对于承运人的服务水平十分不满，部分托运人开始着手准备自己的“专属”卡车车队。

2021年，汽车运输公司的货运量出现了健康增长，因为全年的总货运量基本上达到或超过了新冠肺炎疫情大流行前的水平。2021年，库存与销售额之比达到近十年来的最低点，随着托运人努力补充库存水平，汽车运输需求大幅飙升。

在经历了新冠肺炎疫情初期后，消费者需求激增。在疫情暴发的早期，运输公司削减了对卡车的投资，让司机暂时休息，甚至解雇了司机。现在，随着消费者需求增大，运输公司又要紧张地开始招聘新员工，以应对运输需求的暴涨。

美国卡车运输协会（ATA）统计约有8万名司机的缺口，造成这种人员短缺的因素很多，一是运输公司采取解雇、休假和招聘缓慢的模式降低支出；二是驾校申请者和毕业生人数下降；三是许多司机喜欢短途路线；四是对司机使用药物或酒精的行为进行日益全面的监控等。

对汽车运输的强劲需求和有限的运输能力导致2021年汽车运输合同费率和现货费率均出现上涨，燃料价格的上涨进一步加剧了费率上涨。

汽车运输公司是北美供应链中不可或缺的组成部分，这意味着公路运输成本的上升会产生显著的通胀效应。降低了托运人的利润，托运人为解决利润下降的问题，采取了重建库存的方法。补充库存增加后，一方面刺激消费增长，另一方面汽车运输需求的持续增长将帮助运输公司获得更高的利润。例如，旧自治领货运公司的利润比2020年增长了54%，施耐德的利润翻了一番。

制造业回流和近岸外包大幅提高了北美地区和长途卡车运输的需求。2021年3月，通过科尔尼公司对美国制造业高管的一项调查发现，41%的人在过去三年中将部分制造业务搬回了美国，而另外22%的人表示，他们的公司计划在未来三年内将部分制造业务搬回美国。

在个人采访中，一些高管表达了减少对任何国家制成品进口依赖的强烈意愿。史蒂夫·马登、联合利华、库卡之家和通用汽车等公司已经在墨西哥投资提高产能，而美国钢铁公司计划投资30亿美元在亚拉巴马州或阿肯色州建厂。

扩大运力和提供增值服务是汽运公司最紧迫的任务之一。除了已经建立的东西向航线外，回流和近岸外包将创造新的对南北流动的强劲需求，同时新的区域网络将出现。此外，货运公司可以提供新的服务，以有效地促进货物的跨境运输，同时还可以与墨西哥的运输公司发展合作关系。

持续的高运费可能会刺激承运人寻求整车、零担和多式联运系统的理想组合。货运公司可以在不牺牲服务质量的前提下提供更低成本的服务，而托运人则更关注运力的可控性和服务的灵活性与可靠性。例如，2021年年底，JB Hunt宣布推出一项新的转运服务，帮助托运人快速将海运货物转移到国内运输设备中。如果货运公司不能提高服务水平，托运人将会建立自己的自营或“专属”车队，使其更直接地控制运输成本，并可以更灵活地部署以满足需求的变化和日益微妙的客户需求。

因此，汽车运输公司一是需要积极地投资于招聘、培训和补偿司机，以保证有更充足的运力为托运人服务；二是将其提高的收入中的一部分投资于自动驾驶系统，这有助于缓解长期的产能限制；三是通过数字化应用来实现节油驾驶，避免空驶，引领趋势。

例如，萨亚（Saia）公司与尼古拉公司签署了一份意向书，将购买或租赁多达100辆零排放重型电动卡车，以履行其承诺。其他试点电力和替代燃料的公司有艾斯蒂斯快车线联邦快递、俄克拉荷马黄色物流、XPO和旧自治领货运公司等。

（七）铁路

2021年美国铁路公司的收入、运营比率和运营收入都有所提高，这得益于总运量的增加、载货量的提高和价格的上涨。美国的铁路成本总体上升了18.8%，在货车运量和价格双双上涨的同时，铁路公司在基础设施、能见度和端到端解决方案等领域大举投资，以适应多式联运的增长。

与2019年相比，2021年一级铁路营业收入提高了7%。在一级铁路市场中，2021年的营业比率（营业费用占收入的百分比）比2020年大幅提高。2021年一级铁路的货车运量增长了5%以上，不同类别货物的增减率差异很大。其中，煤炭运输量增加了11%，金属矿石和金属的运输量增加了15%，农产品的铁路运输量减少了4%，由于微芯片短缺阻碍了生产，汽车出货量与2020年持平。

2021年随着运量的恢复，运行速度慢的情况恶化，滞留时间（火车车厢在铁路调车场停留不动的时间）增加，导致整个铁路网络的拥堵。铁路、仓库和配送中心的劳动力短缺，底盘车缺乏等使主要铁路公司问题不断。

多式联运单元比2020年增长了4%。其中大部分增长发生在2021年上半年。2021年，多式联运的费率大幅上涨，主要由于交通拥堵的影响在该系统中产生了连锁反应。2021年下半年，港口拥堵、劳动力和设备短缺，导致多式联运量有所下降。

铁路未来的发展将严重依赖联运机会，主要做法有以下3点。

1. 投资基础设施。联合太平洋规划新的多式联运坡道、扩建双城机场航站楼、增加加州内陆帝国码头的运力、结束在芝加哥安装大跨度龙门起重机的多年项目。切西海滨铁路公司正在投资北卡罗来纳州研究三角的联运设施。

2. 改进发货跟踪系统。行业巨头们正在部署以促进整个供应链的货物同步和监控系统。

3. 选择更广阔的供应链视角。铁路是全球供应链中不可或缺的角色，而铁路的主要增长潜力在多式联运，因此，铁路需要与自己的客户和供应链合作伙伴建立更紧密的联系，例如与卡车运输公司的合作。

（八）仓储

随着消费者不断提高对更多商品更快配送的需求，仓储空间尤其是靠近城市和郊区消费者的高端设施空间需求加大。2021年美国仓储空间的需求大幅增长，净吸收率（一种衡量入住率的标准指标）上升了48%，而空置率从2020年的5.1%下降到2021年的3.7%。2021年仓库租金上涨了9.5%，几乎是2020年的两倍。在建仓库面积同比增长54%。目前，北美仓储市场的规模约为800亿美元。

仓储业需求增长，但从长远发展来看，制约其发展的主要因素有以下3点。

1. 劳动力。亚马逊通过提供高达3000美元的签约奖金，推高了一线仓库员工的工资。拉链招聘和当然招聘等招聘公司报告称，亚马逊一线仓库员工的平均时薪为15美元，高于全国约13美元的平均时薪。在诸如南加州、湾区和西雅图这样的市场，托运人、承运人和第三方物流公司都在竞争相对稀缺的劳动力，工资已经上涨到每小时19美元，比全国平均水平高出近50%。

工资的增长并没有完全解决仓库工人短缺的问题，因为该行业的年离职率高达43%。为填补这一缺口，各公司不得不采取高昂的加班费和临时用工安排。加班是正常时薪的两倍，而引入一个仓库临时工的成本通常比同等级别的全职员工高出15%～30%。除此之外，全渠道配送中心的发展趋势、灵活的仓库操作以及自动化程度的提高都需要投入资金进行劳动力的再培训。

2. 钢铁。物料搬运设备（MHE）主要用钢材制成，2020—2021年，美国热轧钢卷（HRC）的成本几乎增加了两倍。

3. 资本支出/运营支出的挤压。产品供应商和物流供应商为应对仓储的需求增长而增加的仓储资源投入了大量资本，而当需求减少时，仓储能力的大量积聚可能导致资本支出的搁浅；运营支出方面，向第三方物流租赁仓储空间更加灵活，但往往价格更高。当限制仓储容量时，第三方物流可迫使需求方承诺三年或五年的合同，特别是在纽约、洛杉矶和亚特兰大等竞争激烈的大都市市场及其周围市场。

仓储能力紧张、客户需求上升和成本高企，促使企业尝试提高现有仓储基础设施的价值。一是临时存储和转运，港口拥堵产生了萨凡纳、查尔斯顿、纽瓦克和洛杉矶等美国主要港口附近临时存储空间和转运设施的需求，这些转运设施用于将入港海运集装箱与最先一英里拖车进行越库配送；二是调整设备的配置和用途，最常见的包装和交货地点是仓库，占订单的55%，而部分仓库专门为快速运送产品设计的履行中心变得越来越小，平均尺寸较2020年缩减了18%；三是FC模式——仓储和零售空间之间的融合发展，零售商把他们的门店变成物流和履约中心，试图适应全渠道商业的各种需求；四是混合商店——部分空间是为店内购物者设计的，而后面是一个小型物流中心，用于在线订单履行和退货处理，完全致力于在城市地区的“最后一英里”配送设施；五是加快仓库自动化升级，尤其是在设施向FC模式转变的情况下，机器人即服务（RaaS）的引入降低了获取仓库机器人技术的成本，导致越来越多的企业采用仓库自动化。在仓库自动化发展的影响下，RaaS的年复合增长率达到16.5%。

仓储作为供应链战略中的重要环节，未来的发展需要注意以下三个方面。

一是与规划和交通相结合。未来的仓储应该通过与商业战略和运营计划的无缝合作来塑造。现在是结合新兴的需求形态严格评估库存组合和地理部署的好时机。运输规划也很重要，尤其是在运输中断可能导致产品堵塞的战略交付节点。

二是使用数据分析手段来优化劳动力。积极应用分析技术改变仓库的劳动力配置方式。根据预期工作量使用动态人员配置，以减少劳动力成本，并调整班次大小和配置文件，更紧密地与不断变化的运营需求保持一致。

三是转变仓库职能定位。仓库在供应链及服务模式中不可或缺，一些公司已经将仓储从成本中心转变为收入增长的引擎。

（九）管道

2021年美国管道行业成本上涨18.2%，主要源于更频繁的恶劣天气事件、可能对北美网络构成严峻考验的地缘政治动荡以及碳排放的影响。

1. 天气影响

管道很容易受到极端天气的影响。2021年2月，三场严重的冬季风暴导致得克萨斯州天然气基础设施中断。数百万名居民和工业客户失去了天然气供应。更糟糕的是，该州大片地区的电力供应也崩溃了。在寒冷的天气条件下，超过450万户家庭和企业失去电力和供暖。

2021年11月，罕见的暴雨冲刷了跨山输油管道沿线的地面，导致管道关闭21天，这是该管道运营7年来关闭时间最长的一次。这种破坏减少了加拿大的石油出口量，并减少了对太平洋西北部多家炼油厂的供应量。

2. 地缘政治影响

从美国东海岸向欧洲运输液化天然气，非常经济，而且在马里兰州和佐治亚州已经有了液化天然气出口终端。然而，这两个终端的日总容量只有11.7亿立方英尺（1立方英尺≈0.028立方米），大约占每天俄罗斯供应给欧洲天然气量的8%。

如果这些工厂能够提高其液化能力，且位于马萨诸塞州埃弗雷特的第三个设施能够发展类似的能力，这将增强北美向海外运输液化天然气的能力，但这也将进一步增加已经拥挤的东部沿海网络的管道需求。目前美国有12个新的液化天然气出口设施正在等待联邦能源管理委员会的批准。

迅速发展的地缘政治局势将推动天然气管道（及相关终端）成为更多国家实施外交政策的新途径，从而使这些管道成为全球基础设施中越来越关键的部分。

3. 碳排放影响

全球减少碳排放的持续动力会重塑管道运输的未来。

加拿大已经开始改造一些停止使用的石油和天然气管道，将废气从工业场所转移到碳注入和封存的地点。

碳运输管道可能是转向更绿色的全球经济的一个主要途径，特别是在已经制定了碳定价的市场，通过将碳排放从一个州或省的来源地转移到另一个司法管辖区的封存地，从而创造跨司法管辖区获利的机会。

## 二、宏观经济环境

2021年美国经济实现了5.7%的增长，这是自1984年以来最强劲的一次增长。

尽管如此，动荡和不确定性仍存在，供应链仍处于积压状态。货主们对不稳定的材料和产品供应感到焦虑。劳动力市场供应紧张，劳动力参与率仍低于历史平均水平。2020年12月出现了具有高度传染性的新奥密克戎变种，引发了新一轮的混乱、停产和延误。月度通胀率从2021年年初的不到2%飙升至2021年12月的7%。

2021年美国经济成本增长的主要因素包含以下7个方面。

1.工资上涨，驾驶员、仓储人员和其他劳动力的短缺，使得供应链运营成本显著增加。

2.海运成本全面上涨，世界上90%的货物通过海运完成。运输一个集装箱的平均成本从2019年11月的1362美元上升到2021年12月的4500美元。

3.信贷成本越来越高。尽管与最近的基准指标相比，美国目前的通胀水平相当高。但疫情停摆、消费受限导致的消费者需求依然强劲，这减少了当前的商业影响。

4.影响物流成本上升的因素包括增加本地采购（因为运输成本使附近的供应商更具竞争力）、加速追求自动化和提高生产力等。清洁能源得到提振，碳基燃料持续的高价格使投资替代能源在经济上更加可行，并激励航运公司在探索减少燃料消耗的方法上更有创造性。

5.新冠肺炎疫情。奥密克戎BA.2变体每株的传播表明，新冠肺炎疫情仍然是全球经济和物流格局中重要的不确定因素。

6.消费模式转变。由新冠肺炎大流行带来的消费结构和行为变化将愈加明显。在疫情最严重的时候，足不出户的消费者购买商品，给制造业带来了意外的提振，并给人手不足的供应链带来压力。而年轻的一代则更倾向于购买体验而非产品，因此未来对供应链服务的要求将更加严苛。

7.实体基础设施的制约。供应链面临历史性压力，需要在非常具有挑战性的情况下满足不稳定的、极端的需求。尤其是面对国际贸易争端、新冠肺炎疫情大流行、灾难性天气事件和地缘政治冲突等情况。与此同时，物流的重点正在稳步转移，从在世界任何地方生产和储存商品，之后依靠快速廉价运输将产品运送到很远的地方，转向距离消费者更近的地方生产和储存商品。

## 三、物流业持续、良性发展的必要条件

面对供应链发展所带来的诸多压力，物流业必须变得更有弹性和适应性，以便在持续的混乱中可靠和有效地迎接新的挑战。

（一）可持续性

1.物流绿色化发展

根据美国国家海洋和大气管理局的数据，在过去的一个世纪里，全球气温平均每十年上升0.13华氏度，预计在下一个世纪将上升10.20华氏度。鉴于这些令人震惊的数字，政府、公司和消费者都必须采取实际行动，应对全球变暖。

大型承运人已经对可持续发展目标做出了强有力的承诺，并实施了一些项目，如船队电气化、包装中的碳减排、设施中使用清洁能源，以及转向可持续航空燃料。联邦快递正在对其飞机进行现代化改造，以产生更高的燃料效率，而UPS则专注于网络优化，以减少飞行里程。这两家企业和DHL都制定了未来30年内实现碳中和的目标。一些物流领导者，包括萨亚、艾斯蒂斯快车线、联邦快递、俄克拉荷马黄色物流、XPO和旧自治领货运公司，都在

为其车队试行电动和替代燃料的车辆。

同时，一些著名的托运人也已经建立了可持续发展的目标。联合利华设定到2039年达到净零排放，在其庞大的物流网络中转向可再生能源和可持续发展的做法。

越来越多的第三方物流公司正专注于绿色发展来吸引托运人。未来推动第三方物流市场的绿色化举措是替代燃料（电动、CNG和氢气）、自动驾驶车辆或排队技术，以及优化路线和负载整合。

2011年全球环境信息研究中心（CDP）、联合国全球契约组织（UNGC）、世界资源研究所（WRI）和世界自然基金会（WWF）联合发布的名为“范围3—SBTi”（报告公司价值链中发生的所有间接排放）的新标准，是国际公认的衡量排放的标准，不仅适用于单个组织内部，而且适用于整个价值链。该标准的应用促进了托运人、承运人之间的合作，共同设定合理的、经过科学验证的目标，并共同跟踪碳排放影响。

目前，有超过2000家企业和金融机构与SBTi（科学碳目标倡议）合作，根据气候科学进行减排，包括DHL和加拿大国家铁路公司这样的物流巨头。近年来，参与公司的数量成倍增加。

有研究指出了SBTi的好处。一项对致力于SBTi的企业高管的调查显示，除了环境方面的好处外，还有直接的商业影响。三分之一的公司看到了对其底线的积极影响，超过一半的公司认为SBTi可以给其带来竞争优势。此外，52%的企业高管认为他们的承诺增强了投资者的信心，79%的企业表示品牌声誉得到了加强。

2.供应链协同

更好地同步供应链与可持续发展目标，这对实现温室气体减排目标至关重要。

物流业是全球经济的主要能源消费者，也是历史上主要的碳排放源，必须与可持续发展、采购和运营的领导者合作发挥主导作用。只有解决了持续追求股东总回报和扭转气候变化趋势的必要性之间的矛盾，整个行业的公司才能走向更有商业意义的道路。

（二）并购

2021年是美国物流业创纪录的并购年。

如加拿大太平洋公司对堪萨斯城南方铁路的重磅收购。运输和物流领域的交易数量达到创纪录的400多笔。有几股关键力量推动了创纪录的并购活动。

其一是不断增长的电子商务需求促进了零担运输的快速发展。基于此，UPS货运公司、AAA库珀公司和中西部汽车快递公司在2021年都易手了。

其二是对历史上分散的供应链服务的整合。技术驱动整合的一个主要例子是优步货运在2021年对运输地的收购。形成的结果是，一个世界领先的物流技术平台将优步货运庞大的数字化承运人网络与运输地值得信赖的托运人技术和运营解决方案相结合。该并购活动表明货代业已进入整合周期，包括DSV收购泛亚班拿（2019年）和捷运（2021年），DHL全球货运收购海兰德国际货运代理（Hillebrand），以及德迅（Kuehne & Nagel）收购爱派克斯国际物流（Apex）。

海运业，马士基在美国购买了可见供应链和绩效团队及香港的LF物流；达飞海运在2019年年底购买了CEVA物流。新加坡港务局和迪拜世界港口公司等基础设施企业也在扩大其传统领域并为托运人提供一站式解决方案。

（三）控制塔

在整个2021年，全球价值链经常失调。造成了港口拥堵、供应中断、运费飙升、收入损失。

根据埃姆根研究（Emergen Research）的数据，2020年供应链控制塔市场的收入达到36亿美元，预计到2028年将达到117亿美元，复合年增长率达15.9%。

尽管控制塔对于未来供应链弹性的作用明显，但目前市场还没有看到可以涵盖整个供应链（计划、采购、制造、交付、服务）的控制塔解决方案。

控制塔的势头正在加强，第三方物流和技术供应商在这方面处于领先地位。一方面，物流管理能力向供应链可视性和可控性的扩展将保持强劲，最近E2open收购布鲁杰供应链（BluJay Solutions）就体现了这一点。这次合并预计将创造一个领先的、独立的基于SaaS的供应链平台，跨越供应链计划和执行。另一方面，物联网（IoT）、人工智能（AI）和机器学习（ML）等尖端技术将进一步采用控制塔，使供应链能够对快速变化的环境作出自主决策。这将最终把物流人员从日常运作中解放出来，使他们能够专注于特殊的、高价值的干预措施。

托运人和供应商必须深思熟虑，在所有利益相关者之间建立一个整合的沟通方法和数字组合能力，并对此进行跟踪、整合和支持。企业间需要团结成统一阵线，实现协同效应，并在不断变化的物流环境中成为赢家。

（都丹　高珉　王国文）

# 日本物流KPI管理

根据日本物流协会的调查，2021年，70%的企业已经开始全面使用物流KPI，部分使用的企业为11%，两者共占81%。另外，计划使用的企业为8%，7%的企业正在研讨中。总之，在日本已经使用、今后准备使用、今后可能使用物流KPI的企业已经达到96%。

## 一、实施物流KPI的必要性

（一）物流KPI是企业共同的课题

KGI（Key Goal Indicator，关键目标指标）是一定时期内，企业需要达成的目标，KGI决定了CSF（Critical Success Factor，关键成功因素）、KPI（Key Performance Indicator，关键绩效指标）以及PI（Performance Indicator，绩效指标）。

CSF是根据企业的KGI制定的战略，即明确实现目标需要对哪些关键因素进行改进。明确企业成功的关键因素后，将关键因素进一步细化为可量化的部门层面的指标，即KPI。常见的KPI包括降低成本、提高品质等。将部门层面的指标细化到可量化的个人层面的指标，即PI。设定KPI的关键包括从企业战略层面的KGI出发，逐层展开至个人层面可量化的PI。KGI、CSF、KPI、PI之间的关系如图1所示。

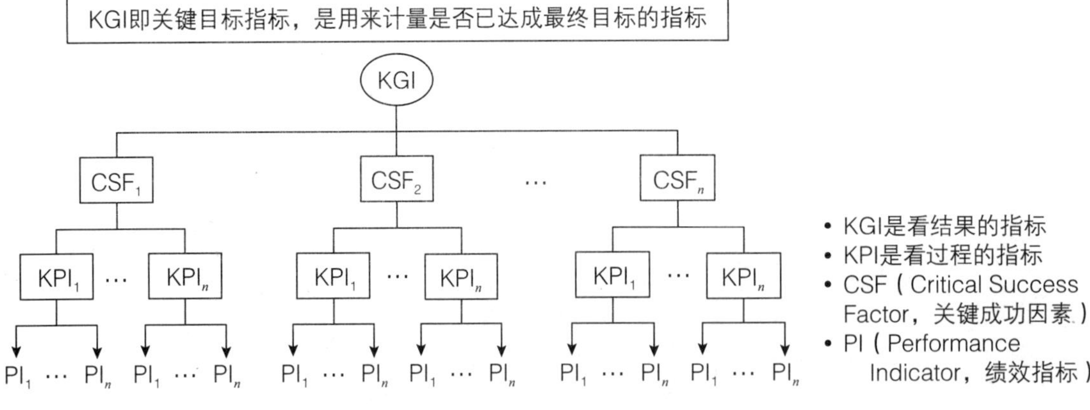


图1 KGI、CSF、KPI、PI之间的关系

运用KPI的优势包括商务流程的可视化、因果关系的可视化、目标的明确化，除此之外，还能提供进度情况的管理工具、提供修改意见和改革契机等。

根据企业战略及企业定位不同，主要的KPI也会发生变化。对于制造业、零售业而言，库存、物流成本、顾客满意度等相关服务层面的指标，是企业KPI考核的重要组成部分。

（二）利用物流KPI解决当下的社会问题

2021年，日本从事卡车运输业务的就业人数共计193万，其中司机、机械操作员维持在86万左右。包含卡车运输业的汽车运输业中，对中老年的男性劳动力具有很强的依存性，40岁以下的年轻就业者约占全体就业者的27%，50岁以上的就业者约占全体就业者的42%，呈现出老龄化的趋势。此外，女性就业者占全体就业者的20%，与以往相比稍有增长。

货运司机人数短缺、老龄化等现状引起的物流危机，已经成为社会性问题。

在此背景下，日本政府出台了一系列同物流相关的行政措施，主要对以下内容做出了修订，一是为规范货运司机劳动时间制定一系列标准；二是将等货时间等记录标准化。

同时，为应对温室气体造成的全球变暖危机，日本政府于1992年在纽约联合国总部签署《联合国气候变化框架公约》，该公约缔约方自1995年起每年召开缔约方会议，以评估应对气候变化的进展。1997年，《京都议定书》达成，将温室气体控制、节能减排视为发达国家的法律义务。2015年12月联合国气候变化大会中通过的《巴黎协定》取代了《京都议定书》，旨在通过各国努力，共同遏阻全球变暖失控趋势。日本政府基于2015年通过的《巴黎协定》，制订了新版“全球变暖对策计划”，内容包括到2030年日本国内温室气体排放量较2013年要减少26%这一目标。

在运输领域日本政府将会制定更加严格的政策。为了实现物流的可持续性，需要各相关部门、货主企业、物流企业、收货方进行合作，从根本上调整货物的生产方式、销售方式、运输方式、送货方式、下单方式、收货方式。

（三）经营指标与物流指标的关系

随着顾客服务成本的不断提高，其对企业经营指标的影响不断加大，企业越来越关注顾客服务水平与物流成本之间的矛盾关系，对两者进行计量与管理的企业也逐渐增多。根据各行业企业经验可知，不论何种领域，在制定物流管理KPI时，都需要综合考虑企业的经营指标，将物流管理KPI与经营指标形成相互关联的体系。经营指标与物流指标的关系如图2所示。

其中，最基本的经营指标——总资产净利率（ROA）与物流管理KPI具有直接关系，在设定物流管理KPI时，需要综合考虑总资产周转率、销售利润等相关因素。为了提高ROA，需要从提高企业收益和企业效率两个方面出发。

（四）经营战略与物流战略

企业的经营战略是企业面对激烈变化、严峻挑战的环境，为求得长期生存和不断发展而进行的总体性规划，主要从市场定位、人才、技术、财务等内部资源出发进行。衡量一个企业经营战略的效果，主要从企业盈利能力、企业产品在市场上的地位、市场占有率、产品的投入与产出能力以及企业人才利用状况等指标出发。将制定的战略纳入经营计划中，同营业额、利润率、ROA、ROE（Return on Equity，净资产收益率）等财务指标的数据一同展示给相关股东。

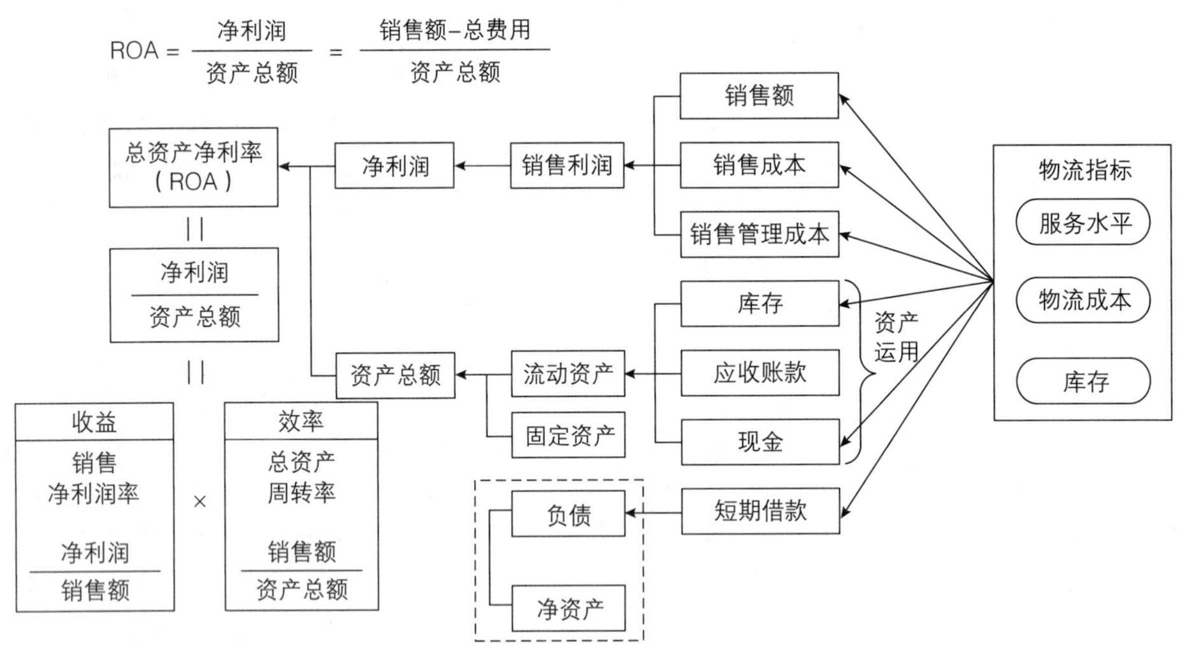


图2　经营指标与物流指标的关系

在制定物流管理战略时，需要考虑企业内部资源、市场特性、客户需求、物流管理等经营层面的定位。在关联物流管理指标和经营指标时，需要分解目标数值，特别是将提高ROA这一经营目标指标，分解为压缩库存、改善物流成本等物流管理指标。

## 二、物流KPI的框架

（一）物流管理是一项横跨供应链的管理功能

在企业的经营中，物流管理能够横向整合管理生产、销售、采购等活动，从而达成企业的经营目标。在此过程中，物流管理KPI需要和各部门KPI以及客户服务联合管理。若物流管理KPI设置不合理，会导致企业内不同部门之间产生内部竞争，各部门通过竞争企业内部资源以获得KPI最大化。而一个部门KPI的最大化，通常会给其他部门的工作带来很多问题。特别是生产管理部门会根据自身的KPI，优化生产的成本率、工厂的运转率；采购部门优先考虑降低进货单价，从而进行大批量采购、大批量订货，最终导致产生剩余库存；销售部门优先考虑销售额，为了避免错失销售机会或出现缺货的情况，选择保留更多货物和超量的库存，多余的库存最终只能进行降价销售或废弃处理；另外，来自客户方面小批量、高频率的订单以及指定交货时间的订单，可能导致货物配送装载率低下。如此追求局部最优化，最终会导致物流成本上升。在解决跨越企业内外的物流管理问题时，必定会发生类似需要权衡的问题，所以必须明确企业整体的KGI，避免陷入局部最优化陷阱。物流管理指标KPI的框架如图3所示。

当物流部门产生如产品交付不及时、库存过高等问题时，并不完全是由物流部门的决策导致的，而是多个因素的综合结果。比如，产品交付不及时可能是产品生产延时造成，也可

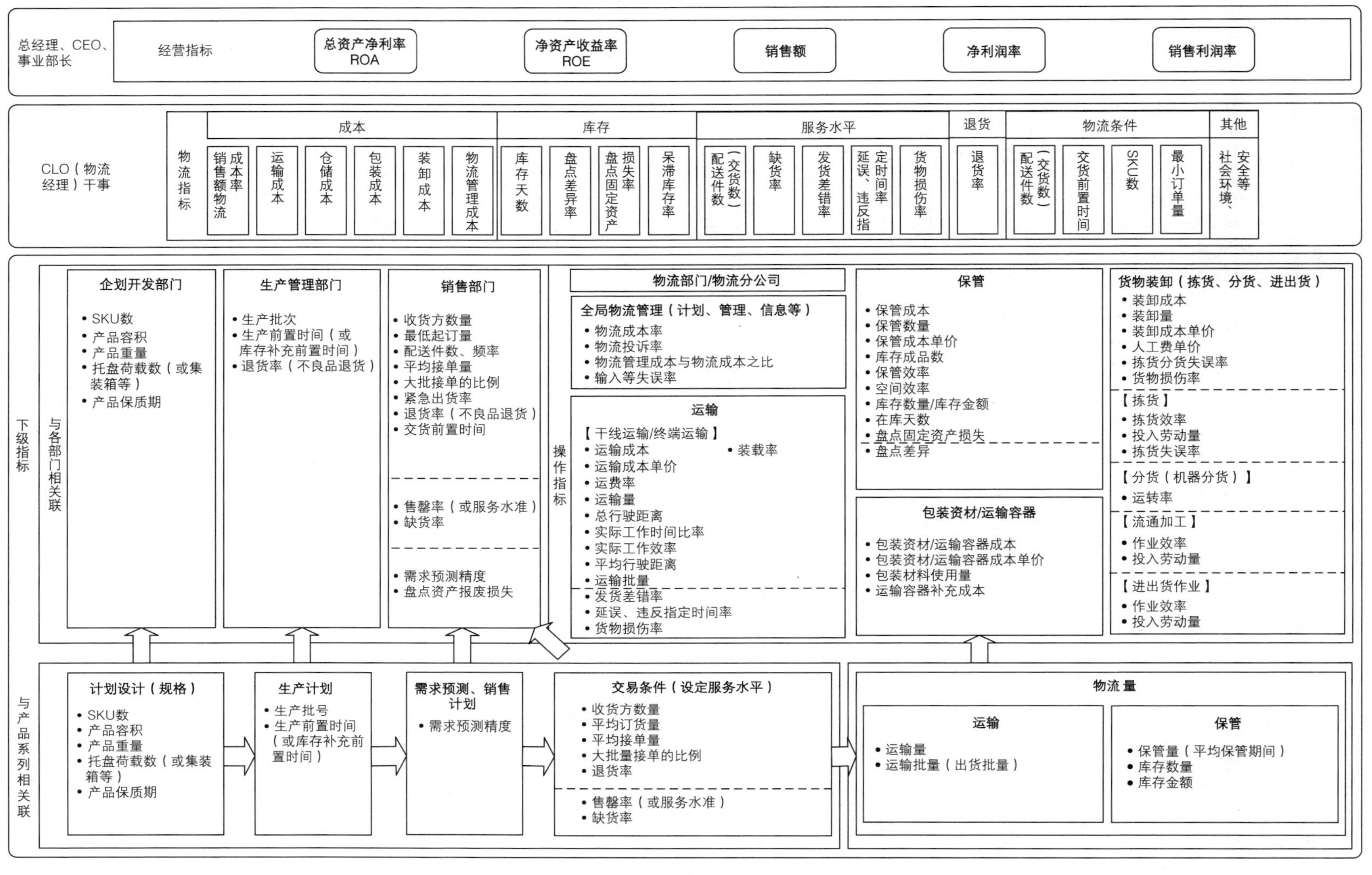

图3　物流管理指标KPI的框架

能是某类原材料缺失导致生产推迟。库存过高可能是错误的销售预测造成的大量库存。在解决分析企业内外的物流管理问题时，要保障KPI指标与各责任方相联系，这样就能通过KPI发现企业问题根源，找出问题的责任方，包括部门、员工等。

1．设定KPI的关键

为了完成经营目标以及业务目标，必须依靠企业的全体员工，在制定KPI时，需要制定合适且简明易懂的指标。此外可以预先加入持续改善机制，构建能够实现目标值与实际值间差异定量可视化的系统，将改善过程透明化，帮助员工掌握和领会改善过程的方法与技巧。

2．设定KPI时运用逻辑树法的关键

KPI不是由上级强行确定发布的，也不是由员工自行制定的，KPI的制定过程由上级与员工共同参与完成，是双方所达成一致意见的体现，是组织中相关人员对职位工作绩效要求的共同认识。在制定KPI时，通常运用逻辑树法，明确各指标之间的因果关系，保持KPI框架的一致性和整体性。同时，由于物流管理的KPI需要依靠各个部门以及客户间的合作，所以需要将相关人员都纳入物流KPI的考核范围中。

（二）物流管理KPI案例分析

以A企业为例。A企业很早就意识到企业整体潜在的商品损耗、废弃损耗等问题。通过分析，A企业认为过去改善业务的方法，已经不符合现状以及未来企业商业模式。于是A企业推行彻底性的企业整体结构改革，明确了要加强企业素质的方针。

从企业的战略层面出发，企业确信“企业内部以及外部，各类商品、废弃损耗是对客户的不负责”与“企业应致力于减少损耗、创造潜在利润，这样不仅能够提高企业自身的利润，还能够回报股东（包括企业员工），重新探讨真正的客户价值”。A企业明确了企业的价值在于创造客户机制以及拥有提供价值的能力，而专注于库存合理化则是达成目标和目的的关键成功因素（CSF）。库存与业务流程、企业内外各种损失及对策如图4和图5所示。

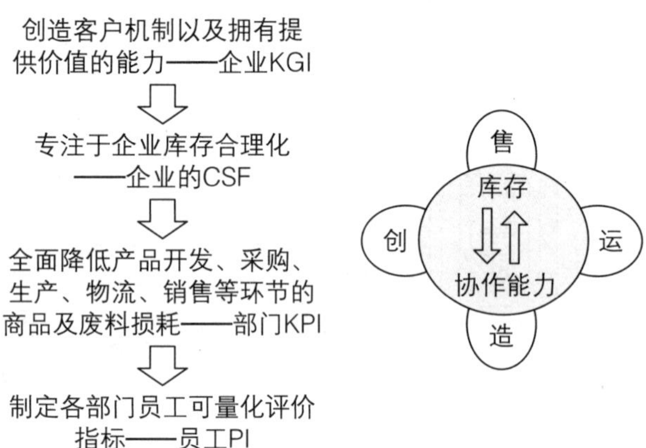


**图4　库存与业务流程**

售 ⇨ 商品 …… 低价销售、盘损、退货等

运 ⇨ 流通 …… 附带作业、习惯、长时间待机、手动装卸、托盘等

创 ⇨ 生产 …… 原材料资材、生产配置、报废经费等

造 ⇨ 商品设计 …… 延长保质期、DFL（物流设计）等

DFL：优化供应链管理、适合经济化包装及运输的产品设计理念

**图5　企业内外各种损失及对策**

于是，A企业制定了严格规范库存量的KGI与KPI，致力于调整企业结构、提高企业素质。为具体实施这一方针，由生产、销售、物流管理等部门的执行委员举行经营会议，确认方针与各部门权责范围。为方便委员们进行判断，还将KGI与KPI的构成要素分别标于横轴各部门与纵轴各职位上，并标注KGI的目标数值。日本物流管理KPI整体概念如图6所示。

在经营会议上，各部门负责人确认能够达成的KGI与定量的目标数值，经表决通过后，作为项目内容投入到实际工作中。

1．设定KPI的关键

设定KPI时应采用自上而下的方式，具体如下。

（1）根据仿真设定企业的具体目标。包括企业总库存资产从2019年年末的1000亿日元到2020年年末的800亿日元；库存周转率从5变为8。

（2）为了达成KGI，横向各部门之间与纵向各职位之间尽可能地展开合作，成立由生产、销售、物流部门的执行董事组成的项目组。

（3）为了达成KGI，设定KPI和CSF，尽可能进行横向（部门之间）信息的共享，将物流KPI加入生产、销售部门的KPI中。

2．物流KPI的PDCA（Plan-Do-Check-Act，计划—实施—检查—改善）

由物流部门掌握并管理所有与库存和成果

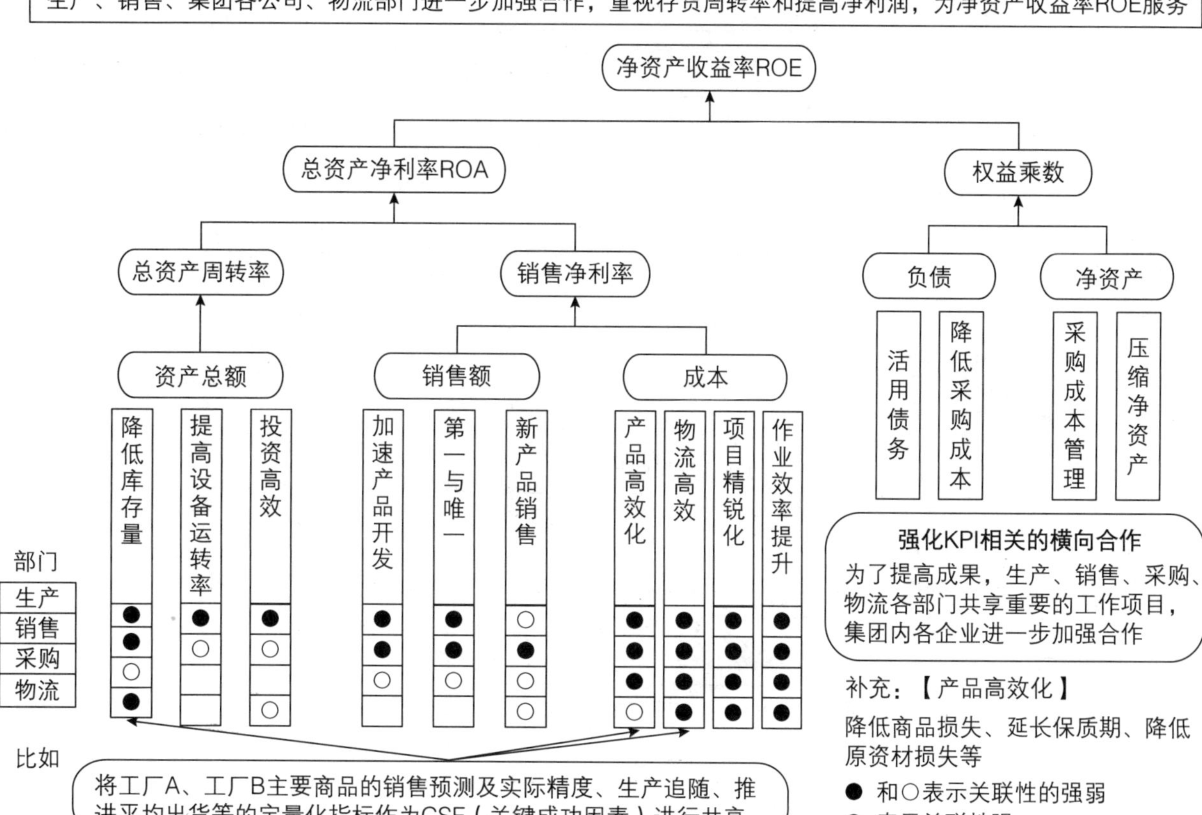


图6 日本物流管理KPI整体概念

相关的定量数据及定性价值，以月为单位向相关人员出示并定期在经营会议上报告。

3. 设定物流管理KPI时应瞄准企业的KGI

部门之间首次合作开展物流KPI工作时，建议设定一些全体员工容易达成共识的目标，包括降低库存金额等。

## 三、物流KPI的实施方法

日本物流KPI导入流程如图7所示。

本文将日本物流KPI导入流程大致分为奠定基础，制定战略、设定目标值，准备导入，运用4个阶段，每个阶段内再细分为多个详细步骤。

（一）奠定基础

1. 选定组织者与负责人

KPI管理是实现企业改善目标的工具，而物流是一项涉及生产、销售等其他部门的活动。即便通过KPI管理发现了问题，如果不站在物流的角度考虑问题，还是难以改善问题。为此，需要从企业整体层面制定KPI的改善机制。指标管理的跨部门操作（改善机制）如图8所示。

2. 分析获得数据的可能性

在针对指标框架展开讨论前，首先要针对能够加以利用的指标确认现有的数据是否存在，如存在则需要确认数据的位置；若不存在，则需确认从哪一部门的账簿、数据库中能够获得

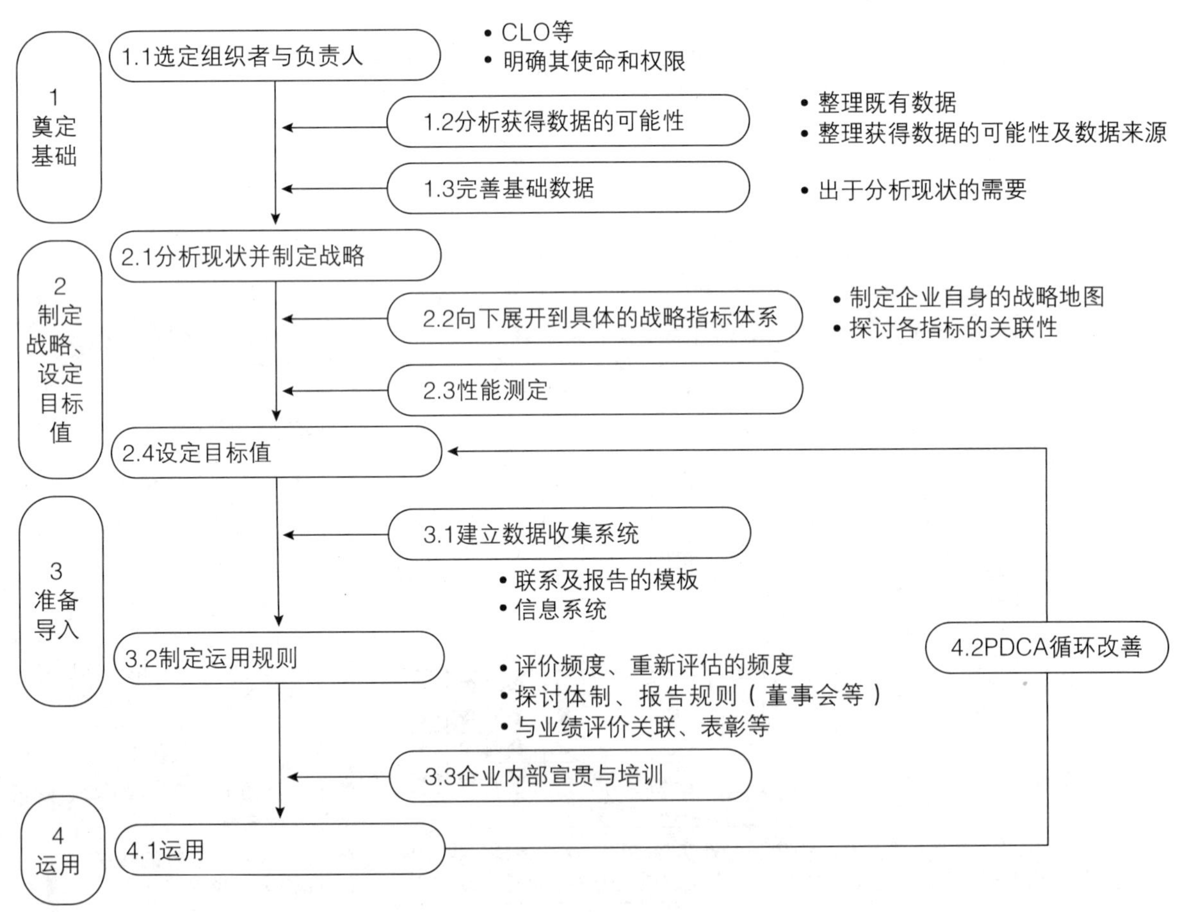


图7 日本物流KPI导入流程

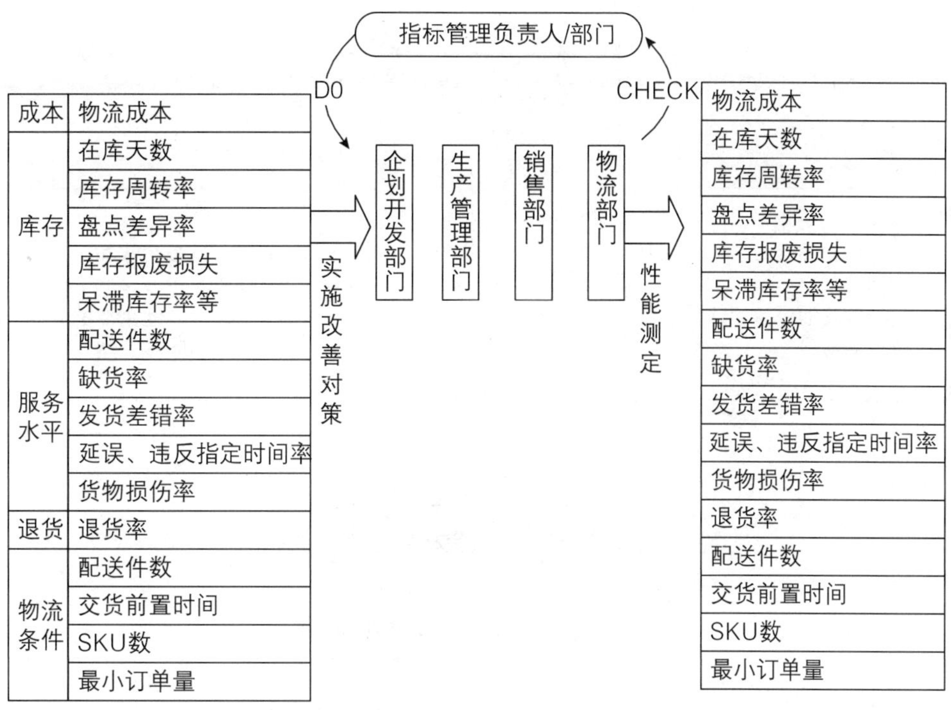


图8 指标管理的跨部门操作（改善机制）

数据。此外，在获取最新数据时，需要就获取该数据所花费的劳力、时间及成本展开讨论，根据情况有可能还需要同其他KPI相置换。

3. 完善基础数据

制定战略前，必须把握好企业自身的状况，对自身基础性的物流指标进行测定。

（二）制定战略、设定目标值

1. 分析现状并制定战略

根据图8中的指标，收集数据、对现状进行分析并制定物流战略，同时保证物流战略与经营战略协调统一，避免陷入局部最优。根据市场特性制定不同的物流战略如表1所示。

2. 向下展开到具体的战略指标体系

根据经营战略和物流指标管理的KPI框架，从上向下展开到具体的指标体系中，并从企业战略出发，探讨应重视的指标。经营战略和物流指标管理之间的关系如图9所示，代表性的物流战略及其重视的指标如表2所示。

表1 根据市场特性制定不同的物流战略

| 领域 | 重视点 |
|---|---|
| 医药品、医疗 | 物流的正确性（错误、失误等） |
| 食品 | 鲜度、质量、温度 |
| 服装 | 削减库存、减少退货 |
| 运输机器 | 部件库存的正确性 |
| 高级品 | 库存的正确性 |

3. 性能测定

对表2中指标目前（近期）的情况进行正确的测定。

4. 设定目标值

根据现状的相关数据设定目标值。目标值要以实际值为基础，参考同行业其他企业的动向以及本企业以往的改善趋势等，设定为可实

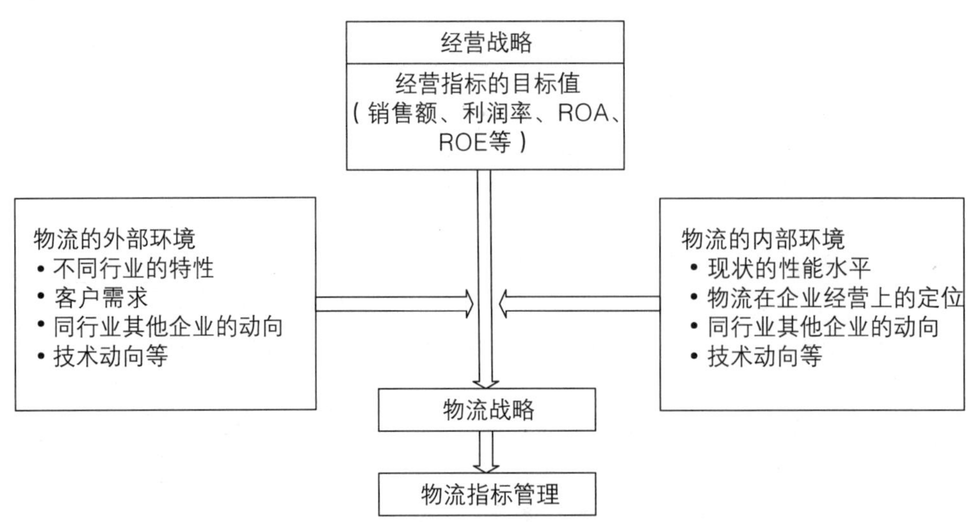


图9 经营战略和物流指标管理之间的关系

表2 代表性的物流战略及其重视的指标

| 代表性的物流战略 | 重视的指标 |
| --- | --- |
| 通过改善物流成本提高利润率 | 成本 |
| 通过削减库存降低库存费用及库存风险 | 库存 |
| 提高物流服务水平（高频小宗化、缩短前置时间） | 服务水平 |
| 固定费用变为可变费用（变卖固定资产、外包） | 固定比例 |
| 提高鲜度、品质等附加值 | 服务水平 |
| 改善现金流（缩短资金周转时间） | 库存、前置时间 |
| 通过提高需求预测精度减少库存和退货 | 库存、缺货、退货 |

现范围内的最佳目标值。目标设定的理念如图10所示。

（三）准备导入

1．建立数据收集系统

建立收集数据、反馈数据的机制。企业对应用的指标进行管理，大多建立了专用的指标管理系统，也有很多企业利用Excel表格等软件进行简易管理。

2．制定运用规则

开始运用管理系统前，必须制定具体的运用规则，需要探讨以下事项。分配各指标的负责部门如图11所示。

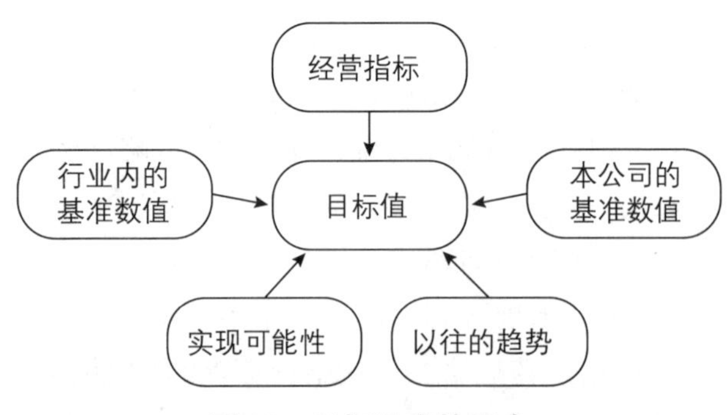


图10 目标设定的理念

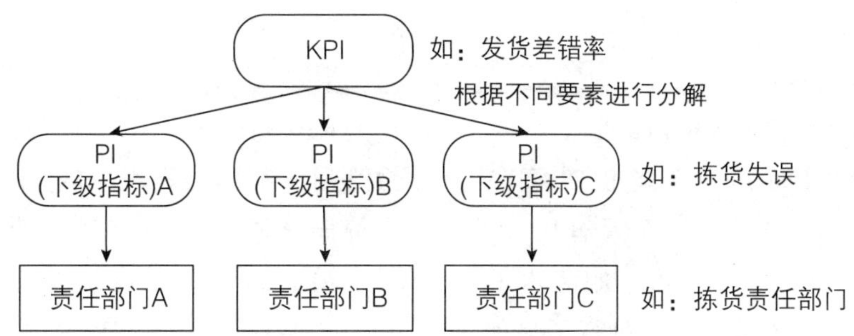


**图11　分配各指标的负责部门**

（1）进行评价、重新评估的频度。设定进行评价的频度（以月、季度、年等为单位），依据企业战略周期性调整KPI指标体系。

（2）探讨体制、报告规则。指定对指标的测定结果进行探讨、报告的场所（如董事会、部门相关会议等），制定报告规则。

（3）与工作评价相关联、表彰等。为了提高工作动机，考虑将指标的改善纳入各部门的业绩评价、负责人的人事评价当中，同时设立内部表彰制度。

3．企业内部宣贯与培训

为了让指标有效发挥作用，不仅需要管理层人员，还需要员工也能够主动地参与到企业的共同改善中。为此，要在企业内部做好宣传工作，让员工理解指标管理的意义所在，从而获得员工的支持。

（四）运用

1．运用

经过奠定基础、制定战略和设定目标值、实践等环节，营造出运用物流KPI的环境后，正式进入运用阶段。

2．PDCA循环改善

第一步，分析数据、确定问题。

测量KPI不是为了引入KPI，而是为了持续改善。企业需要灵活运用KPI，促进PDCA循环改善。改善周期的第一步是分析数据，确定企业产生问题的原因。特别是在企业生产失误率升高的情况下，需要通过分析作业流程，确定其中的问题和产生问题的原因，以及探讨如何才能有效改进。

第二步，针对问题提出解决方案。

根据第一步分析出的问题提出解决方案。针对企业的部分问题，通常有相应的模板方法解决，而现场负责人是对现场相关事项最熟悉的人，因此当现场作业发生问题时，可由现场单位自行提出解决方案。大多数情况下，改善方案是由现场负责人和KPI负责人共同商量制定的，为了企业的最终目标而不断改善。

第三步，PDCA的加速改善。

为了改善活动能持续有效进行，需要不断缩短改善周期。为此需要给予改进员工相应的奖励，将缩短改善周期变成企业的日常业务。同时，需要对实施KPI的人事部门进行奖励，包括在年度大会上对人事部门进行表彰。提高企业员工和各部门对KPI的重视。

在发展过程中，企业应注意到，有些问题是在正式开始运用KPI后才会显露出来，对此必须采取灵活的改善措施。运用PDCA体系对各部门进行全面的监控、分析，及时发现问题和解决问题，提高运营效率，达成企业的最终目标KGI。不必执着于从一开始就建立一个完美的指标体系，最好是在运用KPI的同时灵活地改善问题，从而慢慢地建设出一个良好的指标体系。

## 四、案例分析

某日本企业的物流流程如图12所示。

在实际运用KPI时，由于评价对象多，KPI的种类也不相同，本文从6个具有代表性的视角——成本、生产率、质量、服务水平、物流条件、配送条件，对KPI指标进行了整理。KPI指标整理如图13所示。

想要导入KPI，首先需要在较小的范围内开展KPI的可视化工作，再阶段性地推动KPI的使用。利用测定出来的KPI形成企业内部的改善循环圈，可以有效地改善自身企业的问题。最后，在改善物流问题时，物流经营者可以按照以下步骤利用KPI与货主开展合作，

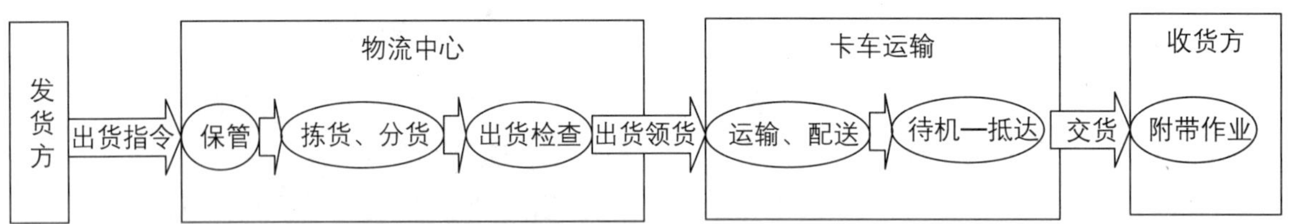


图12　某日本企业的物流流程

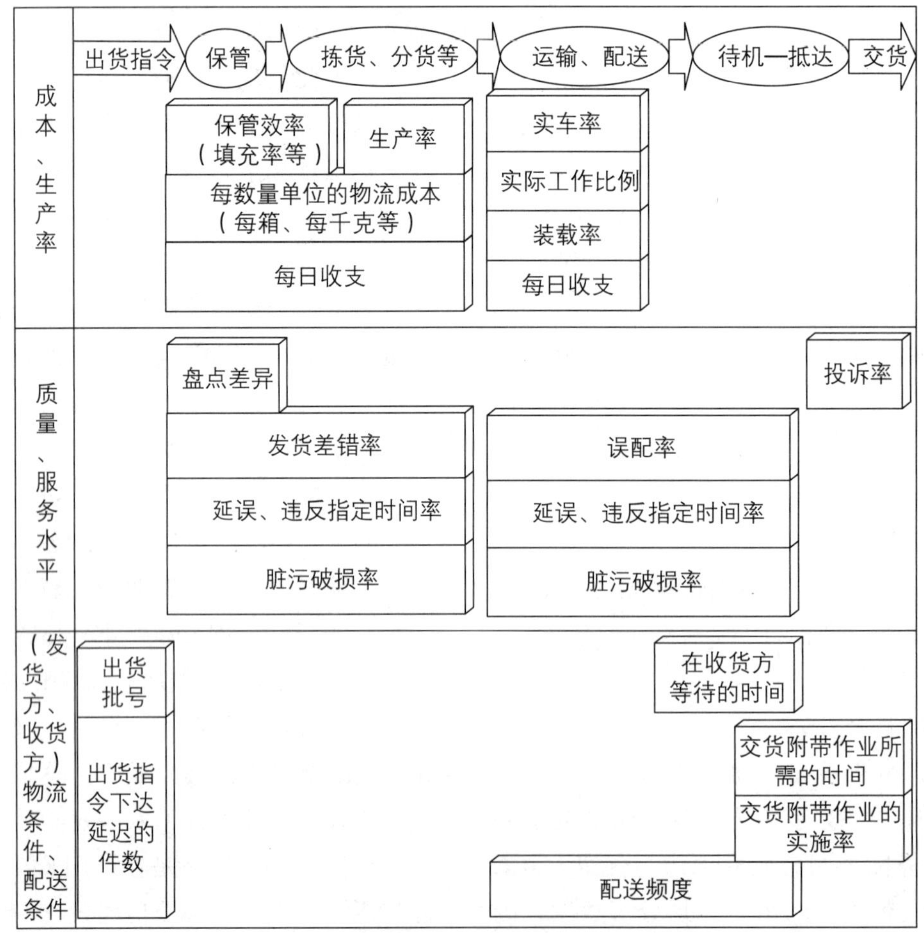


图13　KPI指标整理

如在收货地待机的浪费现象、超纲的服务要求、过于细致的时间指定等会降低物流效率，要改善这些问题需要发货方采取相应的措施。PDCA循环改善如图14所示。

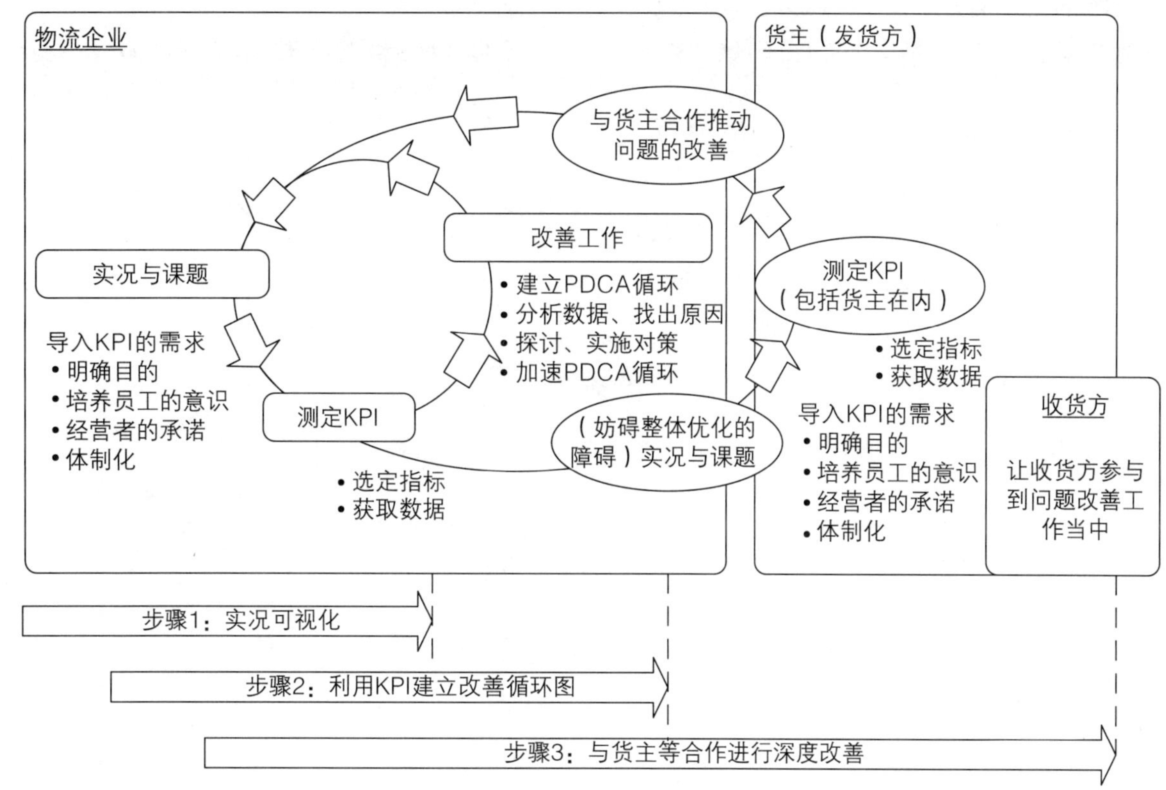


图14　PDCA循环改善

虽然货主拥有改善物流条件的权限和能力，却无法掌握收货地的物流实况。物流经营者与之相反，虽然可以掌握数据，但无法单靠一方来改善物流条件。如果两者可以利用KPI共同改善物流条件，将对供应链整体发展具有十分重要的意义。

## 五、总结

引入物流KPI的作用，主要包括以下6方面内容。

（1）了解本企业的经营状况。多数情况下企业需要通过公布反映经营状况的计量数据，各部门才能够明确业绩动向和需要改善的问题点。

（2）了解企业在行业所处的水平。将本企业的经营状况与行业的平均水平进行比较，明确自身所处的水平。

（3）对企业进行业绩评价。为了能够合理地评价物流部门的业绩，有必要计量和评价物流部门对企业经营指标的贡献程度。

（4）进行决策。为了帮助管理者进行准确的经营决策，有必要按月或其他频次适时掌握正确的数据。

（5）分析企业的问题。物流成本等财务指标只反映经营结果，而在分析成本增加的原因和对策时，还要通过非财务指标进行分析。KPI中不仅有财务相关的指标，而且还包括反映原因的相关指标，分析这些指标就能分析原因，改善经营状况。

（6）对企业进行综合管理。物流管理需要进行跨部门的管理，如果各部门各自为政，物流管理就是一句空话。在物流领域，对各部门进行综合管理时，物流KPI可发挥重要作用。

（北京物资学院物流学院院长　教授　姜旭）

ISBN 978-7-5047-7794-2
9 787504 777942 >
定价：480.00元（全2册）